高等院校精品课程系列教材

北京市高等教育精品教材立项项目

高级财务会计

ADVANCED
FINANCIAL ACCOUNTING

尚洪涛 栾甫贵 张茵 编著

机械工业出版社
China Machine Press

图书在版编目（CIP）数据

高级财务会计 / 尚洪涛，栾甫贵，张茵编著 . -- 北京：机械工业出版社，2021.4
（高等院校精品课程系列教材）
ISBN 978-7-111-67848-9

I.①高… II.①尚… ②栾… ③张… III.①财务会计 - 高等学校 - 教材 IV.①F234.4

中国版本图书馆 CIP 数据核字（2021）第 054827 号

　　根据"高级财务会计"内容的复杂性、特殊性，本书将主体部分划分为特殊主体、特殊业务和特殊行业三篇，阐述合伙企业会计、企业合并会计、合并财务报表、外币会计、租赁会计、所得税会计、套期保值会计、债务重组与破产清算会计、施工企业会计、石油天然气会计、企业年金基金会计等内容，共 11 章。各章均以思政导语为引导，通过本章导读、本章思政引导案例、正文、本章小结、思考题和练习题等几个部分，将生动的现实案例与专业知识相结合，注重提高教材专业内容与我国企业会计准则的契合度，针对教材中的专业内容，设计和引入了课程思政元素，力争在系统传授专业知识的同时，潜移默化地提高学生的道德修养和职业素养，以便提高学生的课堂参与度，提高学生对专业知识及人生哲学的理解力和判断力。

　　本书可作为高校会计学专业的教材和参考书，也可作为工商管理类其他专业的辅助教材及会计职称考试的参考书，对从事相关工作的财务工作者也有一定的参考价值。

出版发行：机械工业山版社（北京市西城区百万庄大街 22 号　邮政编码：100037）
责任编辑：黄姗姗　　　　　　　　　　　　　责任校对：马荣敏
印　　刷：中国电影出版社印刷厂　　　　　　版　　次：2021 年 4 月第 1 版第 1 次印刷
开　　本：185mm×260mm　1/16　　　　　　印　　张：20
书　　号：ISBN 978-7-111-67848-9　　　　　定　　价：49.00 元

客服电话：（010）88361066　88379833　68326294　　投稿热线：（010）88379007
华章网站：www.hzbook.com　　　　　　　　　　　　读者信箱：hzjg@hzbook.com

前 言
Preface

  基础会计、中级财务会计和高级财务会计是会计学专业的三门主干课程。目前国内关于高级财务会计的类似教材很多，但由于名称和定位不同，体系各有不同。本书紧密结合企业会计准则的修订以及将思政融入专业课的要求，构建了一套全新的高级财务会计体系及内容，主要特点体现在以下方面。

1. 依据经济发展和制度变迁拓展教学内容

  在内容的设计与编写上，本书紧跟我国企业会计准则的修订步伐，响应教育部关于提升学生综合能力的号召，适应经济发展对会计新领域的需求，致力于开发学生创新创业思维和批判性思维模式，在现有绝大多数同类教材研究内容的基础上，拓展了教学的内容，增加了会计师事务所和律师事务所等中介机构的合伙企业会计、建筑施工领域的施工企业会计、石油天然气领域的石油天然气会计、金融领域的企业年金基金会计等内容，有助于学生开阔视野、了解和把握不同领域的财务会计特点，提升其就业能力。

2. 从"特殊性"视角构建全新的框架体系

  特殊性是高级财务会计区别于中级财务会计的主要特点。本书内容分为3篇，共11章：第1篇特殊主体会计，包括合伙企业会计、企业合并会计、合并财务报表；第2篇特殊业务会计，包括外币会计、租赁会计、所得税会计、套期保值会计、债务重组与破产清算会计；第3篇特殊行业会计，包括施工企业会计、石油天然气会计、企业年金基金会计。在全书的编写过程中，我们力求将枯燥的理论、公式与生动的财务案例结合起来，用财务、会计理论解决现实中的实际问题，增加学生参与课堂讨论的机会，提高学生的学习兴趣；每章从理论到实务再到案例循序渐进，以增强学生的理解力、批判性思维能力和实务操作能力，从而力求收到事半功倍的效果。

3. 突出思政引领，注重德才兼修

  本书在每一章章首，结合该章专业内容，设计了思政启迪相关模块，增加了与课程内容相关的、揭示思政教育思想的引导案例，并且在各章行文过程中适当加入具有思政教育意义

的理念和例题等，使学生在掌握专业知识的同时，其道德修养和职业素养也能得到潜移默化的提高。

4. 体例设计上突出学用对接的能力培养

本书每章分为思政导语、本章导读、本章思政引导案例、正文、本章小结、思考题和练习题等几个部分，将每章应该掌握的主要内容有机地联系在一起，内容全面并具有高度概括性，特别是练习题中客观题的题干设计具有简洁、清晰、前后格式一致的特点。这不仅有利于培养学生严谨的学习态度和规范的行为方式，而且有利于培养学生的创新意识和学用对接能力，能够比较完整地体现教学改革的内容及要求。

5. 内容设计上注重前后关联、一脉相承

本书除了讲授"是什么"的基本知识和技能外，还特别注重"为什么"的讲解，并注重知识的前后衔接。这在本书第3章、第4章和第8章中表现得尤为明显。

本书由首都经济贸易大学的栾甫贵和北京工业大学的尚洪涛、张茵三位老师共同撰写完成，尚洪涛和栾甫贵两位教授共同设计框架结构并负责全书总撰。各章撰写采取分工负责制，具体为：尚洪涛撰写了第1、2、3、4、6、9章，栾甫贵撰写了第7、8、11章，张茵撰写了第5、10章。

本书在收集资料的过程中得到了北京工业大学经济与管理学院硕士生房丹、本科生柳妍、李琳和周石妍姗等同学的帮助。编者在撰写和出版过程中参考了诸多专业教材，并得到了机械工业出版社的鼎力支持，尤其是出版社的章集香女士、黄姗姗女士及其他编辑们对本书的出版付出了大量的心血，在此一并表示衷心的感谢！

本书可作为高校会计学专业的教材和参考书，也可作为工商管理类其他专业的辅助教材及会计职称考试的参考书，对从事相关工作的财务工作者也有一定的参考价值。

由于时间及编者水平有限，而且对思政内容的理解和阐述尚属探讨阶段，书中的缺漏甚至错误在所难免，恳请广大读者批评指正。

编者

2021 年 2 月 10 日

教学目的

本课程是会计学专业最重要的专业基础课之一。它是在前期一般会计理论和实务知识的基础上，向会计学专业特殊理论和实务的纵深发展。本课程旨在将学生培养为具有解决疑难问题、特殊问题和新问题的能力，具备批判性创新思维和逻辑思维能力，具有较强的会计操作能力、综合分析和管理会计实务能力的复合型会计学专业人才。

前期需要掌握的知识

会计学原理、财务会计、财务管理等知识

课时分布建议

教学内容	学习要点	课时安排	
		本科	研究生
第1章 合伙企业会计	（1）了解合伙企业的特征 （2）掌握合伙企业全生命周期的会计处理	4	3
第2章 企业合并会计	（1）了解企业合并的概念 （2）了解企业合并的分类 （3）掌握企业合并的会计处理	4	3
第3章 合并财务报表	（1）了解合并财务报表的作用 （2）了解合并财务报表的特点 （3）掌握合并财务报表的分类 （4）掌握合并财务报表的编制	6	4
第4章 外币会计	（1）了解外币、外汇的概念及外汇标价 （2）掌握外币会计处理的方法 （3）掌握外币财务报表的折算	3	3

（续）

教学内容	学习要点	课时安排	
		本科	研究生
第5章 租赁会计	（1）了解租赁相关概念 （2）了解租赁业务类型 （3）掌握租赁会计处理	5	3
第6章 所得税会计	（1）掌握资产和负债的计税基础 （2）掌握暂时性差异 （3）掌握递延所得税资产和递延所得税负债 （4）掌握所得税费用的会计核算	5	3
第7章 套期保值会计	（1）了解金融工具的概念 （2）了解金融工具的种类 （3）掌握套期保值的会计处理	4	3
第8章 债务重组与破产清算会计	（1）掌握债务重组的方式 （2）掌握债务重组的会计处理方式 （3）掌握破产清算的会计处理方式	5	4
第9章 施工企业会计	（1）了解施工企业的种类及经营方式 （2）掌握施工企业的会计处理方法 （3）了解施工企业的会计信息披露	4	2
第10章 石油天然气会计	（1）了解石油天然气会计分类 （2）掌握石油天然气的会计处理方法 （3）了解石油天然气的会计信息披露	4	2
第11章 企业年金基金会计	（1）了解企业年金基金的种类 （2）掌握企业年金基金的会计处理方法 （3）了解企业年金基金的会计信息披露	4	2
课时总计		48	32

说明

（1）在课时安排上，对于会计学专业基础课建议分单双周，按每周3课时安排，共48学时，对于工商管理学科共同课可以按每周2课时安排，共32学时；管理专业本科生及非管理专业本科生、会计学专业学术硕士及专业硕士、工商管理专业学术硕士及专业硕士可以按每周2课时安排，共32学时。

（2）习题、社会实践、上机等活动可以在课程中穿插进行。

目 录
Contents

前 言

教学建议

第 1 篇

PART 1

特殊主体会计

[本篇导读]

从现代企业形态角度看，企业组织形式包括独资企业、合伙企业和公司制三种，但随着经济的发展，企业又出现了分支和合并。合伙和合并都是社会资源重新整合和优化配置的重要方式，它使利益双方形成了一个共同体。合伙和合并后企业都需要进行资源整合，并重新进行会计处理。

本篇主要选取了实际应用范围较为广泛的两类特殊会计主体——合伙企业和企业合并后的企业集团，介绍其相关理论及会计处理。其中合伙企业的介绍是基于企业从建立到破产清算的整个合伙企业生命周期进行的，企业合并的介绍分为企业合并的理论和会计处理，以及合并财务报表的编制两大部分。

第 1 章
CHAPTER 1

合伙企业会计

§ **思政导语**

一个篱笆三个桩，一个好汉三个帮。

合作是人类社会进步的重要基础之一，讲合作、会合作、善合作是实现更大目标的必经之路。

§ **本章导读**

通过本章的学习，读者可以了解合伙企业的产生及发展、合伙企业的特征，掌握合伙企业初始投资、损益分配、权益变动、解散清算等方面的会计处理依据和方法。

§ **本章思政引导案例**

万科通过事业合伙人制度实现个人利益与整体利益的统一

随着房地产行业从黄金时代进入白银时代，以往粗放的管理模式制约了企业的发展，人才流动加速，曾经备受推崇的经理人制度正走向十字路口，以"利益共享"为核心的"合伙人制度"应运而生，在地产界掀起了风暴。

万科的事业合伙人制度主要包括以下三个方面：一是股票机制，将建立一个合伙人持股计划，也就是 2 000 多个 EP（经济利润）奖金获得者将成为万科集团的合伙人，共同持有万科的股票，未来的 EP 奖金将转化为股票；二是跟投制度，这是一种捆绑利益与风险的项目跟投制度，并且对于今后除部分特殊项目外的新项目，原则上要求项目所在一线公司管理层和该项目管理人员，必须跟随公司一起投资；三是事件合伙，根据事件，临时组织事件合伙人参与工作任务，拆解原有部门的职务划分，旨在减少部门中权责过度划分对企业整体长期利益的损害，跨部门"协同"联合寻找最优方案。

万科简报中这样描述其事业合伙人制度：与股东一样，万科骨干团队也将成为公司的投资者。在这次计划中，万科增加经营层持股，将经营者的角色从打工者转变为股东，从而捆绑了股东与合伙人的利益，激励经营层提升业绩。从这一方面来看，它的事业合伙人计划更像是一个二级市场增持型的激励计划的管理创新升级版。

通过事业合伙人制度，万科从高层、中层，再到低层，每个层级都有适合的合伙制度，这使得中低层的员工意识到"成为股东"已经不是高管的特权，自己也有成为企业主人的权利。在这种情况下，万科达到了全体员工万众一心的效果，所有人共同掌握公司的命运，实现了个人利益与公司利益的统一，形成了牢靠的精神共同体。

资料来源：https://www.sohu.com/a/274872482_680621.

问题：

1. 万科是如何协调员工的局部利益和公司的整体利益的？

2. 事业合伙人制度有何利弊？

3. 还有其他能够实现员工局部利益与公司整体利益统一的制度吗？

1.1　合伙企业的概念及特征

1.1.1　合伙企业的概念和种类

合伙企业是指由两个或两个以上自然人、法人和其他组织订立合伙协议，共同出资、合伙经营、共享收益、共担风险的营利性组织。

按照合伙人所承担责任的不同，合伙企业分为普通合伙企业和有限合伙企业，并分别于合伙企业名称中标明"普通合伙"和"有限合伙"字样。普通合伙企业由普通合伙人组成，合伙人对合伙企业债务承担无限连带责任；有限合伙企业由至少一名普通合伙人和有限合伙人组成，普通合伙人对合伙企业债务承担无限连带责任，有限合伙人以其认缴的出资额为限对合伙企业债务承担责任。由于普通合伙企业比较典型，所以本章主要介绍普通合伙企业的相关理论及会计处理。

1.1.2　合伙企业的特征

根据《中华人民共和国合伙企业法》(以下简称《合伙企业法》) 的有关规定，合伙企业具有以下特征。

（1）财产共有。合伙企业在存续期内，合伙人的出资和所有以合伙企业名义取得的收益均为合伙企业财产。所有合伙人共同拥有合伙企业财产。任何一个单一合伙人都不能对某项特定的资产提出要求权，也不能单独占有与该资产相关的收益。

（2）利益共享。合伙企业在存续期间的收益和损失与合伙企业财产一样都属于合伙企业损益。合伙企业损益可以按照合伙人一致同意的方法在合伙人之间进行分配，具有相当程度的伸缩性。

（3）**相互代理**。除合伙协议另有规定外，一般在合伙企业经营活动范围内，每个合伙人均被认为是所有合伙业务的代理人，代表合伙企业所做的行为，这一规定对所有合伙人均有约束力。

（4）**无限责任**。在普通合伙企业中，所有合伙人无论出资多少，都对企业债务负无限连带清偿责任。也就是说，合伙人有责任偿还任何其他无法偿还到期债务的合伙人的债务，而且，合伙人对合伙企业的债务承担的偿还责任并不以其出资额为限，当合伙企业无力偿还其债务时，合伙人必须以其个人财产来偿还。

（5）**有限寿命**。合伙企业是合伙人在合伙协议的基础上的自愿联合。合伙企业可能由于约定的年限到期、合伙人破产或丧失合伙能力、合伙人的增减变动等原因而终止合伙协议。这里需要特别指出的是，合伙人的增减变动，无论是新合伙人入伙，还是原合伙人退伙或死亡，都会使原来的合伙协议终止。此时，虽然在形式上，合伙企业还可能存在，但在实质上，原来的合伙企业已经被新的合伙企业所代替了。合伙企业的寿命以全体合伙人持续拥有合伙企业的时间长度为限。所以说，合伙企业的寿命是有限的。

（6）**非纳税主体**。除另有规定外，合伙企业一般无须对其经营所得缴纳所得税，因为它并非纳税主体。合伙企业的经营净收益按规定方法分配给各个合伙人以后，从而构成各合伙人的个人应税收入。

1.1.3　合伙协议的主要内容

合伙关系是由合伙人之间订立协议而建立的。确定合伙关系的契约称为合伙契约或合伙协议、合伙合同、合伙条款。根据我国《合伙企业法》的规定，签订合伙协议是合伙企业必须具备的条件之一。合伙契约应当由全体合伙人协商一致，遵循自愿、平等、公平、诚实信用的原则，以书面形式签订。普通合伙企业的合伙协议主要包括：

（1）合伙企业的名称和主要经营场所的地点；

（2）合伙目的和合伙经营范围；

（3）合伙人的姓名或者名称、住所；

（4）合伙人的出资方式、数额和缴付期限；

（5）利润分配、亏损分担方式；

（6）合伙事务的执行；

（7）入伙与退伙；

（8）争议解决办法；

（9）合伙企业的解散与清算；

（10）违约责任。

合伙协议经全体合伙人签名、盖章后生效。合伙人按照合伙协议享有权利，履行义务。修改或者补充合伙协议应当经全体合伙人一致同意。

合伙协议是合伙人达成的为了实现合伙目标的共识，由此便要求合伙人彼此之间相互信任、合作、同舟共济。单个人的能力是有限的，在当今复杂的社会环境中，信任和诚信是成功的基石，同舟共济是实现宏伟目标的黏合剂，合作才能共赢。

1.2　合伙企业的初始投资与损益分配

1.2.1　合伙人权益账户的设置

合伙企业会计与其他企业会计的不同之处在于损益分配和所有者权益账户的设置。为了反映合伙人对合伙企业投资的增减情况及其在企业净收益（或亏损）中所占的份额，在合伙会计事务中，一般要设置两个所有者权益账户，即"合伙人资本"账户和"合伙人提款"账户。

"合伙人资本"账户核算合伙人投入的资本以及分享的经营所得。当合伙人投入资产时，依据其投资形式不同，借记"银行存款""固定资产""无形资产"等有关资产科目，贷记"合伙人资本"科目。投资以后，"合伙人资本"账户会随着合伙人追加投资以及分享净利润而增加，随着合伙人提用资产以及承担亏损而减少。此外，"合伙人资本"账户还会因合伙人的变动而增减。

"合伙人提款"账户用来核算合伙人当期从合伙企业提取的资产，提款时，借记此科目，贷记相关资产科目。期末余额转入"合伙人资本"账户。

1.2.2　合伙人的初始投资

1.2.2.1　不同投资方式下的会计处理

合伙人可以以现金资产、非现金资产和劳务等出资，具体会计处理如下。

（1）合伙人以现金资产投资的会计处理。

当合伙人以现金资产投资时，合伙企业在实际收到现金资产时，借记"银行存款"科目，贷记"合伙人资本"科目。

（2）合伙人以非现金资产投资的会计处理。

当合伙人以非现金资产投资时，合伙企业根据非现金资产的公允价值，借记"存货""固定资产""无形资产"等科目，贷记"合伙人资本"科目。

（3）合伙人以原独资企业的净资产投资的会计处理。

当合伙人以原独资企业的资产扣除负债后的净资产进行投资时，合伙企业应借记资产类科目，贷记负债类科目，同时，贷记"合伙人资本"科目。需要注意的是，本会计处理是从合伙企业的角度进行的，合伙人投入的资产是按照资产的公允价值反映的，合伙人投入资产的公允价值和账面价值的差额不在合伙企业的反映范围之内。

【例1-1】　A、B二人协商决定于20×8年1月1日联合开办一合伙企业。A投资现金600 000元，B以其原独资企业入伙。该独资企业20×8年1月1日的资产负债表显示：现金32 000元，设备800 000元，存货80 000元，应付账款120 000元。经评估确认，存货的公平市价为60 000元，设备的公平市价为920 000元。

合伙企业初始投资时的账务处理如下：

借：银行存款　　　　　　　　　　　　　　　　　　　　632 000

　　存货　　　　　　　　　　　　　　　　　　　　　　　60 000

固定资产	920 000	
贷：应付账款		120 000
合伙人资本——A		600 000
合伙人资本——B		892 000

1.2.2.2　不同计价方式下的会计处理

根据合伙协议，双方约定合伙人投入的资产的价值与其所获得的股权价值可能不等，因此，需要对合伙人的投资额和其获得的股权份额之间的差额进行重新认定。目前对此差额的处理方法主要有红利法和商誉法。

【例1-2】　A、B 两人投资成立合伙企业，A 投资 400 000 元，B 投资 360 000 元，各获得 50% 的股权。

（1）红利法。

红利法认为，如果某个合伙人投资额大于他所获得的股权份额，则此差额可认为是该合伙人给其他合伙人的补贴或红利。因此，应减少该合伙人的资本，而增加其他合伙人的资本。

按照红利法，A 投资额超过他所获得的股权份额的 20 000 元，是 A 给 B 的红利。账务处理如下：

①合伙企业收到 A、B 两个合伙人的投资。

借：银行存款	760 000	
贷：合伙人资本——A		400 000
合伙人资本——B		360 000

②反映 A 给 B 的红利。

借：合伙人资本——A	20 000	
贷：合伙人资本——B		20 000

③重新认定合伙企业的股权分配。

借：银行存款	760 000	
贷：合伙人资本——A		380 000
合伙人资本——B		380 000

（2）商誉法。

商誉法认为，某个合伙人之所以以较少的投资额获得了较高的股权份额，是因为他向合伙企业提供了商誉。因此，应把该合伙人的投资额和其获得的股权份额之间的差额认定为商誉。

按照商誉法，B 投资额低于他所获得的股权份额的 20 000 元，是 B 对企业投入的商誉。账务处理如下：

①合伙企业收到 A、B 两个合伙人的投资。

借：银行存款	760 000	
贷：合伙人资本——A		400 000
合伙人资本——B		360 000

②反映 B 提供的商誉。

借：商誉　　　　　　　　　　　　　　　　　　20 000

　　贷：合伙人资本——B　　　　　　　　　　　　　　　　　　20 000

③重新认定合伙企业的股权分配。

借：银行存款　　　　　　　　　　　　　　　　760 000

　　商誉　　　　　　　　　　　　　　　　　　20 000

　　贷：合伙人资本——A　　　　　　　　　　　　　　　　　390 000

　　　　合伙人资本——B　　　　　　　　　　　　　　　　　390 000

1.2.3　合伙企业的损益分配

1.2.3.1　合伙企业的损益计算及分配原则

合伙企业在损益计算上与其他企业的区别主要表现在以下两点：其一，明确区分合伙企业的费用与合伙人私人提款花费，合伙人的私人提款不是合伙企业的费用，而应减少该合伙人的资本；其二，合伙人的工资津贴与利息津贴是由合伙协议约定的一项损益分配项目，而不是合伙企业的费用。其中，合伙人的工资津贴是根据合伙人提供工作的情况所给予的劳务性津贴，合伙人的利息津贴是根据合伙人在合伙企业的投资额大于其他合伙人所给予的津贴。

通常情况下，合伙协议中要明确规定损益的分配原则和方法，如果协议中未明确载明，则可按平均比例进行分配。合伙企业在确定损益分配比例时，应考虑以下因素：①各合伙人的投资额；②各合伙人提供的劳务量，其衡量标准不仅要考虑合伙人为合伙企业经营所花费的时间，而且要考虑合伙人的经营能力、管理能力、社交能力等因素；③各合伙人承担的风险量，其衡量标准是合伙人投入的资本量及对合伙企业所负债务可能作为补偿的私人财产的数额。

1.2.3.2　合伙企业损益分配方法

合伙企业的损益分配账户设置比较简单，只需设置一个"损益汇总"账户即可。该账户用来反映合伙企业损益的形成和分配过程，借方记录本期从有关成本、费用和税金等账户转入的数额以及各合伙人对利润的分配，贷方记录本期从有关收入账户转入的数额及合伙人对亏损的弥补。合伙企业损益分配的方法主要包括约定比例分配法和资本比例分配法两大类。

（1）约定比例分配法。

约定比例分配法是指在考虑了影响损益分配的各因素后，事先在合伙协议中确定分配比例，并按该比例分配合伙企业损益的方法。

①净利润扣除工资津贴后的余额按约定比例分配。

【例1-3】 A、B、C 三人组建了一个合伙企业，20×8年实现净利润 450 000 元，根据合伙协议规定，三人本年的工资津贴分别为：30 000 元、40 000 元、50 000 元。企业净利润扣除本年合伙人的工资津贴后的余额按约定比例 3：3：4 的比例进行分配。具体分配情况如表 1-1 所示。

表 1-1　净利润分配表

（单位：元）

分配	合伙人			合计
	A	B	C	
净利润				450 000
工资津贴	30 000	40 000	50 000	120 000
余额分配	99 000	99 000	132 000	330 000
分配额合计	129 000	139 000	182 000	450 000

账务处理如下：

借：损益汇总　　　　　　　　　　　　　　　　　　　450 000

　　贷：合伙人资本——A　　　　　　　　　　　　　　　　　129 000

　　　　合伙人资本——B　　　　　　　　　　　　　　　　　139 000

　　　　合伙人资本——C　　　　　　　　　　　　　　　　　182 000

当合伙企业发生亏损时，也应该按约定比例在各合伙人之间进行分配。

【例1-4】　沿用例 1-3 的资料。各合伙人的工资津贴数额不变，企业损益扣除本年合伙人的工资津贴后的余额的分配比例不变。假设本年度该合伙企业发生亏损额为 40 000 元。具体分配情况如表 1-2 所示。

表 1-2　净利润分配表

（单位：元）

分配	合伙人			合计
	A	B	C	
净利润				−40 000
工资津贴	30 000	40 000	50 000	120 000
余额分配	−48 000	−48 000	−64 000	−160 000
分配额合计	−18 000	−8 000	−14 000	−40 000

账务处理如下：

借：合伙人资本——A　　　　　　　　　　　　　　　　18 000

　　合伙人资本——B　　　　　　　　　　　　　　　　　8 000

　　合伙人资本——C　　　　　　　　　　　　　　　　14 000

　　贷：损益汇总　　　　　　　　　　　　　　　　　　　40 000

②净利润扣除工资津贴、红利后的余额按约定比例分配。

【例1-5】　沿用例 1-3 的资料。假设合伙协议规定，合伙人 A 获得企业本期净利润的 5% 的红利，即 22 500 元，工资津贴不变，净利润扣除工资津贴、红利后的余额仍按 3∶3∶4 的比例分配。具体分配情况如表 1-3 所示。

账务处理如下：

借：损益汇总　　　　　　　　　　　　　　　　　　　450 000

　　贷：合伙人资本——A　　　　　　　　　　　　　　　　144 750

合伙人资本——B	132 250
合伙人资本——C	173 000

表1-3　净利润分配表

（单位：元）

分配	合伙人			合计
	A	B	C	
净利润				450 000
红利	22 500			22 500
工资津贴	30 000	40 000	50 000	120 000
余额分配	92 250	92 250	123 000	307 500
分配额合计	144 750	132 250	173 000	450 000

③净利润扣除工资津贴、利息津贴后的余额按约定比例分配。

【例1-6】　沿用例1-3的资料。假设合伙协议规定，合伙人C获得利息津贴15 000元，工资津贴不变，净利润扣除工资津贴、利息津贴后的余额仍按3:3:4的比例分配。具体分配情况如表1-4所示。

表1-4　净利润分配表

（单位：元）

分配	合伙人			合计
	A	B	C	
净利润				450 000
利息津贴			15 000	15 000
工资津贴	30 000	40 000	50 000	120 000
余额分配	94 500	94 500	126 000	315 000
分配额合计	124 500	134 500	191 000	450 000

账务处理如下：

借：损益汇总	450 000	
贷：合伙人资本——A		124 500
合伙人资本——B		134 500
合伙人资本——C		191 000

（2）资本比例分配法。

这种分配方法是合伙企业损益分配最常用的方法。如果合伙人投入的资本是合伙企业利润的主要来源，而其他因素影响损益分配的程度较小，或者其他因素在各合伙人之间基本相同，则可按各合伙人投入的资本额比例分配损益。但是，由于合伙企业的资本额是经常变动的，因此，在采用此种分配方法时，应当明确具体的时间和比例。资本比例分配法通常包括以下几种：期初资本比例分配法、期末资本比例分配法和加权平均资本比例分配法。

①期初资本比例分配法。

期初资本比例分配法是指按照损益分配期的期初资本额比例在各合伙人之间分配损益。

【例1-7】　假设 A、B、C 三人组建了一个合伙企业，20×8 年实现净利润 450 000 元。各合伙人期初的资本余额分别为：120 000 元、80 000 元和 200 000 元。合伙协议规定按期初资本余额分配损益。具体分配情况如表 1-5 所示。

表 1-5　净利润分配表

分配	合伙人			合计
	A	B	C	
期初资本余额（元）	120 000	80 000	200 000	400 000
分配比例（%）	30	20	50	100
净收益分配合计（元）	135 000	90 000	225 000	450 000

账务处理如下：

借：损益汇总　　　　　　　　　　　　　　　　　450 000
　　贷：合伙人资本——A　　　　　　　　　　　　　　　135 000
　　　　合伙人资本——B　　　　　　　　　　　　　　　90 000
　　　　合伙人资本——C　　　　　　　　　　　　　　　225 000

②期末资本比例分配法。

如果合伙企业在报告期内资本额变化较大，可采用期末资本比例在各合伙人之间分配损益。

【例1-8】　沿用例 1-7 的资料。假设，20×8 年 7 月 1 日，合伙人 B 增加资本 30 000 元，10 月 1 日，合伙人 A 增加资本 20 000 元。合伙协议规定按期末资本余额分配损益。具体分配情况如表 1-6 所示。

表 1-6　净利润分配表

分配	合伙人			合计
	A	B	C	
期初资本余额（元）	120 000	80 000	200 000	400 000
本期资本增加额（元）	20 000	30 000		50 000
期末资本余额（元）	140 000	110 000	200 000	450 000
分配比例（%）	31.11	24.44	44.44	100[①]
净收益分配合计（元）	140 000	110 000	200 000	450 000

①由于四舍五入，表中数字加总不等于100%。

账务处理如下：

借：损益汇总　　　　　　　　　　　　　　　　　450 000
　　贷：合伙人资本——A　　　　　　　　　　　　　　　140 000
　　　　合伙人资本——B　　　　　　　　　　　　　　　110 000
　　　　合伙人资本——C　　　　　　　　　　　　　　　200 000

③加权平均资本比例分配法。

即使资本额增加的时间不同，在报告期内对企业的贡献也不一样。如果在损益分配过程中不仅考虑了各合伙人资本增加的额度，同时又考虑了资本额增加的时间，那么就应该采用以时间为权数的加权平均资本比例分配法。

【例1-9】 沿用例1-8的资料。合伙协议规定按加权平均资本余额分配损益。具体分配情况如表1-7所示。

表 1-7 净利润分配表

分配	合伙人			合计
	A	B	C	
期初资本余额（元）	120 000	80 000	200 000	400 000
本期增加 时间	10月1日	7月1日		
本期增加 金额（元）	20 000	30 000		100 000
加权增加额（元）	5 000	15 000		20 000
平均资本余额（元）	125 000	95 000	200 000	420 000
分配比例（%）	29.76	22.62	47.62	100
净收益分配合计（元）	133 920	101 790	214 290	450 000

账务处理如下：

借：损益汇总　　　　　　　　　　　　　　　450 000

　贷：合伙人资本——A　　　　　　　　　　　　　133 920

　　　合伙人资本——B　　　　　　　　　　　　　101 790

　　　合伙人资本——C　　　　　　　　　　　　　214 290

合伙企业损益分配的约定比例分配法和资本比例分配法，是当代企业收益分配的两大主要类型。其中，资本比例分配法反映了同股同权的资本要求，是常用的收益分配方法；约定比例分配法则是同股不同权的表现，是相关资本投入方协商达成的收益分配协议的一部分，反映了资本投入方在资本投入以外的技术投入、客户关系投入、供应商关系投入、政治资源投入等因素的价值，否定了资本投入分配的唯一性，建立了收益分配的多元化。就好比我们每个人的价值和成功不应该仅仅用"升官发财"来衡量，还应该用对社会的贡献、对团体的贡献、对朋友的贡献、对家庭的贡献等综合因素来衡量，单一的评价标准往往有失偏颇。

1.3 合伙权益变动

合伙企业在经营过程中，由于种种原因，可能有新合伙人入伙，或者原合伙人退伙，这都会引起合伙权益的变动。

1.3.1 新合伙人入伙

合伙企业建立之后，为了筹集资金，扩大规模，或者根据业务的发展，需要有特定技能的人才加入，往往会有新的合伙人入伙。新合伙人入伙，必须征得原合伙人的同意，并修改原合伙协议或重新订立合伙协议。新合伙人可以采取购买原合伙人股权和向原合伙企业投资两种方式入伙。

1.3.1.1 购买原合伙人股权入伙

新合伙人可以向原合伙企业的一个或多个合伙人购买全部或部分股权入伙。这种方式不会影响原合伙企业的股权总额，只是原合伙人的股权全部或部分转让给了新合伙人。这种股权交易事项通常是在新旧合伙人之间进行的，转让价可能与原资本数额不一致，但这纯属新旧合伙人的私事，不属于合伙企业会计主体的业务，不会影响合伙企业的资本账户。在会计处理上，合伙企业只需将原合伙人资本明细账上的全部或部分金额转到新合伙人的资本明细账上即可。

【例1-10】 A 和 B 合伙经营一家企业，其资本额分别为 120 000 元和 80 000 元，双方商定按 6 : 4 的比例分配损益。征得原合伙人同意后，合伙人 C 以现金 70 000 元向 A 购买了 50% 的股权入伙。

分析： 本例中，虽然 C 支付了 70 000 元，但他只获得了 A 的股权的 50%，即 60 000 元的股权价值。C 购得 A 股权的 50% 后，新合伙企业的资本总额与原合伙企业相同，仍为 200 000 元，A、B、C 三人的股权比为 3 : 4 : 3。

合伙企业的账务处理如下：

借：合伙人资本——A   60 000
　贷：合伙人资本——C   60 000

1.3.1.2 向原合伙企业投资入伙

新合伙人通过向原合伙企业投资入伙，这种方式不会减少原合伙人的资本，但会增大合伙企业的资本规模。在此种情况下，新合伙人的入伙，标志着原合伙关系的终止和新合伙关系的建立。全体合伙人要根据新合伙人的能力和原合伙企业的获利情况，重新确定全体合伙人的资本额，并对企业的资产进行重新评估，将各项资产的账面价值调整为公允价值。

通过与原合伙人的协商，新合伙人最终取得的股权可能会出现以下三种情况：新合伙人取得的股权等于其投资额；新合伙人取得的股权大于其投资额，这表明新合伙人给企业带来了商誉；新合伙人取得的股权小于其投资额，这表明原合伙企业有商誉。下面我们依次进行分析。

（1）新合伙人取得的股权等于其投资额。

新合伙人向合伙企业投资入伙，如果合伙企业的资产没有被高估或低估的现象，新合伙人可以根据其投资金额取得相应的股权额。

【例1-11】 沿用例 1-10 的资料。假定合伙人 C 要求以现金投资入伙并取得 1/3 的股权。

分析： 本例中，原合伙企业 200 000 元的资本构成新合伙企业的 2/3，所以 C 需投资 100 000（=（120 000 + 80 000）÷ 2/3 × 1/3）元。

合伙企业的账务处理如下：

| 借：银行存款 | 100 000 | |
| 贷：合伙人资本——C | | 100 000 |

（2）新合伙人取得的股权大于其投资额。

在某些特殊情况下，如合伙企业急需资金，或者新合伙人具有合伙企业开展业务所需的独特技术和管理才能，或者新合伙人能给企业带来较高的声誉和较广的市场，原合伙人会以较优惠的条件吸引新合伙人入伙。新合伙人会取得高于其投资额的股权。对此种情况下投资的会计处理有红利法和商誉法两种。

【例1-12】 沿用例1-10的资料。假定原合伙人同意C以现金40 000元入伙，并取得1/3的股权。

①红利法。

新合伙人投入较低的资金取得了较高的股权，其差额由原合伙人分担，可视为原合伙人给新合伙人的红利。

分析： 本例中，新合伙人C入伙后，合伙企业的资本额为240 000元，C取得1/3的股权，即80 000元的股权价值，其投资额与所获的股权额的差额40 000元为原合伙人给新合伙人的红利，假设由A、B平分。

合伙企业的账务处理如下：

借：银行存款	40 000	
合伙人资本——A	20 000	
合伙人资本——B	20 000	
贷：合伙人资本——C		80 000

②商誉法。

新合伙人入伙时投资额小于其所占的新合伙企业的股权额的差额计作商誉，表明此差额是新合伙人给合伙企业带来的商誉。

分析： 本例中，新合伙人C入伙后，合伙企业的资本额为240 000元，并取得1/3的股权，即80 000元的股权价值，其投资额与所获的股权额的差额40 000元为新合伙人给合伙企业带来的商誉。

合伙企业的账务处理如下：

借：银行存款	40 000	
商誉	40 000	
贷：合伙人资本——C		80 000

③新合伙人取得的股权小于其投资额。

如果合伙企业已经经营多年，具有较强的获利能力，此时新合伙人提出入伙，原合伙人可能要求新合伙人付出较高的投资额而取得低于其投资额的股权份额。对此种情况下投资的会计处理也有红利法和商誉法两种。

【例1-13】 沿用例1-10的资料。假定原合伙人要求C以现金106 000元入伙，并取得1/3的股权。

①红利法。

新合伙人的投资额大于其所获得的股权额的差额计入原合伙人的资本账户，作为新合伙人给原合伙人的红利。

分析：本例中，新合伙人 C 入伙后，合伙企业的资本额为 306 000 元，C 取得 1/3 的股权，即 102 000 元的股权价值，其投资额与所获的股权额的差额 4 000 元为新合伙人给原合伙人的红利，假设由 A、B 平分。

合伙企业的账务处理如下：

借：银行存款　　　　　　　　　　　　　　　　　　　　106 000

　　贷：合伙人资本——A　　　　　　　　　　　　　　　　　　　2 000

　　　　合伙人资本——B　　　　　　　　　　　　　　　　　　　2 000

　　　　合伙人资本——C　　　　　　　　　　　　　　　　　　102 000

②商誉法。

新合伙人入伙后，合伙企业的股权总额与投资总额之间的差额记作合伙企业商誉。

分析：本例中，新合伙人 C 入伙后，合伙企业的股权总额为 318 000（=106 000×3）元，而合伙企业的资本总额为 306 000 元，二者的差额 12 000 元是合伙企业的商誉。假设这部分商誉由 A、B 平分。

合伙企业的账务处理为：

借：银行存款　　　　　　　　　　　　　　　　　　　　106 000

　　商誉　　　　　　　　　　　　　　　　　　　　　　　12 000

　　贷：合伙人资本——甲　　　　　　　　　　　　　　　　　　6 000

　　　　合伙人资本——乙　　　　　　　　　　　　　　　　　　6 000

　　　　合伙人资本——丙　　　　　　　　　　　　　　　　　106 000

1.3.2　原合伙人退伙

除死亡和丧失行为能力而自然退伙外，合伙人如果因未履行合伙协议义务、因故意或重大过失给合伙企业造成损失等，在经过其他合伙人同意的情况下也可以退伙。

具体的退伙方式主要有两种：退伙人将股权售予其他合伙人或新合伙人，或退伙人从合伙企业抽出资本。

当退伙人退出合伙企业时，若合伙企业仍然继续经营，则合伙企业要与退伙人结清账目。合伙人退伙结账处理时应注意以下事项：①要对合伙企业的资产进行重新评估，账目结算要以退伙时合伙企业的资产状况为准；②退伙人的股权要以现金的形式清偿。

若退伙人将股权售予其他合伙人或新合伙人，售价的确认与支付是合伙会计主体以外的合伙人之间的个人事务，合伙企业只需做资本转账的会计处理即可。

若退伙人从合伙企业抽出资本，根据退伙人资本账户余额与退伙金之间的数量关系，退伙主要有三种情况：①退伙金等于退伙人资本账户余额；②退伙金小于退伙人资本账户余额；③退伙金大于退伙人资本账户余额。

【例1-14】　A、B、C三人共同拥有一个合伙企业，损益分配比例为4∶4∶2，现合伙人C决定退伙，退伙日三人的资本余额分别为：180 000元、120 000和100 000元。

（1）退伙金等于退伙人资本账户余额。

合伙企业账务处理如下：

借：合伙人资本——C　　　　　　　　　　　　　　　　100 000
　　贷：银行存款　　　　　　　　　　　　　　　　　　　　　　100 000

（2）退伙金小于退伙人资本账户余额。

如果合伙人一致认为C退伙时合伙企业的账面价值被高估了，则应重新评估企业资产价值，调整合伙人资本账户，以调整后的退伙人资本账户余额退还给C。如果原合伙企业的资本账户无须进行调整，则退伙金小于退伙人资本账户余额的差额表示退伙人给其他合伙人的红利，按合伙人损益分配比例计入其他合伙人资本账户。

本例中，经协商，A、B合伙人同意退给C 90 000元。

合伙企业账务处理如下：

借：合伙人资本——C　　　　　　　　　　　　　　　　100 000
　　贷：合伙人资本——A　　　　　　　　　　　　　　　　　　 5 000
　　　　合伙人资本——B　　　　　　　　　　　　　　　　　　 5 000
　　　　银行存款　　　　　　　　　　　　　　　　　　　　　 90 000

（3）退伙金大于退伙人资本账户余额。

如果合伙人一致认为C退伙时，合伙企业存在未入账的商誉或合伙企业的账面价值被低估了，则应重新评估企业资产价值，调整合伙人资本，以调整后的退伙人资本账户余额退还给C。处理方法有红利法和商誉法两种。

本例中，合伙企业资产重估后确定设备升值20 000元。经协商，A、B合伙人同意退给C 120 000元。

①红利法。

在红利法下，合伙企业退给退伙人的资金超过其调整后资本账户余额的部分作为其他合伙人给退伙人的红利。

合伙企业账务处理如下。

第一步，重新评估企业资产价值，调整合伙人资本。

借：固定资产　　　　　　　　　　　　　　　　　　　　20 000
　　贷：合伙人资本——A　　　　　　　　　　　　　　　　　　 8 000
　　　　合伙人资本——B　　　　　　　　　　　　　　　　　　 8 000
　　　　合伙人资本——C　　　　　　　　　　　　　　　　　　 4 000

第二步，A、B给C红利16 000（=120 000-（100 000＋4 000））元。

借：合伙人资本——A　　　　　　　　　　　　　　　　 8 000
　　合伙人资本——B　　　　　　　　　　　　　　　　 8 000
　　贷：合伙人资本——C　　　　　　　　　　　　　　　　　　16 000

第三步，合伙企业支付C退伙金。

借：合伙人资本——C　　　　　　　　　　　　　　　　　120 000
　　贷：银行存款　　　　　　　　　　　　　　　　　　　　　　　　120 000

②商誉法。

在商誉法下，合伙企业退给退伙人的资金超过其资本账户余额的部分作为商誉处理。实务中有退伙人商誉法和全部合伙人商誉法两种。

合伙企业账务处理如下。

第一步，重新评估企业资产价值，调整合伙人资本的账户同红利法。

第二步，确定商誉。

在退伙人商誉法下，合伙企业退给退伙人的资金超过其资本账户余额的部分确定为商誉，只调整退伙人资本账户。

本例中，商誉为 16 000（=120 000-（100 000+4 000））元。

借：商誉　　　　　　　　　　　　　　　　　　　　　　　16 000
　　贷：合伙人资本——C　　　　　　　　　　　　　　　　　　　16 000

在全部合伙人商誉法下，依据合伙企业退给退伙人的资金超过其资本账户余额的部分重新评估合伙企业商誉，同时调整所有合伙人的资本账户。

本例中，合伙企业的商誉重新估价为：（120 000-（100 000+4 000））÷20%=80 000 元。

借：商誉　　　　　　　　　　　　　　　　　　　　　　　80 000
　　贷：合伙人资本——A　　　　　　　　　　　　　　　　　　　32 000
　　　　合伙人资本——B　　　　　　　　　　　　　　　　　　　32 000
　　　　合伙人资本——C　　　　　　　　　　　　　　　　　　　16 000

第三步，合伙企业支付 C 退伙金的分录同红利法。

新合伙人的入伙、原合伙人的退伙均会引起合伙权益的变动，无论"入伙""退伙"都是合伙人在相关规则下的自由行为，不能强制，更不能歧视。有点像是每个人的朋友圈也在不断更新，"结识新朋友，不忘老朋友"是扩大朋友圈、提升自身素养以及维持朋友圈价值的基本出发点和理念。

1.4　合伙企业的解散与清算

1.4.1　合伙企业解散、清算的程序

合伙企业因经营期届满，或因未达到合伙经营目标等原因，可能会终止经营，宣布解散，进行清算。

清算人由全体合伙人担任，经全体合伙人过半数同意，可以自合伙企业解散事由出现后的 15 日内指定一个或者数个合伙人，或者委托第三人，担任清算人。自合伙企业解散事由出现之日起 15 日内未确定清算人的，合伙人或者其他利害关系人可以申请人民法院指定清算人。

合伙企业的清算主要包括如下程序：

（1）清理和变卖合伙企业财产；

（2）清缴所欠税款，清理债权、债务；

（3）计算并分配清算损益；

（4）分配剩余财产。

在清偿债务时，应首先偿还合伙人以外的债务，然后再偿还合伙人的债务。如果合伙企业的财产不足以清偿企业债务，合伙人应以其个人财产清偿，个人财产不足以清偿的，应按损益分配比例由其他合伙人共同清偿。

这一清偿顺序和原则是最大限度维护债权人权益的需要，是普通合伙企业无限责任的体现，也是合伙人兑现"入伙"时承诺的需要。合伙企业作为利益共同体，合伙人之间既是利益关系，也是朋友关系，朋友之间就应该相互理解、相互支持、相互帮助、真诚相待。

1.4.2 合伙企业清算方法

合伙企业在进行清算账务处理时需要设置"清算损益"账户，用以反映清算过程中发生的清算费用和资产变现及债权债务的清算损益。该账户的余额按损益分配比例分配转入"合伙人资本"账户。

在清算过程中，合伙企业可以将所有非现金资产一次变现，在支付清算费用和偿还全部债务后，一次性地将剩余财产分配给合伙人，这种清算方法称为一次清算法；反之，合伙企业也可以将非现金资产分次变现，分次将剩余财产分配给合伙人，这种清算方法称为分次清算法。

1.4.2.1 一次清算法

【例1-15】 A、B、C三人合伙经营一个合伙企业 S。20×7 年 12 月 31 日，该合伙企业宣告解散，进入清算。20×7 年 12 月 31 日，S 合伙企业的资产负债情况如表 1-8 所示。假设损益分配比例为 4:4:2，其他资产出售所得为 200 000 元。

表 1-8 合伙企业资产负债表

20×7 年 12 月 31 日　　　　　　　　　　　　　　　　　（单位：元）

资产	金额	负债及所有者权益	金额
银行存款	20 000	应付账款	40 000
其他资产	160 000	合伙人资本——A	70 000
		合伙人资本——B	50 000
		合伙人资本——C	20 000
合　计	180 000	合　计	180 000

合伙企业账务处理如下。

第一步，变现非现金资产。

借：银行存款	200 000	
贷：其他资产		160 000
清算损益		40 000

第二步，清偿债务。

借：应付账款	40 000	
贷：银行存款		40 000

第三步，分配清算损益。

借：清算损益	40 000	
贷：合伙人资本——A		16 000
合伙人资本——B		16 000
合伙人资本——C		8 000

第四步，分配剩余财产。

本例中，清算损益分配之后，合伙人的资本账户分别为：86 000 元、66 000 元、28 000 元，共 180 000 元，而合伙企业的资产账户余额也为 180 000（=20 000 + 200 000-40 000）元，两个账户余额相等。

借：合伙人资本——A	86 000	
合伙人资本——B	66 000	
合伙人资本——C	28 000	
贷：银行存款		180 000

【例1-16】　沿用例 1-15 的资料。20×7 年 12 月 31 日，S 合伙企业的资产负债表及损益分配比例不变，假设其他资产出售所得为 100 000 元。

合伙企业账务处理如下。

第一步，变现非现金资产。

借：银行存款	100 000	
清算损益	60 000	
贷：其他资产		160 000

第二步，清偿债务。

借：应付账款	40 000	
贷：银行存款		40 000

第三步，分配清算损益。

借：合伙人资本——A	24 000	
合伙人资本——B	24 000	
合伙人资本——C	12 000	
贷：清算损益		60 000

第四步，分配剩余财产。

本例中，清算损益分配之后，合伙人的资本账户分别为：46 000 元、26 000 元、8 000 元，共 80 000 元，而合伙企业的资产账户余额也为 80 000（=20 000 + 100 000−40 000）元，两个账户余额相等。

借：合伙人资本——A	46 000	
合伙人资本——B	26 000	
合伙人资本——C	8 000	
贷：银行存款		80 000

【例1-17】 沿用例 1-15 的资料。20×7 年 12 月 31 日，S 合伙企业的资产负债情况不变，假设损益分配比例为 4∶2∶4，其他资产出售所得为 100 000 元。

合伙企业账务处理如下。

第一步，变现非现金资产。

借：银行存款	100 000	
清算损益	60 000	
贷：其他资产		160 000

第二步，清偿债务。

借：应付账款	40 000	
贷：银行存款		40 000

第三步，分配清算损益。

借：合伙人资本——A	24 000	
合伙人资本——B	12 000	
合伙人资本——C	24 000	
贷：清算损益		60 000

第四步，分配剩余财产。

本例中，清算损益分配之后，合伙人 A 和 B 的资本账户仍为贷方余额，分别为：46 000 元、38 000 元，而合伙人 C 的资本账户为借方余额 4 000 元。当 C 的个人财产不能补足亏损时，C 的资本账户的借方余额应作为合伙企业的损失，由 A、B 两位合伙人按损益分配比例分摊。A 分摊的损失为：2 666（=4 000×4/6）元，B 分摊的损失为 1 334（=4 000×2/6）元。分摊后，A、B 的资本账户余额分别为：43 334（=46 000−2 666）元和 36 666（=38 000−1 334）元。之后，将合伙企业的资产账户余额 80 000（=20 000 + 100 000−40 000）元在 A、B 两位合伙人之间分配。

分摊损失如下：

借：合伙人资本——A	2 666	
合伙人资本——B	1 334	
贷：合伙人资本——C		4 000

分配剩余财产如下：

借：合伙人资本——A	43 334	
合伙人资本——B	36 666	
贷：银行存款		80 000

1.4.2.2　分次清算法

在分次清算法下，由于合伙企业的非现金资产不是一次变现，因此合伙企业最后的清算损益很难确定，而且各合伙人的合伙人资本账户的余额与损益分配比例往往不一致。如果合伙人在资本账户余额中所占比例高，而在损益分配中所占比例低，那么其承担损失的能力较强；反之，如果合伙人在资本账户余额中所占比例低，而在损益分配中所占比例高，那么其承担损失的能力较弱。因此，分次分配剩余财产时，前一种合伙人应当先分配，后一种合伙人应当后分配，以便逐步使各合伙人的合伙人资本账户余额的比例与合伙人损益分配比例相一致，以免出现先分得财产，而后合伙人资本账户亏空的现象。因此，在清算工作开始之前，必须编制现金分配计划。

【例 1-18】 沿用例 1-15 的资料。20×7 年 12 月 31 日，S 合伙企业的资产负债情况不变，假设损益分配比例为 4∶4∶2，在清理的第一个月内，120 000 元的其他资产出售所得为200 000 元。

合伙企业的账务处理如下。

第一步，计算各合伙人可承担资产变现损失的能力。

本例中，A、B、C 三位合伙人可承担损失的能力如表 1-9 所示。

表 1-9　各合伙人承担资产变现损失能力表

合伙人	资本余额（元）①	损益分配比例②	可抵销的资产变现损失（元）③ = ① ÷ ②
A	70 000	4/10	175 000
B	50 000	4/10	125 000
C	20 000	2/10	100 000
合计	140 000	10/10	400 000

由表 1-9 可看出，合伙人 A 承担资产变现损失的能力最强，B 次之，C 最弱。当合伙企业发生 100 000 元的资产变现损失时，C 的资本账户余额为 0，而超过 100 000 元的资产变现损失则只能由其他合伙人承担。

第二步，计算抵销最小资产变现损失后各合伙人的资本账户余额。

本例中，假设本期发生 100 000 元的资产变现损失，A、B、C 三位合伙人抵销最小资产变现损失后各合伙人的资本账户余额如表 1-10 所示。

表 1-10　抵销资产变现损失后各合伙人资本余额

合伙人	资本余额（元）①	损益分配比例②	抵销资产变现损失（元）③ = 100 000 × ②	抵销后资本余额（元）④ = ① - ③
A	70 000	4/10	40 000	30 000
B	50 000	4/10	40 000	10 000
C	20 000	2/10	20 000	0
合计	140 000	10/10	100 000	40 000

从表 1-10 可看出，抵销 100 000 元的资产变现损失后，合伙人 C 的资本账户余额为 0。

第三步，按同样原理重新计算其余合伙人承担损失的能力和抵销资产变现损失后各合伙人的资本账户余额。

本例中，A、B 两位合伙人可承担损失的能力如表 1-11 所示。

表 1-11 各合伙人承担资产变现损失能力表

合伙人	资本余额（元）①	损益分配比例②	可抵销的资产变现损失（元）③ = ① ÷ ②
A	30 000	4/8	60 000
B	10 000	4/8	20 000
合计	40 000	8/8	80 000

本例中，假设本期发生 20 000 元的资产变现损失，A、B 两位合伙人抵销最小资产变现损失后各合伙人的资本账户余额如表 1-12 所示。

表 1-12 抵销资产变现损失后各合伙人资本余额

合伙人	资本余额（元）①	损益分配比例②	抵销资产变现损失（元）③ = 20 000 × ②	抵销后资本余额（元）④ = ① − ③
A	30 000	4/8	10 000	20 000
B	10 000	4/8	10 000	0
合计	40 000	8/8	20 000	20 000

从表 1-12 可看出，抵销 20 000 元的资产变现损失后，合伙人 B 的资本账户余额为 0。

第四步，编制现金分配计划。

本例中，本期其他资产出售所得价款为 200 000 元，加上期初的 20 000 元，本期可供分配的款项为 220 000 元，具体分配情况如表 1-13 所示。

表 1-13 现金分配计划表

（单位：元）

项目	分配数额	分配对象				分配比例
		债权人	A	B	C	
第一次	40 000	40 000				
第二次	20 000		20 000			
第三次	40 000		20 000	20 000		4 : 4
第四次	120 000		48 000	48 000	24 000	4 : 4 : 2
合计	220 000	40 000	88 000	68 000	24 000	

◈ 本章小结

合伙企业是指由两人或两人以上自然人、法人和其他组织订立合伙协议，共同出资、合伙经营、共享收益、共担风险的营利性组织。按照合伙人所承担责任的不同，合伙企业分为普通合伙企业和有限合伙企业，并分别于合伙企业名称中标明"普通合伙"和"有限合伙"字样。其中，普通合伙人对合伙企业债务承担无限连带责任，有限合伙人以其认缴的出资额为限对合伙企业债务承担责任。

合伙企业会计处理主要包括初始投资的会计处理，涉及合伙企业权益账户的设置、不同投资方式下的会计处理、不同计价方式下的会计处理；合伙企业损益分配的会计处理，涉及损益分配原则、约定比例分配法、资本比例分配法；合伙企业权益变动的会计处理，涉及新合伙人入伙和原合伙人退伙两种情况；合伙企业解散清算的会计处理，涉及解散清算的程序、一次清算法和分次清算法等。

◈ 思考题

1. 简述合伙企业初始投资的不同投资方式下的会计处理方法。
2. 简述合伙企业初始投资的不同计价方式下的会计处理方法。
3. 简述合伙企业的主要特征。
4. 合伙人损益分配的资本比例法包括哪几种?
5. 简述合伙企业权益变动的几种情况及其会计处理。
6. 简述合伙企业的清算程序和清算方法。
7. 简述合伙企业现金分配计划的编制程序。

◈ 练习题

1. 不定项选择题

（1）下列事项中，属于合伙企业特征的为（　　　）。

    A. 财产共有　　　B. 相互代理
    C. 无限责任　　　D. 无限寿命

（2）当合伙人以非现金资产投资，借记资产类科目时，合伙企业非现金资产的正确入账价值为（　　　）。

    A. 账面价值　　　B. 公允价值
    C. 未来收益的现值　D. 重置成本

（3）当合伙人以原独资企业的资产扣除负债后的净资产进行投资时，合伙人投入资产的公允价和账面价的差额不属于（　　　）。

    A. 合伙企业的收入
    B. 合伙企业费用
    C. 合伙企业的资产
    D. 合伙企业的反应范围之内

（4）红利法认为，如果某个合伙人投资额大于他所获得的股权份额，则此差额可确认为（　　　）。

    A. 该合伙人给其他合伙人的补贴或红利
    B. 其他合伙人给该合伙人的补贴或红利
    C. 该合伙人给其他合伙人带来的损失
    D. 其他合伙人给该合伙人带来的损失

（5）在商誉法下，合伙人丙投资 12 000 元，取得原合伙人甲和乙经营的合伙企业 1/3 股权，丙投资前，合伙企业的资本账户余额为 30 000 元，丙入伙后，其资本为（　　　）元。

    A. 12 000　　　B. 18 000
    C. 10 000　　　D. 14 000

（6）合伙企业在清偿债务时，下列事项正确的为（　　　）。

    A. 所有债务一次偿还
    B. 首先偿还合伙人的债务，然后再偿还合伙人以外的债务
    C. 首先偿还合伙人以外的债务，然后再偿还合伙人的债务
    D. 分利以后偿还

（7）某合伙企业的损益分配比例是 4：4：2，清算损益分配之后，合伙人的资本账户分别为：8 000 元、10 000 元、12 000 元，此时合伙企业有剩余财产 15 000 元，则合伙人对剩余财产的分配额分别为（　　　）元。

    A. 8 000、10 000、12 000
    B. 10 000、10 000、10 000
    C. 12 000、12 000、6 000
    D. 8 000、8 000、4 000

（8）甲、乙、丙三人的合伙企业，按约定比例 4：2：4 分配损益，20×7 年，该合伙企业发生经营亏损 24 000 元，合伙人丙的应该承担的损失为（　　　）元。

    A. 无法确定，合伙企业没有规定损失承担的比例
    B. 2 400
    C. 9 600
    D. 4 800

（9）如果合伙企业的财产不足以清偿企业债务，合伙人应以其个人财产清偿，个人财产不足以清偿的，下列事项正确的为（　　）。

A. 无法确定，合伙企业没有规定债务清偿比例

B. 放弃清偿

C. 借款清偿

D. 应按损益分配比例由其他合伙人共同清偿

（10）如果合伙人在资本账户余额中所占比例高，而在损益分配中所占比例低，那么，在分次分配剩余财产时，对该合伙人正确的处理为（　　）。

A. 后分配

B. 先分配

C. 与其他合伙人同时分配

D. 不参与剩余财产分配

2. 判断题

（1）合伙企业是指由两个自然人、法人和其他组织订立合伙协议，共同出资、合伙经营、共享收益、共担风险的营利性组织。（　　）

（2）有限合伙企业由至少一名普通合伙人和有限合伙人组成，普通合伙人对合伙企业债务承担无限连带责任，有限合伙人以其认缴的出资额为限对合伙企业债务承担责任。（　　）

（3）合伙人对合伙企业的债务承担的偿还责任以其出资额为限，当合伙企业无力偿还到期债务时，合伙人的个人财产不会遭到侵蚀。（　　）

（4）合伙企业的寿命以全体合伙人持续拥有合伙企业的时间长度为限。所以说，合伙企业的寿命是有限的。（　　）

（5）合伙企业会计与其他企业会计的不同之处在于往来账户和所有者权益账户的设置。（　　）

（6）当合伙人以非现金资产投资时，合伙企业根据非现金资产的账面价值，借记"存货""固定资产""无形资产"等科目，贷记"合伙人资本"科目。（　　）

（7）红利法认为，如果某个合伙人投资额大于他所获得的股权份额，则此差额可认为是其他合伙人给该合伙人的补贴或红利。因此，应增加该合伙人的资本，而减少其他合伙人的资本。（　　）

（8）合伙企业损益分配的方法主要包括一次分配法和分次分配法两大类。（　　）

（9）新合伙人可以向原合伙企业的一个或多个合伙人购买全部或部分股权入伙。这种方式不会影响原合伙企业的股权总额，只是原合伙人的股权全部或部分转让给了新合伙人。（　　）

（10）合伙企业在进行清算账务处理时需要设置"收益汇总"账户，用以反映清算过程中发生的清算费用和资产变现及债权债务的清算损益。该账户的余额按损益分配比例分配转入"合伙人资本"账户。（　　）

3. 计算及分析题

（1）A、B两人投资成立一个合伙企业，投资额分别为600 000元和560 000元，各获得50%的股权。要求：分别用商誉法和红利法编制该合伙企业初始投资时的会计分录。

（2）假设合伙人A、B的资本余额分别为100 000元和80 000元，损益平均分配。二人同意新合伙人C向A、B各投入50 000元，获得各自50%的股权。要求：编制合伙人C入伙时的会计分录。

（3）某合伙企业的合伙人A、B、C和D的资本余额分别为160 000元、100 000元、100 000元和40 000元。四位合伙人同意新合伙人E投资入伙。

要求： 在下述三种情况下，分别用商誉法和红利法编制新合伙人 E 投资入伙的会计分录。

① 新合伙人 E 向合伙企业投入资金 100 000 元，获得合伙企业 1/5 的股权。

② 新合伙人 E 向合伙企业投入资金 120 000 元，获得合伙企业 1/5 的股权。

③ 新合伙人 E 向合伙企业投入资金 40 000 元，获得合伙企业 1/5 的股权。

（4）A、B、C 三人合伙经营一个合伙企业 M。20×7 年 12 月 31 日，该合伙企业宣告解散，进入清算，M 合伙企业的资产负债情况如表 1-14 所示。假设损益分配比例为 4：4：2。在清理的第一个月内，120 000 元其他资产出售所得为 200 000 元。

要求： 编制 M 合伙企业的现金分配计划。

表 1-14　资产负债表

20×7 年 12 月 31 日　　　　　　　（单位：元）

资产	金额	负债及所有者权益	金额
银行存款	20 000	应付账款	40 000
其他资产	160 000	合伙人资本——A	70 000
		合伙人资本——B	50 000
		合伙人资本——C	20 000
合计	180 000	合计	180 000

第 2 章
CHAPTER 2

企业合并会计

§ **思政导语**

"一加一大于二"源于二者的协同效应——做大不等于做强，因为一定时空中事物的能量是有限的。

"多个朋友多条路"源于朋友间的互助——朋友遍天下不等于无所不能，因为一定时空中朋友的能量是有限的。

§ **本章导读**

通过本章的学习，读者可以了解企业合并的概念、分类和会计处理的基本原则等，掌握同一控制下和非同一控制下的企业合并会计处理，理解企业合并的信息披露。

§ **本章思政引导案例**

吉利收购沃尔沃的协同效应

欧盟中国商会与全球知名咨询公司罗兰贝格联合发布的《中国企业在欧发展报告（2019）》称，中欧企业通过深度合作实现了多元化资源共享，强化了企业发展协同。例如，三一重工收购德国普茨迈斯特，共享产品名录及渠道资源；吉利集团收购沃尔沃汽车后，在研发、采购、生产各环节皆实现了协同效益；杰克缝纫机收购德国奔马、拓卡，拓展全球化市场……一系列报告指出，中国企业通过并购与欧洲企业深度合作，促进了协同发展。

自2010年吉利成功收购沃尔沃以来，双方业绩均迎来长足增长。吉利更是为沃尔沃带来起死回生的机会，销售额和雇用员工数量均实现翻倍提升；吉利也借力沃尔沃从中国本土中低端品牌华丽转身，成为汽车领域的新一代热门企业，实为双赢。

吉利控股完成并购沃尔沃后，立即开展沃尔沃4个项目的国产申请，帮助沃尔沃实现产能扩张。在此之前，沃尔沃在中国并无本土工厂，如今经国务院批准的 4 家工厂已实现从发动机到整车的生产，部分车型还可供应沃尔沃欧美市场，如成都工厂 2016 年向美国市场出口了 3 500 辆 S60L 型车。

吉利收购沃尔沃后在研发、采购、生产各环节皆实现了协同效益。整合后的公司成立了联合成本与采购委员会，实现了采购协同效应。该委员会一方面通过更大规模的集体采购提升议价能力，另一方面充分发挥沃尔沃对供应商质量的严格管理评估体系优势，把控产品质量。因此在具体采购过程中，吉利侧重商务谈判，沃尔沃侧重供应商质量管理，双方默契合作，实现采购成本的有效缩减。2012 年开建的张家口发动机厂就在该委员会的助力下实现了采购成本降低 20%。

吉利和沃尔沃还在瑞典合作建立中欧汽车研发中心（CETV），增强了研发实力。2018 年研发中心投入超 30 亿瑞典克朗，拥有超 3 000 名研发人员。双方在此研发中心共同开发的首个中级车基础模块架构 CMA（compact modular architecture）推动了沃尔沃全球第二畅销车型 XC40 的诞生，以及更加高效、环保、节能的 Drive-E 动力总成平台的问世。

此外，双方还通过合作建立新的子品牌谋求未来发展新动能。2017 年，吉利控股集团、吉利汽车控股有限公司和沃尔沃汽车集团共同成立了领克汽车合资公司，为双方的长远发展构筑业务新擎。领克产品的开发基于双方共同开发的 CMA 基础模块架构，主打与沃尔沃、吉利自身定位不同的全球都市年轻化消费群体市场。其中，领克 01 准量产车和 03 概念车市场反响强烈，上市一年多来，在中国累计总销量已达 18 万辆，经销商覆盖中国 230 多个城市，为吉利与沃尔沃双方带来了巨大的经济效益。

资料来源：https://baijiahao.baidu.com/s?id=1648693750902739737&wfr=spider&for=pc.

问题：

1. 如何理解协同效应？

2. 合作共赢是如何给公司带来收益的？

3. 除了协同效应，企业合作还能为双方发展带来什么好处？

2.1　企业合并的概念及分类

在经济和信息全球化的进程中，并购作为经济发展的内在动力和外在压力的基本表现形式，不仅屡次掀起高潮，而且贯穿经济发展的始终。显然，成功的并购能给企业带来巨大的经济效益和社会效益。

2.1.1　企业合并的相关概念

2.1.1.1　企业合并

企业合并是将两个或者两个以上单独的企业（主体）合并形成一个报告主体的交易或事项。从会计角度看，交易是否构成企业合并主要应关注两个方面。

一是被购买方（或被合并方）是否构成业务。企业合并的结果通常是一个企业取得了对一个或多个业务的控制权。其中，业务是指企业内部某些生产经营活动或资产负债的组合，该组合具有投入、加工处理过程和产出能力，能够独立计算其成本费用及产生的收入，但一般不构成一个企业，不具有独立的法人资格，如企业的分公司、独立的生产车间、不具有法人资格的分部等。

二是交易发生前后是否涉及对标的业务控制权的转移。从企业合并的定义看，是否形成企业合并，关键要看有关交易或事项发生前后，是否引起报告主体的变化。报告主体的变化产生于控制权的变化。这个定义分为几个层次：企业合并的目的是一个报告主体通过对另一个报告主体所拥有所有权的方式实现对另一个报告主体的控制；企业合并可以是一个企业对另一企业，也可以一个企业对多个企业，即不仅仅包括企业与企业之间的合并，还包括一个企业对另一个企业业务的合并；企业合并后，被合并企业可以保留法人资格，也可以不保留法人资格，但合并后的报告主体只有一个。

需要注意的是，我国 2006 年颁发的《企业会计准则第 20 号——企业合并》规定，下列事项不能列为企业合并。

一是两方或者两方以上形成合营企业的企业合并。因为合营各方对合营企业生产经营活动实行共同控制，并不存在占主导地位的控制方。

二是仅通过合同而不是所有权份额将两个或者两个以上单独的企业合并成一个报告主体的企业合并。因为尽管一个企业能够通过非股权因素对另外一个企业实施控制，但因无法明确计量合并成本，或者不发生任何合并成本，因而不能按照企业合并准则的规范进行会计处理。

2.1.1.2　合并日或购买日

企业应在合并日或购买日确认因企业合并取得的资产和负债。根据企业会计准则的规定，合并日或购买日是指合并方或购买方实际取得对被合并方或被购买方控制权的日期，即被合并方或被购买方的净资产或生产经营决策的控制权转移给合并方或购买方的日期。实现同一控制的日期为"合并日"，实现非同一控制的日期为"购买日"。

2.1.1.3　控制权的转移

企业合并的概念中所谓"报告主体的变化"来自控制权的变化。控制是指有权决定一个企业的财务和经营政策，并能据以从该企业的经营活动中获取利益。同时满足下列条件的，通常可认为实现了控制权的转移：

（1）企业合并合同或协议已获股东大会等通过；

（2）企业合并事项需要经过国家有关主管部门审批的，已获得批准；

（3）参与合并各方已办理了必要的财产权转移手续；

（4）合并方或购买方已支付了合并价款的大部分（一般应超过 50%），并且有能力、有计划支付剩余款项；

（5）合并方或购买方实际上已经控制了被合并方或被购买方的财务和经营政策，并享有相应的利益，承担相应的风险。

2.1.2　企业合并的分类

企业合并有各种不同的方式，这些方式受法律、税收、行业跨度以及其他原因的影响和约束。企业合并按不同的标准有不同的分类，通常我们将企业合并按合并的法律形式、合并企业的行业跨度以及参与合并企业的控制主体进行分类。

2.1.2.1　按合并的法律形式分类

企业合并按照法律形式可分为吸收合并、创立合并和控股合并三种。

（1）吸收合并。

吸收合并也称为兼并，是指一个企业通过发行股票、支付现金或发行债券等方式取得其他一个或若干个企业。吸收合并完成后，只有合并方仍保持原来的法人资格，被合并企业失去其原来的法人资格而作为合并企业的一部分从事生产经营活动。如甲公司兼并了乙公司，可表示为：甲公司＋乙公司＝甲公司，即甲吸收合并乙，合并后乙不存在，法律主体消失，二者合并为一个新的甲公司。在这种合并形式下，合并双方既形成了同一个报告主体，也形成了同一个法律主体。

在吸收合并中，合并方取得被合并方的全部净资产，并将有关资产、负债并入合并方自身的账簿和报表进行核算。企业合并后，被合并方的法人资格注销，合并方持有被合并方的资产、负债，并在新的基础上继续经营。

因被合并方（或被购买方）的法人资格在合并发生以后被注销，从合并方（或购买方）的角度需要解决的问题是，其在合并日取得的被合并方的资产、负债入账价值的确定，以及为了进行企业合并支付的对价与所取得被合并方资产、负债的入账价值之间存在的差额的处理。企业合并之后，合并方应将合并中取得的资产、负债作为本企业的资产、负债核算。

（2）创立合并。

创立合并也就是《中华人民共和国公司法》中所称的新设合并，是指合并是两个或两个以上的企业联合成立一个新的企业，用新企业的股份交换原来各公司的股份。创立合并结束后，原来的各企业均失去法人资格，合并共同组成一家新的企业。如甲公司与乙公司协议共同成立丙公司，可表示为：甲公司＋乙公司＝丙公司，即甲公司和乙公司共同投资设立一个新公司丙，合并后甲公司和乙公司的法律主体消失。参与合并的各方在企业合并后法人资格均被注销，重新注册成立一家新的企业，参与合并的各方所有的资产和负债全部由新成立的企业接管和控制。新企业在接受已解散的各企业的资产的同时，往往也承担其债务。同吸收合并一样，在这种合并形式下，合并双方既形成了同一个报告主体，也形成了同一个法律主体。

（3）控股合并。

控股合并也称取得控制股权，是指一个企业通过支付现金、发行股票或债券的方式取得另一个企业全部或部分有表决权的股份。合并方（或购买方，下同）通过企业合并交易或事项取得对被合并方（或被购买方，下同）的控制权，企业合并后能够通过所取得的股权等主导被合并方的生产经营决策并从被合并方的生产经营活动中获益，被合并方在企业合并后仍维持其独立法人资格继续经营的，称为控股合并。在控股合并的情况下，控股公司与被控股公司的法人资格均存在，尽管各自是独立的法律主体，但它们属于同一个报告主体。在企业合并发生后，它们各自从事自身的经营活动，编制自身的会计报表，同时，被合并方应当纳入合并方合并财务报表的编制范围，从合并财务报表角度，形成报告主体的变化。

当一企业取得另一企业50%以上有表决权的股份后，通常会取得另一企业的控制权，前者称为母公司或控股公司，后者称为前者的子公司或附属公司。以母公司为中心，连同它所控股的子公司，被称为企业集团。应注意的是，当取得50%以下有表决权的股票时是否拥有对方的控制权则取决于对方的股权结构。这里所说的控制权指的是对一个企业的财务和经营政策实施管理，从而从其活动中获得利益的权力。但在证券市场发达的国家，由于股权的分散，一家企业拥有了另一家企业30%左右有投票权的股份，就足以控制这一家企业。那么，30%就成了控股比例。可见，控股比例不是绝对的。因此，按实质重于形式的原则，控股合并的概念应以能否控制另一企业为准，而不是看持股比例的绝对数。

日常生活中也是如此，应该关注和把握事物的实质而不是其外在现象，人与人的交往要"听其言而观其行"，从而判断是否继续交往或做朋友，要透过其"高富帅""白富美"的外表判别其内在的品德操守。

在控股合并方式下，合并双方形成了同一个报告主体，但各自仍是独立的法律主体，也就是说，并不形成同一个法律主体。就母公司而言，取得子公司股份按投资科目入账，在合并方（或购买方）的个别财务报表中，均体现为母公司（合并方或购买方）对子公司（被合并方或被购买方）的长期股权投资，子公司则记为所有者权益。基于控股公司和子公司事实上组成了一个整体，为反映这一整体的财务状况和经营成果，须由母公司编制合并财务报表。

2.1.2.2　按照企业合并所涉及的行业分类

按照企业合并所涉及的行业，合并可分为横向合并、纵向合并和混合合并。

（1）横向合并。

横向合并指一个公司与从事同类生产经营活动的其他公司合并，此种合并能迅速扩大企业规模，拓展行业专属管理资源，增加市场占有率，提高企业影响力，同时可降低生产成本、管理成本与费用，获得规模效应。

横向合并的主要目的是把一些规模较小的企业联合起来，组成企业集团，实现规模效益；或利用现有生产设备，增加产量，提高市场占有率，与其他企业（或企业集团）相抗衡。从整个国家看，过度的横向合并会削弱企业间的竞争，甚至会造成少数企业垄断市场的局面，牺牲市场经济的效率。因此，在一些市场经济高度发达的国家，政府往往会制定有反托拉斯法规，以限制横向合并的蔓延。例如，在英国，横向合并要受到《垄断与兼并法》《公平贸易法》的约束以及垄断与兼并委员会和公平贸易局的监管。另外，根据经济学理论，企业规模与规模效益不是成正比的。规模经济指的是在技术水平不变的情况下，N倍的投入产生大于N倍的产出，即递增的规模收益。规模经济大致分为四种类型：生产的规模经济、交易的规模经济、储藏的规模经济和专业化分工的效益。如果随着规模的扩大，N倍的投入产生了小于N倍的产出，则为规模不经济。

（2）纵向合并。

纵向合并指一个公司对处于同行业不同生产经营阶段公司的并购。例如，石油行业按其生产经营活动的环节可分为勘探、开采、提炼、销售，石油行业中这些处于不同经营环节的企业间的并购就属于纵向并购；汽车行业中，零部件生产企业、汽车装配企业和汽车销售企业之间的并购就属于纵向并购；还有生产上下游产品的企业的合并，并购上游企业，可避免生产材料缺货、供应不及时等现象的发生，并购下游企业，有利于产品的销售，做到"供、产、销一条龙"，降低交易成本。

纵向合并的初衷在于将市场行为内部化，即通过纵向合并将不同企业的交易化为同一企业内部或同一企业集团内部的交易，从而减少价格资料收集、签约、收取货款、广告、营销等方面的支出并降低生产协调成本。从交易费用经济学的角度看，纵向合并的关键问题是资产的特定性。资产特定性越高，市场交易的潜在费用越大，纵向合并的可能性就越大。当资产特定性达到一定高度，市场交易的潜在费用就会阻止企业继续依赖市场，这时纵向合并就会出现。

（3）混合合并。

混合合并指从事不相关业务类型的企业间的合并。通过混合合并，企业可以实施多元化经营，既可降低经营风险，又可跨越行业壁垒，能够比较容易地进入一个新的经营领域。这种合并的主要目的在于分散实施合并企业的经营风险，提高企业的生存和发展能力。实施混合合并，应考虑到企业是否对被合并企业的经营活动有足够的管理能力，因为经营的行业过多会分散管理层的精力。

我国企业出于迅速扩张和实现多元化经营等目的，从 20 世纪 80 年代中期开始出现混合合并，但从大部分混合合并的实例来看，由于缺少被兼并企业的行业技术和管理知识，企业的混合合并并没有产生预期的经济效果，相反，有些实行混合合并的企业在合并后因不熟悉被兼并企业的业务而不能对其实施有效的管理。

依据企业希望进入的产品市场和现有产品市场之间的关系，混合合并通常包括四种战略类型。

①**市场渗透型**：企业在现存的市场中增加其市场份额；

②**市场扩张型**：企业在新的区域市场出售其现在的产品；

③**产品扩张型**：企业在现存市场上出售与现有产品相关的其他产品；

④**多元化型**：企业在新的市场上出售新产品。20 世纪 60 年代至 90 年代初，全球企业界盛行多元化经营的思路，认为通过混合兼并实现多元化经营后能够有效地分散投资风险，发掘新的市场机会，稳定企业的现金流量，增强企业的竞争实力。

2.1.2.3　按照参与合并企业的控制主体分类

按照合并双方是否受同一方控制，将企业合并分为同一控制下的企业合并与非同一控制下的企业合并。这是在企业合并会计中判断是否使用公允价值的重要基础。

（1）同一控制下的企业合并。

参与合并的企业在合并前后均受同一方或相同的多方最终控制且该控制并非暂时性的，

为同一控制下的企业合并。对是否是同一控制下的企业合并的判断，也应遵循实质重于形式的原则。同一控制下的企业合并一般发生于集团公司内部，多数情况下为集团内的一种重组方式。例如，集团内一子公司从母公司处取得对集团内另一子公司的控制权，集团内一子公司从另一子公司处获得对某一孙公司的控制权等。该类企业合并从最终能够实施控制的母公司角度来看，其对合并前参与合并的企业及合并后所形成的企业均能够实施控制。

在同一控制下的企业合并中，取得对另一方或多方控制权的一方为合并方，合并方取得对被合并方控制权的日期为合并日。

同一方是指对参与合并的企业在合并前后均实施最终控制的投资者。实施最终控制的一方通常是指企业集团中的母公司或者有关主管单位。实施最终控制的一方为有关主管单位的企业合并是指在某一主管单位主导下进行的合并，但如果有关主管单位并未参与企业合并过程中具体商业条款的制定，如并未参与合并定价、合并方式及其他涉及企业合并的具体安排等，则不属于同一控制下的企业合并。

相同的多方是指根据投资者之间的协议约定，为扩大其中某一投资者对被投资单位股份的控制比例，或者巩固某一投资者对被投资单位的控制地位，在对被投资单位的生产经营决策行使表决权时发表相同意见的两个或两个以上的法人或其他组织。

控制并非暂时性，是指参与合并各方在合并前后较长的时间内受同一方或多方控制，控制时间通常在1年以上（含1年）。一方或相同的多方控制下的企业合并，合并双方的合并行为不完全是自愿进行和完成的，这种企业合并不属于交易行为，而是参与合并各方资产和负债的重新组合。

（2）非同一控制下的企业合并。

参与合并的各方在合并前后不受同一方或相同的多方最终控制的，为非同一控制下的企业合并。

相对于同一控制下的企业合并而言，非同一控制下的企业合并是合并各方自愿进行的交易行为，作为一种公平的交易，应当以公允价值为基础进行计量。

2.1.3　企业合并中取得可辨认资产和负债公允价值的确定

在企业合并的会计处理中，有时需要采用公允价值作为计量基础。这里，我们来讨论公允价值的确定原则。根据会计准则的规定，应当按照以下规定确认合并中取得的被购买方各项可辨认资产、负债及或有负债的公允价值。

（1）货币资金。按照购买日被购买方的原账面价值确定。

（2）有活跃市场的股票、债券、基金等金融工具。按照购买日活跃市场中的市场价值确定。

（3）应收款项。短期应收款项，因其折现后的价值与名义金额相差不大，可以直接运用其名义金额作为公允价值；对于收款期在3年以上的长期应收款项，应以适当的现行利率折现后的现值确定其公允价值。在确定应收款项的公允价值时，要考虑发生坏账的可能性及收款费用。

（4）存货。产成品和商品的价值按其估计售价减去估计的销售费用、相关税费以及购买方通过自身的努力在销售过程中对于类似的产成品或商品可能实现的利润确定；在产品的价值按完工产品的估计售价减去至完工仍将发生的成本、预计销售费用、相关税费以及基于同类或类似产成品的可能实现的利润确定；原材料的价值按现行重置成本确定。

（5）不存在活跃市场的金融工具。如权益性投资等，应当参照《企业会计准则第 22 号——金融工具确认和计量》等，采用估值技术确定其公允价值。

（6）房屋建筑物。存在活跃市场的，应以购买日的市场价格确定其公允价值；本身不存在活跃市场，但同类或类似房屋建筑物存在活跃市场的，应参照同类或类似房屋建筑物的市场价格确定其公允价值；同类或类似房屋建筑物也不存在活跃市场，无法取得有关市场信息的，应按照一定的估值技术确定其公允价值。采用估值技术确定的公允价值估计数的变动区间很小，或者在公允价值估计数变动区间内，各种用于确定公允价值估计数的概率能够合理确定的，被视为公允价值能够可靠计量。

（7）机器设备。存在活跃市场的，应按购买日的市场价值确定其公允价值；本身不存在活跃市场，但同类或类似机器设备存在活跃市场的，应参照同类或类似机器设备的市场价格确定其公允价值；同类或类似机器设备也不存在活跃市场，或因有关的机器设备具有专用性，在市场上很少出售且无法取得确定其公允价值的市场证据的，可使用收益法或考虑该机器设备损耗后的重置成本估计其公允价值。

（8）无形资产。存在活跃市场的，参考市场价格确定其公允价值；不存在活跃市场的，应当基于可获得的最佳信息，以估计熟悉情况的双方在公平的市场交易中为取得该项资产应支付的金额作为其公允价值。

（9）应付账款、应付票据、应付职工薪酬、应付债券、长期应付款。对于短期债务，因其折现后的价值与名义金额相差不大，可以名义金额作为公允价值；对于长期债务，应当按照适当的折现率折现后的现值作为其公允价值。

（10）取得的被购买方的或有负债。其公允价值在购买日能够可靠计量的，应单独确认为预计负债。此项负债应当按照假定第三方愿意代购买方承担该项义务，就其所承担义务需要购买方支付的金额计量。

（11）递延所得税资产和递延所得税负债。对于企业合并中取得的被购买方各项可辨认资产、负债及或有负债的公允价值与其计税基础之间存在差额的，应当按照《企业会计准则第 18 号——所得税》的规定确认相应的递延所得税资产或递延所得税负债，所确认的递延所得税资产或递延所得税负债的金额不应折现。

2.2　企业合并的会计处理

2.2.1　企业合并的会计处理方法概述

在前一节中，我们对企业合并进行了分类，下面将按法律形式和参与合并企业的控制主体两种分类讨论会计处理方法。

首先，企业合并按照法律形式可分为吸收合并、创立合并和控股合并三种。其中，吸收合并和创立合并中，合并双方既形成了同一个报告主体，也形成了同一个法律主体；在控股合并方式下，合并双方形成了同一个报告主体，但各自仍是独立的法律主体，也就是说，并不形成同一个法律主体。

其次，按照参与合并企业的控制主体划分，合并可分为同一控制下的企业合并和非同一控制下的企业合并。是否为同一控制下的企业合并，影响合并交易行为的自愿性，进而决定以公允价值还是账面价值作为计量基础。因此，企业合并会计应根据下列4种情况分别采用不同的会计方法进行账务处理，具体如表2-1所示。

表2-1 企业合并的不同情况及会计处理方法的特点

	吸收合并或创立合并	控股合并
同一控制下的企业合并	（1）以账面价值为计量基础 （2）形成一个新的法律主体和报告主体	（1）以账面价值为计量基础 （2）形成购买企业的一项长期股权投资 （3）定期编制合并报表
非同一控制下的企业合并	（1）以公允价值为计量基础 （2）形成一个新的法律主体和报告主体	（1）以公允价值为计量基础 （2）形成购买企业的一项长期股权投资 （3）定期编制合并报表

上述两类企业合并的会计处理中，同一控制下的企业合并采用账面价值计量，非同一控制下的企业合并采用公允价值计量，反映了不同性质企业合并的特点和要求。同一控制下的企业合并是"一家人"内部的合并，只是家族里不同家族成员的重新组合，企业合并不是"买卖"，不能用公允价值计量。非同一控制下的企业合并通常是跨集团的合并或不是同一个控制主体内部的合并，是一种交易行为，自然应该采用市场公允价值计量。由此看出，这一企业合并的会计计量属性的差异体现了内外有别原则、具体问题具体分析原则、实质重于形式原则，尽管企业合并都是法人之间的合并，但是否属于同一控制下的企业合并影响了企业合并的性质，因此应该采取不同的方法处理不同的企业合并。集团内部的问题处理与集团以外的问题处理自然也有所区别。

2.2.2 同一控制下企业合并的会计处理

当参与并购的公司各方处于同一控制下时，合并交易或业务很难被认为有较好的公允性，基于此，同一控制下的企业合并往往以账面价值为计量基础进行会计处理。

2.2.2.1 同一控制下企业合并的处理原则

同一控制下的企业合并，在合并中不涉及自少数股东手中购买股权的情况下，合并方应遵循以下原则进行相关的处理。

（1）合并方在合并中确认取得的被合并方的资产、负债仅限于被合并方账面上原已确认的资产和负债，合并中不产生新的资产和负债，同时，合并方在合并中取得的被合并方各项资产、负债应维持其在被合并方的原账面价值不变。这是因为，同一控制下的企业合并，从最终控制方的角度来看，其在企业合并发生前后能够控制的净资产价值量并没有发生变化，因此合并中不产生新的资产和负债。被合并方在企业合并前账面上原已确认的商誉应作为合并中取得的资产确认，但合并过程中不确认新的商誉。

（2）合并方在合并中取得的净资产的入账价值相对于为进行企业合并支付的对价账面价值之间的差额，不作为资产的处置损益，不影响合并当期利润表，有关差额应调整所有者权益相关项目。合并方在企业合并中取得的价值量相对于所放弃价值量之间存在差额的，应当调整所有者权益。在根据合并差额调整合并方的所有者权益时，应首先调整资本公积（资本溢价或股本溢价），资本公积（资本溢价或股本溢价）的余额不足冲减的，应冲减留存收益。

（3）对于同一控制下的控股合并，合并方在编制合并财务报表时，应视同合并后形成的报告主体自最终控制方开始实施控制时一直是一体化存续下来的，参与合并各方在合并以前期间实现的留存收益应体现为合并财务报表中的留存收益。在合并财务报表中，应以合并方的资本公积（或经调整后的资本公积中的资本溢价部分）为限，在所有者权益内部进行调整，将被合并方在合并日以前实现的留存收益中按照持股比例计算归属于合并方的部分自资本公积转入留存收益。合并方确认一项长期股权投资。

2.2.2.2　同一控制下控股合并的会计处理

合并方在合并后取得对被合并方生产经营决策的控制权，并且被合并方在企业合并后仍然继续经营的，属于控股合并。这时，合并方在合并日涉及两个方面的问题：一是对于因该项企业合并形成的对被合并方的长期股权投资的确认和计量问题；二是合并日合并财务报表的编制问题。

（1）取得长期股权投资的会计处理。

同一控制下的控股合并，合并方在合并中形成的长期股权投资，应当以合并日取得被合并方账面所有者权益的份额作为其初始投资成本。合并方确认的初始投资成本与其付出合并对价账面价值的差额，应当调整资本公积；资本公积不足的，应调整盈余公积和未分配利润。具体的会计处理是，按支付的合并对价的账面价值，贷记有关资产或借记有关负债科目，以支付现金、非现金资产方式进行的，应针对该初始投资成本与支付的现金、非现金资产的差额，相应调整资本公积（资本溢价或股本溢价），资本公积（资本溢价或股本溢价）的余额不足冲减的，依次冲减盈余公积和未分配利润；以发行权益性证券方式进行的，针对长期股权投资的初始投资成本与所发行股份的面值总额之间的差额，应调整资本公积（资本溢价或股本溢价），资本公积（资本溢价或股本溢价）的余额不足冲减的，依次冲减盈余公积和未分配利润。

在同一控制下的企业合并中，被合并方采用的会计政策与合并方不一致的，合并方在合并日应当按照本企业会计政策对被合并方的会计报表相关项目进行调整，在此基础上按照上述方法确认。

（2）合并费用的会计处理。

合并方为进行企业合并发生的各项直接相关费用，包括为进行企业合并而支付的审计费用、评估费用、法律服务费用等，应当于发生时计入当期损益。具体的会计处理是，借记"管理费用"等科目，贷记"银行存款"等科目。

为企业合并发行的债券或承担其他债务支付的手续费、佣金等，应当计入所发行债券及其他债务的初始计量金额；企业合并中发行权益性证券发生的手续费、佣金等费用，应当抵减权益性证券溢价收入，溢价收入不足冲减的，冲减留存收益。

1）以发行债券方式进行的企业合并，与发行债券相关的佣金、手续费等应按照《企业会计准则第22号——金融工具确认和计量》的规定进行核算，即该部分费用虽然与筹集用于企业合并的对价直接相关，但其核算应遵照金融工具准则的原则，将有关的费用计入负债的初始计量金额中。其中债券如为折价发行的，该部分费用应增加折价的金额；债券如为溢价发行的，该部分费用应减少溢价的金额。

2）发行权益性证券作为合并对价的，与所发行权益性证券相关的佣金、手续费等应按照《企业会计准则第37号——金融工具列报》的规定进行核算，即与发行权益性证券相关的费用，不管其是否与企业合并直接相关，均应从所发行权益性证券的发行收入中扣减，在权益性工具发行有溢价的情况下，从溢价收入中扣除，在权益性证券发行无溢价或溢价金额不足以扣减的情况下，应当冲减盈余公积和未分配利润。

【例2-1】 A、B公司是甲公司控制下的两家子公司。A公司于20×7年4月20日自母公司甲处取得B公司100%的股权，合并后B公司仍维持其独立法人资格继续经营。为进行该项企业合并，A公司发行了1 000万股本公司普通股（每股面值1元）作为对价。假定A、B公司采用相同的会计政策。合并日，A公司及B公司的所有者权益构成如表2-2所示。

表2-2 A公司及B公司的所有者权益构成

（单位：元）

A公司		B公司	
科目	金额	科目	金额
股本	80 000 000	股本	10 000 000
资本公积	26 000 000	资本公积	4 000 000
盈余公积	2 000 000	盈余公积	6 000 000
未分配利润	50 000 000	未分配利润	14 000 000
合计	158 000 000	合计	34 000 000

A公司在合并日做如下账务处理：

借：长期股权投资　　　　　　　　　　　　　　　　　34 000 000

　贷：股本　　　　　　　　　　　　　　　　　　　　　　10 000 000

　　　资本公积——股本溢价　　　　　　　　　　　　　　24 000 000

进行上述处理后，A公司在合并日编制合并资产负债表时，对于企业合并前B公司实现的留存收益中归属于合并方的部分（20 000 000元）应从资本公积（资本溢价或股本溢价）转入留存收益。本例中，A公司在确认对B公司的长期股权投资以后，其资本公积的账面余额为50 000 000（=26 000 000+24 000 000）元，大于B公司在合并前实现的留存收益中属于A公司的部分，在合并工作底稿中，应编制如下调整分录。

借：资本公积　　　　　　　　　　　　　　　　　　　20 000 000

　贷：盈余公积　　　　　　　　　　　　　　　　　　　　6 000 000

　　　未分配利润　　　　　　　　　　　　　　　　　　　14 000 000

【例 2-2】 A 公司以一项账面价值为 600 万元的固定资产（原价 840 万元，累计折旧 240 万元）和一项账面价值为 720 万元的无形资产作为对价取得同一集团公司内另一家企业 B 公司 100% 的股权。合并日 A 公司和 B 公司的所有者权益构成如表 2-3 所示。

表 2-3 合并日 A 公司和 B 公司的所有者权益构成

（单位：元）

A 公司		B 公司	
项目	金额	项目	金额
股本	80 000 000	股本	4 000 000
资本公积	4 000 000	资本公积	4 000 000
盈余公积	2 000 000	盈余公积	6 000 000
未分配利润	50 000 000	未分配利润	8 000 000
合计	136 000 000	合计	22 000 000

A 公司在合并日确认对 B 公司的长期股权投资，账务处理如下：

借：长期股权投资　　　　　　　　　　　　　　　22 000 000
　　累计折旧　　　　　　　　　　　　　　　　　2 400 000
　　贷：固定资产　　　　　　　　　　　　　　　　　　　　8 400 000
　　　　无形资产　　　　　　　　　　　　　　　　　　　　7 200 000
　　　　资本公积　　　　　　　　　　　　　　　　　　　　8 800 000

进行完上述处理后，A 公司资本公积账面价值余额为 1 280（=400+880）万元，假定全部属于资本溢价或股本溢价，小于 B 公司在合并前实现的留存收益中归属于 A 公司的部分，A 公司编制合并财务报表时，应以账面资本公积的余额为限，将 B 公司在合并前实现的留存收益中归属于 A 公司的部分转入留存收益。合并工作底稿中的调整分录为：

借：资本公积　　　　　　　　　　　　　　　　12 800 000
　　贷：盈余公积（6 000 000÷14 000 000×12 800 000）　　　5 485 714.29
　　　　未分配利润（8 000 000÷14 000 000×12 800 000）　　7 314 285.71

2.2.2.3　同一控制下的吸收合并的会计处理

在同一控制下的吸收合并中，合并方主要涉及合并日取得被合并方资产、负债入账价值的确定，以及合并中取得有关净资产的入账价值与支付的合并对价账面价值之间差额的处理。

（1）合并中取得资产、负债入账价值的确定。

合并方对同一控制下吸收合并中取得的资产、负债应当按照相关资产、负债在被合并方的原账面价值入账。

（2）合并差额的处理。

在同一控制下的吸收合并中，合并方对合并中取得的被合并方的资产和负债以被合并方的原账面价值作为入账价值，就一定会带来净资产的入账价值与支付的合并对价账面价值之间差额的处理问题。其中，以发行权益性证券方式进行的该类合并，所确认的净资产入账价值与发行股份面值总额的差额，应记入资本公积（资本溢价或股本溢价），资本公积（资本溢价或股本溢价）的余额不足冲减的，相应冲减盈余公积和未分配利润；以支付现金、非现金资产方式进行的该类合并，所确认的净资产入账价值与支付的现金、非现金资产账面价值的差额，相应调整资本公积（资本溢价或股本溢价），资本公积（资本溢价或股本溢价）的余额不足冲减的，应冲减盈余公积和未分配利润。

【例2-3】 A公司和B公司均为C公司的子公司，20×7年5月1日A公司共用现金2 000万元吸收合并了B公司100%的股权。在这次合并中共花费审计费用、其他服务费用等直接相关费用20万元。20×7年，B公司实现盈利300万元，其中从5月1日到12月31日共实现利润240万元。20×7年4月30日，两公司的资产负债表数据如表2-4所示。

表2-4　A、B公司资产负债表

（单位：万元）

	A公司	B公司	B公司对应项目的公允价值
现金	200	100	100
应收账款	600	400	300
存货	800	600	500
固定资产净值	3 000	1 000	1 200
短期借款	1 200	400	400
实收资本	3 200	1 400	—
资本公积	800	240	—
未分配利润		60	

合并发生的直接相关费用计入当期损益：

借：管理费用　　　　　　　　　　　　　　　　200 000

　　贷：银行存款　　　　　　　　　　　　　　　　　　　200 000

A、B均为C公司同一控制下的子公司，B公司与A公司所采用的会计政策一致，则A企业在编制企业合并报表时，应按B公司的账面价值而不是公允价值计量。合并日的合并会计处理如下：

借：现金　　　　　　　　　　　　　　　　　1 000 000

　　应收账款　　　　　　　　　　　　　　　4 000 000

　　存货　　　　　　　　　　　　　　　　　6 000 000

　　固定资产净值　　　　　　　　　　　　 10 000 000

　　资本公积　　　　　　　　　　　　　　　3 000 000

　　贷：短期借款　　　　　　　　　　　　　　　　　4 000 000

　　　　银行存款　　　　　　　　　　　　　　　　 20 000 000

【例2-4】 20×7年6月30日，A公司向B公司的股东定向增发3 000万股普通股（每股面值1元，市价4.5元）对B公司进行吸收合并，并于当日取得对B公司100%的股权。A、B公司在20×7年6月30日合并前的资产负债情况如表2-5所示。

本例中，假定A公司和B公司为同一集团控制下的两家子公司，该项合并中参与合并的企业在合并前及合并后均为C公司最终控制，为同一控制下的企业合并。自20×7年6月30

日起，A 公司能够对 B 公司的净资产实施控制，该日即为合并日。

表 2-5　资产负债表（简表）

20×7 年 6 月 30 日　　　　　　　　　　　　　　　　　　（单位：元）

	A 公司	B 公司	
	账面价值	账面价值	公允价值
资产：			
货币资金	20 170 000	2 800 000	2 800 000
应收账款	14 000 000	10 000 000	10 000 000
存货	32 300 000	2 420 000	3 160 000
长期股权投资	24 000 000	10 780 000	17 940 000
固定资产	30 000 000	16 000 000	25 000 000
无形资产	21 000 000	4 000 000	5 000 000
商誉	0	0	0
资产总计	141 470 000	46 000 000	63 900 000
负债和所有者权益：			
短期借款	13 000 000	11 000 000	11 000 000
应付账款	15 000 000	2 000 000	2 000 000
其他负债	970 000	2 000 000	2 000 000
负债总计	28 970 000	15 000 000	15 000 000
实收资本（股本）	35 000 000	13 000 000	
资本公积	24 000 000	8 000 000	
盈余公积	25 000 000	4 000 000	
未分配利润	28 500 000	6 000 000	
所有者权益合计	112 500 000	31 000 000	48 900 000
负债和所有者权益总计	141 470 000	46 000 000	

　　因合并后 B 公司失去其法人资格，A 公司应确认合并取得的 B 公司的各项资产和负债，假定 A 公司与 B 公司在合并前采用的会计政策相同。A 公司对该项合并应进行的会计处理如下：

借：货币资金　　　　　　　　　　　　　　　　　　2 800 000

　　应收账款　　　　　　　　　　　　　　　　　　10 000 000

　　存货　　　　　　　　　　　　　　　　　　　　2 420 000

　　长期股权投资　　　　　　　　　　　　　　　　10 780 000

　　固定资产　　　　　　　　　　　　　　　　　　16 000 000

　　无形资产　　　　　　　　　　　　　　　　　　4 000 000

　　贷：短期借款　　　　　　　　　　　　　　　　　　　11 000 000

　　　　应付账款　　　　　　　　　　　　　　　　　　　2 000 000

　　　　其他负债　　　　　　　　　　　　　　　　　　　2 000 000

　　　　股本　　　　　　　　　　　　　　　　　　　　　30 000 000

　　　　资本公积　　　　　　　　　　　　　　　　　　　1 000 000

2.2.3　非同一控制下企业合并的会计处理

在非同一控制下的企业合并中，在购买日取得对其他参与合并企业控制权的一方为购买方，参与合并的其他企业为被购买方。

2.2.3.1　非同一控制下企业合并的处理原则

非同一控制下的企业合并，是参与合并的一方购买另一方或多方的交易，要将被合并方可辨认净资产的公允价值作为合并方做账的依据。

（1）购买方的确定。

采用购买法核算企业合并的首要前提是确定购买方。购买方是指在企业合并中取得对另一方或多方控制权的一方。合并中一方取得了另一方半数以上有表决权股份的，除非有明确的证据表明该股份不能形成控制，一般认为取得控股权的一方为购买方。在某些情况下，即使一方没有取得另一方半数以上有表决权的股份，但存在以下情况时，一般也可认为其获得了对另一方的控制权：

①通过与其他投资者签订协议，实质上拥有被购买企业半数以上的表决权；

②按照协议规定，具有主导被购买企业财务和经营决策的权力；

③有权任免被购买企业董事会或类似权力机构绝大多数成员；

④在被购买企业董事会或类似权力机构具有绝大多数投票权。

（2）购买日的确定。

购买日是购买方获得被购买方控制权的日期，即企业合并交易进行过程中，发生控制权转移的日期。本章2.1节已经涉及，这里不再重复。

（3）企业合并成本的确定。

非同一控制下遵循的原则是市场原则，即用投出资产的公允价值加上相关的交易费用作为企业合并成本。这里的交易费用包括为进行合并而发生的会计审计费用、法律服务费用、咨询费用等。当然，与同一控制下企业合并过程中发生的有关费用相一致，这里所说的合并中发生的各项直接相关费用，不包括与为进行企业合并发行的权益性证券或发行的债务相关的手续费、佣金等，该部分费用应比照本节关于同一控制下企业合并中类似费用的原则处理，即应抵减权益性证券的溢价发行收入或是计入所发行债务的初始确认金额。

（4）企业合并成本在取得的可辨认资产和负债之间的分配。

①购买方在企业合并中取得的被购买方各项可辨认资产和负债，要作为本企业的资产、负债（或合并财务报表中的资产、负债）进行确认，在购买日，应当满足资产、负债的确认条件。

②企业合并中取得的无形资产在其公允价值能够可靠计量的情况下应单独予以确认。

③对于购买方在企业合并时可能需要代被购买方承担的或有负债，在其公允价值能够可靠计量的情况下，应作为合并中取得的负债单独确认。

④企业合并中取得的资产、负债在满足确认条件后，应以其公允价值计量。

⑤对于被购买方在企业合并之前已经确认的商誉和递延所得税项目，购买方在对企业合并成本进行分配、确认合并中取得可辨认资产和负债时不应予以考虑。

⑥在按照规定确定了合并中应予以确认的各项可辨认资产、负债的公允价值后，其计税基础与账面价值不同形成暂时性差异的，应当按照所得税会计准则的规定确认相应的递延所得税资产或递延所得税负债。

（5）企业合并成本与合并中取得的被购买方可辨认净资产公允价值份额差额的处理。

①企业合并成本大于合并中取得的被购买方可辨认净资产公允价值份额的差额应确认为商誉。视企业合并方式的不同，差额的会计处理有所不同。在控股合并的情况下，该差额是指在合并财务报表中应予以列示的商誉，即长期股权投资的成本与购买日按照持股比例，计算确定应享有被购买方可辨认净资产公允价值份额之间的差额；在吸收合并的情况下，该差额是购买方在其账簿及个别财务报表中应确认的商誉。

②企业合并成本小于合并中取得的被购买方可辨认净资产公允价值份额的部分，应计入合并当期损益（营业外收入）。

与商誉的确认相同，在吸收合并的情况下，上述企业合并成本小于合并中取得的被购买方可辨认净资产公允价值份额的差额，应计入购买方的合并当期的个别利润表；在控股合并的情况下，上述差额应体现在合并当期的合并利润表中，不影响购买方的个别利润表。

2.2.3.2　非同一控制下吸收合并的会计处理

（1）合并成本的确定。

在非同一控制下的企业合并中，购买方应以付出的资产、发生或承担的负债以及发行的权益性证券的公允价值作为合并成本。作为合并对价付出资产的公允价值与其账面价值的差额，应计入当期损益。

（2）合并成本的分配。

购买方在购买日应当对合并成本进行分配，确认所取得的被购买方各项可辨认资产、负债及或有负债。确定的企业合并成本与所取得的被购买方可辨认净资产公允价值的差额，视情况分别确认为商誉或是作为企业合并当期的损益计入利润表。

① 购买方对合并成本大于合并中取得的被购买方可辨认净资产公允价值份额的差额，应当确认为商誉。初始确认后的商誉，应当以其成本扣除累计减值损失的金额计量。商誉的减值应当按照《企业会计准则第 8 号——资产减值》的有关规定处理。

② 如果购买方对合并成本小于合并中取得的被购买方可辨认净资产公允价值份额的差额，则应当对取得的被购买方各项可辨认资产、负债及或有负债的公允价值以及合并成本的计量进行复核；经复核后合并成本仍小于合并中取得的被购买方可辨认净资产公允价值份额的，其差额应当计入当期损益。

（3）被购买方各项可辨认资产、负债及或有负债单独确认的条件。

被购买方可辨认净资产公允价值，是指合并中取得的被购买方可辨认资产的公允价值减去负债及或有负债公允价值后的余额。在非同一控制下的吸收合并中，购买方在购买日应当将合并中取得的符合确认条件的各项资产、负债，按其公允价值确认为本企业的资产和负债。被购买方各项可辨认资产、负债及或有负债符合下列条件的，应当单独予以确认。

①合并中取得的被购买方除无形资产以外的其他各项资产（不仅限于被购买方原已确认

的资产），其所带来的未来经济利益预计能够流入企业且公允价值能够可靠计量的，应当按照公允价值确认。

合并中取得的无形资产，其公允价值能够可靠计量的，应当单独确认为无形资产并以公允价值计量。

②合并中取得的被购买方除或有负债以外的其他各项负债，履行有关的义务很可能导致经济利益流出企业且公允价值能够可靠计量的，应当按照公允价值确认。

③合并中取得的被购买方或有负债，其公允价值能够可靠计量的，应当按照公允价值单独确认为负债。或有负债在初始确认后，应当按照以下两者孰高进行后续计量：一是按照《企业会计准则第13号——或有事项》应予以确认的金额；二是初始确认金额减去按照《企业会计准则第14号——收入》的原则确认的累计摊销额后的余额。

【例2-5】 A、B是分别属于不同集团的两家公司。A公司以750万元现金收购B公司的100%股权，对B公司实行吸收合并。购买日B公司持有资产的账面价值与公允价值如表2-6所示。

表2-6 购买日B公司持有资产的账面价值与公允价值

（单位：元）

	账面价值	公允价值
固定资产	5 000 000	6 000 000
长期股权投资	2 500 000	2 750 000
长期借款	2 500 000	2 500 000
实收资本	5 000 000	—

A公司在购买日企业合并的账务处理如下。

借：固定资产　　　　　　　　　　　　　　　　　6 000 000
　　长期股权投资　　　　　　　　　　　　　　　2 750 000
　　商誉　　　　　　　　　　　　　　　　　　　1 250 000
　　贷：长期借款　　　　　　　　　　　　　　　　　　　　2 500 000
　　　　银行存款　　　　　　　　　　　　　　　　　　　　7 500 000

2.2.3.3　非同一控制下控股合并的会计处理

非同一控制下控股合并的会计处理与吸收合并类似，不同点在于在非同一控制下的吸收合并中，合并中取得的可辨认资产和负债是作为个别报表中的项目列示，合并中产生的商誉也是作为购买方账簿及个别财务报表中的资产列示。

（1）长期股权投资的初始投资成本的确定。

在非同一控制下的企业合并中，购买方取得对被购买方控制权的，在购买日应当以确定的企业合并成本（不包括应从被投资单位收取的现金股利或利润）作为形成的对被购买方长期股权投资的初始投资成本，借记"长期股权投资"科目，贷记有关资产科目；按发生的直接相关费用，借记"管理费用"科目，贷记"银行存款"等科目。

非同一控制下控股合并中的购买方应自购买日起设置备查簿，登记其在购买日取得的被购买方可辨认资产、负债的公允价值，为以后期间核算及合并财务报表的编制提供基础资料。

【例 2-6】　A、B 是分别属于不同集团的两家公司。A 公司以固定资产账面价值 6 000 万元、公允价值为 6 400 万元的办公楼置换 B 公司 70% 的股权（控股合并），实现对 B 公司的合并。在企业合并中发生的与合并相关的直接费用为 200 万元。B 公司的资产项目价值情况如表 2-7 所示。

表 2-7　B 公司的资产项目价值

（单位：万元）

	账面价值	公允价值
货币资金	2 000	2 000
存货	1 600	1 200
固定资产	4 000	4 200
长期借款	1 000	1 000
实收资本	6 600	6 400

本例中，A 公司获得 B 公司 70% 股权的合并成本为 6 400 万元，账务处理如下。

借：长期股权投资　　　　　　　　　　　　　　　64 000 000

　　管理费用　　　　　　　　　　　　　　　　　　2 000 000

　　贷：资产处置损益　　　　　　　　　　　　　　　　　4 000 000

　　　　固定资产　　　　　　　　　　　　　　　　　　　60 000 000

　　　　银行存款　　　　　　　　　　　　　　　　　　　2 000 000

【例 2-7】　A、B 是分别属于不同集团的两家公司。20×7 年 6 月 30 日，两家公司进行控股合并。A 公司在该项合并中发行 750 万股普通股（每股面值 1 元，市场价格为每股 2 元），取得了 B 公司 80% 的股权。

本例中，A 公司确认长期股权投资的账务处理如下。

借：长期股权投资　　　　　　　　　　　　　　　15 000 000

　　贷：股本　　　　　　　　　　　　　　　　　　　　7 500 000

　　　　资本公积——股本溢价　　　　　　　　　　　　7 500 000

（2）长期股权投资的成本与取得的被购买方可辨认净资产公允价值差额的处理。

在非同一控制下，通过长期股权投资取得控制权后，也要编制合并财务报表。在合并资产负债表中，合并中取得的被购买方各项可辨认资产、负债应以其在购买日的公允价值计量，长期股权投资的成本大于合并中取得的被购买方可辨认净资产公允价值份额的差额，体现为合并财务报表中的商誉；长期股权投资的成本小于合并中取得的被购买方可辨认净资产公允价值份额的差额，应作为合并当期损益计入合并利润表中。

（3）购买日合并财务报表的编制。

非同一控制下的控股合并本质上属于一次或多次完成的交易。企业合并中形成母子公司关系的，购买方一般应于购买日编制合并资产负债表，反映其于购买日开始能够控制的经济资源情况，但不编制合并利润表和合并现金流量表，对此将在第 3 章中做详细介绍。

2.2.4　被购买方的会计处理

在非同一控制下的企业合并中，被购买方在企业合并后仍持续经营的，如购买方取得被购买方 100% 的股权，被购买方可以按合并中确定的有关资产、负债的公允价值调账，其他情况下被购买方不应因企业合并改记资产、负债的账面价值。

2.3　企业合并信息披露

2.3.1　在资产负债表中的披露

合并为控股合并，即被合并方继续存续的，在合并方的个别资产负债表中，根据合并方取得的净资产账面价值反映为"长期股权投资"项目增加。期末，须编制合并财务报表。如果合并为吸收合并，即被合并方不再存续，此时，则被合并企业的各个项目应均合并反映在合并企业的会计报表中。在非同一控制下的控股合并中，购买方合并成本大于所获得的被购买方可辨认净资产公允价值份额的差额，应计入合并资产负债表的"商誉"项目中。

2.3.2　在利润表中的披露

在同一控制下的企业合并中，合并方为进行企业合并发生的各项直接相关费用，包括为进行企业合并而支付的审计费用、评估费用、法律服务费用等，应当于发生时计入当期损益，反映在利润表的"管理费用"项目中。

同时，吸收合并后，利润表将反映原来两个企业的盈利能力；企业合并中形成母子公司关系的，企业将编制合并利润表。在同一控制下的企业合并中形成母子公司关系的，在母公司编制的合并利润表中应当包括参与合并各方自合并当期期初至合并日所发生的收入、费用和利润。被合并方在合并前实现的净利润，应当在合并利润表中单列项目反映。

2.3.3　在现金流量表中的披露

在企业合并中，合并方或者购买方支付的对价中涉及现金的项目应反映在个别现金流量表"投资支付的现金"项目中，相关直接费用反映在"支付其他与投资活动有关的现金"中。合并中形成母子公司关系的，母公司应当编制合并现金流量表，包括参与合并各方自合并当期期初至合并日的现金流量。

2.3.4　在会计报表附注中的披露

根据企业会计准则，合并方应当在合并当期的会计报表附注中披露与同一控制下企业合并有关的下列信息。

（1）参与合并企业的基本情况。

（2）属于同一控制下企业合并的判断依据。

（3）合并日的确定依据。

（4）以支付现金、转让非现金资产以及承担债务作为合并对价的，所支付对价在合并日的账面价值；以发行权益性证券作为合并对价的，合并中发行权益性证券的数量及定价原则，以及参与合并各方交换有表决权股份的比例。

（5）被合并方的资产、负债在上一会计期间资产负债表日及合并日的账面价值；被合并方自合并当期期初至合并日的收入、净利润、现金流量等情况。

（6）合并合同或协议约定将承担被合并方或有负债的情况。

（7）被合并方采用的会计政策与合并方不一致所做调整情况的说明。

（8）合并后已处置或拟处置被合并方资产、负债的账面价值、处置价格等。

根据新企业会计准则，购买方应当在合并当期附注中披露与非同一控制下企业合并有关的下列信息。

（1）参与合并企业的基本情况。

（2）购买日的确定依据。

（3）合并成本的构成及其账面价值、公允价值及公允价值的确定方法。

（4）被购买方各项可辨认资产、负债在上一会计期间资产负债表日及购买日的账面价值和公允价值。

（5）合并合同或协议约定将承担被购买方或有负债的情况。

（6）被购买方自购买日起至报告期末的收入、净利润和现金流量等情况。

（7）商誉的金额及其确定方法。

（8）因合并成本小于合并中取得的被购买方可辨认净资产公允价值的份额而计入当期损益的金额。

（9）合并后已处置或拟处置被购买方资产、负债的账面价值、处置价格等。

❖ 本章小结

企业合并应满足两个条件：一是被合并企业必须构成业务；二是引起合并前后财务报告主体的变化。企业合并按照参与合并企业的控制主体分为同一控制下企业合并和非同一控制下企业合并两类，而判断的关键在于参与合并的企业合并前后是否均受同一方或相同的多方最终控制。同一控制下的企业合并采用权益结合法核算，采用账面价值计量，合并价差计入所有者权益，不确认商誉或损益，被合并方合并前的损益和留存收益均纳入合并方，需要进行留存收益的恢复。非同一控制下的企业合并采用购买法进行会计核算，采用公允价值计量，合并差额作为商誉或损益，被合并方合并前的损益和留存收益均不纳入合并方，不需要进行留存收益的恢复。

❖ 思考题

1. 简述企业合并的不同分类方法及种类。

2. 简述同一控制和非同一控制下企业合并会计处理的差异。

3. 交易是否构成企业合并主要应关注哪两个方面？

4. 简述实现控制权的转移应满足的条件。

❖ 练习题

1. 不定项选择题

（1）一个企业通过支付现金、发行股票或债券的方式取得另一企业或公司全部或部分有表决权的股份，下列表述正确的为（　　）。

A. 控股合并　　　B. 吸收合并

C. 新设合并　　　D. 横向合并

（2）确认应收款项的公允价值时，短期应收款项因其折现后的价值与名义金额相差不大，可以直接运用其名义金额作为公允价值。而应以适当的现行利率折现后的现值确定其公允价值的长期应收账款的收账年限为（　　）。

A. 1年　　　　　B. 3年

C. 5年　　　　　D. 2年

（3）在同一控制下的企业合并中，关于合并费用的会计处理正确的为（　　）。

A. 发生时计入长期股权投资

B. 发生时计入合并成本

C. 发生时计入当期损益

D. 分期计入当期损益

（4）在同一控制下的控股合并中，合并方在合并中形成的长期股权投资，作为其初始投资成本的不应为（　　）。

A. 合并成本

B. 合并日取得被合并方所有者权益份额的公允价值

C. 支付的合并对价的账面价值

D. 合并日取得被合并方账面所有者权益的份额

（5）下列项目中，在同一控制下的控股合并中，合并方在合并中形成的长期股权投资，对合并方确认的初始投资成本与其付出合并对价账面价值差额处理正确的为（　　）。

A. 调整资本公积，资本公积不足的，调整盈余公积和未分配利润

B. 调整盈余公积和未分配利润，不

足时，调整资本公积

C. 计入当期损益

D. 计入合并成本

（6）非同一控制下的企业合并，购买方应以付出的资产、发生或承担的负债以及发行的权益性证券的公允价值加上为企业合并发生的各项直接相关费用之和，作为合并中形成的长期股权投资的初始投资成本。对作为合并对价付出净资产的公允价值与其账面价值的差额，正确的处理为（　　）。

A. 应作为合并损益计入合并当期损益

B. 应作为资产处置损益计入合并当期损益

C. 计入资本公积

D. 计入盈余公积

（7）在吸收合并方式下，属于同一控制下的企业合并，合并方在合并日对合并中取得的被合并方资产、负债正确的计量价值为（　　）。

A. 公允价值　　　B. 双方协定价值

C. 原账面价值　　D. 评估值

（8）在吸收合并方式下，属于同一控制下的企业合并，合并方支付的合并对价账面价值与取得净资产账面价值之间的差额，应调整（　　）。

A. 留存收益，不足则调整资本公积

B. 当期损益

C. 净资产的账面价值

D. 资本公积，不足则调整留存收益

（9）在非同一控制下的控股合并中，购买日的合并资产负债表用来反映购买方自购买日起能够控制的经济资源，合并成本大于合并中取得的各项可辨认资产、负债公允价值份额的差额，应确认为（　　）。

A. 商誉　　　　　B. 当期损益

C. 资本公积　　　D. 无形资产

（10）下列项目中非同一控制下的控股合并发生的与企业合并直接相关的费用为（ ）。

A. 会计审计费用

B. 法律服务费用

C. 咨询费用

D. 发行证券的手续费

2. 判断题

（1）合并日或购买日，是指合并方或购买方实际取得对被合并方或被购买方控制权的日期，即被合并方或被购买方的净资产或生产经营决策的控制权转移给合并方或购买方的日期。（ ）

（2）在控股合并中，合并方在企业合并中取得被合并方的全部净资产，并将有关资产、负债并入合并方自身的账簿和报表进行核算。（ ）

（3）纵向合并的目的在于市场行为内部化，即通过纵向并购将不同企业的交易化为同一企业内部或同一企业集团内部的交易，从而减少价格资料收集、签约、收取货款、广告、营销等方面的支出并降低生产协调成本。（ ）

（4）同一控制下的企业合并会计处理以公允价值为计量基础。（ ）

（5）同一控制下控股合并的合并方在合并中形成的长期股权投资，应当以合并日取得被合并方账面所有者权益的份额作为其初始投资成本。（ ）

（6）在同一控制下的企业合并中，企业发行权益性证券发生的手续费、佣金等费用，应当计入当期损益。（ ）

（7）非同一控制下的企业合并遵循的原则是市场原则，即用投出资产的公允价值加上相关的交易费用作为企业合并成本。（ ）

（8）在非同一控制下的企业合并中，被购买方在企业合并后仍持续经营的，如购买方取得被购买方100%的股权，被购买方可以按合并中确定的有关资产、负债的公允价值调账，其他情况下被购买方不应因企业合并改记资产、负债的账面价值。（ ）

（9）通过多次交易分步实现的非同一控制下企业合并，合并成本为合并日可辨认净资产公允价值份额。（ ）

（10）如果合并为控股合并，那么被合并方将继续存续，因此在合并方的个别资产负债表中，合并方取得的净资产账面价值应反映为"长期股权投资"项目增加。（ ）

3. 计算及分析题

（1）A公司和B公司分别为C公司控制下的子公司，20×8年5月1日A公司用现金4 000万元收购了B公司100%的股权。在这次合并中共花费审计费用、其他服务费用等直接相关费用30万元。20×8年，B公司实现盈利300万元，其中从5月1日到12月31日共实现利润240万元。20×8年4月30日，两公司的资产负债表如表2-8所示。

表 2-8　A公司和B公司的资产负债表

（单位：万元）

	A公司	B公司	C公司公允价值
现金	200	200	200
应收账款	600	800	800
存货	800	1 200	900
固定资产净值	3 000	2 000	2 400
短期借款	1 200	800	800
实收资本	2 000	2 400	—
资本公积	800	480	—
盈余公积	480	400	—
未分配利润	120	120	

要求：

① 若B公司存续，请编制其合并日的相关会计分录。

② 若B公司不存续，请编制其合并

日的相关会计分录。

（2）A公司和B公司分别隶属于不同的利益集团。A公司以3 000万元现金收购B公司的100%股权，对B公司实行吸收合并。购买日B公司持有资产的账面价值与公允价值如表2-9所示。

表2-9　B公司持有资产的账面价值与公允价值

（单位：元）

	账面价值	公允价值
固定资产	20 000 000	24 000 000
长期股权投资	10 000 000	11 000 000
长期借款	10 000 000	10 000 000
实收资本	20 000 000	-

要求： 请编制A公司购买日的会计分录。

（3）A公司和B公司分别隶属于不同的利益集团。A公司以固定资产账面价

值7 200万元、公允价值为6 400万元的自动化生产线置换B公司60%的股权，实现对B公司的控股合并。在企业合并中发生的与合并相关的直接费用为200万元。B公司持有资产的账面价值与公允价值如表2-10所示。

表2-10　B公司持有资产的账面价值与公允价值

（单位：万元）

	账面价值	公允价值
货币资金	0	0
存货	2 800	2 200
固定资产	5 600	5 200
长期借款	1 000	1 000
净资产	7 400	6 400

要求： 请编制A公司购买日的会计分录。

第 3 章
CHAPTER 3

合并财务报表

§ 思政导语

事物的重复交叉增加了认识事物的难度，但难以阻挡认识事物的脚步。

社会关系的重复交叉增加了认识社会的难度，但不能阻挡我们认识社会、理解社会、融入社会、实现理想的脚步。

§ 本章导读

通过本章的学习，读者可以了解合并财务报表的合并理论、特点、分类、编制前提、编制程序，把握合并日、合并当年以及合并第 2 年以后合并财务报表的编制理论及方法。

§ 本章思政引导案例

乐融致新"不思进取"被逐出集团财务报表合并范围

乐视网（300104）⊖2018 年 12 月 19 日公告称，不再将原控股子公司乐融致新电子科技（天津）有限公司（以下简称"乐融致新"）纳入公司财务报表合并范围。

据了解，12 月 6 日，乐视网发布了《关于控股子公司司法拍卖成交进展暨工商变更完成的公告》，天津嘉睿汇鑫企业管理有限公司（以下简称"天津嘉睿"）就其拍卖所得乐融致新的股权工商变更，持有乐融致新注册资本比例提升为 46.05%，乐融致新第一大股东为天津嘉睿。12 月 19 日，乐融致新召开临时股东会，此次股东会由天津嘉睿提议召开并提交议案，议案主要内容为修改公司章程及董事会改组。根据乐融致新股东会决议，乐融致新选举产生了 4 名董事，其中天津嘉睿提名 2 名，乐视网提名 2 名。

乐视网称，截至 12 月 19 日晚间公告披露日，乐视网持有乐融致新股权比

⊖ 乐视网于 2020 年 5 月 14 日被终止上市交易。

例为 36.40%，乐视网提名当选乐融致新董事会成员总数的二分之一，因此，乐视网对乐融致新的经营方针和决策、投资计划、公司内部管理和规章建立不再具有主导作用，不再构成对乐融致新的实际控制。

对于乐融致新不再纳入公司财报合并范围的影响，乐视网表示，乐融致新出表后，上市公司原硬件相关业务收入将不再纳入合并报表范围。对于业务方面，结合目前双方经营状况及发展计划，不存在因出表而直接导致公司业务经营及公司与乐融致新的合作模式发生根本变化，但存在因乐视网持有乐融致新股权比例变更后，双方合作模式进一步调整的可能。乐视网进一步表示，乐视网丧失控制权之后，乐融致新产生的净利润及现金流量将不再纳入合并范围，上市公司仍存在经审计后 2018 年全年净资产为负的风险。

资料来源：https://www.sohu.com/a/283009267_260616.

问题：

1. 乐融致新"不思进取"主要表现在哪些方面？
2. 乐融致新不再纳入集团财务报表合并范围对乐视网有什么好处？
3. 乐融致新被乐视网"开除"出合并财务报表范围的理由是否成立？为什么？

3.1 合并财务报表概述

合并财务报表是指反映母公司和其全部子公司形成的企业集团整体财务状况、经营成果和现金流量的财务报表。与个别财务报表（企业单独编制的财务报表）相比，合并财务报表反映的是企业集团整体的财务状况、经营成果和现金流量，可以为有关方面提供对决策有用的会计信息，弥补母公司个别财务报表的不足，有助于财务报告使用者做出合理的经济决策。

3.1.1 合并财务报表的特点

合并财务报表是以整个企业集团为会计主体，以纳入合并范围企业的个别财务报表为基础，根据相关资料，按照权益法调整母公司对子公司的长期股权投资，并抵销母公司与子公司、子公司与子公司相互之间发生的内部交易对合并财务报表的影响后编制而成的。与个别财务报表比较，它具有如下特点。

（1）合并财务报表反映的是由母公司和子公司所组成的企业集团整体的财务状况和经营成果，其反映对象是由若干个法人组成的会计主体，是经济意义上的会计主体，而不是法律意义上的主体。

（2）合并财务报表应当由企业集团中的母公司编制，并不是企业集团中所有企业都必须编制合并财务报表，更不是社会上所有企业都需要编制合并财务报表。

（3）合并财务报表以个别财务报表为基础编制。合并财务报表是以纳入合并范围的企业的个别财务报表为基础，根据其他有关资料，抵销有关会计事项对个别财务报表的影响编制的。因此，尽管合并报表的编制独立于母公司及子公司各自的个别报表编制体系，但不需要在现行会计核算方法体系之外单独设置一套账簿体系。

（4）合并财务报表的编制有其独特的方法。合并财务报表的编制过程不同于个别报表，它是在对纳入合并范围的个别财务报表的数据进行加总的基础上，通过编制抵销分录将企业集团内部的经济业务对个别财务报表的影响予以抵销，然后加总财务报表各项目的数额编制而成的。

3.1.2　合并财务报表的合并理论

合并财务报表的编制应依据相应合并理论，不同的合并理论在企业集团的界定、合并范围的确定、合并财务报表编制方法等方面均有不同。目前国际上主要有母公司理论、实体理论等合并财务报表的合并理论。

（1）母公司理论。

母公司理论将母公司控制的企业集团作为合并财务报表的反映对象，将子公司定义为被母公司所控制的企业，将企业集团定义为母公司及其全体子公司。母公司理论强调了母公司对子公司的控制权，其将合并财务报表视为母公司本身财务报表反映范围的扩大，并认为合并财务报表主要是为母公司的股东和债权人服务的。以此为目的，母公司理论在确定合并范围时，通常以法定控制权为依据，凡是能够为母公司所控制的被投资单位均可纳入合并范围。在母公司理论下所采用的合并财务报表的编制方法也是从母公司本身的股东利益考虑的，主要表现为：在合并资产负债表中，少数股东享有的权益通常被视为负债处理；少数股东享有的损益被视为费用处理；对于集团内部相关交易的抵销，也仅抵销多数股权的份额，而对少数股东的份额的内部交易不进行抵销。

（2）实体理论。

实体理论将由母公司和子公司构成的企业集团视为一个经济联合体，作为合并财务报表的反映对象。实体理论并不强调母公司对子公司的控制权，它强调的是企业集团中所有成员企业所构成的经济实体。该合并理论认为合并财务报表是为企业集团所有的股东和债权人服务的。以此为出发点，实体理论在确定合并范围时，通常并不强调母公司对子公司的控制权，而是更注重其成员企业的经济资源、实现的利润等对企业集团整体经济实力的影响。在实体理论下所采用的合并财务报表的编制方法也是从构成经济实体的各成员企业的股东利益考虑的，它对构成企业集团的持有多数股权的股东和持有少数股权的股东都视为共同组成的经济实体的股东同等对待，具体表现为：将少数股东享有的权益视为股东权益的一部分；将少数股东享有的净收益同样视为合并的经济实体的净收益；对于集团内部相关交易的抵销，不分多数股权和少数股权的份额，全额予以抵销。

我国颁发的《企业会计准则第 33 号——合并财务报表》在确定合并范围时采用的是母公司理论，而在少数股东权益和少数股东收益的列示上采用的是实体理论。

3.1.3　合并财务报表的种类及原则

3.1.3.1　合并财务报表的种类

合并财务报表的种类与个别财务报表基本一致，具体包括主表与附注两部分。

合并财务报表的主表主要包括合并资产负债、合并利润表、合并现金流量表和合并所有者权益变动表，它们分别从不同的方面反映企业集团的经营情况，构成了一个完整的合并财务报表体系。

（1）合并资产负债表。合并资产负债表是反映企业集团在某一特定日期财务状况的财务报表，由合并资产、负债和所有者权益各项目组成。

（2）合并利润表。合并利润表是反映企业集团整体在一定期间内经营成果的财务报表。

（3）合并现金流量表。合并现金流量表是综合反映母公司及其子公司形成的企业集团在一定会计期间内的现金和现金等价物流入、流出的报表。

（4）合并所有者权益变动表（或合并股东权益变动表）。合并所有者权益变动表（或合并股东权益变动表）是从母公司角度反映母公司所有者（或股东）权益的各组成部分当期的增减变动情况的财务报表。

3.1.3.2　合并财务报表的编制原则

合并财务报表是在个别财务报表的基础上编制而成的，依然是一种财务报表，因此，必须要符合财务报表编制的一般原则和基本要求，除此之外，还应当遵循以下原则和要求。

（1）以个别财务报表为基础进行编制。合并报表的报告主体是企业集团，而企业集团是一个会计概念，不是一个实体，它没有自己的账簿，也不需要有自己的账簿体系。合并财务报表的编制是利用母公司和纳入合并范围的子公司各自的个别财务报表所提供的反映各自财务状况和经营成果的数据，以及其他相关资料，通过特有的方法编制而成。这正是客观性原则在合并财务报表编制时的具体体现。

（2）一体性原则。在编制合并财务报表时，应当将母公司和所有纳入合并范围的子公司作为一个整体来看待，将它们视为同一会计主体。母公司和子公司发生的经营活动都应当从企业集团这一整体的角度进行考虑。为此，需要以母公司的会计政策和会计期间为标准调整有关子公司的个别财务报表，也需要抵销应纳入合并范围的各公司之间发生的经济业务在有关报表上的反映。

（3）重要性原则。编制合并报表是为有关利益主体的经济决策服务的。与个别财务报表相比，合并财务报表涉及多个法人主体，涉及的经营活动范围广，可能分布在不同的国家或地区，有不同的规模和经营范围等。合并财务报表要综合反映这样的会计主体的财务情况，必然要涉及重要性的判断问题，特别是在拥有众多子公司的情况下，根据重要性的要求对财务报表项目进行取舍，讲究会计信息的成本效益，遵守重要性原则，解决合并财务报表的项目安排、内部交易事项抵销与否等问题。

3.1.4　编制合并财务报表的前提条件

合并财务报表的编制涉及多个法人实体。为了使编制的合并报表准确、全面地反映企业集团的真实情况，必须做好前期的一系列准备。这些前提条件主要有如下几项。

（1）统一母子公司财务报表决算日及会计期间。

财务报表反映一定日期的财务状况和一定会计期间的经营成果，母公司和子公司的个别财务报表只有在反映财务状况的日期和反映经营成果的会计期间一致的情况下才能进行合并。

为了编制合并财务报表，必须要求子公司与母公司的财务报表决算日和会计期间保持一致，统一企业集团内部各企业的财务报表决算日和会计期间，以便公司提供相同日期和会计期间的财务报表。对于境外子公司，由于当地法律限制不能与母公司财务报表决算日和会计期间一致的，可以要求其为编制合并财务报表，单独编报与母公司财务报表决算日和会计期间一致的个别财务报表。

（2）统一母子公司的会计政策。

会计政策是指企业进行会计核算和编制财务报表时所采用的会计原则、会计程序和会计处理方法，它是编制财务报表的基础，也是保证财务报表各项目所反映内容一致的基础。只有在财务报表各项目所反映的内容一致的情况下，才能对其进行加总，并编制合并报表。为此，在编制合并报表前，应统一母子公司的会计政策，要求子公司所采用的会计政策与母公司保持一致。

（3）统一编报货币，将子公司的外币财务报表折算为用母公司记账本位币表示。

对母公司和子公司的财务报表进行合并，其前提是母子公司个别财务报表所采用的货币计量尺度一致。在我国，会计规范中允许外币业务比较多的企业采用某一外币作为记账本位币，境外企业一般也采用其所在国或地区的货币作为其记账本位币。在将这些企业的财务报表纳入合并时，必须将其折算为母公司所采用的货币来计量其财务报表项目。

（4）子公司提供的有关资料必须满足编制合并报表的需要。

集团没有直接的账簿资料，所有资料都依赖母子公司会计部门提供，并由母公司的会计人员来编制。子公司一般应提供如下资料：①个别财务报表；②采用的与母公司不一致的会计政策及影响金额；③与母公司不一致的会计期间的说明；④与母公司、其他子公司之间发生的所有内部交易的相关资料；⑤所有者权益变动的有关资料；⑥编制合并财务报表所需要的其他资料。

上述编制合并报表的前提条件，强化了合并报表编制前母公司与子公司个别财务报表信息的可比性，没有可比性则难以进行比较和加减。可比性是重要的分析原则、评价原则，日常生活离不开比较、评价，掌握和运用可比性对于增强分析能力、判断能力、预测能力和决策能力具有重要的作用。

3.1.5　合并财务报表的合并范围

合并财务报表的合并范围是指纳入合并财务报表编报的子公司的范围，要明确应将哪些被投资单位纳入合并财务报表编报范围，而哪些被投资单位不应纳入合并财务报表编报范围。合并范围的确定是编制合并财务报表的前提。依据我国《企业会计准则第 33 号——合并财务报表》的有关规定，合并财务报表的合并范围应当以控制为基础予以确定，母公司应当将其控制的所有子公司（含特殊目的主体等），无论是小规模的子公司还是经营业务性质特殊的子公司，均纳入合并财务报表的合并范围。

3.1.5.1　控制的定义

控制是指投资方拥有对被投资方的权力，通过参与被投资方的相关活动而享有可变回报，并且有能力运用对被投资方的权力影响其回报金额。达到控制需要满足以下条件。

（1）投资方对被投资方的活动享有可变回报。

可变回报，是指不固定且可能随着被投资方业绩而变化的回报。可变回报的形式主要包括：股利、被投资方经济利益的其他分配、投资方对被投资方的投资的价值变动；因向被投资方的资产或负债提供服务而得到的报酬等形式，因提供信用支持或流动性支持而收取的费用或承担的损失等；其他利益持有方无法得到的回报。

（2）投资方拥有对被投资方的权力，并且有能力运用对被投资方的权力影响其回报金额。

所谓权力是指投资方能够主导被投资方相关活动时，对被投资方享有的权利。在判断投资方是否对被投资方拥有权力时，应注意以下几点：一是权力只表明投资方主导被投资方相关活动的现实能力，并不要求投资方实际行使其权力；二是权力是一种实质性权利，而不是保护性权利；三是权力是为自己行使，不能代其他方行使；四是权力通常表现为表决权，但有时也可能表现为其他合同安排。

所谓相关活动是指对被投资方的回报产生重大影响的活动。相关活动应根据企业所处的行业特征、业务特点、发展阶段、市场环境等具体情况进行判断，通常包括：商品或劳务的销售和购买；金融资产的管理；资产的购买和处置；研究与开发活动；确定资本结构和获取融资等。

3.1.5.2　母公司与子公司的定义

企业集团由母公司及其全部子公司构成。母公司是指有一个或一个以上主体（含企业、被投资单位中可分割的部分以及企业所控制的结构化主体等）的主体。子公司是指被母公司控制的主体。

从母公司的定义可以看出，母公司要求同时具备两个条件：第一，必须有一个或一个以上的子公司，母公司能够决定另一个主体的财务和经营政策，并有权从该主体的经营活动中获取利益；第二，母公司可以是营利组织，也可以是非营利组织，例如，属于非企业形式但形成会计主体的其他组织，如基金会等。

从子公司的定义可以看出，子公司也要求同时具备两个条件：第一，子公司只能由一个母公司控制，不可能被两个或多个母公司同时控制（在此情况下，被投资单位是合营企业，而非子公司）；第二，子公司可以是营利组织，也可以是非营利组织，例如，基金以及信托项目等特殊目的主体等。

从母公司与子公司的定义可以看到，母公司与子公司不一定是公司，还可能是学校、慈善机构等非营利组织，不能望文生义，而要按照实质重于形式的原则进行判断，按照内容与形式、本质与现象的基本思维进行分析。

3.1.5.3 母公司拥有其半数以上（不包括半数）表决权资本的被投资方应纳入合并范围

这里所说的表决权资本是指有限责任公司的投资者的出资额，股份有限公司的普通股。当母公司拥有被投资单位 50% 以上的表决权资本时，就能够控制被投资单位的经营和财务活动。在这种情况下，就需要将子公司的个别报表所反映的财务状况、经营成果和现金流量纳入合并财务报表，以综合反映以母公司为主的企业集团的财务状况、经营成果和现金流量。母公司拥有被投资单位半数以上表决权资本，又具体表现为以下 3 种情况。

（1）母公司直接拥有被投资单位半数以上的表决权资本。例如，A 公司直接拥有 B 公司发行的普通股股票的 60%，B 公司便成为 A 公司的子公司，A 公司在编制合并财务报表时，应将 B 公司纳入合并范围。

（2）母公司间接拥有被投资单位 50% 以上的表决权资本。例如，甲公司拥有乙公司 100% 的表决权资本，而乙公司又拥有丙公司 70% 的表决权资本。这时，甲公司通过其子公司乙公司间接拥有丙公司 70% 的表决权资本，从而使丙公司也成为甲公司的子公司，甲公司在编制合并财务报表时，也应将丙公司纳入合并范围。

（3）母公司直接和间接拥有被投资单位 50% 以上的表决权资本。例如，甲公司拥有丙公司 20% 的表决权资本以及乙公司 100% 的表决权资本，乙公司拥有丙公司 70% 的表决权资本。此时，甲公司直接拥有丙公司 20% 的表决权资本，同时甲公司通过其子公司乙公司间接拥有丙公司 70% 的表决权资本，二者之和达到 90%，从而使丙公司成为甲公司的子公司，甲公司在编制合并财务报表时，也应将丙公司纳入合并范围。

3.1.5.4 母公司拥有其半数以下表决权资本但实质上控制的被投资方应纳入合并范围

母公司拥有被投资单位半数或以下的表决权资本，满足以下条件之一的，视为母公司能够控制被投资单位，应当将该被投资单位认定为子公司，纳入合并财务报表的合并范围，但有证据表明母公司不能控制被投资单位的除外。

（1）通过与被投资单位其他投资者之间的协议，拥有被投资单位半数以上的表决权。在母公司与其他投资者共同投资某企业的情况下，如果母公司与其中的某些投资者签订书面协议，受托管理和控制该被投资单位，则可以在被投资单位的股东大会和董事会上拥有该被投资单位半数以上的表决权。此时，母公司对被投资单位的财务和经营政策拥有控制权，该被投资单位为事实上的子公司，须将其纳入合并财务报表的合并范围。

（2）根据公司章程或协议，有权决定被投资单位的财务和经营政策。这种情况是指，在被投资单位的公司章程等文件中明确了母公司对其财务和经营政策能够实施控制。企业的财务和经营政策直接决定着企业的日常生产经营活动，决定着企业的未来发展。能够控制企业财务和经营政策也就等于能够控制整个企业的日常生产经营活动，这也使得被投资单位成为事实上的子公司，应当纳入母公司合并财务报表的合并范围。

（3）有权任免被投资单位的董事会或类似机构的多数成员。这种情况是指，母公司能够通过任免被投资单位董事会的多数成员（超过半数以上，但不包括半数）控制该被投资单位的日常生产经营活动，被投资单位成为事实上的子公司，从而应当纳入母公司合并财务报表的合并范围。

（4）在被投资单位董事会或类似机构占多数表决权。这里的"多数"是指半数以上，但不包括半数。这种情况是指，母公司能够控制董事会或类似机构的会议，从而主导公司董事会的经营决策，使该公司的生产经营活动在母公司的控制下进行，使被投资单位成为事实上的子公司。因此，也应当将其纳入母公司合并财务报表的合并范围。

同时，需要注意的是，在条件（3）和（4）中，董事会或类似机构必须能够控制被投资单位，否则，上述条件不适用。

3.1.5.5　纳入合并范围的特殊情况——对被投资方可分割部分的控制

投资方通常应当对是否控制被投资单位整体进行判断，但在某种情况下，如果有确凿证据表明同时满足下列条件并且符合相关法律法规规定的，投资方应当将被投资方的一部分视为被投资方可分割的部分，进而判断是否控制该部分。具体条件如下。

（1）该部分的资产是偿付该部分负债或该部分其他利益方的唯一来源，不能用以偿还该部分以外的被投资方的其他负债。

（2）除与该部分相关的各方外，其他方不享有与该部分资产相关的权利，也不享有与该部分资产剩余现金流量相关的权利。

3.1.5.6　合并范围的豁免——投资性主体

（1）豁免规定。

通常情况下，母公司应当将其全部子公司纳入合并范围。但是，如果母公司是投资性主体，则只应将那些为其投资活动提供相关服务的子公司纳入合并范围，其他子公司不应予以合并，母公司对其他子公司的投资应当按照公允价值计量且其变动计入当期损益。如果母公司本身不是投资性主体，则应将其控制的全部主体（包括投资性主体以及通过投资性主体间接控制的主体）纳入合并财务报表。

（2）母公司属于投资性主体应同时满足的条件。

① 该公司以向投资方提供投资管理服务为目的，从一个或多个投资者处获取资金。

② 该公司的唯一经营目的，是通过资本增值、投资收益或两者兼有而让投资者获得回报。

③ 该公司按照公允价值对几乎所有投资的业绩进行计量和评价。

3.1.5.7　因投资性主体转换引起的合并范围的变化

（1）母公司由非投资性主体转为投资性主体。

在此种情况下，除仅将为其投资活动提供相关服务的子公司纳入合并财务报表范围编制合并财务报表外，企业自转变日对其他子公司不应予以合并，其会计处理参照部分处置子公司股权但不丧失控制权的处理原则。

（2）母公司由投资性主体转为非投资性主体。

在此种情况下，应将原未纳入合并财务报表范围的子公司于转变日纳入合并财务报表范围，将转变日视为购买日，原未纳入合并财务报表范围的子公司于转变日的公允价值视为购买的交易对价，按照非同一控制下企业合并的会计处理方法进行会计处理。

3.1.5.8　不能纳入母公司合并财务报表的合并范围的情况

在下列情况下，被投资单位不是母公司的子公司，也不能纳入母公司合并财务报表的合并范围。

（1）已宣告被清理整顿的原子公司。

已宣告被清理整顿的原子公司，是指在当期宣告被清理整顿的被投资单位，该被投资单位在上期是母公司的子公司。在这种情况下，根据 2005 年修订的《公司法》第一百八十四条的规定，被投资单位实际上在当期已经由股东、董事或股东大会指定的人员组成的清算组或人民法院指定的有关人员组成的清算组对该被投资单位进行日常管理，在清算期间，被投资单位不得开展与清算无关的经营活动，因此，本公司不能再控制该被投资单位，也就不能再将该被投资单位继续认定为母公司的子公司。

（2）已宣告破产的原子公司。

已宣告破产的原子公司，是指在当期宣告破产的被投资单位，该被投资单位在上期是母公司的子公司。在这种情况下，根据《企业破产法》的规定，被投资单位的日常管理已转交给由人民法院指定的管理人，母公司不能控制该被投资单位，也不能将该被投资单位认定为母公司的子公司。

（3）母公司不能控制的其他被投资单位。

母公司不能控制的其他被投资单位，是指母公司不能控制的除上述情形以外的其他被投资单位，如联营企业等。不能控制的被投资单位，不纳入合并财务报表的合并范围。原采用比例合并法的合营企业，应当改用权益法核算。

上述三类不纳入合并范围的情况说明，虽然这些被投资方名义上隶属于母公司，但母公司实际上已经失去了对它们的控制，失去了编制合并报表的资格，自然不能将它们纳入合并范围。我们不能被表面现象所蒙蔽，不能人云亦云，而应该养成透过现象看本质的思维习惯。

3.1.6　合并财务报表的编制程序

合并财务报表的编制方法不同于个别财务报表，有其特殊的编制程序，主要有以下几个步骤。

3.1.6.1　编制合并工作底稿

编制合并工作底稿的主要作用是为编制合并财务报表提供基础和依据。合并工作底稿便于对母公司和子公司的个别财务报表各项目金额进行汇总和抵销处理，最终计算出合并财务报表各项目的合并金额。编制合并财务报表的第一步为：将母公司、子公司个别资产负债表、利润表、现金流量表、所有者权益变动表各项目的数据过入合并工作底稿，并在合并工作底稿中对母公司和子公司个别财务报表各项目的数据进行加总，计算出个别资产负债表、利润表、现金流量表、所有者权益变动表各项目的合计金额。合并工作底稿格式如表 3-1 所示。

表3-1   合并工作底稿

编制单位：   ___年___月___日   （单位：元）

项目	母公司	子公司1	子公司2	……	抵销分录（含调整分录）		少数股东权益	合并数
					借方	贷方		
（资产负债表项目）								
流动资产								
……								
非流动资产								
……								
流动负债								
……								
非流动负债								
……								
股东权益								
……								
（利润表项目）								
营业收入								
……								
营业利润								
……								
利润总额								
……								
净利润								

3.1.6.2   编制调整分录和抵销分录

编制合并财务报表的第二步，是在合并工作底稿中编制调整分录和抵销分录，将内部交易对合并财务报表有关项目的影响进行抵销处理。编制抵销分录，进行抵销处理是合并财务报表编制的关键和主要内容，其目的在于将个别财务报表各项目的加总金额中重复的因素予以抵销。

需要注意的是，在编制抵销分录前，需对子公司的个别财务报表进行相应调整，编制调整分录，进行编制合并财务报表的前期准备事项。例如，对于子公司所采用的会计政策或会计期间与母公司不一致的，如果母公司自行对子公司的个别财务报表进行调整，也应当在合并工作底稿中通过编制调整分录予以调整。

在合并工作底稿中编制的调整分录和抵销分录，借记或贷记的均为财务报表项目（即资产负债表项目、利润表项目、现金流量表项目和所有者权益变动表项目），而不是具体的会计科目。比如，涉及调整或抵销固定资产折旧、固定资产减值准备等项目，均通过资产负债表中的"固定资产"项目，而不是"累计折旧""固定资产减值准备"等科目来进行调整和抵销。

3.1.6.3   计算合并财务报表各项目的合并金额

编制合并财务报表的第三步，是在母公司和子公司个别财务报表各项目加总金额的基础上，根据调整分录和抵销分录，分别计算出合并财务报表中各资产项目、负债项目、所有者权益项目、收入项目和费用项目等的合并金额，计算方法如下。

（1）资产类项目，其合并金额等于该项目加总金额，加上该项目抵销分录有关的借方发生额，减去该项目抵销分录有关的贷方发生额计算而得。具体的公式为：

$$资产类项目合并金额 = 该项目加总金额 + 该项目抵销分录借方发生额$$
$$- 该项目抵销分录贷方发生额$$

（2）对于负债类项目和所有者权益类项目，其合并金额等于该项目加总金额，减去该项目抵销分录有关的借方发生额，加上该项目抵销分录有关的贷方发生额计算而得。具体的公式为：

$$负债和所有者权益类项目合并金额 = 该项目加总金额 + 该项目抵销分录贷方发生额$$
$$- 该项目抵销分录借方发生额$$

（3）收入类项目和有关所有者权益变动各项目，其合并金额等于该项目加总金额，减去该项目抵销分录的借方发生额，加上该项目抵销分录的贷方发生额计算而得。具体的公式为：

$$收入类和有关所有者权益变动各项目合并金额 = 该项目加总金额 + 该项目抵销分录贷方发生额 - 该项目抵销分录借方发生额$$

（4）费用项目合并金额等于该项目加总金额，加上该项目抵销分录的借方发生额，减去该项目抵销分录的贷方发生额计算而得。具体的公式为：

$$费用项目合并金额 = 该项目加总金额 + 该项目抵销分录借方发生额 - 该项目抵销分录贷方发生额$$

3.1.6.4　填列合并财务报表

编制合并财务报表的最后一步是，根据合并工作底稿中计算出的资产、负债、所有者权益、收入、费用以及现金流量表中各项目的合并金额，填列生成正式的合并财务报表。

3.1.7　合并财务报表的格式

合并财务报表通常在个别财务报表基础上，增加下列项目。

（1）合并资产负债。在所有者权益项目下增加"归属于母公司所有者权益合计"和"少数股东权益"两个项目，前者用于反映企业集团所有者权益中归属于母公司所有者权益的部分，包括"实收资本（或股本）""其他权益工具""资本公积""库存股""其他综合收益""盈余公积""未分配利润"等项目。后者用于反映非全资子公司所有者权益中不属于母公司而归属于少数股东的份额。具体格式可参考上市公司年报。

（2）合并利润表。①在"净利润"项目下增加"归属于母公司所有者的净利润"和"少数股东损益"两个项目，分别反映净利润中由母公司所有者享有的份额和非全资子公司当前实现的净利润中归属于少数股东的份额。在同一控制下的企业合并中，当期合并利润表中还应在"净利润"项目下增加"其中：被合并方在合并前实现的净利润"项目，用于反映同一控制下企业合并中取得的被合并方在合并日前实现的净利润。②在"综合收益总额"项目下增加"归属于母公司所有者的综合收益总额"和"归属于少数股东的综合收益总额"两个项目，分别反映综合收益总额中由母公司所有者享有的份额和非全资子公司当期综合收益总额中归属于少数股东的份额。具体格式可参考上市公司年报。

（3）合并现金流量表。此表格式与《企业会计准则第31号——现金流量表》应用指南（2006）中现金流量表的格式基本相同。但对于子公司与少数股东之间发生的现金流入和流出，从整个企业集团来看，也会影响集团整体的现金流入和流出数量，必须在合并现金流量表中予以反映。①在"筹资活动产生的现金流量"项目下的"吸收投资收到的现金"项目下增加"其中：子公司吸收少数股东投资收到的现金"项目，用于反映子公司的少数股东增加在子公司中的权益性投资份额。②在"筹资活动产生的现金流量"项目下的"分配股利、利润或偿付利息支付的现金"项目下增加"其中：子公司支付给少数股东的股利、利润"项目，用于反映子公司向少数股东支付的现金股利或利润。③在"筹资活动产生的现金流量"项目下的"支付的其他与筹资活动有关的现金"项目下增加"子公司依法减资支付给少数股东的现金"项目，用于反映子公司的少数股东依法抽回在子公司中的权益性投资的份额。

（4）合并所有者权益变动表（或合并股东权益变动表）。应增加"少数股东权益"项目，用于反映少数股东权益变动的情况。另外，参照合并资产负债表中的"资本公积""其他权益工具""其他综合收益"等项目的列式，合并所有者权益变动表（或合并股东权益变动表）中应单列上述各项目。具体格式可参考上市公司年报。

3.2 合并日合并财务报表的编制

合并日合并财务报表是指由母公司在对子公司取得控制股权日编制的合并财务报表。同一控制下的企业合并和非同一控制下的企业合并（均属于控股合并），在编制股权取得日的合并财务报表时，需要编制的调整分录和抵销分录均不同，下面分别介绍其编制过程。

3.2.1 同一控制下企业合并日合并财务报表的编制

由同一控制下的企业合并形成母子公司关系的，合并方一般应在合并日编制合并财务报表，用以反映合并日形成的报告主体的财务状况、视同该主体一直存在的情况下产生的经营成果等。编制合并日的合并财务报表时，一般包括合并资产负债表、合并利润表及合并现金流量表。

对于属于同一控制下企业合并中取得的子公司的个别财务报表，如果不存在与母公司会计政策和会计期间不一致的情况，则不需要对该子公司的个别财务报表进行调整，但需要抵销内部交易对合并财务报表的影响。如果母公司与子公司采用的会计政策或会计期间不同，则应按照母公司的会计政策和会计期间，对子公司的个别财务报表进行调整。

3.2.1.1 合并资产负债表的编制

通常，编制合并资产负债表时，应先将子公司的有关资产、负债以其账面价值并入合并财务报表工作底稿；然后，对于母公司与子公司在合并日及以前期间发生的交易，将其作为内部交易进行抵销；最后，将母公司对子公司的股权投资数额与子公司的所有者权益中属于母公司的份额予以抵销，并确认子公司的少数股东权益。

需要注意的是，在处理同一控制下的企业合并时，基本处理原则是视同合并后形成的报告主体在合并日及以前期间一直存在。因此，在合并资产负债表中，对于子公司在企业合并前实现的留存收益（盈余公积和未分配利润之和）中归属于母公司的部分，应按以下规定，自母公司的资本公积转入留存收益。

（1）确认企业合并形成的长期股权投资后，在合并资产负债表中，应将子公司在合并前实现的留存收益中归属于母公司的部分自"资本公积"转入"盈余公积"和"未分配利润"。如果"资本公积"不足，应按比例转入。在合并工作底稿中，借记"资本公积"项目，贷记"盈余公积"和"未分配利润"项目。

（2）确认企业合并形成的长期股权投资后，母公司账面上"资本公积"项目（资本溢价或股本溢价）贷方余额小于子公司在合并前实现的留存收益中归属于母公司的部分，在合并资产负债表中，应以母公司"资本公积"项目（资本溢价或股本溢价）的贷方余额为限，将子公司在企业合并前实现的留存收益中归属于母公司的部分自"资本公积"转入"盈余公积"和"未分配利润"。因母公司的"资本公积"项目（资本溢价或股本溢价）的贷方余额不足，子公司在合并前实现的留存收益在合并资产负债表中未能全额恢复的，母公司应当在财务报表附注中对这一情况进行说明。

【例 3-1】　A、B 公司为 S 公司控制下的两家全资子公司。20×6 年 6 月 30 日，A 公司增发 2 000 万股普通股（每股面值为 1 元，市价为 8.75 元）作为对价，自母公司 S 处取得 B 公司 70% 的股权，合并后，B 公司仍维持其独立法人资格继续经营。假定 A、B 公司采用的会计政策相同。合并日，A 公司及 B 公司的会计资料如表 3-2 所示。

表 3-2　资产负债表（简表）

（单位：万元）

项目	A 公司	B 公司	
	账面价值	账面价值	公允价值
资产：			
货币资金	10 350	1 080	1 080
存货	14 880	612	10 80
应收账款	7 200	4 800	4 800
长期股权投资	12 000	5 160	8 040
固定资产：			
固定资产原价	24 000	9 600	13 200
减：累计折旧	7 200	2 400	2 400
固定资产净值	16 800	7 200	10 800
无形资产	10 800	1 200	3 600
资产总计	72 030	20 052	29 400
负债和所有者权益：			
短期借款	6 000	5 400	5 400
应付账款	9 000	720	720
其他负债	900	720	720
负债合计	15 900	6 840	6 840
实收资本（股本）	18 000	6 000	0
资本公积	12 000	3 600	0

（续）

项目	A公司	B公司	
	账面价值	账面价值	公允价值
盈余公积	12 000	1 200	0
未分配利润	14 130	2 412	0
所有者权益合计	56 130	13 212	22 560
负债和所有者权益合计	72 030	20 052	0

本例中，参与合并的企业在合并前后均为S公司最终控制，属于同一控制下的企业合并。自6月30日开始，A公司能够对B公司净资产实施控制，该日为合并日。

A公司在合并日应进行的会计处理为：

（1）确认长期投资。

借：长期股权投资（13 212×70%）　　　　　　　　　9 248.40

　　贷：股本　　　　　　　　　　　　　　　　　　　　　　2 000

　　　　资本公积　　　　　　　　　　　　　　　　　　　　7 248.40

（2）编制调整分录。

进行上述处理后，A公司在合并日编制合并资产负债表时，对于企业合并前B公司实现的留存收益中归属于母公司的部分2 528.40（=3 612×70%）万元应自"资本公积"项目（资本溢价或股本溢价）转入留存收益。本例中A公司在确认对B公司的长期股权投资以后，其资本公积的账面余额为19 248.4（=12 000+7 248.4）万元，大于B公司实现的留存收益中归属于母公司的部分2 528.40万元。因此，在合并工作底稿中，应编制以下调整分录：

借：资本公积　　　　　　　　　　　　　　　　　　　2 528.40

　　贷：盈余公积　　　　　　　　　　　　　　　　　　　　840

　　　　未分配利润　　　　　　　　　　　　　　　　　　1 688.40

（3）编制抵销分录。

借：实收资本　　　　　　　　　　　　　　　　　　　6 000

　　资本公积　　　　　　　　　　　　　　　　　　　3 600

　　盈余公积　　　　　　　　　　　　　　　　　　　1 200

　　未分配利润　　　　　　　　　　　　　　　　　　2 412

　　贷：长期股权投资　　　　　　　　　　　　　　　　　9 248.40

　　　　少数股东权益　　　　　　　　　　　　　　　　　3 963.60

（4）编制合并资产负债表工作底稿，如表3-3所示。

表3-3　合并资产负债表工作底稿（局部）

20×6年6月30日　　　　　　　　　　（单位：万元）

项目	A公司	B公司	抵销分录（含调整分录）		合并金额
			借方	贷方	
资产：					
货币资金	10 350	1 080			11 430
存货	14 880	612			15 492
应收账款	7 200	4 800			12 000

（续）

项目	A 公司	B 公司	抵销分录（含调整分录）		合并金额
			借方	贷方	
长期股权投资	21 248.40	5 160		9 248.40	17 160
固定资产：					
固定资产原价	24 000	9 600			33 600
减：累计折旧	7 200	2 400			9 600
固定资产净值	16 800	7 200			24 000
无形资产	10 800	1 200			12 000
资产总计	81 278.40	20 052		9 248.40	92 082
负债和所有者权益：					
短期借款	6 000	5 400			11 400
应付账款	9 000	720			9 720
其他负债	900	720			1 620
负债合计	15 900	6 840			22 740
实收资本（股本）	20 000	6 000	6 000		20 000
资本公积	19 248.40	3 600	2 528.40 3 600		16 720
盈余公积	12 000	1 200	1 200	840	12 840
未分配利润	14 130	2 412	2 412	1 688.40	15 818.40
少数股东权益				3 963.60	3 963.60
所有者权益合计	65 378.40	13 212			69 342
负债和所有者权益总计	81 278.40	20 052	15 740.40	6 492	92 082

3.2.1.2　合并利润表的编制

母公司在编制合并日的合并利润表时，应包含母公司及子公司自合并当期期初至合并日实现的净利润，双方在当期所发生的交易，应当按照合并财务报表的有关原则进行抵销。例如，同一控制下的企业合并发生于 20×6 年 3 月 31 日，母公司当日编制合并利润表时，应包括母公司及子公司自 20×6 年 1 月 1 日至 20×6 年 3 月 31 日实现的净利润。

【例 3-2】 20×7 年 6 月 30 日，A 公司向 B 公司的股东定向增发 1 500 万股普通股（每股面值 1 元，市价 4.5 元）对 B 公司进行合并，并于当日取得对 B 公司 100% 的股权。假定 A 公司和 B 公司同为集团内的两个全资子公司，合并前其共同的母公司为 M 公司。该项合并中参与合并的企业在合并前及合并后均为 M 公司最终控制。从 20×7 年 6 月 30 日起，A 公司能够对 B 公司净资产实施控制。A、B 企业在 20×7 年 6 月 30 日合并前的资产负债情况如表 3-4 所示。

表 3-4　资产负债表（简表）

20×7 年 6 月 30 日			（单位：元）
	A 公司	B 公司	
	账面价值	账面价值	公允价值
资产：			
货币资金	20 170 000	2 800 000	2 800 000

（续）

	A 公司	B 公司	
	账面价值	账面价值	公允价值
应收账款	14 000 000	10 000 000	10 000 000
存货	32 300 000	2 420 000	3 160 000
长期股权投资	24 000 000	10 780 000	17 940 000
固定资产	30 000 000	16 000 000	25 000 000
无形资产	21 000 000	4 000 000	5 000 000
商誉	0	0	0
资产总计	141 470 000	46 000 000	63 900 000
负债和所有者权益：			
短期借款	13 000 000	11 000 000	11 000 000
应付账款	15 000 000	2 000 000	2 000 000
其他负债	970 000	2 000 000	2 000 000
负债合计	28 970 000	15 000 000	15 000 000
实收资本（股本）	35 000 000	13 000 000	
资本公积	24 000 000	8 000 000	
盈余公积	25 000 000	4 000 000	
未分配利润	28 500 000	6 000 000	
所有者权益合计	112 500 000	31 000 000	48 900 000
负债和所有者权益总计	141 470 000	46 000 000	

A 公司及 B 公司 20×7 年 1 月 1 日至 6 月 30 日的利润表如表 3-5 所示。

表 3-5 利润表（简表）

20×7 年 1 月 1 日至 6 月 30 日 （单位：元）

	A 公司	B 公司
一、营业收入	44 000 000	13 000 000
减：营业成本	35 000 000	10 000 000
营业税金及附加	200 000	67 000
销售费用	650 000	300 000
管理费用	1 600 000	520 000
财务费用	400 000	400 000
加：投资收益	350 000	170 000
二、营业利润	6 500 000	1 883 000
加：营业外收入	600 000	500 000
减：营业外支出	530 000	580 000
三、利润总额	6 570 000	1 803 000
减：所得税费用	2 168 000	595 000
四、净利润	4 402 000	1 208 000
五、其他综合收益的税后净额		
六、综合收益总额	4 402 000	1 208 000
七、每股收益		

A 公司确认该项合并的账务处理，B 公司在编制合并日的合并财务报表时的抵销分录等如下：

（1）A 公司确认该项合并的账务处理：

借：长期股权投资　　　　　　　　　　　　　　　　31 000 000

　　贷：股本　　　　　　　　　　　　　　　　　　　　　　　15 000 000

　　　　资本公积　　　　　　　　　　　　　　　　　　　　　16 000 000

（2）假定 A 公司与 B 公司在合并前未发生任何交易，则 B 公司在编制合并日的合并财务报表时，做如下抵销分录：

借：实收资本　　　　　　　　　　　　　　　　　　13 000 000

　　资本公积　　　　　　　　　　　　　　　　　　　8 000 000

　　盈余公积　　　　　　　　　　　　　　　　　　　4 000 000

　　未分配利润　　　　　　　　　　　　　　　　　　6 000 000

　　贷：长期股权投资　　　　　　　　　　　　　　　　　　　31 000 000

（3）将 B 公司合并前实现的留存收益中归属于 A 公司的部分，自资本公积转入留存收益，合并调整分录为：

借：资本公积　　　　　　　　　　　　　　　　　　10 000 000

　　贷：盈余公积　　　　　　　　　　　　　　　　　　　　　 4 000 000

　　　　未分配利润　　　　　　　　　　　　　　　　　　　　 6 000 000

编制合并资产负债表工作底稿和合并利润表工作底稿，如表 3-6 和表 3-7 所示。

表 3-6　合并资产负债表工作底稿（局部）

20×7 年 6 月 30 日　　　　　　　　　　　　　　　　　　　　（单位：元）

	A 公司	B 公司	抵销分录（含调整分录）		合并金额
			借方	贷方	
资产：					
货币资金	20 170 000	2 800 000			22 970 000
应收账款	14 000 000	10 000 000			24 000 000
存货	32 300 000	2 420 000			34 720 000
长期股权投资	55 000 000	10 780 000		31 000 000	34 780 000
固定资产	30 000 000	16 000 000			46 000 000
无形资产	21 000 000	4 000 000			25 000 000
商誉	0	0			0
资产总计	172 470 000	46 000 000		31 000 000	187 470 000
负债和所有者权益：					
短期借款	13 000 000	11 000 000			24 000 000
应付账款	15 000 000	2 000 000			17 000 000
其他负债	970 000	2 000 000			2 970 000
负债合计	28 970 000	15 000 000			43 970 000
实收资本（股本）	50 000 000	13 000 000	13 000 000		50 000 000
资本公积	40 000 000	8 000 000	8 000 000 10 000 000		30 000 000
盈余公积	25 000 000	4 000 000	4 000 000	4 000 000	29 000 000
未分配利润	28 500 000	6 000 000	6 000 000	6 000 000	34 500 000

（续）

| | A公司 | B公司 | 抵销分录（含调整分录） | | 合并金额 |
			借方	贷方	
所有者权益合计	143 500 000	31 000 000	41 000 000	10 000 000	143 500 000
负债和所有者权益总计	172 470 000	46 000 000	41 000 000	10 000 000	187 470 000

表 3-7　合并利润表工作底稿（局部）

20×7年1月1日至6月30日　　　　　　　　　　　　（单位：元）

| | A公司 | B公司 | 抵销分录（含调整分录） | | 合并金额 |
			借方	贷方	
一、营业收入	44 000 000	13 000 000			57 000 000
减：营业成本	35 000 000	10 000 000			45 000 000
营业税金及附加	200 000	67 000			267 000
销售费用	650 000	300 000			950 000
管理费用	1 600 000	520 000			2 120 000
财务费用	400 000	400 000			800 000
加：投资收益	350 000	170 000			520 000
二、营业利润	6 500 000	1 883 000			8 383 000
加：营业外收入	600 000	500 000			1 100 000
减：营业外支出	530 000	580 000			1 110 000
三、利润总额	6 570 000	1 803 000			8 373 000
减：所得税费用	2 168 000	595 000			2 763 000
四、净利润	4 402 000	1 208 000			5 610 000
其中：被合并方在合并前实现利润		1 208 000			

3.2.2　非同一控制下企业合并日合并财务报表的编制

在非同一控制下的企业合并中形成母子公司关系的，购买方一般应于购买日编制合并资产负债表（只编制合并资产负债表），以反映购买方在股权取得日开始控制的经济资源情况。

购买日之所以不编制合并利润表、合并现金流量表，是因为合并双方在合并前分属于不同的控制主体，分属于"两家人"，如同王姓家族合并李姓家族的一名成员，被合并的李姓家族成员在合并前的相关事宜及行为与王姓家族无关，不能简单、强制编制合并报表，否则就是"侵权"。

对于非同一控制下企业合并中取得的子公司，除了存在与母公司会计政策和会计期间不一致的情况，需要对该子公司的个别财务报表进行调整外，还应当根据母公司为该子公司设置的备查簿的记录，确定该子公司的各项可辨认资产、负债等在购买日的公允价值，通过编制调整分录，将该子公司个别财务报表的账面价值调整为公允价值，以使子公司的个别财务报表反映为在购买日公允价值基础上确定的可辨认资产、负债在本期资产负债表日的金额。

会计处理主要包括以下内容：①个别报表层面，甲公司应按支付合并对价的公允价值确认长期股权投资的初始成本；②在合并报表层面，在编制合并财务报表工作底稿时，应将被合并方的各项资产、负债的账面价值调整为公允价值；③将母公司对子公司的股权投资数额与子公司的所有者权益中属于母公司的份额予以抵销，并确认拥有部分股权子公司的少数股东权益；④合并日母公司与子公司之间内部债权、债务等项目的抵销。

　　应该注意的是，非同一控制下企业合并中，如果母公司对子公司长期股权投资的成本大于取得的子公司的可辨认净资产公允价值份额，其差额体现为合并财务报表中的商誉；如果长期股权投资的成本小于合并中取得的子公司的可辨认净资产公允价值份额，其差额应计入合并利润表中作为合并当期损益。但由于购买日不需要编制合并利润表，因此，长期股权投资的成本小于合并中取得的被购买方可辨认净资产公允价值份额的差额应体现在合并资产负债表上，通过调整合并资产负债表的盈余公积和未分配利润来反映。

　　【例 3-3】　沿用例 3-1 的资料，假设 A、B 分别属于不同的企业集团。A 公司在该项合并中发行 2 000 万股普通股（每股面值 1 元，市场价格为 8.75 元），取得了 B 公司 70% 的股权。会计处理如下（单位：万元）。

　　（1）确认长期股权投资。

　　借：长期股权投资　　　　　　　　　　　　　　　　　　　17 500

　　　　贷：股本　　　　　　　　　　　　　　　　　　　　　　　　　1 000

　　　　　　资本公积　　　　　　　　　　　　　　　　　　　　　　　16 500

　　（2）计算合并价差。

　　假定 B 公司除已确认资产外，不存在其他需要确认的资产及负债，则首先计算合并中应确认的合并价差

　　合并价差＝企业合并成本－合并中取得被购买方可辨认净资产公允价值份额

　　　　　　　＝17 500－22 560×70%＝1 708（万元）

　　（3）编制抵销分录（含调整分录）。

　　借：存货　　　　　　　　　　　　　　　　　　　　　　　468

　　　　长期股权投资　　　　　　　　　　　　　　　　　　2 880

　　　　固定资产　　　　　　　　　　　　　　　　　　　　3 600

　　　　无形资产　　　　　　　　　　　　　　　　　　　　2 400

　　　　实收资本　　　　　　　　　　　　　　　　　　　　6 000

　　　　资本公积　　　　　　　　　　　　　　　　　　　　3 600

　　　　盈余公积　　　　　　　　　　　　　　　　　　　　1 200

　　　　未分配利润　　　　　　　　　　　　　　　　　　　2 412

　　　　商誉　　　　　　　　　　　　　　　　　　　　　　1 708

　　　　贷：长期股权投资　　　　　　　　　　　　　　　　　　　17 500

　　　　　　少数股东权益　　　　　　　　　　　　　　　　　　　　6 768

　　（4）编制合并资产负债表工作底稿，如表 3-8 所示。

表 3-8 合并资产负债表工作底稿（局部）

20×6 年 6 月 30 日   （单位：万元）

项目	A公司	B公司	抵销分录（或调整分录）		合并金额
			借方	贷方	
资产：					
货币资金	10 350	1 080			11 430
存货	14 880	612	468		15 960
应收账款	7 200	4 800			12 000
长期股权投资	29 500	5 160	2 880	17 500	20 040
固定资产：					
固定资产原价	24 000	9 600	3 600		37 200
减：累计折旧	7 200	2 400			9 600
固定资产净值	16 800	7 200	3 600		27 600
无形资产	10 800	1 200	2 400		14 400
商誉	0	0	1 708		
资产总计	89 530	20 052	11 056	17 500	103 138
负债和所有者权益：					
短期借款	6 000	5 400			11 400
应付账款	9 000	720			9 720
其他负债	900	720			1 620
负债合计	15 900	6 840			22 740
实收资本（股本）	20 000	6 000	6 000		20 000
资本公积	27 500	3 600	3 600		27 500
盈余公积	12 000	1 200	1 200		12 000
未分配利润	14 130	2 412	2 412		14 130
少数股东权益				6 768	6 768
所有者权益合计	73 630	13 212	13 212	6 768	80 398
负债和所有者权益总计	89 530	20 052			103 138

3.3　合并当年合并财务报表的编制

合并财务报表是以母公司和子公司的个别财务报表为基础编制的。个别财务报表是以单个主体进行会计核算的结果，对于发生于企业集团内部的交易事项，发生交易的各方企业都在其个别报表中进行了反映。但由于合并财务报表是将由母公司和子公司组成的企业集团作为一个会计主体来反映其财务状况和经营成果的，所以，只有企业集团与其外部发生的交易事项才能反映在合并财务报表中。这就需要将母公司与子公司以及子公司相互之间发生的经济业务视为同一会计主体的内部业务处理，而母公司或子公司作为独立的会计主体，已将所有这些业务在其个别财务报表中进行了反映。因此，在编制合并财务报表时，要将这些企业集团内部的经济往来业务抵销，以消除它们对个别财务报表的影响，保证以个别财务报表为基础编制的合并财务报表能够正确反映企业集团的财务状况和经营成果。为此需要在编制抵销分录的基础上，正确填列合并工作底稿、编制合并财务报表。

因为合并财务报表的编制在 3.2 中已经介绍过，所以本节主要介绍编制合并当年合并财务报表的前期事项。

3.3.1　对子公司的个别财务报表进行调整

根据企业会计准则要求，在合并财务报表的实际编制过程中，首先应对各子公司进行分类，分为同一控制下企业合并中取得的子公司和非同一控制下企业合并中取得的子公司两类，并据此对子公司的个别财务报表进行调整。

对于属于同一控制下企业合并中取得的子公司的个别财务报表，如果不存在与母公司会计政策和会计期间不一致的情况，则不需要将该子公司的个别财务报表调整为公允价值反映的财务报表，只需要抵销内部交易对合并财务报表的影响即可。

对于属于非同一控制下企业合并中取得的子公司，除了存在与母公司会计政策和会计期间不一致的情况，需要对该子公司的个别财务报表进行调整外，还应当根据母公司为该子公司设置的备查簿的记录，以记录的该子公司的各项可辨认资产、负债及或有负债等在购买日的公允价值为基础，编制调整分录，将子公司的个别财务报表反映为在购买日公允价值基础上确定的可辨认资产、负债及或有负债在本期资产负债表日的金额。

3.3.2　按权益法调整母公司对子公司的长期股权投资

合并报表准则规定，合并财务报表应当以母公司和其子公司的财务报表为基础，根据其他有关资料，按照权益法对子公司的长期股权投资进行调整后，由母公司编制。在采用权益法核算长期股权投资的情况下，长期股权投资账面价值反映其在被投资企业的权益的变动情况，即长期股权投资的账面余额等于其在子公司所有者权益中所拥有的份额。在编制合并报表时进行抵销处理的项目之一，就是母公司对子公司长期股权投资与子公司所有者权益各项目。因此，采用权益法对子公司的股权投资进行反映，才能使母公司的长期股权投资与子公司净资产实现完全抵销，才能有利于合并报表的编制。

按照我国企业会计准则规定，实现控制的长期股权投资的日常核算采用成本法，因此在合并工作底稿中，应将其调整为权益法的金额。当然，合并报表准则也允许企业直接在对子公司的长期股权投资采用成本法核算的基础上编制合并财务报表，但是所生成的合并财务报表应当符合合并报表准则的相关规定。

【例3-4】　A 公司并购 B 公司不属于同一控制下的企业合并。20×7 年 1 月 1 日，A 公司用 4 800 万元银行存款购得 B 公司 80% 的股权，A 公司在个别资产负债表中采用成本法核算该项长期股权投资。

20×7 年 1 月 1 日，B 公司股东权益总额为 5 600 万元，其中股本为 3 200 万元，资本公积为 2 400 万元，盈余公积为 0 元，未分配利润为 0 元。20×7 年 12 月 31 日，B 公司股东权益总额 6 360 万元，其中股本为 3 200 万元，资本公积为 2 560 万元，盈余公积为 160 万元，未分配利润为 440 万元。

20×7 年，B 公司实现净利润 1 600 万元，提取法定公积金 160 万元，向 A 公司分派现金股利 800 万元，向其他股东分派现金股利 200 万元，未分配利润为 440 万元。B 公司因持有的其他债权投资的公允价值变动计入其他综合收益的金额为160万元。

根据A公司备查簿中的记录，在购买日，B公司某项固定资产的公允价值高于账面价值400万元，使用寿命20年。假定B公司的会计政策和会计期间与A公司一致，不考虑A公司和B公司及合并资产、负债的所得税影响。要求编制相应的调整分录。

（1）根据子公司可辨认资产、负债及或有负债的公允价值与账面价值存在的差异，调整子公司的净利润。

《企业会计准则第2号——长期股权投资》规定，投资企业在确认应享有被投资单位净损益的份额时，应当以取得投资时被投资单位各项可辨认资产等的公允价值为基础，对被投资单位的净利润进行调整后确认。在本例中A公司在编制合并财务报表时，应当首先根据A公司的备查簿中记录的B公司可辨认资产、负债在购买日（20×7年1月1日）的公允价值的资料，调整B公司的净利润。按照A公司备查簿中的记录，在购买日，B公司某固定资产的公允价值高于账面价值400万元，按年限平均法每年应补计提的折旧额为20（=400÷20）万元。在合并工作底稿中应做如下调整分录：

借：管理费用   20

 贷：累计折旧   20

据此，重新确定的B公司20×7年的净利润为1 580（=1 600-20）万元。

（2）将长期股权投资由成本法调整为权益法。

20×7年12月31日，A公司对B公司的长期股权投资的账面余额为4 800万元（假定未发生减值）。根据合并报表准则的规定，在合并工作底稿中，应将对B公司的长期股权投资由成本法调整为权益法。有关调整分录如下。

第一步，确认A公司在20×7年B公司实现净利润1 580万元中所享有的份额1 264（=1 580×80%）万元。

借：长期股权投资   1 264

 贷：投资收益   1 264

第二步，确认A公司收到B公司20×7年分派的现金股利，同时抵销原按成本法确认的投资收益800万元。

借：投资收益   800

 贷：长期股权投资   800

第三步，确认A公司在20×7年B公司除净损益以外的其他综合收益变动中所享有的份额128（=160×80%）万元。

借：长期股权投资   128

 贷：其他综合收益   128

3.3.3 编制合并处理的抵销分录（含调整分录）

（1）母公司长期股权投资与子公司所有者权益项目的合并处理。

根据《企业会计准则第33号——企业合并报表》的规定，母公司对子公司的长期股权投资与母公司在子公司所有者权益中所享有的份额应当相互抵销，同时抵销相应的长期股权投资减值准备。各子公司之间的长期股权投资以及子公司对母公司的长期股权投资，应将长期股权投资与其对应的子公司或母公司所有者权益中所享有的份额相互抵销。

母公司对子公司的权益性投资，在母公司的资产负债表上表现为长期股权投资项目，而在子公司的资产负债表上则表现为实收资本等所有者权益项目。但是，从企业集团的整体角度来看，母公司对子公司的权益性资本投资，实际上相当于母公司将资金拨付给子公司使用，并不会由此引起整个企业集团的资产、负债和所有者权益项目的增减变动。因此，在编制合并财务报表时，应当将母公司对子公司的长期股权投资项目与母公司在子公司的所有者权益中所享有的份额相互抵销，同时抵销对该项长期股权投资提取的长期股权投资减值准备。如果母公司对子公司只拥有部分股权，则子公司所有者权益中不属于母公司的份额，应当作为"少数股东权益"项目处理。相应地，如果存在各子公司之间的长期股权投资以及子公司对母公司的长期股权投资，应比照上述处理程序，将长期股权投资的余额与其对应的子公司或母公司所有者权益中所享有的份额相互抵销。编制的抵销分录为：

借：实收资本

资本公积

盈余公积

未分配利润

贷：长期股权投资（母公司在子公司的所有者权益中所享有的份额）

少数股东权益（少数股东在子公司的所有者权益中所享有的份额）

该项抵销分录将影响合并资产负债表和合并所有者权益表的编制。为简便起见，本章例题均不考虑所得税的影响。

【例 3-5】　A 公司 20×7 年 1 月 1 日对 B 公司投资 40 万元，取得其 100% 的股权。A 公司并购 B 公司属于非同一控制下的企业合并。B 公司的实收资本为 40 万元，经过一年的经营后，B 公司 20×7 年实现利润 20 万元，按净利润的 10% 提取盈余公积，按净利润的 30% 向投资者分配利润，年末，盈余公积为 2 万元，未分配利润为 12 万元。

根据上例的资料，A 公司（母公司）"长期股权投资"和"投资收益"账户的余额变化情况如表 3-9 所示。

表 3-9　A 公司（母公司）"长期股权投资"和"投资收益"账户的余额变化情况表

（单位：元）

	长期股权投资	投资收益
20×7 年 1 月 1 日余额	400 000	0
加：20×7 年根据 B 公司的净利润确认的投资收益	200 000	200 000
减：发放的股利（或利润）	60 000	
20×7 年 12 月 31 日余额	540 000	200 000

20×7 年 12 月 31 日 A 公司应编制的会计分录如下。

借：长期股权投资　　　　　　　　　　　　　　　　200 000

贷：投资收益　　　　　　　　　　　　　　　　　　　　200 000

借：应收股利	60 000	
贷：长期股权投资		60 000

在编制合并工作底稿时，应将母公司长期股权投资与子公司所有者权益项目相互抵销。

借：实收资本	400 000	
盈余公积	20 000	
未分配利润	120 000	
贷：长期股权投资		540 000

同时，抵销母公司的应收股利与子公司已宣告尚未支付的股利。

借：应付股利	60 000	
贷：应收股利		60 000

（2）内部债权债务项目的合并处理。

根据《企业会计准则第33号——企业合并报表》的规定：母公司与子公司、子公司相互之间的债权与债务项目应当相互抵销，同时抵销应收款项的坏账准备和债券投资的减值准备。母公司与子公司，以及子公司相互之间的债权和债务项目，是指母公司与子公司、子公司与子公司之间因销售商品、提供劳务，以及发生结算业务等原因产生的应收账款与应付账款、应收票据与应付票据、预付账款与预收账款、其他应收款与其他应付款、持有至到期投资与应付债券等项目。当母公司与子公司、子公司与子公司之间发生这些项目时，会在其中一方的个别资产负债表中反映为资产，而在另一方的个别资产负债表中反映为负债。但发生业务的双方同属于一个企业集团，属于企业内部的债权、债务问题，所以从企业集团整体角度来看，它只是内部资金运动，既不能增加整个企业集团的资产，也不能增加负债。因此，为了消除由于个别资产负债表直接加总而产生的重复计算，在编制合并财务报表时应当将内部债权债务项目予以抵销（主要影响合并资产负债表及合并利润表）。

①应收账款与应付账款的抵销处理。

在计提应收账款坏账准备的情况下，首次编制合并报表时，此会计期间坏账准备的金额是以当期应收账款为基础计提的。在编制合并财务报表时，随着内部应收账款的抵销，与之相应计提的坏账准备也应予以抵销。因此，在抵销内部应收账款与应付账款时，抵销分录为：借记"应付账款"项目，贷记"应收账款"项目。在抵销内部应收账款计提的坏账准备时，抵销分录为：借记"应收账款——坏账准备"项目，贷记"资产减值损失"项目。

【例3-6】 A公司为B公司的母公司。20×7年12月31日，A公司应收B公司的账款为800万元。当日经减值测试，A公司应收B公司账款的预计未来现金流量现值为760万元，A公司应计提坏账准备40（=800-760）万元。

在编制合并工作底稿时，应将集团内部应收账款与应付账款相互抵销，同时还应将内部应收账款计提的坏账准备予以抵销。

借：应付账款	800	
贷：应收账款		800
借：应收账款——坏账准备	40	
贷：资产减值损失		40

②其他债权与债务项目的抵销处理。

对于其他内部债权、债务项目的抵销，比如应收票据与应付票据、预付账款与预收账款、其他应收款与其他应付款，应比照应收账款和应付账款的抵销规定进行处理。

【例3-7】　A公司为B公司的母公司。在合并当年20×7年中，A公司因购销业务预收B公司400万元货款，记录在其年末资产负债表中；B公司向A公司购买商品1 000万元，并开具票面金额为1 000万元的商业承兑汇票；同时，A公司还持有B公司的债权投资800万元。

编制集团内部预收账款与内部预付账款项目相互抵销的分录：

借：预收账款　　　　　　　　　　　　　　　　　　400

　　贷：预付账款　　　　　　　　　　　　　　　　　　　400

编制集团内部应收票据与内部应付票据项目相互抵销的分录：

借：应付票据　　　　　　　　　　　　　　　　　1 000

　　贷：应收票据　　　　　　　　　　　　　　　　　　1 000

编制集团内部债权投资与应付债券项目相互抵销的分录：

借：应付债券　　　　　　　　　　　　　　　　　　800

　　贷：债权投资　　　　　　　　　　　　　　　　　　　800

（3）内部商品交易的合并处理。

当企业集团内部的母子公司之间、子公司相互之间发生购销商品交易时，母公司和子公司都从自身的角度，以自身独立的会计主体进行核算以反映其损益情况。从销售企业来说，内部销售业务会确认为当期销售收入并结转相应的销售成本，据此计算当期损益。从购买企业来说，其购进的商品可能用于对外销售，也可能是作为固定资产、无形资产等资产自用。在购买企业将从集团内部企业购进的商品用于对外销售时，可能出现以下三种情况：第一，内部购进商品全部实现对外销售；第二，内部购进的商品全部未实现销售，形成期末存货；第三，内部购进的商品部分实现对外销售，部分形成期末存货。当购买企业将内部购进的商品作为固定资产、无形资产等资产使用时，则形成其固定资产、无形资产等资产。以下，我们将在企业集团内部，母公司与子公司、子公司相互之间销售商品（或提供劳务，下同）时所产生的营业收入称为内部营业收入，相应地，将内部销售业务的营业成本称为内部营业成本。对内部销售收入和内部销售成本进行抵销时，应区分不同的情况进行处理。

①内部购进商品期末全部实现对外销售的抵销处理。

在这种情况下，销售方将内部销售业务在本期确认销售收入、结转销售成本、计算销售商品损益，并在其个别利润表中反映，处理方法与销售给企业集团外部企业的情况下的会计处理相同；对于购买方来说，一方面会确认向企业集团外部企业销售的营业收入，另一方面要结转从内部购进商品的成本，并在其个别利润表中分别作为营业收入和营业成本反映，确认销售损益。这就是说，这一笔购销业务，在销售方和购买方的个别利润表中都做了反映。但从整个企业集团来看，这一购销业务只是实现了一次对外销售，其销售收入应该是购买方向企业集团外部企业销售该商品的销售收入，其销售成本只是销售方向购买方销售该商品的成本。因此，销售方向购买方销售该商品实现的收入属于内部销售收入，相应地，购买方向企业集团外部企业销售该商品的销售成本则属于内部销售成本，在编制合并财务报表时，必须将重复反映的内部营业收入与内部营业成本予以抵销。

【例3-8】 A公司为B公司的母公司。A公司在20×7年向B公司销售产品，销售收入5 000万元，该产品销售成本为4 000万元。B公司在本期已将该产品全部售出，其销售收入为6 000万元，销售成本为5 000万元。在编制20×7年合并财务报表时，应进行如下抵销处理。

借：营业收入 5 000
    贷：营业成本 5 000

②内部购进的商品全部未实现销售，形成期末存货的抵销处理。

在这种情况下，发生内部购销商品业务后，销售方将集团内部销售作为收入确认并计算销售利润，而购买方则以支付的购货款作为存货成本入账。因此，由于本期内未实现对外销售而形成期末存货，其存货价值包括两部分内容：一部分是真正的存货成本（即销售方销售该商品的成本），另一部分为销售方的销售毛利。这部分销售毛利，从企业集团整体角度来看，并不是真正已经实现的利润。集团内部企业之间的商品购销，实际上相当于企业内部物资调拨活动，既不会实现利润，也不会增加商品的价值。从这一意义上来说，这部分期末存货价值中包括的销售方确认的利润，属于未实现利润，称之为未实现内部销售损益，应予以抵销。因此，在编制抵销分录时，按照集团内部销售方销售该商品的销售收入，借记"营业收入"项目，按照销售方销售该商品的销售成本，贷记"营业成本"项目，同时，将当期期末存货价值中包含的未实现内部销售损益的金额，贷记"存货"项目。

【例3-9】 A公司为B公司的母公司。B公司于20×7年向A公司销售商品2 000万元，其销售成本为1 600万元，该商品的销售毛利率为20%。HG公司购进的该商品20×7年全部未实现对外销售而形成期末存货。在编制20×7年合并财务报表时，应进行如下抵销处理。

借：营业收入 2 000
    贷：营业成本 2 000
借：营业成本 400
    贷：存货 400

③内部购进的商品部分实现对外销售、部分形成期末存货的抵销处理。

在企业集团内，母子公司之间、子公司相互之间发生内部购销商品业务时，购买方从内部购进的商品部分实现对外销售、部分形成期末存货的情况下，可以将内部购买的商品分解为两部分来理解：一部分为当期购进并全部实现对外销售，另一部分为当期购进但未实现对外销售而形成期末存货。例3-8介绍的就是全部实现对外销售的抵销处理，例3-9介绍的则是全部未实现对外销售而形成期末存货的抵销处理。

将例3-8和例3-9的抵销处理合在一起，就是第三种情况下的抵销处理。如果A公司向B公司销售产品7 000万元，销售成本为5 600万元，且其中的5 000万元产品已由B公司实现对外销售。在编制20×7年合并财务报表时，应进行如下抵销处理。

借：营业收入（5 000+2 000） 7 000

  贷：营业成本 7 000

借：营业成本（0+400） 400

  贷：存货 400

根据《企业会计准则第 33 号——企业合并报表》的规定：母公司与子公司、子公司相互之间销售商品（或提供劳务，下同）所产生的营业收入和营业成本应当抵销。母公司与子公司、子公司相互之间销售商品或其他方式形成的存货、固定资产、工程物资、在建工程、无形资产等所包含的未实现内部销售损益也应当抵销。上述抵销业务，会影响合并资产负债表和合并利润表的编制。

另外，应注意的是，对存货、固定资产、工程物资、在建工程和无形资产等计提的跌价准备或减值准备与未实现内部销售损益相关的部分应当抵销。在此以存货为例，介绍存货、固定资产、工程物资、在建工程和无形资产等计提的跌价准备或减值准备由于未实现内部销售损益多计提的部分如何抵销。存货跌价准备的抵销分为以下三种情况。

第一，期末存货的可变现净值大于抵销未实现内部销售利润前个别财务报表中存货账面价值时，拥有存货的企业不需要计提存货跌价准备，因此也不需要编制存货跌价准备的抵销分录。

第二，期末存货的可变现净值小于抵销未实现内部销售利润前个别财务报表中存货的账面价值，但大于抵销未实现内部销售利润后合并财务报表中存货的账面价值。在这种情况下，企业会根据期末存货的可变现净值与抵销未实现内部销售利润前个别财务报表中存货的账面价值之间的差额，计提存货跌价准备。由于此项存货在企业集团合并报表中，应以个别报表中的项目金额抵销未实现内部销售利润后的金额列示，因此，实质上，该存货在企业集团中的价值并未发生真正的减值，应编制抵销分录将已计提的存货跌价准备全额冲回，借"存货跌价准备"项目，贷"资产减值损失"项目。

第三，期末存货的可变现净值小于抵销未实现内部销售利润后合并财务报表中存货的账面价值。在这种情况下，拥有存货的企业会计提大于存货中所包含的未实现内部销售利润金额的存货跌价准备。此时，该项存货发生了实质上的减值，因此，编制的抵销分录应以存货中包含的未实现内部销售利润为限，抵销计提的存货跌价准备。分录同上。

【例 3-10】 沿用例 3-9 的资料。A 公司为 B 公司的母公司。B 公司于 20×7 年向 A 公司销售商品 2 000 万元，销售毛利率为 20%。A 公司购进的该商品 20×7 年全部未实现对外销售而形成期末存货 2 000 万元。

假设该项存货在当期期末的可变现净值为 2 200 万元，则 A 公司不需要计提存货跌价准备，也不需要编制抵销分录。

假设该项存货在当期期末的可变现净值为 1 800 万元，则 A 公司需要计提存货跌价准备 200 万元。在 A 公司个别财务报表中记录的此项存货账面价值 2 000 万元中，其中含有 400 万元的未实现内部销售利润，因此，该项存货并未发生真正的减值。在编制 20×7 年合并财务报表时，应将 A 公司已计提的存货跌价准备全部冲回，进行如下抵销处理。

借：存货跌价准备   200
　　贷：资产减值损失   200

假设该项存货在当期期末的可变现净值为 1 400 万元，则 A 公司需要计提存货跌价准备 600 万元。在 A 公司个别财务报表中记录的此项存货账面价值 2 000 万元中，其中含有 400 万元的未实现内部销售利润，因此，该项存货真正的减值金额为 200（=600-400）万元。在编制 20×7 年合并财务报表时，应以存货中包含的未实现内部销售利润为限，进行如下抵销处理。

借：存货跌价准备   400
　　贷：资产减值损失   400

（4）内部固定资产交易的合并处理。

企业集团内部发生的内部固定资产交易有两种类型：一种是企业集团内部企业将自身生产的产品销售给集团内的其他企业作为固定资产使用，另一种是企业集团内部企业将自身的固定资产出售给集团内的其他企业作为固定资产使用。由于第一种类型的内部固定资产交易发生得比较多，也比较普遍，以下重点介绍这种内部固定资产交易的抵销处理。

在购买方购进固定资产后，会以支付的价款作为固定资产原价在其个别资产负债表中列示，因此首先应抵销该固定资产原价中包含的未实现内部销售损益。其次，购买方在对该固定资产计提折旧时，按固定资产原价计提的折旧费中，包含未实现内部销售损益的重复计算，使得各期计提的折旧费要大于不包含未实现内部销售损益时计提的折旧费，影响了相关资产的成本或当期损益。因此，必须将该内部交易固定资产因未实现内部销售损益而多计提的折旧费予以抵销，其抵销处理程序如下。

①将与内部交易形成的固定资产相关的销售收入、销售成本以及原价中包含的未实现内部销售损益予以抵销。

②将内部交易形成的固定资产当期多计提的折旧费和累计折旧（或少计提的折旧费和累计折旧）予以抵销。

【例3-11】 A 公司为 B 公司的母公司。B 公司以 1 200 万元的价格将其生产的产品销售给 A 公司，其销售成本为 1 100 万元。A 公司购买该产品后，作为管理用固定资产使用，按 1 200 万元入账。假设 A 公司对该固定资产采用年限平均法计提折旧，使用寿命 5 年，预计净残值为 0，该固定资产交易时间为 20×7 年 1 月 1 日，为简化抵销处理，假定 A 公司对该项内部交易形成的固定资产按 12 个月计提折旧。

首先，抵销与内部交易形成的固定资产相关的销售收入、销售成本以及原价中包含的未实现内部销售损益。

借：营业收入   1 200
　　贷：营业成本   1 100
　　　　固定资产——原价   100

其次，抵销该固定资产当期多计提折旧额。

该固定资产折旧年限为 5 年，原价为 1 100 万元，预计净残值为 0，当年计提的折旧额为 220 万元，而按包含未实现内部销售损益的购买方固定资产原价计提的折旧额为 240 万元，当期多计提的折旧额为 20 万元，应分别抵销管理费用和累计折旧。

借：累计折旧　　　　　　　　　　　　　　　　　　　　　　　　　20

　贷：管理费用　　　　　　　　　　　　　　　　　　　　　　　　　　　　20

通过上述抵销分录，在合并工作底稿中固定资产累计折旧额减少 20 万元，管理费用减少 20 万元，在合并财务报表中该固定资产的累计折旧为 220 万元，该固定资产当期计提的折旧费为 220 万元。

对于固定资产减值准备的抵销，类似于存货跌价准备的抵销，分为下述三种情况。

①期末固定资产可收回金额大于抵销未实现内部销售利润前个别财务报表中固定资产账面价值时，拥有固定资产的企业不需要计提固定资产减值准备，因此也不需要编制抵销分录。

②期末固定资产可收回金额小于抵销未实现内部销售利润前个别财务报表中固定资产账面价值，但大于抵销未实现内部销售利润后合并财务报表中固定资产的账面价值时，该固定资产的价值实质上并未发生真正的减值，应编制抵销分录将已计提的固定资产减值准备全额冲回，借"固定资产减值准备"项目，贷"资产减值损失"项目。

③期末固定资产可收回金额小于抵销未实现内部销售利润后合并财务报表中固定资产账面价值时，该项固定资产发生了实质上的减值，因此，编制的抵销分录应以固定资产中包含的未实现内部销售利润为限，抵销计提的固定资产减值准备。

（5）内部无形资产交易的合并处理。

在企业集团内部，当销售方将自己的无形资产销售给购买方后，进行合并处理时，按照内部交易时，该无形资产账面价值中包含的未实现内部销售损益的数额，借记"资产处置收益"项目，按照交易时该内部无形资产账面价值中包含的未实现内部销售损益的数额，贷记"无形资产"项目；同时按照本期该内部交易无形资产摊销额中包含的未实现内部销售损益的数额（即该无形资产中包含的未实现内部销售损益除以该无形资产的摊销年限的数额）借记"累计摊销"项目，贷记"管理费用"项目。

对无形资产计提减值准备与未实现内部销售损益相关部分的抵销，参照固定资产减值准备的抵销区分不同情况进行处理。抵销分录为：借记"无形资产减值准备"项目，贷记"资产减值损失"项目。

（6）母公司内部投资收益等项目与子公司利润分配有关项目的合并处理。

根据《企业会计准则第 33 号——企业合并报表》的规定：母公司对子公司、子公司相互之间持有对方长期股权投资的投资收益，应当与对方当期净利润相互抵销。内部投资收益是指母公司对子公司或子公司对母公司、子公司相互之间的长期股权投资的收益，即母公司对子公司的长期股权投资在合并工作底稿中由权益法调整的投资收益，实质上就是子公司当期营业收入减去营业成本和期间费用、所得税费用等的余额与其持股比例相乘的结果。在子公司为全资子公司的情况下，母公司对子公司在合并工作底稿中按权益法调整的投资收益，实际上就是该子公司当期实现的净利润。在加总双方的个别利润表时，投资方的净利润相当于还原了子公司的营业收入、营业成本和期间费用，与母公司相应的项目进行合并。因此，必须将对投资方长期股权投资的投资收益与对方的净利润予以抵销。

由于合并所有者权益变动表中的本年利润分配项目是站在整个企业集团角度，反映对母公司股东和子公司的少数股东的利润分配情况，因此，子公司的个别所有者权益变动表中本年利润分配各项目的金额，包括提取盈余公积、对所有者（或股东）的分配和期末未分配利润的金额都必须予以抵销。在首期编制合并财务报表时，如果子公司为全资子公司，则该子公司本期净利润就是母公司本期对子公司长期股权投资按权益法调整的投资收益，也是子公司本期可供分配的利润，而子公司本期利润分配（包括提取盈余公积、对所有者（或股东）的分配等）的金额与首期期末未分配利润的金额则是本期利润分配的结果。母公司对子公司的长期股权投资按权益法调整的投资收益正好与子公司的本年利润分配项目相抵销。如果子公司为非全资子公司，则母公司本期对子公司长期股权投资按权益法调整的投资收益与本期少数股东损益之和就是子公司本期净利润，也是子公司本期利润分配的来源，因此应与子公司本年利润分配项目相抵销，抵销分录如下。

借：投资收益（子公司本年净利润 × 母公司所占份额）

　　少数股东损益（子公司本年净利润 × 少数股东所占份额）

　　贷：提取盈余公积（子公司本期提取盈余公积的金额）

　　　　对所有者（或股东）的分配（子公司本期应付利润的金额）

　　　　未分配利润（子公司本期尚未分配的利润金额）

【例 3-12】 A 公司为 B 公司的母公司，拥有 B 公司 80% 的股份。20×7 年年末，A 公司按权益法调整的 B 公司本期投资收益为 1 600 万元，B 公司本期少数股东损益为 400 万元。合并后，B 公司本期提取盈余公积 200 万元、分派现金股利 1 200 万元、未分配利润 600 万元。

20×7 年编制合并报表时应编制如下抵销分录。

借：投资收益　　　　　　　　　　　　　　　　　1 600

　　少数股东损益　　　　　　　　　　　　　　　　400

　　贷：提取盈余公积　　　　　　　　　　　　　　　200

　　　　对所有者（或股东）的分配　　　　　　　　1 200

　　　　未分配利润——年末　　　　　　　　　　　　600

（7）内部债权的投资收益与财务费用的合并处理。

企业集团内部母公司与子公司、子公司相互之间可能存在相互提供信贷，以及相互持有对方债券的内部交易。在集团内部企业间提供信贷的情况下，提供贷款的企业（包括金融企业）会根据投资收益确认利息收入，并在其个别利润表中反映为营业收入（利息收入）；而接受贷款的企业则支付利息费用，在其个别利润表中反映为财务费用。在集团内部持有母公司或子公司发行的企业债券（或公司债券）的情况下，发行债券的企业计付的利息费用将作为财务费用处理，并在其个别利润表"财务费用"项目中列示；而持有债券的企业，将购买的债券在其个别资产负债表"债权投资"项目中列示，当期获得的利息收入则作为投资收益处理，并在其个别利润表"投资收益"项目中列示。在编制合并财务报表时，应当在抵销应付债券和债权投资等内部债权债务的同时，将有关的利息费用与投资收益（利息收入）相互抵销，即将内部债权投资收益与内部发行债券的财务费用相互抵销，会计处理如下。

借：应付债券

　　贷：债权投资

借：投资收益

　　贷：财务费用

（8）与合并现金流量表有关的合并处理。

合并现金流量表是综合反映母公司及其所有子公司组成的企业集团在一定会计期间现金与现金等价物流入和流出的报表。合并现金流量表的编制原理、编制方法和编制程序与合并资产负债表、合并利润表的编制原理、编制方法和编制程序相同。但由于现金流量表是以收付实现制为基础编制的，因此，编制合并现金流量表时，有关合并现金流量表的抵销分录不同于其他影响合并资产负债表、合并利润表以及合并所有者权益变动表的抵销分录。

现金流量表是以单个企业为会计主体进行会计核算的结果，分别反映了母公司和子公司在一定会计期间独立的现金流入与现金流出。但是，在以其个别现金流量表为基础计算的现金流入和现金流出项目的加总金额中，也必然包含有重复计算的因素，因此，需要根据当期母公司与子公司以及子公司相互之间发生的影响其现金流量增减变动的内部交易，编制相应的抵销分录，对个别现金流量表中重复反映的现金流入量和现金流出量予以抵销。编制合并现金流量表的抵销分录时，应注意的原则是：借记表示现金流出的减少，贷记表示现金流入的减少。

编制合并现金流量表时需要进行抵销处理的项目，主要包括如下内容。

①以现金投资或收购股权增加的投资所产生的现金流量的合并处理。

母公司直接以现金对子公司进行的长期股权投资或以现金从子公司的其他所有者——企业集团内的其他子公司处收购股权，表现在母公司个别现金流量表中作为投资活动现金流出列示。子公司接受这一投资（或处置投资）时，在其个别现金流量表中反映为筹资活动的现金流入（或投资活动的现金流入）。上述活动从企业集团整体来看，并不引起整个企业集团的现金流量的增减变动。因此，应将母公司当期以现金对子公司长期股权投资所产生的现金流量予以抵销。抵销分录如下。

接受投资时：

借：投资支付的现金

　　贷：吸收投资收到的现金

处置投资时：

借：取得子公司及其他营业单位支付的现金净额

　　贷：处置子公司及其他营业单位收到的现金净额

②取得投资收益收到的现金与分配股利、利润或偿付利息支付的现金的合并处理。

母公司对子公司进行的长期股权投资和债权投资时，在持有期间收到子公司分派的现金股利或债券利息，在母公司个别现金流量表中作为"取得投资收益收到的现金"列示，而在子公司个别现金流量表中则反映为"分配股利、利润或偿付利息支付的现金"。但从整个企业集团来看，母子公司之间取得投资收益收到的现金与分配股利、利润或偿付利息支付的现金，并不引起整个企业集团的现金流量的增减变动，因此，应抵销母公司当期取得投资收益收到的现金与子公司分配股利、利润或偿付利息支付的现金。抵销分录如下。

借：分配股利、利润或偿付利息支付的现金

贷：取得投资收益收到的现金

③集团内部债权、债务现金结算的合并处理。

母公司与子公司、子公司相互之间当期以现金结算应收账款或应付账款等债权与债务时，在母公司和子公司的个别现金流量表中会作为"收到其他与经营活动有关的现金"或"支付其他与经营活动有关的现金"列示。从整个企业集团来看，这种债权与债务的现金结算，并不会引起整个企业集团现金流量的增减变动。因此，应将母子公司间当期以现金结算债权与债务所产生的现金流量予以抵销。抵销分录如下。

借：支付其他与经营活动有关的现金

贷：收到其他与经营活动有关的现金

④企业集团内部当期销售商品所产生的现金流量的合并处理。

母子公司之间，以及子公司相互之间销售商品所产生的现金流量，在销售方的个别现金流量表中作为"销售商品、提供劳务收到的现金"列示，而购货方支付的购货款，则在其个别现金流量表中反映为"购买商品、接受劳务支付的现金"。从整个企业集团来看，这种内部商品购销现金收支，并不会引起整个企业集团的现金流量的增减变动。因此，应将母公司与子公司、子公司相互之间当期销售商品所产生的现金流量予以抵销。抵销分录如下。

借：购买商品、接受劳务支付的现金

贷：销售商品、提供劳务收到的现金

如果购买方购入商品后将其作为本企业的固定资产进行核算，抵销分录如下。

借：购建固定资产、无形资产和其他长期资产支付的现金

贷：销售商品、提供劳务收到的现金

⑤处置固定资产等收回的现金净额与购建固定资产等支付的现金的合并处理。

母公司向子公司销售固定资产、无形资产和其他长期资产等长期资产时，在母公司个别现金流量表中表现为"处置固定资产、无形资产和其他长期资产收回的现金净额"，而在子公司个别现金流量表中则反映为"购建固定资产、无形资产和其他长期资产支付的现金"。从整个企业集团来看，这种固定资产、无形资产和其他长期资产处置与购置的现金收支，并不会引起整个企业集团的现金流量的增减变动。因此，应将母公司与子公司、子公司相互之间处置固定资产、无形资产和其他长期资产收回的现金净额与购建固定资产、无形资产和其他长期资产支付的现金相互抵销。抵销分录如下。

借：购建固定资产、无形资产和其他长期资产收到的现金

贷：处置固定资产、无形资产和其他长期资产支付的现金

（9）与合并所有者权益变动表有关的合并处理。

合并所有者权益变动表是反映构成企业集团所有者权益的各组成部分当期的增减变动情况的财务报表。根据《企业会计准则第 33 号——企业合并报表》的规定，合并所有者权益变动表应当以母公司和子公司的所有者权益变动表为基础，在抵销母公司与子公司、子公司相互之间发生的内部交易对合并所有者权益变动表的影响后，由母公司合并编制。合并所有者

权益变动表也可以根据合并资产负债表和合并利润表进行编制。作为反映单个企业会计核算结果的所有者权益变动表，分别从母公司本身和子公司本身反映了在一定会计期间各会计主体所有者权益构成及其变动情况。由于各种内部交易，在以其个别所有者权益变动表为基础计算的各所有者权益构成项目的加总金额中，必然包含重复计算的因素，因此，编制合并所有者权益变动表前，需要抵销这些重复的因素。与合并所有者权益变动表有关的抵销分录主要包括如下内容。

①母公司对子公司的长期股权投资与母公司占子公司所有者权益份额的抵销。

各子公司之间的长期股权投资以及子公司对母公司的长期股权投资，应当比照上述规定，将长期股权投资与其对应的子公司或母公司所有者权益中所享有的份额相互抵销。

②母公司对子公司、子公司相互之间持有对方长期股权投资的投资收益，应当与对方当期净利润相互抵销。

③母公司与子公司、子公司相互之间当期发生的其他交易对所有者权益变动的影响相互抵销。

在合并工作底稿中编制调整分录和抵销分录后，可以将内部交易对合并财务报表有关项目的影响进行抵销处理，在母公司和子公司个别财务报表各项目加总金额的基础上，根据调整分录和抵销分录，可以分别计算出合并财务报表中各资产项目、负债项目、所有者权益项目、收入项目和费用项目的合并金额，据此编制合并财务报表。

3.4 合并第 2 年以后的合并财务报表的编制

在首期编制合并财务报表时，已经将企业集团内部由于股权投资产生的母公司长期股权投资与子公司所有者权益、母公司投资收益与子公司利润分配项目等进行了抵销。但是，这种抵销仅仅是在合并工作底稿中进行的，并没有相应记入企业集团母公司及各子公司的账簿之中。因而，这些企业在以后年度仍然是以没有反映抵销情况的账簿记录为依据编制个别财务报表的，而合并财务报表还是要以这些个别财务报表为基础编制。所以，在合并第 2 年以后各期连续编制合并财务报表时，就不仅要考虑本年度企业集团内部新发生的内部交易事项，还要考虑以前年度企业集团内部交易事项对个别财务报表所产生的影响。因此，连续各期编制合并财务报表，在编制抵销分录时需要处理两个主要问题：一个是对当期事项的抵销，另一个是对以前年度事项的抵销。连续编制合并财务报表需要抵销的项目与首期编制合并财务报表类似，下面重点介绍合并第 2 年以后的合并财务报表合并处理与首期编制合并财务报表合并处理的不同之处。

3.4.1 母公司长期股权投资与子公司所有者权益项目的合并处理

母公司对子公司的权益性资本投资，在母公司的资产负债表上表现为长期股权投资项目，在子公司的资产负债表上则表现为实收资本及其他所有者权益项目。在连续各期编制合并财务报表时，仍然需要以合并当年母公司及所属子公司的个别财务报表为基础，将母公司对子公司的权益性资本投资项目与子公司的所有者权益项目全额予以抵销。

【**例3-13**】 沿用例3-5的资料，20×8年B公司当年实现利润400 000元，按净利润的10%提取盈余公积，宣告按净利润的30%向投资者分配利润。根据上例的资料，A公司（母公司）"长期股权投资"和"投资收益"账户20×8年的余额变化情况如表3-10所示。

表3-10 A公司（母公司）"长期股权投资"和"投资收益"账户20×8年的余额变化情况表

（单位：元）

	长期股权投资	投资收益
20×8年1月1日余额	540 000	0
加：20×8年根据B公司的净利润确认的投资收益	400 000	400 000
减：发放的股利（或利润）	120 000	
20×8年12月31日余额	820 000	400 000

20×8年12月31日A公司应编制的会计分录如下。

借：长期股权投资   400 000

  贷：投资收益   400 000

借：应收股利   120 000

  贷：长期股权投资   120 000

编制合并工作底稿时，应编制的抵销分录如下。

借：实收资本   400 000

    盈余公积   60 000

    未分配利润   360 000

  贷：长期股权投资   820 000

同时，抵销母公司的应收股利与子公司已宣告尚未支付的股利。

借：应付股利   120 000

  贷：应收股利   120 000

3.4.2 内部债权债务项目的合并处理

连续编制合并财务报表时，与首期编制合并报表最大的不同就是对内部应收账款坏账准备的抵销处理。在首期编制合并财务报表时，抵销的内部应收账款计提的坏账准备，影响了首期合并财务报表的期末未分配利润金额。由于利润表和所有者权益变动表是反映企业一定会计期间经济成果及其分配情况的财务报表，在不存在会计政策变更和前期差错更正的情况下，其上期期末未分配利润就是本期所有者权益变动表期初未分配利润，因此，有关上期损益的抵销分录对于连续编制合并财务报表来讲，就是影响了本期期初未分配利润的金额。但是，根据合并财务报表的编制方法，本期编制合并财务报表是以本期母公司和子公司当期的个别财务报表为基础编制的。尽管上期编制合并财务报表时，已抵销了内部应收账款计提的坏账准备，却并未影响母子公司的个别财务报表，以此个别财务报表为基础加总得出的期初未分配利润与上一会计期间合并所有者权益变动表中的未分配利润金额之间将产生差额。为此，编制合并财务报表时，必须将上期因抵销内部应收账款计提的坏账准备对本期期初未分配利润的影响予以抵销，调整本期期初未分配利润的金额。

在连续编制合并财务报表进行抵销处理时，主要处理三个问题：第一，处理当期债权债务的抵销，以内部应收账款与应付账款为例，应按内部应收账款的金额，借记"应付账款"项目，贷记"应收账款"项目；第二，将上期抵销的内部应收账款计提的坏账准备对本期期初未分配利润的影响予以抵销，借记"应收账款——坏账准备"项目，贷记"未分配利润——年初"项目；第三，调整本期应补提或冲销的应收账款坏账准备，对于本期个别财务报表中内部应收账款相对应的坏账准备增减变动的金额予以抵销，即按照本期个别资产负债表中期末内部应收账款相对应的坏账准备的增加额，借记"应收账款——坏账准备"项目，贷记"资产减值损失"项目，或按照本期个别资产负债表中期末内部应收账款相对应的坏账准备的减少额，借记"资产减值损失"项目，贷记"应收账款——坏账准备"项目。

到第三期编制合并财务报表时，必须将第二期内部应收账款期末余额相应的坏账准备予以抵销，以调整期初未分配利润的金额。然后，计算确定本期内部应收账款相对应的坏账准备增减变动的金额，并将其增减变动的金额予以抵销，其抵销分录与第二期编制的抵销分录相同。

【例 3-14】 根据例 3-6 和下述三种情况，分别编制抵销分录。

（1）本期应收账款、其他应收款等债权项目的余额与上期余额相等。

A 公司与 B 公司在 20×8 年未发生新的内部交易，800 万元的账款尚未偿还。抵销分录如下。

分析： 年末的内部债权、债务金额没有发生变化，因此，A 公司不需要补提或者冲销坏账准备，只需抵销当期的内部债权债务，并调整上期抵销的内部应收账款计提的坏账准备对本期期初未分配利润的影响。

借：应付账款　　　　　　　　　　　　　　　　　　　800
　　贷：应收账款　　　　　　　　　　　　　　　　　　　800
借：应收账款——坏账准备　　　　　　　　　　　　　　40
　　贷：未分配利润——年初　　　　　　　　　　　　　　40

（2）本期应收账款、其他应收款等债权项目的余额大于上期余额。

A 公司年末的个别资产负债表中，有 1 200 万元的应收账款，属于 B 公司的购货款。抵销分录如下。

分析： 由于年末的内部债权债务金额增加至 1 200 万元，根据 A 公司的会计政策，A 公司需要补提坏账准备 20 万元，因此，在抵销当期的内部债权债务，并调整上期抵销的内部应收账款计提的坏账准备对本期期初未分配利润的影响后，还应将本期对内部应收账款增加部分补提的坏账准备金额予以抵销。

借：应付账款　　　　　　　　　　　　　　　　　　1 200
　　贷：应收账款　　　　　　　　　　　　　　　　　　1 200
借：应收账款——坏账准备　　　　　　　　　　　　　　40
　　贷：未分配利润——年初　　　　　　　　　　　　　　40
借：应收账款——坏账准备　　　　　　　　　　　　　　20
　　贷：资产减值损失　　　　　　　　　　　　　　　　　20

（3）本期应收账款、其他应收款等债权项目的余额小于上期余额。

本期，B公司对A公司偿还了400万元的应付账款。A公司年末的个别资产负债表中，剩余400万元对B公司的应收账款。抵销分录如下。

分析： 由于年末的内部债权债务金额减少至400万元，根据A公司的会计政策，对该笔应收账款已计提的坏账准备将冲销20万元。因此，在抵销当期的内部债权债务，并调整上期抵销的内部应收账款计提的坏账准备对本期期初未分配利润的影响后，还应将本期因内部应收账款金额的减少而冲销的坏账准备金额予以抵销。

借：应付账款	400	
贷：应收账款		400
借：应收账款——坏账准备	40	
贷：未分配利润——年初		40
借：资产减值损失	20	
贷：应收账款——坏账准备		20

3.4.3 内部商品交易的合并处理

对于内部销售商品业务，如果上期内部购进商品全部实现对外销售，内部存货价值中就不存在未实现内部销售损益，因此在本期连续编制合并财务报表时，不涉及对其进行处理的问题。但如果在上期发生的内部销售商品业务中，形成了期末存货，那么对存货价值中包含未实现内部销售损益的抵销，将直接影响上期合并财务报表中合并净利润金额，并最终导致合并所有者权益变动表中期末未分配利润金额的减少。

如前所述，由于本期编制的合并财务报表是以母公司和子公司本期个别财务报表为基础，而母公司和子公司个别财务报表中原已包含的未实现内部销售损益是作为其实现利润的部分包括在其期初未分配利润之中的，因此，以此基础计算得出的合并期初未分配利润的金额就可能与上期合并财务报表中的期末未分配利润的金额不一致。这就是在编制合并财务报表的抵销分录时需要注意的问题——上期编制合并财务报表时抵销的内部购进存货中包含的未实现内部销售损益，也会对本期的期初未分配利润产生影响。所以，必须调整本期期初未分配利润的金额，将上期抵销的未实现内部销售损益对本期期初未分配利润的影响予以抵销。

在连续编制合并财务报表的情况下，抵销内部销售商品业务的步骤如下。

第一，将上期抵销的存货价值中包含的未实现内部销售损益对本期期初未分配利润的影响予以抵销，调整本期期初未分配利润的金额。按照上期内部购进存货价值中包含的未实现内部销售损益的金额，借记"未分配利润——年初"项目，贷记"营业成本"项目。

第二，对于本期发生内部购销活动的，将内部销售收入、内部销售成本及内部购进存货中未实现内部销售损益予以抵销，按照销售企业内部销售收入的金额，借记"营业收入"项目，贷记"营业成本"项目。

第三，将期末内部购进存货价值中包含的未实现内部销售损益予以抵销。对于期末内部购买形成的存货（包括上期结转至本期的存货），按照存货中包含的未实现内部销售损益，借记"营业成本"项目，贷记"存货"项目。

【例 3-15】 沿用例 3-9 的资料，根据以下三种情况编制抵销分录。

（1）在 20×8 年内，A 公司将上期从 B 公司购进的商品 2 000 万元全部售出，售价为 2 400 万元。

分析： 在编制 20×8 年合并财务报表时，对于内部购销商品业务，首先应将上期抵销的存货价值中包含的未实现内部销售损益对本期期初未分配利润的影响予以抵销，调整本期期初未分配利润的金额。由于本期所有内部购进的商品全部实现对外销售，其营业收入应计入当期，因此，不需要抵销营业收入与营业成本，以及存货中包含的未实现销售利润。抵销处理如下。

借：未分配利润——年初   400

  贷：营业成本   400

（2）在 20×8 年内，A 公司上期从 B 公司购进的商品 2 000 万元全部未售出，全部列示在个别资产负债表的存货项目中。

分析： 在编制 20×8 年合并财务报表时，首先应将上期抵销的存货中包含的未实现内部销售损益对本期期初未分配利润的影响予以抵销，调整本期期初未分配利润的金额。由于本期未将内部购进的商品对外销售，因此，不需要编制有关抵销分录，但在期末编制合并资产负债表时，需要抵销存货中包含的未实现销售利润。抵销处理如下。

借：未分配利润——年初   400

  贷：营业成本   400

借：营业成本   400

  贷：存货   400

可以合并为：

借：未分配利润——年初   400

  贷：存货   400

（3）在 20×8 年内，A 公司上期从 B 公司购进的商品 2 000 万元全部未售出，本期又从 WJ 公司购进商品 1 000 万元，毛利率 20%，全部列示在个别资产负债表的存货项目中。

分析： 在此情况下，编制 20×8 年合并财务报表时，既要抵销存货价值中包含的未实现内部销售损益对本期期初未分配利润的影响，调整本期期初未分配利润的金额，又要对本期发生的内部销售商品业务编制有关抵销分录，需要抵销存货中包含的未实现销售利润。抵销处理如下。

消除上期存货对本期的影响：

借：未分配利润——年初   400

  贷：营业成本   400

抵销本期内部销售业务：

借：营业收入   1 000

  贷：营业成本   1 000

消除本期期末存货中未实现内部销售损益：

借：营业成本（400+200）   600

  贷：存货   600

另外，对存货等计提的跌价准备与未实现内部销售损益相关部分的抵销也会影响连续编制合并财务报表时期初未分配利润的金额。因此，在编制合并财务报表时，应首先调整上年计提的对内部销售形成的存货价值中未实现内部销售损益有关存货跌价准备对年初未分配利润的影响，根据上年对内部销售存货计提的存货跌价准备，借记"存货跌价准备"项目，贷记"未分配利润——年初"。具体内容请参照内部销售商品业务中对于抵销存货跌价准备的三种情况。

3.4.4　内部固定资产交易的合并处理

固定资产的使用寿命较长，往往要跨越几个会计年度。对于内部交易形成的固定资产，不仅在该内部固定资产交易发生的当期需要进行抵销处理，而且在以后使用该固定资产的期间也需要进行抵销处理。由于固定资产按原价计提折旧，如果在固定资产原价中包含未实现内部销售损益，每期计提的折旧费中也必然包含着未实现内部销售损益的金额，因此，需要对内部交易形成的固定资产每期计提的折旧费进行相应的抵销处理。同样地，如果购买企业对该项固定资产以原价为基础计提了固定资产减值准备，则其中也必然包含着未实现内部销售损益的金额，因此也需要对内部交易形成的固定资产计提的减值准备进行相应的抵销处理。

在连续编制合并财务报表时，对于内部交易形成固定资产的抵销有以下几个方面。

第一，由内部交易形成的固定资产仍然以原价在购买方的个别资产负债表中列示，因此必须将原价中包含的未实现内部销售损益的金额予以抵销；相应地，销售方由于该内部交易在前期所实现的销售利润，会结转到以后会计期间，在其个别所有者权益变动表中列示，因此必须将期初未分配利润中包含的未实现内部销售损益予以抵销，调整期初未分配利润的金额。上述抵销分录为：按照原价中包含的未实现内部销售损益的金额，借记"未分配利润——年初"项目，贷记"固定资产——原价"项目。

第二，由于内部交易形成的固定资产，计提折旧时是按以前会计期间包含未实现内部销售损益的原价为依据而计提的折旧，因此，其中包含因未实现内部销售损益而多计提的折旧。在这种情况下，一方面必须按照以前会计期间累计多计提的折旧额抵销期初累计折旧；另一方面由于以前年度多提累计折旧对期初未分配利润的影响，还必须调整期初未分配利润的金额。抵销分录为：借记"累计折旧"项目，贷记"未分配利润——年初"项目。

第三，该内部交易形成的固定资产在本期仍然计提了折旧，因此还应抵销本期多计提的折旧额，借记"累计折旧"项目，贷记"管理费用"等项目。

【例3-16】沿用例3-11的资料，20×8年12月31日，A公司编制合并财务报表时，对于该项固定资产应编制的抵销分录如下。

首先，调整期初未分配利润的金额，抵销分录为：

借：未分配利润——年初　　　　　　　　　　　　　　　　100

　　贷：固定资产——原价　　　　　　　　　　　　　　　　　　100

其次，抵销以前年度多提累计折旧对期初未分配利润的影响，抵销分录为：

借：累计折旧　　　　　　　　　　　　　　　　　　　　　20

　　贷：未分配利润——年初　　　　　　　　　　　　　　　　　20

最后，抵销本期多计提的折旧额，抵销分录为：

借：累计折旧　　　　　　　　　　　　　　　　　　　　　　　　　20

　　贷：管理费用　　　　　　　　　　　　　　　　　　　　　　　　　　　20

对于内部交易形成的固定资产在清理期间的抵销处理，从购买方来说，在对内部交易形成的固定资产进行清理时，一方面，固定资产价值会减少；另一方面，该固定资产清理收入减去其账面价值及有关清理费用后的余额，形成营业外收入（或营业外支出），这些都会在其个别利润表中体现。清理后，购买方内部交易形成的固定资产实体已不复存在，包含未实现内部销售损益在内的全部固定资产价值已转移到用其加工的产品价值或各期损益中去了，因此不存在未实现内部销售损益的抵销问题。从整个企业集团来说，随着该内部交易形成的固定资产的使用寿命届满，其包含的未实现内部销售损益也转化为已实现利润。但是，对于销售方来说，该笔内部交易实现的利润，会作为其期初未分配利润的一部分结转到以后的会计期间，直到其对该固定资产进行清理的会计期间为止。因此，必须调整期初未分配利润。另外，在固定资产进行清理的会计期间，如果仍计提了折旧，本期计提的折旧费中仍然包含多计提的折旧额，因此需要将多计提的折旧额予以抵销。

3.4.5　母公司内部投资收益等项目与子公司利润分配有关项目的合并处理

在子公司为全资子公司的情况下，子公司的本期净利润就是母公司的投资收益，而母公司的投资收益已计入净利润之中。为了消除重复计入母公司净利润的子公司净利润，编制合并财务报表时，首先，必须将母公司对子公司的投资收益予以抵销；其次，由于子公司上期净利润中未分配的部分，母公司已在上期计入了其长期股权投资和净利润了，因此，编制合并财务报表时，还必须将子公司的期初未分配利润予以抵销。由于上述内容构成了子公司可供分配利润，即等于子公司提取盈余公积、分配给投资者利润等利润分配各项目的数额和期末未分配利润的数额，因此，子公司的利润分配项目也必须予以抵销。按照这个原理，在连续各期编制合并财务报表时，仍然需要以合并当年母公司及所属子公司的个别财务报表为基础，将母公司投资收益、子公司期初未分配利润与子公司本期利润分配、期末未分配利润予以抵销。在子公司为非全资子公司的情况下，母公司本期对子公司长期股权投资按权益法调整的投资收益、本期少数股东损益和期初未分配利润与子公司本年利润分配项目也正好相抵销。

【例 3-17】　沿用例 3-13 的资料，假设 B 公司 20×8 年期初未分配利润为 12 万元，期末未分配利润为 36 万元，在合并工作底稿中编制的抵销分录为：

借：投资收益　　　　　　　　　　　　　　　　　　　　　　400 000

　　未分配利润——年初　　　　　　　　　　　　　　　　　120 000

　　贷：提取盈余公积　　　　　　　　　　　　　　　　　　　　　40 000

　　　　对所有者（或股东）的分配　　　　　　　　　　　　　　120 000

　　　　未分配利润——年末　　　　　　　　　　　　　　　　　360 000

编制了上述抵销分录后，应在母公司和子公司个别财务报表各项目加总金额的基础上，根据调整分录和抵销分录，分别计算出合并财务报表中各资产项目、负债项目、所有者权益项目、收入项目和费用项目等的合并金额，并据此填列生成正式的合并财务报表。各个合并财务报表应当以母公司和子公司的个别报表为基础，在抵销母公司与子公司、子公司相互之间发生的内部交易的影响后，由母公司合并编制。其中，合并现金流量表补充资料，既可以以母公司和所有子公司的个别现金流量表为基础，抵销母公司与子公司、子公司相互之间发生的内部交易对合并现金流量表的影响后进行编制，也可以直接根据合并资产负债表和合并利润表进行编制。

与首期合并财务报表不同，第二期及以后合并财务报表的编制，需要考虑以前年度相关信息的影响，涉及利润的要调整年初未分配利润。这说明，过去、现在、将来是一个完整的时间序列，历史是过去的现实，面对任何事物时，不仅要有前瞻性，更不能忘记历史的影响，由此才能完整、客观地认识和理解事物，从而做出更合理的判断和决策。

◈ 本章小结

合并报表理论主要包括母公司理论和实体理论。我国合并财务报表以母公司理论确定合并范围，以实体理论处理少数股东权益和少数股东损益。合并财务报表是以母公司和子公司的个别财务报表及其相关资料为基础，依据重要性、一体化等原则，按照一定的程序以合并财务报表工作底稿为主要工具，以编制调整分录和抵销分录为核心内容编制完成的。

在同一控制的情况下，合并日财务报表编制主要涉及以下内容：将母公司对子公司长期股权投资（或少数股东权益）项目与子公司的所有者权益项目进行抵销，将子公司合并前的留存收益按照归属于母公司的份额，自资本公积转入盈余公积和未分配利润项目，并编制合并资产负债表、合并利润表以及合并现金流量表。在非同一控制的情况下，主要涉及以下内容：将被合并方的资产和负债由账面价值调整为公允价值、将母公司对子公司长期股权投资以及少数股东权益与子公司的所有者权益项目进行抵销，并确认合并商誉或合并损益，只编制合并资产负债表。

在同一控制的情况下，合并当期合并财务报表主要涉及以下内容：将母公司长期股权投资由成本法调整为权益法；将母公司对子公司长期股权投资（或少数股东权益）项目与子公司的所有者权益项目进行抵销；将母公司内部股权投资实现的投资收益与子公司利润分配各项目进行抵销；将集团内部交易有关项目进行抵销，分别编制合并资产负债表、合并利润表以及合并所有者权益、合并现金流量表。在非同一控制情况下，主要涉及以下内容：将被合并方的资产和负债由账面价值调整为公允价值；将子公司各项资产和负债的公允价值与其账面价值的差额按规定进行摊销，对子公司净利润进行调整；将母公司长期股权投资由成本法调整为权益法；将母公司对子公司长期股权投资以及少数股东权益与子公司的所有者权益项目进行抵销，并确认合并商誉或合并损益；将母公司内部股权投资实现的投资收益与子公司利润分配各项目进行抵销；将集团内部交易有关项目进行抵销；分别编制合并资产负债表、合并利润表以及合并所有者权益表等。

合并第二年以后的合并报表中，核算内容除包括合并当期的内容外，还应对上期有关项目抵销对本期期初未分配利润的影响进行调整，使其与上期期末合并未分配利润的数额保持一致。

◈ 思考题

1. 简述合并财务报表的编制原则。
2. 简述合并财务报表的合并范围。
3. 简述合并财务报表的编制程序。
4. 简述编制同一控制下和非同一控制下合并日合并财务报表的异同。
5. 简述编制合并当年和合并第 2 年以后合并财务报表的异同。

◈ 练习题

1. 不定项选择题

（1）对于以前年度内部交易形成的固定资产，在将以前会计期间内部交易固定资产多提的累计折旧抵销时，正确的会计处理为（　　）。

  A. 借记"累计折旧"项目，贷记"未分配利润——年初"项目

  B. 借记"未分配利润——年初"项目，贷记"固定资产原价"项目

  C. 借记"累计折旧"项目，贷记"固定资产原价"项目

  D. 借记"固定资产"项目，贷记"累计折旧"项目

（2）下列项目中关于 HG 公司将企业纳入其合并财务报表合并范围正确的为（　　）。

  A. A 公司，其 51% 的权益性资本由 HG 公司所拥有，但 A 公司已宣告破产

  B. B 公司，其 51% 的权益性资本由 HG 公司所拥有

  C. C 公司，其 30% 的权益性资本为 HG 公司直接所拥有，但 HG 公司为其第一大股东

  D. D 公司，其 60% 的权益性资本为 C 公司所拥有

（3）下列项目中，对同一控制下企业合并中取得的子公司进行合并时，应先将子公司的有关资产、负债并入合并财务报表，正确的价值为（　　）。

  A. 合并成本　　　　B. 公允价值

  C. 账面价值　　　　D. 协议价值

（4）由同一控制下的企业合并形成母子公司关系的，合并方一般应在股权取得日（以下称"合并日"）编制合并财务报表，用以反映合并日形成的报告主体的财务状况、视同该主体一直存在的情况下产生的经营成果等。合并日的合并财务报表一般包括（　　）。

  A. 资产负债表

  B. 资产负债表和利润表

  C. 合并资产负债表、合并利润表及合并现金流量表

  D. 合并资产负债表、合并利润表、合并现金流量表及合并所有者权益变动表

（5）在非同一控制下的企业合并中，如果母公司对子公司长期股权投资的成本大于取得的子公司的可辨认净资产公允价值份额，其差额体现为合并财务报表中的（　　）。

  A. 商誉

B. 资本公积

C. 盈余公积和未分配利润

D. 盈余公积

（6）编制合并报表时，关于内部购进商品期末全部实现对外销售的抵销处理，正确的说法为（　　）。

A. 不再需要进行处理

B. 将重复反映的内部营业收入与内部营业成本予以抵销

C. 将重复反映的内部营业收入、内部营业成本和存货中的毛利予以抵销

D. 将重复反映的内部销售利润予以抵销

（7）抵销固定资产减值准备时，当期末固定资产可收回金额小于抵销未实现内部销售利润前个别财务报表中固定资产账面价值，但大于抵销未实现内部销售利润后合并财务报表中固定资产的账面价值时，应编制的抵销分录为（　　）。

A. 不再需要进行处理

B. 借记"营业外支出"项目，贷记"固定资产减值准备"项目

C. 借记"固定资产减值准备"项目，贷记"营业外支出"项目

D. 借记"固定资产减值准备"项目，贷记"资产减值损失"项目

（8）下列应纳入合并报表合并范围的为（　　）。

A. 直接拥有 50% 权益性资本的被投资企业

B. 长期拥有被投资企业半数以上权益性资本的被投资企业

C. 已宣告破产的原子公司

D. 有权任免董事会等类似权力机构的多数成员的被投资企业

（9）下列项目中关于内部交易形成的固定资产在清理期间的抵销处理，正确的

为（　　）。

A. 必须调整期初未分配利润

B. 不再需要调整期初未分配利润

C. 是否调整期初未分配利润取决于该项固定资产是否已提足折旧

D. 是否调整期初未分配利润取决于该项固定资产是否已清理完毕

（10）编制合并财务报表的依据是纳入合并报表范围内的子公司的（　　）。

A. 总账账簿

B. 明细分类账簿

C. 个别财务报表

D. 总账及相关明细账簿

2. 判断题

（1）合并财务报表由母公司编制，反映的对象是由若干个法人（包括母公司和其全部子公司）组成的会计主体，是经济意义上的主体，而非法律意义上的主体。（　　）

（2）企业集团中所有企业都必须编制合并财务报表。（　　）

（3）股权取得日一般需要编制合并资产负债表、合并利润表、合并所有者权益变动表和合并现金流量表。（　　）

（4）控制的主体不一定是唯一的，可以是两方（合营）或多方（联营）。（　　）

（5）母公司可以是企业，也可以是主体。例如，有些组织属于非企业形式，但可以形成会计主体，如基金等。（　　）

（6）同一控制下企业合并中取得的子公司的个别财务报表，如果不存在与母公司会计政策和会计期间不一致的情况，则不需要对该子公司的个别财务报表进行调整，但需要抵销内部交易对合并财务报表的影响。（　　）

（7）在采用权益法核算长期股权投资的情况下，长期股权投资账面价值反映其在被投资企业的权益的变动情况，即长期股权投资的账面余额等于其在子

公司中所有者权益中所拥有的份额。
（　　）

（8）HG 公司为 WJ 公司的母公司，HG
公司持有 WJ 公司应付债券 400 万
元，应编制的抵销分录为：

借：应付债券　　400
　　贷：债权投资　　　400（　　）

（9）期末存货的可变现净值小于抵销未
实现内部销售利润前个别会计报表中
存货账面价值时，拥有存货的企业不
需要计提存货跌价准备，因此也不
需要编制存货跌价准备的抵销分录。
（　　）

（10）合并报表抵销分录在合并工作底稿
中进行，记入企业集团母公司及各
子公司的账簿之中。（　　）

3. 计算及分析题

（1）20×6 年 6 月 30 日，A 公司向 B 公司的
股东定向增发 1 000 万股普通股（每
股面值 1 元，市价 4.3 元）对 B 公司
进行合并，并于当日取得对 B 公司
100% 的股权。假定 A 公司和 B 公司
同为母公司 P 内的两个全资子公司。
该项合并中参与合并的企业在合并前
及合并后均为 P 公司最终控制。从
20×6 年 6 月 30 日起，A 公司能够
对 B 公司净资产实施控制。A 公司及
B 公司在 20×6 年 6 月 30 日合并前
的资产负债情况如表 3-11 所示。A 公
司及 B 公司 20×6 年 1 月 1 日至 6 月
30 日的利润表如表 3-12 所示。

表 3-11　资产负债表（简表）

20×6 年 6 月 30 日　　　　　　　　　　　　　　　　　　　　（单位：元）

	A 公司	B 公司	
	账面价值	账面价值	公允价值
资产：			
货币资金	20 170 000	2 800 000	2 800 000
应收账款	14 000 000	10 000 000	10 000 000
存货	32 300 000	2 420 000	3 160 000
长期股权投资	24 000 000	10 780 000	17 940 000
固定资产	30 000 000	16 000 000	25 000 000
无形资产	21 000 000	4 000 000	5 000 000
商誉	0	0	0
资产总计	141 470 000	46 000 000	63 900 000
负债和所有者权益：			
短期借款	13 000 000	11 000 000	11 000 000
应付账款	15 000 000	2 000 000	2 000 000
其他负债	970 000	2 000 000	2 000 000
负债合计	28 970 000	15 000 000	15 000 000
实收资本（股本）	35 000 000	13 000 000	
资本公积	24 000 000	8 000 000	
盈余公积	25 000 000	4 000 000	
未分配利润	28 500 000	6 000 000	
所有者权益合计	112 500 000	31 000 000	48 900 000
负债和所有者权益总计	141 470 000	46 000 000	

表 3-12　利润表（简表）

20×6 年 1 月 1 日至 6 月 30 日　　　　　　　　　　　　　　　　　（单位：元）

	A 公司	B 公司
一、营业收入	44 000 000	13 000 000
减：营业成本	35 000 000	10 000 000
营业税金及附加	200 000	67 000
销售费用	650 000	300 000
管理费用	1 600 000	520 000
财务费用	400 000	400 000
加：投资收益	350 000	170 000
二、营业利润	6 500 000	1 883 000
加：营业外收入	600 000	500 000
减：营业外支出	530 000	580 000
三、利润总额	6 570 000	1 803 000
减：所得税费用	2 168 000	595 000
四、净利润	4 402 000	1 208 000
五、其他综合收益的税后净额		
六、综合收益总额	4 402 000	1 208 000
七、每股收益		

要求：

① 做出 A 公司确认该项合并的账务处理。

② 假定 20×6 年 B 公司向 A 公司销售商品 1500 万元，其销售成本为 950 万元，该商品的销售毛利率为 36.67%，A 公司购进的该商品当年末全部未实现对外销售而形成期末存货，做抵销分录。

③ 将 B 企业合并前实现的留存收益中归属于 A 公司的部分，自资本公积转入留存收益，做出合并调整分录，并完成下列工作底稿，如表 3-13、表 3-14 所示。

表 3-13　合并资产负债表工作底稿

20×6 年 6 月 30 日　　　　　　　　　　　　　　　　　（单位：元）

	A 公司	B 公司	抵销分录		合并金额
			借方	贷方	
资产：					
货币资金					
应收账款					
存货					
长期股权投资					
固定资产					
无形资产					
商誉					
资产总计					
负债和所有者权益：					
短期借款					
应付账款					
其他负债					

（续）

	A 公司	B 公司	抵销分录		合并金额
			借方	贷方	
负债合计					
实收资本（股本）					
资本公积					
盈余公积					
未分配利润					
所有者权益合计					
负债和所有者权益总计					

表 3-14 合并利润表工作底稿

20×6 年 1 月 1 日至 6 月 30 日　　　　　　　　　（单位：元）

	A 公司	B 公司	抵销分录		合并金额
			借方	贷方	
一、营业收入					
减：营业成本					
营业税金及附加					
销售费用					
管理费用					
财务费用					
加：投资收益					
二、营业利润					
加：营业外收入					
减：营业外支出					
三、利润总额					
减：所得税费用					
四：净利润					
其中：被合并方在合并前实现利润					

（2）A 公司及 B 公司在 20×6 年 6 月 30 日合并前的资产负债和利润情况与上题相同。20×6 年 6 月 30 日，A 公司向 B 公司的股东定向增发 1 500 万股普通股（每股面值 1 元，市价 3 元）对 B 公司进行合并，并于当日取得对 B 公司 80% 的股权。A 公司和 B 公司不属于同一控制。

要求：
① 确定商誉。
② 编制股权取得日合并报表的抵销分录。
③ 完成下列合并工作底稿，如表 3-15 所示。

表 3-15 合并工作底稿

20×6 年 6 月 30 日　　　　　　　　　（单位：元）

	A 公司	B 公司	抵销分录		合并金额
			借方	贷方	
资产：					
货币资金					
应收账款					

（续）

	A公司	B公司	抵销分录		合并金额
			借方	贷方	
存货					
长期股权投资					
固定资产					
无形资产					
商誉					
资产总计					
负债和所有者权益：					
短期借款					
应付账款					
其他负债					
负债合计					
实收资本（股本）					
资本公积					
盈余公积					
未分配利润					
少数股东权益					
所有者权益合计					
负债和所有者权益总计					

（3）A公司为B公司的母公司。A公司20×7年年末个别资产负债表中有1 941.8万元的应收账款系20×7年向B公司销售商品所发生的应收账款的账面价值，A公司经测算对应收账款计提的坏账准备为58.2万元。对应地，B公司20×7年年末个别资产负债表中应付账款2 000万元系20×7年向A公司购进商品发生的应付账款。要求编制相应的抵销分录。

（4）A公司为B公司的母公司。B公司于20×7年向A公司销售商品2 000万元，其销售成本为1 400万元，该商品的销售毛利率为30%。A公司购进的该商品20×7年全部未实现对外销售而形成期末存货。在20×8年内，A公司将上期从B公司购进的商品2 000万元全部售出，售价为2 400万元。

要求：

① 编制20×7年合并财务报表时的抵销分录。

② 编制20×8年合并财务报表时的抵销分录。

（5）A公司为B公司的母公司。B公司于20×7年向A公司销售商品2 000万元，销售毛利率为25%。A公司购进的该商品20×7年全部未实现对外销售而形成期末存货2 000万元。该项存货在当期期末的可变现净值为1 400万元，则A公司计提存货跌价准备600万元。编制相关的抵销分录。

（6）B公司以12 000万元的价格将其生产的产品销售给A公司，其销售成本为11 000万元。A公司购买该产品后，作为生产用固定资产使用，按12 000万元入账。假设A公司对该固定资产采用年限平均法计提折旧，使用寿命5年，预计净残值为0。该固定资产交易时间为20×7年12月31日。

要求：

① 编制20×8年有关抵销分录。

② 编制20×9年有关的抵销分录。

第 2 篇

PART 2

特殊业务会计

[本篇导读]

随着经济发展和环境变迁，会计领域不断涌现出新问题、新业务。本篇选取了外币、租赁、所得税、套期保值、债务重组和破产清算等会计领域的特殊业务。值得一提的是，虽然所得税会计属于企业的常规业务，但中级财务会计不涉及或很少涉及所得税会计，即使涉及所得税会计处理，通常主要讲当期所得税的会计处理，与企业其他常规业务相比，递延所得税、所得税费用的确认与计量是一个较难理解和掌握的特殊业务，所以本篇将所得税会计也纳入其中。

第 4 章
CHAPTER 5

外 币 会 计

§ 思政导语

货币的时间价值永远是正向的，但货币的价值未必永远是正向的。

人的年龄永远是增长的，但人的价值未必永远是增长的。

§ 本章导读

通过本章的学习，读者可以了解外币及外汇的概念、外汇汇率及其标价方法、我国外汇汇率的选择、记账本位币的确定，掌握日常外币交易业务、期末汇兑损益调整以及外币财务报表的折算等会计处理的基本理论和方法。

§ 本章思政引导案例

中国企业立足国际视野参与欧盟标准制定

华为助力欧盟 5G 标准制定、大疆参与欧盟无人机法规制定、中国企业主导国际鞋类标准转化为欧盟标准……一些在行业中居于领先地位的中国企业参与了欧盟标准制定，提升了欧盟标准的国际先进性。相关报告指出，先进、完善的标准是行业进步的基石，在部分行业领先的中国企业在技术研发与标准制定方面一直积极与欧盟标准制定者、研究机构紧密合作，输出自身的行业经验，致力于为提升行业标准先进性贡献力量，实现产业可持续发展。

在基础制造业领域，中国皮革制鞋研究院、晋大科技、安踏（中国）有限公司、河南邦尼生物工程有限公司等制鞋与抗菌领域的企业于 2016 年主导制定了《鞋类和鞋类部件抗真菌性能定性评估试验方法》的国际标准。针对该标准，欧盟鞋类标准化技术委员会于 2019 年发起投票，欲将该标准纳入欧盟行业标准体系，若投票成功，该标准将成为 2019 年发布的第 4 项由我国主导的鞋类国际标准。如果本次标准转化成功，中国企业在鞋类抗菌标准方面的实验发展将为欧盟鞋类评估与鞋类部件提供有效标准支持。

在标准研制过程中，除了广泛凝聚国内企业和专家的力量外，中国专家积极与来自英国、德国、法国、葡萄牙、西班牙等多个国家的专家进行深度技术交流和沟通，广泛采纳国际意见。

经过长期潜心努力和付出，我国在鞋类国际标准领域取得了长足的发展和进步。目前正式发布的国际标准共 81 项，其中由我国主导制定的国际标准有 4 项，占比 4.94%；ISO/TC 216 在研的国际标准项目共 25 项，我国主导其中 7 项，占比 28%。这些国际标准都将为中国制鞋产业的迅速发展和全球市场引领地位的建立奠定坚实基础，可进一步提升我国在基础制造业中鞋类国际标准领域的影响力和话语权。

资料来源：http://www.haisum.com/s/2829-7977-33039.html.

问题：

1. 中国企业参与国际标准制定对我国的国际话语权有何积极影响？
2. 中国标准成为世界标准对我国国际化进程和全球价值链提升有何积极影响？
3. 中国企业在哪些方面还应该具有国际视野？

4.1　外币与外币业务概述

4.1.1　外币及外汇

（1）外币及外币交易。

外币通常指除本国以外的其他国家或地区的货币，通常用于企业因贸易、投资等经济活动所引起的对外结算业务中。从会计学的角度出发，外币是指采用的记账本位币以外的其他货币。如果在我国境内从事生产经营的某一企业采用欧元作为记账本位币，那么该企业的外币则是指欧元以外的货币。外币交易是指在日常生产经营活动中，以外币计价或者以外币进行结算的交易，主要包括：买入或者卖出以外币计价的商品或者劳务，借入或者借出外币资金，其他以外币计价或者结算的交易。

会计中的外币不一定是指外国货币或境外货币，而是指记账本位币以外的货币，在中国境内的企业如果以某外币作为记账本位币，那么对于这些企业来说，人民币也是外币。所以外币与本币是相对的概念，凡事不能绝对化、字面化地去理解，需要透过现象看本质，具体问题具体分析，如此才能准确把握和理解事物的特点及规律，而不为外表所迷惑。

（2）外汇。

狭义的外汇是以外国（境外）货币表示的、为各国普遍接受的、可用于国际间债权债务结算的各种支付手段，主要特点是可支付性（必须是以外国货币表示的资产）、可获得性（必须是在国外能够得到补偿的债权）、可兑换性（必须是可以自由兑换为其他支付手段的外币资产）。

广义的外汇是指以外币表示的用于国际结算的支付手段以及可用于国际支付的特殊债券

和其他货币资产，主要包括外国货币、外币有价证券、外汇收支凭证和其他外汇资金等。

国际货币基金组织（IMF）对外汇的定义是：外汇是货币行政当局（中央银行、货币管理机构、外汇平准基金及财政部）以银行存款、财政部库券、长短期政府证券等形式保有的在国际收支逆差时可以使用的债权。

我国 1997 年修正颁布的《中华人民共和国外汇管理条例》中的外汇是指下列以外币表示的可以用作国际清偿的支付手段和资产：一是国外（境外）货币，包括铸币、钞票等；二是外币支付凭证，包括票据、银行存款凭证、邮政储蓄凭证等；三是外币有价证券，包括政府公债、国库券、公司债券、股票、息票等；四是特别提款权、欧洲货币单位；五是其他外汇资产。

4.1.2　外汇汇率

4.1.2.1　汇率及汇率标价

汇率又称汇价，是以一国货币表示另一国货币的价格，亦即将一国货币换算成另一国货币的比率。各个国家的外汇汇率，可以采用以本国货币表示外国货币的价格，也可以采用以外国货币表示本国货币的价格。因此汇率的标价方法有直接标价法和间接标价法两种。

（1）直接标价法。

直接标价法是以一定单位的外国货币为标准，计算应付若干单位的本国货币，所以又称为应付标价方法。其特点是：外币数额固定不变，本国货币数额随着汇率高低变化而变化。当应付本国货币数额增多时，则表明外汇汇率上升，外国货币升值或本国货币贬值；当应付本国货币数额减少时，则表明外汇汇率下降，本国货币升值或外国货币贬值。目前世界上绝大多数国家都采用此种外汇标价方法，我国也采用此种标价方法。例如：1 美元 =6.90 元人民币就是直接标价法。

（2）间接标价法。

间接标价法是以一定单位的本国货币为标准，计算应收若干单位的外国货币，所以又称为应收标价方法。其特点是：本币数额固定不变，外国货币数额随着汇率高低变化而变化。当应收外国货币数额增加时，则表明外汇汇率上升，本国货币升值或外国货币贬值；当应收外国货币数额减少时，则表明外汇汇率下降，外国货币升值或本国货币贬值。采用间接标价法的国家并不多，一些发达国家如美国、英国等采用这一方法。例如：1 元人民币 =0.145 美元就是间接标价法。

4.1.2.2　我国外币折算汇率的选择

（1）即期汇率。

即期汇率一般是指中国人民银行公布的当日人民币汇率的中间价。但是，当企业发生单纯的外币兑换业务或涉及外币兑换的交易事项时，应当按照交易实际采用的汇率，即买入价或卖出价进行折算，以反映货币买卖的损益。

买入价又称买入汇率，指银行买入外币时所使用的汇率；卖出价又称卖出汇率，指银行卖出外币时所使用的汇率。银行的卖出价一般高于买入价，这样银行可以获取中间差价。

中间价又叫中间汇率，是指银行买入价与卖出价的平均价，用公式表示为：中间汇率 =（买入价 + 卖出价）÷ 2。

【例 4-1】 某公司采用人民币作为记账本位币，在进行外币交易时以中间价作为即期汇率。例如，20×8 年 6 月 10 日某公司以人民币购买 4 000 美元，假设当日中国人民银行公布的人民币汇率为：美元买入价为 1 美元 =6.7 元人民币，美元卖出价为 1 美元 =6.8 元人民币。

分析： 在这项外币兑换交易中，公司买入美元而银行卖出美元，公司购买美元需要支付给银行的人民币金额要按照实际汇率（银行卖出价）进行折算，而不能采用中间价折算。

（2）即期汇率的近似汇率。

即期汇率的近似汇率是指按照系统合理的方法确定的、与交易发生日即期汇率近似的汇率，通常采用当期平均汇率或加权平均汇率（一般以外币交易金额为权数）等方法计算。企业通常采用即期汇率折算外币账户，当汇率变动不大时，也可以采用即期汇率的近似汇率进行折算。

【例 4-2】 假设某公司 20×8 年 1 月 1 ～ 7 日人民币对美元的汇率为：1 月 1 日为 1 美元 =6.7 元人民币，1 月 2 日为 1 美元 =6.6 元人民币，1 月 3 日为 1 美元 =6.7 元人民币，1 月 4 日为 1 美元 =6.68 元人民币，1 月 5 日为 1 美元 =6.66 元人民币，1 月 6 日为 1 美元 =6.65 元人民币，1 月 7 日为 1 美元 =6.64 元人民币。

这 7 天的平均汇率计算如下：

平均汇率 =（6.7+6.6+6.7+6.68+6.66+6.65+6.64）÷7=6.66（元）

即期汇率是当天汇率、现行汇率，强调了计量的当期、现在、准确；即期汇率的近似汇率强调了近似、趋势，但不够准确。也就是说，即期汇率是一个较真的汇率，即期汇率的近似汇率是一个不较真的汇率。存货发出计价中的个别计价法类似于即期汇率法，加权平均计价法类似于即期汇率的近似汇率。日常生活中，原则问题应该较真，非原则问题没必要较真，应求同存异，关注大方向。

4.1.3 记账本位币

4.1.3.1 记账本位币的含义

记账本位币是指企业经营所处的主要经济环境中的货币。主要经济环境是指企业由于经营，所产生的主要现金收入和现金支出的经济环境。企业通常应选择人民币作为记账本位币。业务收支以人民币以外的货币为主的企业，可以选定其中一种货币作为记账本位币，但是在编报财务报表时应当按照一定的汇率将其折算为人民币。

在确定记账本位币时，企业决策层需要根据有关影响因素的重要程度进行判断后做出选择。企业记账本位币一经确定，不得随意变更，除非企业经营所处的主要经济环境发生重大变化。企业因经营所处的主要经济环境发生重大变化，确需变更记账本位币的，应当采用变更当日的即期汇率将所有项目折算为变更后的记账本位币。

4.1.3.2 企业选定记账本位币时应考虑的因素

（1）从日常活动收入现金的角度看，该货币主要影响商品和劳务的销售价格，通常以该货币进行商品和劳务的计价与结算。

（2）从日常活动支出现金的角度看，该货币主要影响商品与劳务所需人工、材料和其他费用，通常以该货币进行上述费用的计价和结算。

（3）融资活动获得的货币以及留存从经营活动中收取款项所使用的货币，即视融资活动获得的资金占其销售收入的比重大小，或者企业通常留存销售收入的货币而定。

4.1.3.3 企业境外经营选定记账本位币应考虑的因素

境外经营是指企业在境外开设子公司、合营企业、联营企业和分支机构。当企业在境内的子公司、合营企业、联营企业和分支机构采用不同于企业的记账本位币时，也视同境外经营。

企业境外经营选定记账本位币时应考虑如下因素。

（1）境外经营对其所从事的活动是否拥有很强的自主性。如果回答是肯定的，则境外经营不能选择与企业记账本位币相同的货币作为记账本位币。反之，则应该选择。

（2）境外经营活动中与企业的交易是否在境外经营活动中占有较大比重。如果回答是肯定的，则境外经营应该选择与企业记账本位币相同的货币作为记账本位币。反之，不应该选择。

（3）境外经营活动产生的现金流量是否直接影响企业的现金流量，是否可以随时汇回。如果回答是肯定的，则境外经营应该选择与企业记账本位币相同的货币作为记账本位币。反之，则不应该选择。

（4）境外经营活动产生的现金流量是否足以偿还其现有债务和可预期的债务。如果回答是肯定的，则境外经营不应该选择与企业记账本位币相同的货币作为记账本位币。反之，应该选择。

【例4-3】 某国内企业在澳大利亚设立了一个全资子公司。该子公司生产经营所需的主要设备及技术均由国内母公司提供，生产所需的原材料主要从当地采购，子公司生产经营人员的工资等以澳元支付，生产的产品主要在当地销售。同时，该子公司生产经营所得以澳元形式汇往国内，目前该子公司生产经营处于盈利状态。

分析：从子公司商品的销售价格、原材料的采购价格以及人工费用等因素的角度出发，这一子公司应该采用澳元作为记账本位币。因为子公司在国外生产经营的业务收支以澳元为主，子公司经营所得可以随时汇往国内。

4.2 外币交易的会计处理

4.2.1 外币交易的记账方法

外币交易的会计核算有外币统账制和外币分账制两种方法。

外币统账制是以本国货币作为记账本位币，即企业对所发生的外币业务应该将有关外币金额折合为记账本位币金额记账。

外币分账制是在外汇交易发生时直接按照外币记账，在资产负债表日分别按照货币性项目和非货币性项目进行调整。

企业无论采用外币统账制，还是采用外币分账制进行会计核算，不同之处只是会计核算程序，二者计算出的汇兑差额的结果是相同的。从我国目前的情况看，绝大多数企业采用外币统账制，只有银行等少数金融企业由于外币交易频繁，涉及外币币种较多，可以采用外币分账制进行日常核算。因此，本章主要介绍外币统账制的会计核算。

4.2.2 外币交易应遵循的原则

对于企业发生的外币交易应当在交易日进行初始确认，并将外币金额折算为记账本位币金额。外币交易在初始确认时，企业应当采用交易发生日的即期汇率将外币金额折算为记账本位币金额，也可以采用按照系统合理的方法确定的、与交易发生日即期汇率近似的汇率折算。

对于外币资本投入的折算，企业应当在收到投资者以外币投入的资本时，采用交易发生日的即期汇率进行折算，不得采用合同约定汇率和即期汇率的近似汇率折算。外币投入资本与相应的货币性项目的记账本位币之间，不产生外币折算差额。

4.2.3 外币交易会计核算的基本程序

在外币统账制下，外币交易会计核算包括如下程序。

（1）将外币金额按照一定方法折算为记账本位币金额。

（2）按照折算后的记账本位币金额登记相关账户，在对经济业务按照记账本位币登记的同时，按照外币金额登记相关的外币账户。

（3）期末，将所有外币货币性项目的外币余额，按照即期汇率折算成记账本位币金额，并与原记账本位币金额进行对比，无论是借方差额还是贷方差额一律记入"财务费用——汇兑差额"科目。

（4）结算外币货币性项目时，将其外币结算金额按照当日的即期汇率折算成记账本位币金额，并与原记账本位币金额进行比较，其差额记入"财务费用——汇兑差额"科目。

4.2.4 外币交易会计核算的两种观点

4.2.4.1 单项交易观点

单项交易观点也称为一笔交易观点。它是将以外币计价的商品或劳务的购销业务，与其后发生的外币债权债务的结算作为同一笔会计业务。

单项交易的会计处理原则是：外币业务发生日与外币债权债务结算日，是同一外币业务的两个阶段，汇率变化所产生的汇兑损益不计入当期损益，直接调整购货成本或销货收入。

【例 4-4】 某公司 20×8 年 12 月 16 日出口销售 10 000 美元产品，当日汇率为 1 美元

=6.86 元人民币，款项未付；12 月 31 日汇率为 1 美元 =6.865 4 元人民币；次年 1 月 10 日收汇，汇率为 1 美元 =6.871 8 元人民币。

公司编制的会计分录如下。

（1）12 月 16 日，交易日。

借：应收账款——美元　　　　　　　　　　　　　　　68 600
　　贷：主营业务收入　　　　　　　　　　　　　　　　　　　68 600

（2）12 月 31 日，资产负债表日。

借：应收账款——美元　　　　　　　　　　　　　　　54
　　贷：主营业务收入　　　　　　　　　　　　　　　　　　　54

（3）次年 1 月 10 日，收汇。

借：应收账款——美元　　　　　　　　　　　　　　　64
　　贷：主营业务收入　　　　　　　　　　　　　　　　　　　64

借：银行存款 ——美元　　　　　　　　　　　　　　　68 718
　　贷：应收账款——美元　　　　　　　　　　　　　　　　　68 718

4.2.4.2　两项交易观点

两项交易观点也称为两笔交易观点。它是将以外币计价的商品或劳务的购销业务，与其后发生的外币债权债务的结算作为两笔会计业务。

两项交易的会计处理原则是：外币业务发生日与外币债权债务结算日，是外币业务的两个阶段，汇率变化所产生的汇兑损益直接计入当期损益，不调整购货成本或销货收入。

【例 4-5】　沿用例 4-4 的资料。

公司编制的会计分录如下。

（1）12 月 16 日，交易日。

借：应收账款——美元　　　　　　　　　　　　　　　68 600
　　贷：主营业务收入　　　　　　　　　　　　　　　　　　　68 600

（2）12 月 31 日，资产负债表日。

借：应收账款——美元　　　　　　　　　　　　　　　54
　　贷：财务费用——汇兑差额　　　　　　　　　　　　　　　54

（3）次年 1 月 10 日，收汇。

借：应收账款——美元　　　　　　　　　　　　　　　64
　　贷：财务费用——汇兑差额　　　　　　　　　　　　　　　64

借：银行存款 ——美元　　　　　　　　　　　　　　　68 718
　　贷：应收账款——美元　　　　　　　　　　　　　　　　　68 718

两项交易观点符合会计相关准则中关于交易发生确认的标准；同时，汇兑损益的单独处理也能明确地看出外币业务中因汇率变动而产生的风险影响，有利于对此进行风险分析与防范。因此包括我国在内的国际上绝大多数国家都采用两项交易观点。

4.2.5　交易日的会计处理

企业发生外币交易时，应当在初始确认时，采用交易日的即期汇率或即期汇率的近似汇率将外币金额折算为记账本位币金额。

（1）外币购销业务。

外币购销业务是指企业从国外或境外购进原材料、商品或引进设备，企业出口商品或产品到国外或境外的业务。按照交易日的即期汇率或即期汇率的近似计算折算记账。

【例4-6】　某国内公司采用人民币作为记账本位币，20×8年1月10日出口一批商品，应收货款为10 000美元，当日的即期汇率为1美元=6.9元人民币（出口商品应交销项税额月末计算），全部货款尚未收回，该批商品的销售成本为60 000元人民币。1月31日的即期汇率为1美元=6.8元人民币；2月25日收回全部款项，当日的即期汇率为1美元=6.75元人民币。该公司按月计算汇兑差额。

公司编制如下会计分录：

借：应收账款——美元（10 000×6.9）　　　　　　　　　　　69 000
　　贷：主营业务收入　　　　　　　　　　　　　　　　　　　　　　　69 000
借：主营业务成本　　　　　　　　　　　　　　　　　　　60 000
　　贷：库存商品　　　　　　　　　　　　　　　　　　　　　　　　　60 000

【例4-7】　某国内公司采用人民币作为记账本位币，20×8年2月1日从国外采购一批材料，采购价共计100 000美元，当日汇率为1美元=6.7元人民币，公司尚未支付采购款。该批商品运抵国内时，公司支付了80 000元人民币的进口关税，同时支付了140 000元的进项税额。该公司按月计算汇兑差额，2月28日的即期汇率为1美元=6.8元人民币。3月31日支付所欠100 000美元的货款，当日的即期汇率为1美元=7元人民币。

公司编制如下会计分录：

借：原材料（100 000×6.7+80 000）　　　　　　　　　　　750 000
　　应交税费——应交增值税（进项税额）　　　　　　　　140 000
　　贷：银行存款　　　　　　　　　　　　　　　　　　　　　　　220 000
　　　　应付账款——美元　　　　　　　　　　　　　　　　　　　670 000

（2）外币借款业务。

企业借入外币时，按照借入外币当日的即期汇率折算入账。

【例4-8】　某国内公司采用人民币作为记账本位币，20×8年6月6日从银行借入50 000美元，当日的即期汇率为1美元=7元人民币。借款期限2个月，月利率为2%，该公司于借款期满时一次归还全部本息，还款当日的即期汇率为1美元=6.9元人民币，本年度6月30日和7月31日的汇率未发生变动。

公司编制如下会计分录：

借：银行存款——美元（50 000×7）　　　　　　　　　　　350 000
　　贷：短期借款——美元　　　　　　　　　　　　　　　　　　　350 000

（3）接受外币资本投资业务。

接受外币投资时，收到的外币款项按照投资当时的即期汇率折算。

【例 4-9】 某国内企业采用人民币作为记账本位币，本年度 4 月 15 日与某外商签订合同，合同规定外商于本年度 4 月 20 日投入 50 000 美元的资本。4 月 15 日签订合同时汇率为 1 美元 =6.9 元人民币，4 月 20 日该企业收到外商投入资本时的汇率为 1 美元 =6.8 元人民币。

企业编制如下会计分录：

借：银行存款（50 000×6.8）　　　　　　　　　　　　　　　340 000

　　贷：实收资本　　　　　　　　　　　　　　　　　　　　　　　340 000

（4）外币兑换业务。

外币兑换业务是指企业从银行金融机构购入外币或向银行等金融机构出售外币的业务。企业兑换外币时，一方面按照交易日外币买入价或卖出价折算并登记实际收取或付出的记账本位币金额，另一方面按照即期汇率折算并登记卖出或买入的外币金额，二者差额计入财务费用。

【例 4-10】 沿用例 4-1 的资料。

公司编制如下会计分录：

借：银行存款——美元（4 000×6 .75）　　　　　　　　　　　27 000

　　财务费用——汇兑差额　　　　　　　　　　　　　　　　　　200

　　贷：银行存款——人民币（4 000×6.8）　　　　　　　　　　　　27 200

例 4-1 中的资料是买入外币，做上述会计处理。如果是卖出 4 000 美元换入人民币，则会计分录为：

借：银行存款——人民币（4 000×6.7）　　　　　　　　　　26 800

　　财务费用　　　　　　　　　　　　　　　　　　　　　　　200

　　贷：银行存款——美元（4 000×6 .75）　　　　　　　　　　　27 000

外币兑换无非是买外币或卖外币，无论哪一种外币兑换，我们都可以得出以下结论。

第一，外币兑换一定会产生汇兑损失。因为外币兑换是站在银行的角度考虑买卖关系，买外币采用卖价，卖外币采用买价，而外币计量则采用中间价，买外币的卖价一定大于中间价，卖外币的买价一定小于中间价。

第二，外币兑换业务应及时反映汇兑损益。因为外币兑换是即时结算的外币业务，及时反映汇兑损益有助于及时反映外汇风险，为外汇管理提供相关决策信息。

外币兑换中的汇率选择，使我们联想起换位思考。外币兑换尽管是企业与银行之间的交易，但外汇交易价格并非由企业与银行双方协商确定，而是以国家外汇牌价为依据，体现国家宏观金融管理的客观性。银行在外币兑换中的主体地位、主导地位，决定了外币兑换中企业的劣势及不利位置，使得交易双方处于一种不对称的矛盾关系。在矛盾处理中，如果能够换位思考，则可以更好地理解对方的思路、观点及言行，从而能够求同存异，有助于矛盾的解决。

4.2.6　期末外币账户调整的会计处理

在期末外币账户余额调整时，需要将外币账户分为外币货币性项目与外币非货币性项目两类。

4.2.6.1　外币货币性项目

外币货币性项目是指企业持有的货币资金和将以固定或可确定的金额收取的资产或者偿付的债务。其中外币货币性资产包括：以外币计价的现金、银行存款、应收票据、应收账款、其他应收款及长期应付款等；外币货币性负债包括：以外币计价的短期借款、应付票据、应付账款、其他应付款、长期借款、应付债券以及长期应付款等。

企业在外币交易日无论采用即期汇率将外币金额折算为记账本位币金额，还是采用与交易发生日即期汇率近似的汇率进行折算，对于外币货币性项目，在资产负债表日均要按照当日的即期汇率调整外币账户的余额，因资产负债表日即期汇率与初始确认时或者前一资产负债表日即期汇率不同而产生的汇兑差额，应计入财务费用。同时调整外币货币性项目的记账本位币金额。

【例4-11】　沿用例4-6的资料。

公司编制如下会计分录：

（1）计算1月31日的汇兑差额。

汇兑差额 =10 000×6.8 - 10 000×6.9=-1 000（元）

借：财务费用——汇兑差额	1 000	
贷：应收账款——美元		1 000

（2）2月25日收回全部款项。

借：银行存款——美元（10 000×6.75）	67 500	
财务费用——汇兑差额	500	
贷：应收账款——美元		68 000

【例4-12】　沿用例4-7的资料。

公司编制如下会计分录：

（1）2月末调整记账本位币。

汇兑差额 =100 000×6.8 - 100 000×6.7=10 000（元）

借：财务费用——汇兑差额	10 000	
贷：应付账款——美元		10 000

（2）3月31日归还所欠货款。

借：应付账款——美元	680 000	
财务费用——汇兑差额	20 000	
贷：银行存款——美元（100 000×7）		700 000

【例4-13】　沿用例4-8的资料。

公司编制如下会计分录：

8 月 6 日归还全部本息。

借：短期借款——美元　　　　　　　　　　　　　　　　　　　350 000

　　贷：银行存款——美元（50 000×6.9）　　　　　　　　　　　　345 000

　　　　财务费用——汇兑差额　　　　　　　　　　　　　　　　　5 000

借：财务费用（50 000×2%×2×6.9）　　　　　　　　　　　　13 800

　　贷：银行存款　　　　　　　　　　　　　　　　　　　　　　13 800

4.2.6.2　外币非货币性项目

外币非货币性项目是指外币货币性项目以外的项目，主要包括存货、长期股权投资、固定资产及无形资产等项目。

（1）历史成本计量的外币非货币性项目。

以历史成本计价的外币非货币性项目，由于已经在交易发生日按照当日的即期汇率折算成记账本位币，资产负债表日就不应改变其原有的记账本位币金额，因此也就不会产生汇兑差额。但是，由于存货在资产负债表日采用成本与可变现净值孰低计量，因此，在以外币购入存货并且该存货在资产负债表日的可变现净值以外币反映的情况下，在计提存货跌价准备时应当考虑汇率变动的影响。

【例 4-14】 某国内公司采用人民币作为记账本位币，20×8 年 10 月 20 日从国外进口一台生产设备并交付使用，购置设备的全部价款为 60 000 美元，当日的即期汇率为 1 美元 =6.8 元人民币，为购置该项设备公司还支付了相关的税费 20 000 元人民币。本年度 12 月 31 日的即期汇率为 1 美元 =6.9 元人民币。

公司购置设备时编制会计分录为：

借：固定资产（60 000×6.8+20 000）　　　　　　　　　　　　428 000

　　贷：银行存款　　　　　　　　　　　　　　　　　　　　　428 000

本年度 12 月 31 日，虽然汇率发生变化，但由于固定资产属于非货币性资产，在购置该项资产时已经按照当日汇率折算成记账本位币后记账，所以本年度 12 月 31 日不需要再按照当日的汇率进行调整。

【例 4-15】 国内某公司以人民币作为记账本位币，20×8 年 10 月 30 日以每件 1 000 美元的价格进口 10 件 A 商品，货款共计 10 000 美元。当日的即期汇率为 1 美元 =6.8 元人民币。该商品进口后用于直接出售，目前国内市场尚无该种商品。本年度 12 月 31 日，公司已出售 4 件 A 商品，还有 6 件未出售。此时，国际市场 A 商品的销售价格为每件 900 美元。本年度 12 月 31 日的即期汇率为 1 美元 =7 元人民币。

分析：本年度 12 月 31 日，公司有 6 件 A 商品尚未出售，国际市场价格下降使得 6 件 A 商品的可变现净值低于其成本，公司应提取存货跌价准备金额为：1 000×6.8×6-900×7×6=40 800-37 800=3 000（元）。根据计算结果编制如下会计分录：

借：资产减值损失　　　　　　　　　　　　　　　　　　　　　3 000

　　贷：存货跌价准备　　　　　　　　　　　　　　　　　　　3 000

（2）公允价值计量的外币非货币性项目。

以公允价值计量的外币非货币性项目，如股票、基金等交易性金融资产，期末应将该外币按照公允价值确定的即期汇率进行折算，折算后的记账本位币金额与原记账本位币金额之间的差额，作为公允价值变动（含汇率变动）损益，计入当期损益。

【例 4-16】　某国内公司采用人民币作为记本位币，20×8 年 7 月 5 日以每股 3 美元的价格购入 A 公司发行的 B 股股票 20 000 股，当日的即期汇率为 1 美元＝6.8 元人民币，公司购买该股票时所支付的相关税费已经摊入每股的购买价格中，该公司将其划分为公允价值计量且其变动计入当期损益的金融资产。本年度 12 月 31 日，该股票市价为每股 2.8 美元，当日的即期汇率为 1 美元＝6.9 元人民币。第 2 年 3 月 5 日，公司以每股 3.1 美元的价格将其全部转让，当日的即期汇率为 1 美元＝6.85 元人民币。

（1）公司在购买股票时编制如下会计分录：

借：交易性金融资产　　　　　　　　　　　　　　　　　　408 000
　　贷：银行存款——美元（20 000×3×6.8）　　　　　　　　　　　408 000

由于交易性金融资产以公允价值计量，公司在以外币购入时已经按照当日的汇率进行了折算，并将折算后的金额登记入账。所以，当资产负债表日的即期汇率与记账汇率不一致时，应将两者之间的差额作为公允价值变动损益，记入当期损益，而不再确认汇兑差额。

（2）本年度 12 月 31 日。

公允价值变动损益金额＝20 000×2.8×6.9−20 000×3×6.8＝−21 600（元）

根据计算结果编制如下会计分录：

借：公允价值变动损益　　　　　　　　　　　　　　　　　21 600
　　贷：交易性金融资产　　　　　　　　　　　　　　　　　　　21 600

（3）第 2 年 3 月 5 日出售。

借：银行存款——美元　　　　　　　　　　　　　　　　　424 700
　　贷：交易性金融资产　　　　　　　　　　　　　　　　　　　386 400
　　　　投资收益　　　　　　　　　　　　　　　　　　　　　　38 300

对汇率变动和股票市价的变动不进行区分，均作为投资收益处理。

4.3　外币财务报表折算

4.3.1　国际上常用的外币财务报表折算方法

外币财务报表折算方法可以分为单一汇率法和多种汇率法。单一汇率法主要以现行汇率对会计报表进行折算，所以又称为现行汇率法；多种汇率法指以不同汇率分别对会计报表有关项目进行折算，具体又进一步分为流动性与非流动性项目法、货币性与非货币性项目法和时态法。

4.3.1.1　折算方法

（1）现行汇率法。

此种方法的处理原则如下。

①资产、负债、收入和费用项目均以期末现行汇率进行折算，实收资本和资本公积以发生之时的历史汇率折算。

②外币报表折算差额在资产负债表中所有者权益项下单列"外币会计报表折算差额"项目反映，并逐年累积。

（2）流动性与非流动性项目法。

此方法是将资产负债表项目划分为流动性项目和非流动性项目两大类，采用不同的汇率进行折算。此种方法的处理原则如下。

①资产负债表中的流动性资产和负债项目按照期末现行汇率折算；非流动性资产和负债项目以及实收资本和资本公积等项目按照历史汇率折算。

②利润表中的折旧费和摊销费按照相关资产入账时的历史汇率折算；其他收入和费用项目均按照当期的平均汇率折算。

（3）货币性与非货币性项目法。

此方法是将资产负债表项目划分为货币性项目和非货币性项目，分别采用不同汇率折算。此种方法的处理原则如下。

①货币性项目采用现行汇率折算，非货币性项目采用历史汇率折算。

②利润表中的折旧费和摊销费按历史汇率折算，其他项目按平均汇率折算。

（4）时态法。

时态法也称时间度量法。其基本思路是：外币报表折算不应当改变会计报表所反映的经济事实，因此，在选择折算汇率时，只能改变计量单位，而不应当改变计量属性。

对现金、应收及应付项目按现行汇率折算，对其他的资产负债项目则根据其性质分别按历史汇率和现行汇率折算。

在不同折算方法下，资产负债表项目选用的折算汇率如表 4-1 所示。

表 4-1　外币资产负债表折算汇率的选择

项目	现行汇率法	流动性与非流动性项目法	货币性与非货币性项目法	时态法
现金	C	C	C	C
应收账款	C	C	C	C
存货				
——按成本	C	C	H	H
——按市价	C	C	H	C
投资				
——按成本	C	H	H	H
——按市价	C	H	H	C
固定资产	C	H	H	H
无形资产	C	H	H	H
应付账款	C	C	C	C
长期借款	C	H	C	C
股本	H	H	H	H
留存收益	*	*	*	*

注：C=现行汇率；H=历史汇率；*=平衡数。

4.3.1.2　折算方法评价

上述四种外币报表折算方法,各有利弊。

现行汇率法的优点是能够保持外币会计报表的内部结构和各项目之间的经济联系,但不能体现不同项目所承担的不同的汇率风险,而且与历史成本原则不符。流动性与非流动性项目法的优点是流动性资产和负债项目按照期末现行汇率折算有利于对子公司营运资金进行分析,但缺乏理论支持,而且它所采用的汇率不能准确反映各项目所承担的汇率风险。货币性与非货币性项目法的优点是货币性项目采用现行汇率,非货币性项目采用历史汇率,反映了汇率变动对资产、负债的不同影响,体现了不同项目所承担的不同汇率风险,但当非货币性项目采用现行汇率计量时,采用历史汇率折算与其计价基础矛盾。时态法比较灵活,符合资产与负债的计量基础。但时态法改变了报表中原来各个项目之间的比例关系。

不难看出,无论哪一种外币报表折算方法均存在一定的缺陷。实际上,世界上没有完美无缺的事物,所谓"人无完人""没有最好只有更好"就是此意。追求完美只是一种精神和境界,人们永远达不到完美,就像极限一样,可以无限趋近,但永远达不到。因此,工作生活中存在缺陷是正常的,不必为缺陷而烦恼,更不能放大缺陷,当然也不应夸大优点或优势,不能头脑发热走极端,而应该客观冷静地看待和评价事物,深入分析缺陷产生的原因,就如何减少缺陷、降低缺陷的程度和危害、避免沉痛的历史重演而努力。

根据普华永道和美国学者的调查,目前大多数国家外币财务报表折算采用现行汇率法和时态法,流动性与非流动性项目法逐步被淘汰。当然,许多国家并不单纯采用一种折算方法,而是根据不同的外币财务报表折算目的采用不同的折算方法。

4.3.2　我国外币财务报表折算方法

4.3.2.1　境外经营财务报表的折算原则

企业在境外经营的子公司、合营企业、联营企业和分支机构,如果采用与本企业不相同的记账本位币时,企业在将境外经营纳入企业的财务报表时,需要将企业境外经营的财务报表折算为以本企业记账本位币反映的财务报表。

企业在对境外经营财务报表进行折算时,应当调整境外经营的会计期间、会计政策及其他相关的原则等,根据调整后的会计政策、会计期间及相关原则等编制外币财务报表,再折算为记账本位币。

4.3.2.2　境外经营财务报表的折算方法

(1)资产负债表的折算。

资产负债表中的资产和负债项目,采用资产负债表日的即期汇率折算,所有者权益项目除"未分配利润"项目外,其他项目均采用发生时的即期汇率进行折算。"未分配利润"项目是根据所有者权益其他各项变动后的金额计算出的结果。

外币财务报表折算差额是资产负债表中的资产、负债及所有者权益项目折算产生的差额，在折算后的资产负债表中及合并资产负债表中所有者权益项目下单独列示，并单独设置"外币报表折算差额"项目，其中属于少数股东权益的部分，并入少数股东权益项目。

（2）利润表的折算。

利润表中的收入和费用项目，可以采用交易发生日的即期汇率折算，也可以采用按照系统合理的方法确定的、与交易发生日即期汇率近似的汇率（平均汇率）折算。

（3）比较财务报表的折算。

比较财务报表的折算比照上述规定处理。

【例 4-17】 国内 A 公司采用人民币作为记账本位币，该公司在境外仅有一个全资子公司 B，该子公司在境外自主经营，融资渠道主要来自当地。该子公司生产经营的办公设备、商品采购以及人工成本等均以美元支付，生产经营的商品主要在当地销售。所以，B 公司选择美元作为记账本位币。

20×8 年 12 月 31 日的即期汇率为 1 美元 =6.65 元人民币，即期汇率近似的汇率（平均汇率）为 1 美元 =6.7 元人民币。

B 公司"实收资本"金额为 60 000 美元，发生日的即期汇率为 1 美元 =7 元人民币。20×8 年 1 月 1 日，累计盈余公积为 10 000 美元，折合为人民币金额为 82 100 元。本期提取 2 000 美元的盈余公积，按照即期汇率的近似汇率折算为人民币金额为 13 400 元。20×8 年 1 月 1 日，累计未分配利润为 8 000 美元，折算为人民币金额为 65 600 元。本年度财务报表资料以及折算情况如表 4-2、表 4-3 和表 4-4 所示。

表 4-2　利润表（简表）

编制单位：B 公司　　　　　　　　　　　　　20×8 年

项目	本年累计数（美元）	汇率	折算为人民币金额（元）
一、营业收入	200 000	6.7	1 340 000
减：营业成本	150 000	6.7	1 005 000
税金及附加	5 000	6.7	33 500
销售费用	8 000	6.7	53 600
管理费用	15 000	6.7	100 500
财务费用	6 000	6.7	40 200
二、营业利润	16 000		107 200
加：营业外收入	7 000	6.7	46 900
减：营业外支出	3 000	6.7	20 100
三、利润总额	20 000		134 000
减：所得税费用	8 000	6.7	53 600
四、净利润	12 000		80 400
五、其他综合收益的税后净额			
六、综合收益总额	12 000		80 400
七、每股收益			

表 4-3　资产负债表（简表）

编制单位：B 公司　　　　　　　　　　　　20×8 年 12 月 31 日

资产	期末数（美元）	汇率	折算人民币金额（元）	负债和股东权益	期末数（美元）	汇率	折算人民币金额（元）
流动资产				**流动负债**			
货币资金	50 000	6.65	332 500	短期借款	6 000	6.65	39 900
交易性金融资产	7 000	6.65	46 550	应付票据	8 000	6.65	53 200
应收票据	2 000	6.65	13 300	应付账款	11 000	6.65	73 150
应收账款	13 000	6.65	86 450	应付职工薪酬	7 000	6.65	46 550
预付账款	6 000	6.65	39 900	应交税费	4 000	6.65	26 600
存货	10 000	6.65	66 500	流动负债合计	36 000		239 400
流动资产合计	88 000		585 200	**非流动负债**			
非流动资产				长期借款	8 000	6.65	53 200
固定资产	28 000	6.65	186 200	应付债券	12 000	6.65	79 800
无形资产	30 000	6.65	199 500	非流动负债合计	20 000		133 000
非流动资产合计	58 000		385 700	负债合计	56 000		372 400
				所有者权益			
				实收资本	60 000	7.0	420 000
				盈余公积	12 000		95 500
				未分配利润	18 000		132 600
				外币报表折算差额			-49 600
				所有者权益合计	90 000		598 500
资产合计	146 000		970 900	负债和所有者权益合计	146 000		970 900

表 4-4　所有者权益变动表（简表）

编制单位：B 公司　　　　　　　　　　　　20×8 年

项目	实收资本			盈余公积		未分配利润		外币报表折算差额	所有者权益合计
	美元	折算汇率	人民币	美元	人民币	美元	人民币		人民币
一、本年年初余额	60 000	7	420 000	1 000	82 100	8 000	65 600		567 700
二、本年增减变动金额									
（一）净利润						12 000	80 400		80 400
（二）直接计入所有者权益的利得和损失									-49 600
其中：外币折算差额								-49 600	-49 600
（三）利润分配									
1. 提取盈余公积				2 000	13 400	-2 000	-13 400		
2. 对股东的分配									
三、本年年末余额	60 000	7	420 000	12 000	95 500	18 000	132 600	-49 600	598 500

资产负债表中所有者权益项目计算说明如下。

①"实收资本"金额，是根据业务发生时的即期汇率进行折算的，在本年度末不改变其

历史数据,直接根据以前的数据填列。

②"盈余公积"金额根据两部分数字计算填列:第一部分是截止到 20×8 年 1 月 1 日的累计盈余公积 10 000 美元,折合人民币 82 100 元;第二部分是本期提取的盈余公积 2 000 美元,按照即期汇率的近似汇率折算为人民币 13 400 元。将这两部分人民币金额相加后,填列到资产负债表的盈余公积项目中。

③"未分配利润"金额由两部分组成:第一部分是截止到 20×8 年 1 月 1 日,B 公司的累计未分配利润 8 000 美元,人民币折算金额为 65 600 元;第二部分是 B 公司 20×8 年度实现的净利润 12 000 美元,人民币折算金额为 80 400 元,20×8 年度提取的 2 000 美元盈余公积,人民币折算金额为 13 400 元,以及 20×8 年度的未分配利润 18 000 美元,未分配利润期初人民币金额 65 600 元,加本期实现的净利润 80 400 元,减本年度提取的盈余公积 13 400 元,最终为 132 600 元。

④外币报表折算差额,根据资产负债表中资产、负债及所有者权益项目的人民币金额,按照"资产=负债+所有者权益"的等式计算出差额,将其差额单独列示。

4.3.3 恶性通货膨胀经济中外币财务报表折算

4.3.3.1 恶性通货膨胀经济的判断条件

(1)3 年累计通货膨胀率接近或超过 100%。

(2)利率、工资和物价与物价指数挂钩。

(3)一般公众不是以当地货币,而是以相对稳定的外币单位作为衡量货币金额的基础。

(4)一般公众倾向于以非货币性资产或相对稳定的外币来保存自己的财富,持有的当地货币立即用于投资以保持购买力。

(5)即使信用期限很短,赊销、赊购交易仍按补偿信用期预计购买力损失的价格成交。

4.3.3.2 恶性通货膨胀经济中外币财务报表的折算方法

企业在并入处于恶性通货膨胀经济中的境外经营的财务报表时,应当采用特殊规定对外币财务报表进行折算。

(1)资产负债表的折算。

对资产负债表项目应运用一般物价指数予以重述,然后再按照资产负债表日的即期汇率进行折算。在重述时需要分清楚货币性项目与非货币性项目,对于货币性项目如现金、银行存款、应收票据、应收账款及其他应收款等,由于这些项目已经以资产负债表日的计量单位表述,所以不需要进行重述;对于非货币性项目如果是按照可变现净值列示的,则不需要进行重述,如果不是以可变现净值列示的,则应自购置或建造日起以一般物价指数变动予以重述。

(2)利润表的折算。

利润表项目运用一般物价指数变动予以重述,即对于利润表进行重述时,所有的项目金额需要进行初始确认,并自初始确认之日起按照一般物价指数变动进行重述,使利润表中的所有项目都以资产负债表日的计量单位表述，由于重述而产生的差额计入当期净利润中。对于利润表重述后，按照资产负债表日的即期汇率进行折算。

当境外经营不再处于恶性通货膨胀经济中时，应停止重述并按照停止之日的价格水平对重述的财务报表进行折算。

4.3.4　境外经营的处置

企业在处置境外经营时，应当将资产负债表中所有者权益项目中与该境外经营相关的外币财务报表折算差额，自所有者权益项目转入处置当期损益；部分处置境外经营的，应当按处置比例计算处置部分的外币财务报表折算差额，转入处置当期损益。

◈ 本章小结

国际贸易的不断发展、经济全球化的日益深化，造就了外币业务的频繁和复杂化。在外币业务会计核算中，首先要明确外币、外汇、汇率、外币交易、外汇标价方法及记账本位币等相关概念，综合考虑各种因素选择记账本位币，合理选择日常外币业务会计处理的汇率，关注因汇率变动而产生的外币货币性项目的汇兑差额的计算及其处理，会计期末或结算日应分别以外币货币性项目和外币非货币性项目进行处理。在外币财务报表折算中，有现行汇率法、流动性与非流动性项目法、货币性与非货币性项目法、时态法等方法，我国主要以现行汇率法为基础进行企业外币财务报表的折算，折算差异采用递延法计入所有者权益。

◈ 思考题

1. 什么是记账本位币？汇兑差额是如何产生的？
2. 简述直接标价法与间接标价法。
3. 资产负债表日外币货币性项目如何进行会计核算？
4. 资产负债表日外币非货币性项目如何进行会计核算？
5. 简述企业在选择境外经营的记账本位币时应当考虑的主要因素。

◈ 练习题

1. 不定项选择题

（1）在下列事项中，属于记账本位币定义中所指的企业所处的主要经济环境的为（　　）。
　　A. 收入现金的环境
　　B. 支出现金的环境
　　C. 交换现金的环境
　　D. 储存现金的环境

（2）外币数额固定不变，本国货币数额随着汇率变化而变化的外币标价方法为（　　）。
　　A. 直接标价法
　　B. 间接标价法
　　C. 即期汇率法
　　D. 即期汇率的近似汇率法

（3）外币统账制是企业对于所发生的外币交易在记账时应该（　　）。
　　A. 以各个币种记账

B. 以外币金额记账

C. 折算为人民币记账

D. 折算为记账本位币记账

（4）银行卖出价一般情况下为（　　）。

A. 高于买入价

B. 不等于买入价

C. 低于买入价

D. 比中间价低

（5）企业的外币交易在初始确认时，在与银行不进行兑换的情况下，作为即期汇率的为（　　）。

A. 买入价　　　　B. 卖出价

C. 中间价　　　　D. 加权平均价

（6）某公司有一家境外子公司，该子公司的记账本位币为美元。母公司资产负债表日的即期汇率为 1 美元 =8 元人民币，当期平均汇率为 1 美元 =7.8 元人民币。该公司的利润表采用即期汇率的近似汇率折算，资产负债表日的资产负债表中的"盈余公积"期初金额为 100 万美元，折合人民币 776 万元，本期提取 50 万美元的盈余公积。资产负债表日该公司"盈余公积"金额折合为人民币的金额为（　　）。

A. 1 166 万元　　　B. 1 170 万元

C. 1 176 万元　　　D. 1 200 万元

（7）下列项目中属于即期汇率的近似汇率的为（　　）。

A. 当期平均汇率

B. 当期汇率或加权平均汇率

C. 加权平均汇率

D. 记账汇率

（8）在下列事项中，企业在对外币会计报表进行折算时，应当按照经济业务发生时的即期汇率折算的项目为（　　）。

A. 实收资本　　　B. 资本公积

C. 盈余公积　　　D. 长期借款

（9）下列项目中不应当采用资产负债表日的即期汇率进行折算的为（　　）。

A. 资本公积　　　B. 存货

C. 主营业务成本　D. 未分配利润

（10）采用人民币作为记账本位币的企业，当资产负债表日的即期汇率上升时，下列外币账户会发生汇兑损失的为（　　）。

A. 应收账款

B. 固定资产

C. 应付职工薪酬

D. 应付利润

2. 判断题

（1）从会计学的角度出发，外币是指用于国际结算的支付手段以及可用于国际支付的特殊债券和其他货币资产。（　　）

（2）汇率又称汇价，是以一国货币表示另一国货币的价格，亦即将一国货币换算成另一国货币的比率。（　　）

（3）直接标价法是以一定单位的外国货币为标准，计算应付若干单位的本国货币，所以又称为应付标价方法。其特点是：本国货币数额固定不变，外币随着汇率变化而变化。（　　）

（4）企业发生单纯的外币兑换业务或涉及外币兑换的交易事项时，应当按照中国人民银行公布的当日人民币汇率的中间价进行折算，以反映货币买卖的损益。（　　）

（5）即期汇率一般是指中国人民银行公布的当日人民币汇率的中间价。即期汇率的近似汇率是指按照系统合理的方法确定的、与交易发生日即期汇率近似的汇率，通常采用当期平均汇率或加权平均汇率（一般以外币交易金额为权数）等方法计算。（　　）

（6）企业采用外币统账制和外币分账制进行会计核算，会计核算程序以及计算出的汇兑差额的结果都不相同。（　　）

（7）以历史成本计价的外币非货币性项目，由于已经在交易发生日按照当日的即期汇率折算成记账本位币，资产负债表日就不应改变其原有的记账本位币金额，因此也就不会产生汇兑差额。（　　）

（8）以公允价值计量的外币非货币性项目，如股票、基金等交易性金融资产，期末应将该外币按照公允价值确定的即期汇率进行折算，折算后的记账本位币金额与原记账本位币金额之间的差额，应作为财务费用，计入当期损益。（　　）

（9）外币财务报表折算方法可以分为单一汇率法和多种汇率法。多种汇率法指以不同汇率分别对会计报表有关项目进行折算，具体又进一步分为现行汇率法、流动性与非流动性项目法、货币性与非货币性项目法和时态法。（　　）

（10）外币报表折算差额，根据资产负债表中资产、负债及所有者权益项目的人民币金额，按照"资产＝负债＋所有者权益"的等式计算出差额，将其差额单独列示。（　　）

3. 计算及分析题

（1）20×7 年 4 月 6 日，A 公司销售给国外某公司一批商品，货款 100 000 美元尚未收回（不含增值税），当日的即期汇率为 1 美元 =6.9 元人民币。

要求： 编制 A 公司销售商品的会计分录。

（2）20×7 年 4 月 22 日，B 公司从国外购买 60 000 美元的原材料，全部款项未支付。当日的即期汇率为 1 美元 =6.66 元人民币。该公司进口原材料时支付增值税 80 000 元人民币，缴纳进口关税 120 000 元人民币，公司开出转账支票支付相关的税金。

要求： 编制 B 公司购买材料的会计分录。

（3）A 公司 20×7 年 8 月 14 日从银行买入 20 000 美元，当天银行卖出价为 1 美元 =6.83 元人民币，当日的中间价为 1 美元 =6.70 元人民币。

要求： 编制 A 公司买入外汇的会计分录。

（4）C 公司 20×7 年 8 月 16 日收到某外商的外币投入资本 40 000 美元，当日即期汇率为 1 美元 =6.90 元人民币，合同规定的汇率为 1 美元 =7.0 元人民币。

要求： 编制 C 公司接受外商投资时的会计分录。

（5）D 公司采用人民币作为记账本位币。20×7 年 11 月 20 日以每股 2 美元的价格购买 B 公司普通股 100 000 股作为交易性金融资产，当日市场汇率为 1 美元 = 6.7 人民币；20×7 年 12 月 31 日的即期汇率为 1 美元 = 6.71 元人民币；20×8 年 1 月 25 日，D 公司以每股 2.2 美元的价格将所持有的 B 公司的 100 000 股普通股全部出售，当日市场汇率为 1 美元 = 6.68 元人民币。

要求： 根据所给资料编制如下会计分录：① 20×7 年度购买 B 公司普通股；②调整 20×7 年度 12 月 31 日的外币账户余额；③ 20×8 年度出售 B 公司普通股。

第 5 章
CHAPTER 5

租 赁 会 计

§ 思政导语

所有不一定占有，占有不一定所有，没有所有的有效占有优于拥有所有的无效占有。

有金钱不一定有幸福，有幸福不一定有金钱，没有金钱的幸福优于腰缠万贯的不幸福。

§ 本章导读

通过本章的学习，读者可以了解租赁的相关概念及其会计处理的基本原则等，掌握从承租人和出租人角度出发的会计处理，理解售后租回交易的概念。

§ 本章思政引导案例

金太源公司未履行租赁合同吞苦果

万丰融资租赁有限公司（以下简称"万丰公司"）与金太源公司于 2013 年 4 月 9 日签订《融资租赁合同》。万丰公司以 5 000 万元向金太源公司购买中密度板备料工段等设备后，再将其出租给金太源公司使用，租赁期限为 3 年。金太源公司支付了保证金 750 万元以及第 1 ~ 5 期租金后就出现违约。金太源公司收到《催收函》后仍未履约。万丰公司认为金太源公司构成违约，诉请法院判决解除合同，金太源公司按合同约定支付租赁物回购款，回购款包括扣除保证金后的全部应付租金、到期未付租金的逾期利息和租赁物名义价款。但金太源公司认为，万丰公司只能在解除合同、收回租赁物与要求支付全部租金两项请求中任选一项。

上海市浦东新区人民法院认为：万丰公司主张解除合同的同时，要求金太源公司按约定价款回购租赁物，系依据合同约定主张权利，其主张的全部应付租金属于解除合同后金太源公司回购租赁物的应付价款，性质上不同于继续履行融资租赁合同应付的租金，与《中华人民共和国合同法》第二百四十八条"承租人经催告后在合理期限内仍不支付租金的，出租人可以要求支付全部租金；也可以解除合同，收回租赁物"的规定并不相悖，故判决解除合同，金太源公司向万丰公司支付租赁物回购款，该款支付后租赁物归金太源公司所有。

资料来源：https://www.sohu.com/a/323662319_742406.

问题：

1. 金太源公司的租赁违约对企业信誉会有哪些影响？

2. 信守合同、依法履约在租赁交易中的重要性是什么？

3. 资产的租入与购买有何不同影响？

5.1 租赁概述

5.1.1 租赁的识别

5.1.1.1 租赁的定义

租赁是指在一定期间内，出租人将资产的使用权让与承租人以获取对价的合同。在合同开始日，企业应当评估合同是否为租赁或者包含租赁。如果合同一方让渡了在一定期间内控制一项或多项已识别资产使用的权利以换取对价，则该合同为租赁或者包含租赁。

租赁合同的认定，必须同时满足三要素：一是存在一定期间，二是存在已识别资产，三是资产供应方向客户转移对已识别资产使用权的控制。

在合同中，"一定期间"也可以表述为已识别资产的使用量，如某项设备的产出量。如果客户有权在部分合同期内控制已识别资产的使用，则合同包含一项在该部分合同期间的租赁。

企业应当就合同进行评估，判断其是否为租赁或包含租赁。同时符合下列条件的，使用已识别资产的权利构成一项单独租赁：①承租人可从单独使用该资产或将其与易于获得的其他资源一起使用中获利；②该资产与合同中的其他资产不存在高度依赖或高度关联关系。

另外，接受商品或服务的合同可能由合营安排或合营安排的代表签订。在这种情况下，企业评估合同是否包含一项租赁时，应将整个合营安排视为该合同中的客户，评估该合营安排是否在使用期间有权控制已识别资产的使用。

除非合同条款或条件发生变化，企业无须重新评估合同是否为租赁或者包含租赁。

5.1.1.2 已识别资产

（1）对资产的指定。

已识别资产通常由合同明确指定，也可以在资产可供客户使用时隐性指定。

【例 5-1】 甲公司（客户）与乙公司（供应方）签订了使用乙公司一节火车车厢的 5 年期合同。该车厢专为用于运输甲公司生产过程中使用的特殊材料而设计，未经重大改造不适合其他客户使用。合同中没有明确指定轨道车辆（例如，通过序列号），但是乙公司仅拥有一节适合客户甲使用的火车车厢。如果车厢不能正常工作，合同要求乙公司修理或更换车厢。

分析： 具体哪节火车车厢虽未在合同中明确指定，但是被隐性指定，因为乙公司仅拥有一节适合客户甲使用的火车车厢，必须使用其来履行合同，乙公司无法自由替换该车厢。因此，火车车厢是一项已识别资产。

（2）物理可区分。

如果资产的部分产能在物理上可区分（例如，建筑物的一层），则该部分产能属于已识别资产。如果资产的某部分产能与其他部分在物理上不可区分（例如，光缆的部分容量），则该部分不属于已识别资产，只有其实质上代表该资产的全部产能，才能够使客户获得因使用该资产所产生的几乎全部经济利益的权利。

（3）实质性替换权。

即使合同已对资产进行指定，如果资产供应方在整个使用期间拥有对该资产的实质性替换权，则该资产不属于已识别资产。其原因在于，如果资产供应方在整个使用期间均能自由替换合同资产，那么实际上，合同只规定了满足客户需求的一类资产，而不是被唯一识别出的一项或几项资产。也就是说，在这种情况下，合同资产并未和资产供应方的同类其他资产明确区分开来，即并未被识别出来。

同时符合下列条件的资产供应方拥有资产的实质性替换权：

①资产供应方拥有在整个使用期间替换资产的实际能力；

②资产供应方通过行使替换资产的权利将获得经济利益。

5.1.1.3 客户是否控制已识别资产使用权的判断

为确定合同是否让渡了在一定期间内控制已识别资产使用的权利，企业应当评估合同中的客户是否有权获得在使用期间因使用已识别资产所产生的几乎全部经济利益，并有权在该使用期间主导已识别资产的使用。

（1）客户是否有权获得因使用已识别资产所产生的几乎全部经济利益。

在评估客户是否有权获得因使用已识别资产所产生的几乎全部经济利益时，企业应当在约定的客户权利范围内考虑其所产生的经济利益。

（2）客户是否有权主导已识别资产的使用。

存在下列情形之一的，可视为客户有权主导已识别资产在整个使用期间的使用：

①客户有权在整个使用期间主导已识别资产的使用目的和使用方式；

②已识别资产的使用目的和使用方式在使用期间前已预先确定，并且客户有权在整个使用期间自行或主导他人按照其确定的方式运营该资产，或者客户设计了已识别资产（或资产的特定方面）并在设计时已预先确定了该资产在整个使用期间的使用目的和使用方式。

租赁合同认定的三要素是相互关联的三个维度，形成了完整的判断体系，缺一不可。"存在一定期间"表明合同中约定了一个时间长度，属于时间维度；"存在已识别资产"意味着合同中确定、指定了特定的不可替代的租赁资产，属于空间维度；"资产供应方向客户转移对已识别资产使用权的控制"说明出租人将该项资产交给承租人自由使用，属于运动维度。事物

的产生、发展、变化离不开一定时空的约束，或者说一定时空造就了一定的事物。学习、总结、评价历史不能脱离当时的时空环境，对特定事物的理解也要有时空观，如此我们才能得出客观的结论，避免片面的理解，做出正确的决策。

5.1.2 租赁的分拆与合并

5.1.2.1 租赁的分拆

租赁准则规定，合同中同时包含多项单独租赁的，承租人和出租人应当将合同予以分拆，并分别对各项单独租赁进行会计处理。合同中同时包含租赁和非租赁部分的，承租人和出租人应当将租赁和非租赁部分进行分拆，除非企业适用新租赁准则的简化处理。

同时符合下列条件的已识别资产的权利使用构成合同中的一项单独租赁。

（1）承租人可从单独使用该资产或将其与易于获得的其他资源一起使用中获利。易于获得的资源是指出租人或其他供应方单独销售或出租的商品或服务，或者承租人已从出租人或其他交易中获得的资源。

（2）该资产与合同中的其他资产不存在高度依赖或高度关联关系。例如，若承租人租入资产的决定不会对承租人使用合同中的其他资产的权利产生重大影响，则表明该项资产与合同中的其他资产不存在高度依赖或高度关联关系。

出租人可能要求承租人承担某些款项，却并未向承租人转移商品或服务。例如，出租人可能将管理费或与租赁相关的其他成本计入应付金额，而并未向承租人转移商品或服务。此类应付金额不构成合同中单独的组成部分，而应视为总对价的一部分分摊至单独识别的合同组成部分中。

①承租人的处理。

在分拆合同包含的租赁和非租赁部分时，承租人应当按照各项租赁部分的单独价格及非租赁部分的单独价格之和的相对比例分摊合同对价。租赁和非租赁部分的相对单独价格，应当根据出租人或类似资产供应方就该部分或类似部分向企业单独收取的价格确定。如果可观察的单独价格不易获得，承租人应当最大限度地利用可观察的信息估计单独价格。

②出租人的处理。

出租人也应当分拆租赁部分和非租赁部分，并根据《企业会计准则第14号——收入》准则规定的关于交易价格分摊的规定分摊合同对价。

5.1.2.2 租赁的合并

企业与同一交易方或其关联方在同一时间或相近时间订立的两份或多份包含租赁的合同，在满足下列条件之一时，应当合并为一份合同进行会计处理。

（1）该两份或多份合同基于总体商业目的而订立并构成一揽子交易，若不作为整体考虑则无法理解其总体商业目的。

（2）该两份或多份合同中的某份合同的对价金额取决于其他合同的定价或履行情况。

（3）该两份或多份合同让渡的资产使用权合起来构成一项单独租赁。两份或多份合同合并为一份合同进行会计处理的，仍然需要区分该份合同中的租赁部分和非租赁部分。

租赁的分拆是将一份租赁合同包含的单独租赁以及租赁与非租赁部分区分开来，单独进行租赁核算。租赁的合并是将两份及两份以上相互关联的租赁合同，合并为一个完整的租赁合同。无论租赁分拆还是租赁合并，均需要深刻、客观的分析判断，需要实质重于形式的分析判断。租赁分拆反映了租赁核算的细化，揭示了不同租赁合同的权利义务关系，是微观上的进一步分析、认识，体现了对个体的尊重。租赁合并反映了租赁核算的一体化，揭示了不同合同之间的内在联系，是宏观上的联系或关联的进一步分析、认识，体现了战略思维。租赁合同只是一种形式，内在的实质则依赖于经济实质。不仅如此，对事物的解剖式分析、认识，有助于对该事物的深刻理解和把握。在求职中对同一行业中不同企业招聘的特点、需求的分析和认识，有助于提高应聘的成功率；对事物的联系、宏观战略性思维的把握，有助于全面理解该事物。在求职中对不同行业、不同领域的前瞻性分析及发展动态的分析和认识，有助于发现某行业及职业的发展潜力，提高职业选择的合理性，优化职业生涯规划。

5.1.3　租赁期

租赁期是指承租人有权使用租赁资产且不可撤销的期间。承租人有续租选择权，即有权选择续租该资产，且合理确定将行使该选择权的，租赁期还应当包含续租选择权涵盖的期间；承租人有终止租赁选择权的权利，即有权选择终止租赁该资产，但合理确定将不会行使该选择权的，租赁期应当包含终止租赁选择权涵盖的期间。

5.1.3.1　租赁期开始日

租赁期自租赁期开始日起计算。租赁期开始日，是指出租人提供租赁资产使其可供承租人使用的起始日期。如果承租人在租赁协议约定的起租日或租金起付日之前，已获得对租赁资产使用权的控制，则表明租赁期已经开始。租赁协议中对起租日或租金支付时间的约定，并不影响对租赁期开始日的判断。

【例 5-2】　在某商铺的租赁安排中，出租人于 20×4 年 1 月 1 日将房屋钥匙交付承租人，承租人在收到钥匙后，就可以自主安排对商铺的装修布置，并安排搬迁。合同约定有 3 个月的免租期，起租日为 20×4 年 4 月 1 日，承租人自起租日开始支付租金。

分析：此交易中，由于承租人自 20×4 年 1 月 1 日起就已拥有对商铺使用权的控制，因此租赁期开始日为 20×4 年 1 月 1 日，即租赁期包含出租人给予承租人的免租期。

5.1.3.2　不可撤销期间

在确定租赁期和评估不可撤销租赁期间时，企业应根据租赁条款约定确定可强制执行合同的期间。如果承租人和出租人双方均有权在未经另一方许可的情况下终止租赁，且罚款金额不大，则该租赁不再可强制执行。如果只有承租人有权终止租赁，则在确定租赁期时，企业应将该项权利视为承租人可行使的终止租赁选择权予以考虑。如果只有出租人有权终止租赁，则不可撤销的租赁期包括终止租赁选择权所涵盖的期间。

【例 5-3】　承租人与出租人签订了一份租赁合同，约定自租赁期开始日 1 年内不可撤销，如果撤销，双方将支付高额罚款，1 年期满后，经双方同意可再延长 1 年，如有一方不同意，将不再续期，且没有罚款。假设承租人对于租赁资产不具有重大依赖。

5.1.3.3　续租选择权和终止租赁选择权

在租赁期开始日，企业应当评估承租人是否合理确定将行使续租或购买标的资产的选择权，或者将不行使终止租赁选择权。在评估时，企业应当考虑对承租人行使续租选择权或不行使终止租赁选择权带来经济利益的所有相关事实和情况，包括自租赁期开始日至选择权行使日之间的事实和情况的预期变化。

5.1.3.4　对租赁期和购买选择权的重新评估

发生承租人可控范围内的重大事件或变化，且影响承租人是否合理确定将行使相应选择权的，承租人应当对其是否合理确定将行使续租选择权、购买选择权或不行使终止租赁选择权进行重新评估，并根据重新评估的结果修改租赁期。

租赁合同虽然约定了租赁期，但由于续租选择权的存在，使得租赁会计处理中关于租赁期的确定有了一定的弹性或不确定性，而租赁期的长短直接关系到各期租金的确认和计量，关系到租赁会计信息的可靠性与有用性。我们面临的世界是可见的、相对稳定的，但仍然存在诸多隐形或不可见的世界，世界上的万事万物也无时无刻不在变化、演进之中，不变是相对的，变化是绝对的，动态、联系、长期地分析问题是一种重要的思维方式。

5.2　承租人的会计处理

在租赁期开始日，承租人应当对租赁确认使用权资产和租赁负债，应用短期租赁和低价值资产租赁简化处理的除外。

5.2.1　初始计量

5.2.1.1　租赁负债的初始计量

租赁负债应当按照租赁期开始日尚未支付的租赁付款额的现值进行初始计量。识别应纳入租赁负债的相关付款项目是计量租赁负债的关键。

（1）租赁付款额。

租赁付款额，是指承租人向出租人支付的与在租赁期内使用租赁资产的权利相关的款项。

租赁付款额包括以下五项内容。

①固定付款额及实质固定付款额存在租赁激励的，扣除租赁激励相关金额。

实质固定付款额，是指在形式上可能包括变量但实质上无法避免的付款额。例如，付款额设定为可变租赁付款额，但该可变条款几乎不可能发生，没有真正的经济实质。

承租人有多套付款额方案，但其中仅有一套是可行的。在此情况下，承租人应采用该可行的付款额方案作为租赁付款额。

承租人有多套可行的付款额方案，但必须选择其中一套。在此情况下，承租人应采用总折现金额最低的一套作为租赁付款额。

②取决于指数或比率的可变租赁付款额。

可变租赁付款额，是指承租人为取得在租赁期内使用租赁资产的权利，而向出租人支付的因租赁期开始日后的事实或情况发生变化（而非时间推移）而变动的款项。可变租赁付款额可能与下列各项指标或情况挂钩：由于市场比率或指数数值变动导致的价格变动、承租人源自租赁资产的绩效、租赁资产的使用。

【例5-4】 承租人甲公司签订了一项为期10年的不动产租赁合同，每年的租赁付款额为50 000元，于每年年初支付。合同规定，租赁付款额在租赁期开始日后每两年基于过去24个月消费者物价指数的上涨进行上调。租赁期开始日的消费者价格指数为125。

分析： 甲公司在初始计量租赁负债时，应基于租赁期开始日的消费者物价指数确定租赁付款额，无须对后续年度因消费者物价指数而导致的租金变动做出估计。因此，在租赁期开始日，甲公司应以每年50 000元的租赁付款额为基础计量租赁负债。

③购买选择权的行权价格，前提是承租人合理确定将行使该选择权。

在租赁期开始日，承租人应评估是否合理确定将行使购买标的资产的选择权。在评估时，承租人应考虑对其行使或不行使购买选择权产生经济激励的所有相关事实和情况。如果承租人合理确定将行使购买标的资产的选择权，则租赁付款额中应包含购买选择权的行权价格。

【例5-5】 承租人甲公司与出租人乙公司签订了一份不可撤销的5年期设备租赁合同。合同规定，甲公司可以选择在租赁期结束时以5 000元购买这台设备。已知该设备应用于不断更新、迅速变化的科技领域，租赁期结束时其公允价值可能出现大幅波动，估计在4 000元至9 000元之间，在5年租赁期内可能会有更好的替代产品出现。

分析： 在租赁期开始日，甲公司对于其是否将行使购买选择权的经济动机做出全面评估，并最终认为不能合理确定将行使购买选择权。该评估依据包括：租赁期结束时该设备公允价值的重大波动性，以及在租赁期内可能出现更好替代产品的可能性等。评估甲公司是否合理确定将行使购买选择权可能涉及重大判断。假设甲公司租赁设备时，约定更短的租赁期限（例如，1年或2年）或设备所处环境不同（例如，租赁设备并非应用于不断更新的科技领域，而是应用于相对稳定的行业，并且其未来的公允价值能够可靠预测和估计），则甲公司是否行使购买选择权的判断可能不同。

④行使终止租赁选择权需支付的款项，前提是租赁期反映出承租人将行使终止租赁选择权。

在租赁期开始日，承租人应评估是否合理确定将行使终止租赁的选择权。在评估时，承租人应考虑对其行使或不行使终止租赁选择权产生经济激励的所有相关事实和情况。如果承租人合理确定将行使终止租赁选择权，则租赁付款额中应包含行使终止租赁选择权需支付的款项，并且租赁期不应包含终止租赁选择权涵盖的期间。

【例 5-6】 承租人甲公司租入某办公楼的一层楼，为期 10 年。甲公司有权选择在第 5 年后提前终止租赁，并以相当于 6 个月的租金作为罚款。每年的租赁付款额为固定金 120 000 元。该办公楼是全新的，并且在周边商业园区的办公楼中处于技术领先水平。上述租赁付款额与市场租金水平相符。

分析： 在租赁期开始日，甲公司评估后认为，6 个月的租金对于甲公司而言金额重大，在同等条件下，也难以按更优惠的价格租入其他办公楼，可以合理确定不会选择提前终止租赁，因此其租赁负债不应包括提前终止租赁时需支付的罚款，租赁期确定为 10 年。

⑤根据承租人提供的担保余值预计应支付的款项。

担保余值，是指与出租人无关的一方向出租人提供担保，保证在租赁结束时租赁资产的价值至少为某指定的金额。如果承租人提供了对余值的担保，则租赁付款额应包含该担保下预计应支付的款项，它反映了承租人预计将支付的金额，而不是承租人担保余值下的最大敞口。

【例 5-7】 承租人甲公司与出租人乙公司签订了汽车租赁合同，租赁期为 5 年。合同中就担保余值的规定为：如果标的汽车在租赁期结束时的公允价值低于 40 000 元，则甲公司需向乙公司支付 40 000 元与汽车公允价值之间的差额，因此，甲公司在该担保值下的最大敞口为 40 000 元。

分析： 在租赁期开始日，甲公司预计标的汽车在租赁期结束时的公允价值为 40 000 元，即甲公司预计在担保余值下将支付的金额为零。因此，甲公司在计算租赁负债时，与担保余值相关的付款额为零。

（2）折现率。

租赁负债应当按照租赁期开始日尚未支付的租赁付款额的现值进行初始计量。在计算租赁付款额的现值时，承租人应当采用租赁内含利率作为折现率，无法确定租赁内含利率的，应当采用承租人增量借款利率作为折现率。

租赁内含利率，是指使出租人的租赁收款额的现值与未担保余值的现值之和等于租赁资产公允价值与出租人的初始直接费用之和的利率。

其中，未担保余值是指在租赁资产余值中，出租人无法保证能够实现或仅由与出租人有关的一方予以担保的部分。

初始直接费用是指为达成租赁所发生的增量成本。增量成本是指若企业不取得该租赁，则不会发生的成本，如佣金、印花税等。无论是否实际取得租赁都会发生的支出，不属于初始直接费用，例如，为评估是否签订租赁合同而发生的差旅费、法律费用等，此类费用应当在发生时计入当期损益。

【例5-8】 承租人甲公司与出租人乙公司签订了一份车辆租赁合同，租赁期为5年。在租赁期开始日，该车辆的公允价值为100 000元，乙公司预计在租赁结束时其公允价值（即未担保余值）将为10 000元。租赁付款额为每年23 000元，于年末支付。乙公司发生的初始直接费用为5 000元。乙公司计算租赁内含利率 r 的方法如下：

$$23\,000 \times (P/A,\ r,\ 5) + 10\,000 \times (P/F,\ r,\ 5) = 100\,000 + 5\,000$$

由此计算得出租赁内含利率 r 为5.79%。

承租人增量借款利率是指承租人在类似经济环境下，为获得与使用权资产价值接近的资产，在类似期间以类似抵押条件借入资金须支付的利率。该利率与下列事项相关：①承租人的自身情况，即承租人的偿债能力和信用状况；②"借款"的期限，即租赁期；③"借入"资金的金额，即租赁负债的金额；④抵押条件，即租赁资产的性质和质量；⑤经济环境，包括承租人所处的司法管辖区、计价货币、合同签订时间等。

在具体操作时，承租人可以先根据所处经济环境，以可观察的利率作为确定增量借款利率的参考基础，然后根据承租人自身情况、标的资产情况、租赁期和租赁负债金额等租赁业务具体情况对参考基础进行调整，得出适用的承租人增量借款利率。企业应当对确定承租人增量借款利率的依据和过程做好记录。

5.2.1.2 使用权资产的初始计量

使用权资产是指承租人可在租赁期内使用租赁资产的权利。在租赁期开始日，承租人应当按照成本对使用权资产进行初始计量，主要包括下列四项。

①租赁负债的初始计量金额。

②在租赁期开始日或之前支付的租赁付款额。存在租赁激励的，应扣除已享受的租赁激励相关金额。

③承租人发生的初始直接费用。

④承租人为拆卸及移除租赁资产、复原租赁资产所在场地或将租赁资产恢复至租赁条款约定状态预计将发生的成本。前述成本属于为生产存货而发生的，适用《企业会计准则第1号——存货》。

关于上述第④项成本，承租人有可能在租赁期开始日就承担了上述成本的支付义务，也可能在特定期间内因使用标的资产而承担了相关义务。承租人应在其有义务承担上述成本时，将这些成本确认为使用权资产成本的一部分。但是，承租人由于在特定期间内将使用权资产用于生产存货而发生的上述成本，应按照《企业会计准则第1号——存货》进行会计处理。承租人应当按照《企业会计准则第13号——或有事项》对上述成本的支付义务进行确认和计量。

在某些情况下，承租人可能在租赁期开始前就发生了与标的资产相关的经济业务或事项。例如，租赁合同双方经协商在租赁合同中约定，标的资产需经建造或重新设计后方可供承租人使用；根据合同条款与条件，承租人需支付与资产建造或设计相关的成本。承租人如发生与标的资产建造或设计相关的成本，应按照其他相关准则（如《企业会计准则第4号——固定资产》）进行会计处理。同时，需要注意的是，与标的资产建造或设计相关的成本不包括承租人为获取标的资产使用权而支付的款项，此类款项无论在何时支付，均属于租赁付款额。

【例 5-9】 承租人甲公司就某栋建筑物的某一层楼与出租人乙公司签订了为期 10 年的租赁协议，并拥有 5 年的续租选择权。有关资料如下：①初始租赁期内的不含税租金为每年 100 000 元，续租期间为每年 155 000 元，所有款项应于每年年初支付；②为获得该项租赁，甲公司发生的初始直接费用为 20 000 元，其中，15 000 元为向该楼层前任租户支付的款项，5 000 元为向促成此租赁交易的房地产中介支付的佣金；③作为对甲公司的激励，乙公司同意补偿甲公司 5 000 元的佣金；④在租赁期开始日，甲公司评估后认为，不能合理确定将行使续租选择权，因此，将租赁期确定为 10 年；⑤甲公司无法确定租赁内含利率，其增量借款利率为每年 5%，该利率反映的是甲公司以类似抵押条件借入期限为 10 年、与使用权资产等值的相同币种的借款而必须支付的利率。

为简化处理，此处假设不考虑相关税费影响。

分析： 承租人甲公司的会计处理如下。

第一步，计算租赁期开始日租赁付款额的现值，并确认租赁负债和使用权资产。在租赁期开始日，甲公司支付第 1 年的租金 100 000 元，并以剩余 9 年租金（每年 100 000 元）按 5% 的年利率折现后的现值计量租赁负债。计算租赁付款额现值的过程如下：

剩余 9 期租赁付款额 = 100 000 × 9 = 900 000（元）

租赁负债 = 剩余 9 期租赁付款额的现值 = 100 000 ×（P/A，5%，9）= 710 782（元）

未确认融资费用 = 剩余 9 期租赁付款额 − 剩余 9 期租赁付款额的现值 = 900 000−710 782 = 189 218（元）

借：使用权资产　　　　　　　　　　　　　　　　　　810 782

　　租赁负债——未确认融资费用　　　　　　　　　189 218

　贷：租赁负债——租赁付款额　　　　　　　　　　　　　　　900 000

　　　银行存款（第 1 年的租赁付款额）　　　　　　　　　　　100 000

第二步，将初始直接费用计入使用权资产的初始成本。

借：使用权资产　　　　　　　　　　　　　　　　　　20 000

　贷：银行存款　　　　　　　　　　　　　　　　　　　　　　20 000

第三步，将已收的租赁激励相关金额从使用权资产入账价值中扣除。

借：银行存款　　　　　　　　　　　　　　　　　　　5 000

　贷：使用权资产　　　　　　　　　　　　　　　　　　　　　　5 000

综上，甲公司使用权资产的初始成本为：810 782 + 20 000 − 5 000=825 782（元）。

5.2.2　后续计量

5.2.2.1　租赁负债的后续计量

（1）计量基础。

在租赁期开始日后，承租人应当按以下原则对租赁负债进行后续计量：

①确认租赁负债的利息时，增加租赁负债的账面金额；

②支付租赁付款额时，减少租赁负债的账面金额；

③当重估或租赁变更等导致租赁付款额发生变动时，应重新计量租赁负债的账面价值。

承租人应当按照固定的周期性利率计算租赁负债在租赁期内各期间的利息费用，并计入当期损益，但按照《企业会计准则第 17 号——借款费用》等其他准则规定应当计入相关资产成本的，应按相关规定进行处理。

此处的周期性利率，是指承租人对租赁负债进行初始计量时所采用的折现率，或者因租赁付款额发生变动或因租赁变更而须按照修订后的折现率对租赁负债进行重新计量时，承租人所采用的修订后的折现率。

【例 5-10】 承租人甲公司与出租人乙公司签订了为期 7 年的商铺租赁合同。每年的租赁付款额为 450 000 元，在每年年末支付。甲公司无法确定租赁内含利率，其增量借款利率为 5.04%。

分析： 在租赁期开始日，甲公司按租赁付款额的现值所确认的租赁负债为 5 200 000 元。在第 1 年年末，甲公司向乙公司支付第 1 年的租赁付款额 450 000 元，其中，262 080（＝5 200 000×5.04%）元是当年的利息，187 920（＝450 000−262 080）元是本金，即租赁负债的账面价值减少 187 920 元。甲公司的账务处理为：

借：租赁负债——租赁付款额	450 000	
贷：银行存款		450 000
借：财务费用——利息费用	262 080	
贷：租赁负债——未确认融资费用		262 080

未纳入租赁负债计量的可变租赁付款额，即并非取决于指数或比率的可变租赁付款额，应当在实际发生时计入当期损益，但按照《企业会计准则第 1 号——存货》等其他准则规定应当计入相关资产成本的，应按相关规定进行处理。

（2）租赁负债的重新计量。

在租赁期开始日后，当发生下列四种情形时，承租人应当按照变动后的租赁付款额的现值重新计量租赁负债，并相应调整使用权资产的账面价值。使用权资产的账面价值已调减至零，但租赁负债仍需进一步调减的，承租人应当将剩余金额计入当期损益。

①实质固定付款额发生变动。

如果租赁付款额最初是可变的，但在租赁期开始日后的某一时点转为固定，那么，在潜在可变性消除时，该付款额成为实质固定付款额，应纳入租赁负债的计量中。承租人应当按照变动后租赁付款额的现值重新计量租赁负债。在该情形下，承租人采用的折现率不变，即采用租赁期开始日确定的折现率。

【例 5-11】 承租人甲公司签订了一份为期 10 年的机器租赁合同。租金于每年年末支付，并按以下方式确定：第 1 年，租金是可变的，根据该机器在第 1 年下半年的实际产能确定；第 2 ～ 10 年，每年的租金根据该机器在第 1 年下半年的实际产能确定，即租金将在第 1 年年末变为固定付款额。在租赁期开始日，甲公司无法确定租赁内含利率，其增量借款利率为 5%。假设在第 1 年年末，根据该机器在第 1 年下半年的实际产能所确定的租赁付款额为每年

40 000 元。

分析： 本例中，在租赁期开始时，由于未来的租金尚不确定，因此甲公司的租赁负债为零。在第 1 年年末，租金的潜在可变性消除，成为实质固定付款额（每年 40 000 元），因此甲公司应基于变动后的租赁付款额重新计量租赁负债，并采用不变的折现率（5%）进行折现。在支付第 1 年的租金之后，甲公司后续年度需支付的租赁付款额为 360 000（=40 000×9）元，租赁付款额在第 1 年年末的现值为 284 312（=40 000×（P/A，5%，9））元，未确认融资费用为 75 688（=360 000−284 312）元。

甲公司在第 1 年年末的相关账务处理如下。

（1）支付第 1 年租金。

借：制造费用 40 000

贷：银行存款 40 000

（2）确认使用权资产和租赁负债。

借：使用权资产 284 312

租赁负债——未确认融资费用 75 688

贷：租赁负债——租赁付款额 360 000

②担保余值预计的应付金额发生变动。

在租赁期开始日后，承租人应对其在担保余值下预计支付的金额进行估计。该金额发生变动的，承租人应当按照变动后租赁付款额的现值重新计量租赁负债。在该情形下，承租人采用的折现率不变。

③用于确定租赁付款额的指数或比率发生变动。

在租赁期开始日后，因浮动利率的变动而导致未来租赁付款额发生变动的，承租人应当按照变动后租赁付款额的现值重新计量租赁负债。在该情形下，承租人应采用反映利率变动的修订后的折现率进行折现。

在租赁期开始日后，因用于确定租赁付款额的指数或比率（浮动利率除外）的变动而导致未来租赁付款额发生变动的，承租人应当按照变动后租赁付款额的现值重新计量租赁负债。在该情形下承租人采用的折现率不变。

需要注意的是，仅当现金流量发生变动时，即租赁付款额的变动生效时，承租人才应重新计量租赁负债，以反映变动后的租赁付款额。承租人应基于变动后的合同付款额，确定剩余租赁期内的租赁付款额。

④购买选择权、续租选择权或终止租赁选择权的评估结果或实际行使情况发生变化。

在租赁期开始日后，发生下列情形的，承租人应采用修订后的折现率对变动后的租赁付款额进行折现，以重新计量租赁负债。

a. 发生承租人可控范围内的重大事件或变化，且影响承租人是否合理确定将行使续租选择权或终止租赁选择权的，承租人应当对其是否合理确定将行使相应选择权进行重新评估。

b. 发生承租人可控范围内的重大事件或变化，且影响承租人是否合理确定将行使购买选择权的，承租人应当对其是否合理确定将行使购买选择权进行重新评估。评估结果发生变化的，承租人应根据新的评估结果重新确定租赁付款额。

上述两种情形下，承租人在计算变动后租赁付款额的现值时，应当采用剩余租赁期间的租赁内含利率作为折现率；无法确定剩余租赁期间的租赁内含利率的，应当采用重估日的承租人增量借款利率作为折现率。

5.2.2.2 使用权资产的后续计量

（1）计量基础。

在租赁期开始日后，承租人应当采用成本模式对使用权资产进行后续计量，即以成本减累计折旧及累计减值损失计量使用权资产。

承租人按照本准则有关规定重新计量租赁负债的，应当相应调整使用权资产的账面价值。

（2）使用权资产的折旧。

承租人应当参照《企业会计准则第 4 号——固定资产》有关折旧规定，自租赁期开始日起对使用权资产计提折旧。使用权资产通常应自租赁期开始的当月计提折旧，当月计提确有困难的，为便于实务操作，企业也可以选择自租赁期开始的下月计提折旧，但应对同类使用权资产采取相同的折旧政策。计提的折旧金额应根据使用权资产的用途，计入相关资产的成本或者当期损益。

承租人在确定使用权资产的折旧方法时，应当根据与使用权资产有关的经济利益的预期实现方式做出决定。通常，承租人按直线法对使用权资产计提折旧，其他折旧方法更能反映使用权资产有关经济利益预期实现方式的，应采用其他折旧方法。

承租人在确定使用权资产的折旧年限时，应遵循以下原则：承租人能够合理确定租赁期届满时取得租赁资产所有权的，应当在租赁资产剩余使用寿命内计提折旧；承租人无法合理确定租赁期届满时能够取得租赁资产所有权的，应当在租赁期与租赁资产剩余使用寿命两者孰短的期间内计提折旧。如果使用权资产的剩余使用寿命短于前两者，则应在使用权资产的剩余使用寿命内计提折旧。

（3）使用权资产的减值。

在租赁期开始日后，承租人应当按照《企业会计准则第 8 号——资产减值》的规定，确定使用权资产是否发生减值，并对已识别的减值损失进行会计处理。使用权资产发生减值的，按应减记的金额，借记"资产减值损失"科目，贷记"使用权资产减值准备"科目。使用权资产减值准备一旦计提，不得转回。承租人应当按照扣除减值损失之后的使用权资产的账面价值，进行后续折旧。

企业执行本准则后，《企业会计准则第 13 号——或有事项》有关亏损合同的规定仅适用于采用短期租赁和低价值资产租赁简化处理方法的租赁合同以及在租赁期开始日前已是亏损合同的租赁合同，不再适用于其他租赁合同。

【例 5-12】 承租人甲公司签订了一份为期 10 年的机器租赁合同，用于甲公司生产经营。相关使用权资产的初始账面价值为 100 000 元，按直线法在 10 年内计提折旧，年折旧费为 10 000 元。在第 5 年年末，确认该使用权资产发生的减值损失 20 000 元，计入当期损益。该使用权资产在减值前账面价值为 50 000（=100 000×5/10）元。计提减值损失之后，该使用权资产的账面价值减至 30 000（=50 000-20 000）元，之后每年的折旧费也相应减至

6 000（=30 000/5）元。

5.2.3　租赁变更的会计处理

租赁变更，是指原合同条款之外的租赁范围、租赁对价、租赁期限的变更，包括增加或终止一项或多项租赁资产的使用权，延长或缩短合同规定的租赁期等。租赁变更生效日，是指双方就租赁变更达成一致的日期。

（1）租赁变更作为一项单独租赁处理。

租赁发生变更且同时符合下列条件的，承租人应当将该租赁变更作为一项单独租赁进行会计处理：

①该租赁变更通过增加一项或多项租赁资产的使用权而扩大了租赁范围或延长了租赁期限；

②增加的对价与租赁范围扩大部分或租赁期限延长部分的单独价格按该合同情况调整后的金额相当。

（2）租赁变更未作为一项单独租赁处理。

租赁变更未作为一项单独租赁进行会计处理的，在租赁变更生效日，承租人应当按照本准则有关租赁分拆的规定对变更后合同的对价进行分摊，按照本准则有关租赁期的规定确定变更后的租赁期，并采用变更后的折现率对变更后的租赁付款额进行折现，以重新计量租赁负债。在计算变更后租赁付款额的现值时，承租人应当采用剩余租赁期间的租赁内含利率作为折现率，无法确定剩余租赁期间的租赁内含利率的，应当采用租赁变更生效日的承租人增量借款利率作为折现率。

就上述租赁负债调整的影响、承租人应区分以下情形进行会计处理。

①租赁变更导致租赁范围缩小或租赁期缩短的，承租人应当调减使用权资产的账面价值，以反映租赁的部分终止或完全终止。承租人应将部分终止或完全终止租赁的相关利得或损失计入当期损益。

②对于其他租赁变更，承租人应当相应调整使用权资产的账面价值。

5.2.4　短期租赁和低价值资产租赁

对于短期租赁和低价值资产租赁，承租人可以选择不确认使用权资产和租赁负债。做出该选择的，承租人应当将短期租赁和低价值资产租赁的租赁付款额，在租赁期内各个期间按照直线法或其他系统合理的方法计入相关资产成本或当期损益。其他系统合理的方法能够更好地反映承租人的受益模式的，承租人应当采用该方法。

5.2.4.1　短期租赁

短期租赁是指在租赁期开始日租赁期不超过 12 个月的租赁，包含购买选择权的租赁不属于短期租赁。

5.2.4.2　低价值资产租赁

低价值资产租赁是指单项租赁资产为全新资产时价值较低的租赁。

5.2.5 承租人使用的相关会计科目

（1）"使用权资产"。

在租赁期开始日，承租人应当对租赁确认使用权资产和租赁负债，应用简化处理原则的短期租赁和低价值资产租赁除外。

在租赁期开始日，承租人应当将使用权资产的初始成本作为租入资产的入账价值，借记"使用权资产"科目。尚未支付的租赁付款额按照现值，贷记"租赁负债"科目，租赁期开始日之前支付的租赁付款额（扣除已享受的租赁激励）应贷记"预付款项"等科目，发生的初始直接费用应贷记"银行存款"等科目，预计将发生的为拆卸及移除租赁资产、复原租赁资产所在场地或将租赁资产恢复至租赁条款约定状态等成本的现值，应贷记"预计负债"科目。

在租赁期开始日后，承租人按变动后的租赁付款额的现值重新计算租赁负债的，当租赁负债增加时，应当按增加额，借记"使用权资产"科目，贷记"租赁负债"科目。

租赁变更导致租赁范围缩小或租赁期缩短的，承租人应当按缩小或缩短的相应比例，借记"租赁负债""使用权资产累计折旧""使用权资产减值准备"科目，贷记"使用权资产"，差额借记或贷记"资产处置损益"科目。

（2）"使用权资产累计折旧"。

自租赁期开始日起，按月计提使用权资产的折旧，借记"营业成本""制造费用""销售费用""管理费用""研发支出"等科目，贷记"使用权资产累计折旧"科目。

因租赁范围缩小、租赁期缩短或转租等原因减记或终止确认使用权资产时，承租人应同时结转相应的使用权资产累计折旧。

（3）"使用权资产减值准备"。

使用权资产发生减值的，承租人按应减记的金额，借记"资产减值损失"科目，贷记"使用权资产减值准备"科目。使用权资产减值准备一旦计提，不得转回。承租人应当按照扣除减值损失之后的使用权资产的账面价值进行后续折旧。

因租赁范围缩小、租赁期缩短或转租等原因减记或终止确认使用权资产时，承租人应当同时结转相应的使用权资产累计减值准备。

（4）"租赁负债"。

在租赁期开始日，承租人应当按尚未支付的租赁付款额，贷记"租赁负债——租赁付款额"科目，按尚未支付的租赁付款额的现值，借记"使用权资产"科目；按尚未支付的租赁付款额与其现值的差额，借记"租赁负债——未确认融资费用"科目。

承租人向出租人支付的租金中，包含了本金和利息两部分。承租人支付租赁付款额时，一方面应减少租赁负债，借记"租赁负债——租赁付款额"科目，贷记"银行存款"科目，另一方面同时将未确认的融资费用按照一定的方法确认为当期融资费用，承租人应当按照固定的周期性利率计算租赁负债在租赁期内各期间的利息费用，并计入当期损益，借记"财务费用——利息费用"科目，贷记"租赁负债——未确认融资费用"科目。

在租赁期开始日后，承租人按变动后的租赁付款额的现值重新计算租赁负债的，当租赁负债增加时，应当按租赁付款额现值的增加额，借记"使用权资产"科目，按租赁付款额的增加额，贷记"租赁负债——租赁付款额"科目，按其差额，借记"租赁负债——未确认融资费用"科目。

租赁变更导致租赁范围缩小或租赁期缩短的，承租人应当按照缩小或缩短的相应比例，借记"租赁负债——租赁付款额""使用权资产累计折旧""使用权资产减值准备"科目，贷记"租赁负债——未确认融资费用""使用权资产"科目，差额借记或贷记"资产处置损益"科目。

【例5-13】 承租人甲公司于20×5年1月1日与乙公司签订了一项为期5年的不动产（供管理部门使用）租赁合同，用银行存款支付初始直接费用1.4万元，每年的租赁付款额为200万元，于每年年初支付。合同规定，租赁付款额在租赁期开始日后每两年基于过去24个月消费者物价指数上涨进行上调。租赁期开始日的消费者物价指数为110。假设该租赁20×7年年初的消费者物价指数为120。甲公司在租赁期开始日采用的年折现率为5%，20×7年年初的年折现率为6%。已知（P/A，5%，4）=3.546 0，（P/A，5%，2）=1.859 4，（P/A，6%，2）=1.833 4。使用权资产按直线法在5年内计提折旧。

假定利息费用不符合资本化条件，不考虑其他因素。

（1）编制甲公司20×5年1月1日有关会计分录。

（2）编制甲公司20×5年12月31日使用权资产计提折旧、确认利息费用的会计分录。

（3）编制甲公司20×6年1月1日支付租金，20×6年12月31日使用权资产计提折旧、确认利息费用的会计分录。

（4）编制甲公司20×7年1月1日有关会计分录。

分析：甲公司在初始计量租赁负债时，应基于租赁期开始日的消费者物价指数确定租赁付款额，无须对后续年度因消费者物价指数而导致的租金变动做出估计。因此，在租赁期开始日，甲公司应以每年200万元租赁付款额为基础计量租赁负债，即租赁负债初始确认金额200×3.546 0 = 709.20（万元），使用权资产入账价值 = 709.20 + 200 + 1.40 = 910.60（万元）。

（1）20×5年1月1日有关会计分录

借：使用权资产	910.60	
租赁负债——未确认融资费用	90.80	
贷：租赁负债——租赁付款额		800
银行存款		201.40

（2）20×5年12月31日有关会计分录

借：管理费用（910.6÷5）	182.12	
贷：使用权资产累计折旧		182.12
借：财务费用（（800−90.8）×5%）	35.46	
贷：租赁负债——未确认融资费用		35.46

（3）20×6年1月1日支付租金

借：租赁负债——租赁付款额	200	
贷：银行存款		200

20×6年12月31日使用权资产计提折旧

借：管理费用（910.6÷5）	182.12	

　　　　　贷：使用权资产——累计折旧　　　　　　　　　　　　　　　　182.12

　　20×6 年 1 月 1 日租赁负债账面价值 =（800 − 90.80）+ 35.46 − 200 = 544.66（万元）

　　20×6 年 12 月 31 日确认利息费用 = 544.66×5% = 27.233（万元）

　　　　　借：财务费用　　　　　　　　　　　　　　　　　　　　　　27.233

　　　　　　　贷：租赁负债——未确认融资费用　　　　　　　　　　　　　　27.233

　　（4）经消费者物价指数调整后的第 3 年租赁付款额为 218.18 万元（即，200×120÷110），20×7 年 1 月 1 日租赁负债应当以每年 218.18 万元的租赁付款额（剩余 3 笔）为基础进行重新计量。在第 3 年年初，甲公司按以下金额重新计量租赁负债：每年 218.18 万元的租赁付款额按不变的折现率（即 5%）进行折现，为 623.86（=218.18 + 218.18×（P/A，5%，2））万元。原租赁负债账面价值 =544.66+27.233=571.893 万元，因此，甲公司租赁负债增加 =623.86−571.893=51.967 万元。

　　　　　借：使用权资产　　　　　　　　　　　　　　　　　　　　　51.967

　　　　　　　租赁负债——未确认融资费用　　　　　　　　　　　　　　　2.573

　　　　　　　贷：租赁负债——租赁付款额（18.18×3）　　　　　　　　　　54.54

　　　　　借：租赁负债——租赁付款额　　　　　　　　　　　　　218.18

　　　　　　　贷：银行存款　　　　　　　　　　　　　　　　　　　　　218.18

5.3　出租人的会计处理

5.3.1　出租人的租赁分类

5.3.1.1　融资租赁和经营租赁

　　出租人应当在租赁期开始日将租赁分为融资租赁和经营租赁。

　　租赁期开始日是指租赁合同签署日与租赁各方就主要租赁条款做出承诺日中的较早者。租赁期开始日可能早于租赁期开始日，也可能与租赁期开始日重合。

　　一项租赁属于融资租赁还是经营租赁取决于交易的实质，而不是合同的形式。如果一项租赁实质上转移了与租赁资产所有权有关的几乎全部风险和报酬，出租人应当将该项租赁分类为融资租赁。出租人应当将除融资租赁以外的其他租赁分类为经营租赁。

　　租赁期开始日后，除非发生租赁变更，出租人无须对租赁的分类进行重新评估。租赁资产预计使用寿命、预计余值等会计估计变更或发生承租人违约等情况变化的，出租人不对租赁进行重分类。

5.3.1.2　融资租赁的分类标准

　　一项租赁存在下列一种或多种情形的，通常分类为融资租赁。

　　（1）在租赁期届满时，租赁资产的所有权转移给承租人。

　　（2）承租人有购买租赁资产的选择权，所订立的购买价款预计将远低于行使选择权时租赁资产的公允价值，因而在租赁期开始日就可以合理确定承租人将行使该选择权。

（3）资产的所有权虽然不转移，但租赁期占租赁资产使用寿命的大部分。在实务中，这里的"大部分"一般指租赁期占租赁期开始日租赁资产使用寿命的 75% 以上（含 75%）。

（4）在租赁期开始日，租赁收款额的现值几乎相当于租赁资产的公允价值。在实务中，这里的"几乎相当于"，通常是在 90% 以上。

（5）租赁资产性质特殊，如果不做较大改造，只有承租人才能使用。

5.3.2　出租人对融资租赁的会计处理

5.3.2.1　初始计量

在租赁期开始日，出租人应当对融资租赁确认应收融资租赁款，并终止确认融资租赁资产。出租人对应收融资租赁款进行初始计量时，应当以租赁投资净额作为应收融资租赁款的入账价值。

租赁投资净额为未担保余值和租赁期开始日尚未收到的租赁收款额按照租赁内含利率折现的现值之和。租赁内含利率，是指使出租人的租赁收款额的现值与未担保余值的现值之和（即租赁投资净额）等于租赁资产公允价值与出租人的初始直接费用之和的利率。因此，出租人发生的初始直接费用包括在租赁投资净额中，即包括在应收融资租赁款的初始入账价值中。

5.3.2.2　后续计量

出租人应当按照固定的周期性利率计算并确认租赁期内各个期间的利息收入。

纳入出租人租赁投资净额的可变租赁付款额只包含取决于指数或比率的可变租赁付款额。在初始计量时，应当采用租赁期开始日的指数或比率进行初始计量。出租人应定期复核计算租赁投资总额时所使用的未担保余值。若预计未担保余值降低，出租人应修改租赁期内的收益分配，并立即确认预计的减少额。

出租人取得的未纳入租赁投资净额计量的可变租赁付款额，如与资产的未来绩效或使用情况挂钩的可变租赁付款额，应当在实际发生时计入当期损益。

5.3.2.3　融资租赁变更的会计处理

融资租赁发生变更且同时符合下列条件的，出租人应当将该变更作为一项单独租赁进行会计处理：

（1）该变更通过增加一项或多项租赁资产的使用权而扩大了租赁范围或延长了租赁期限；

（2）增加的对价与租赁范围扩大部分或租赁期限延长部分的单独价格按该合同情况调整后的金额相当。

5.3.2.4　出租人使用的相关会计科目

（1）"融资租赁资产"。

出租人购入和以其他方式取得融资租赁资产的，借记"融资租赁资产"科目，贷记"银行存款"等科目。

在租赁期开始日，出租人应当按尚未收到的租赁收款额，借记"应收融资租赁款——租赁收款额"科目；按预计租赁期结束时的未担保余值，借记"应收融资租赁款——未担保余值"科目；按已经收取的租赁款，借记"银行存款"等科目；按融资租赁方式租出资产的账面价值，贷记"融资租赁资产"科目；融资租赁方式租出资产的公允价值与其账面价值的差额，借记或者贷记"资产处置损益"科目；按发生的初始直接费用，贷记"银行存款"等科目；差额贷记"应收融资租赁款——未实现融资收益"科目。

（2）"应收融资租赁款"。

①在租赁期开始日，出租人应当按尚未收到的租赁收款额，借记"应收融资租赁款——租赁收款额"科目；按预计租赁期结束时的未担保余值，借记"应收融资租赁款——未担保余值"科目；按已经收取的租赁款，借记"银行存款"等科目；按融资租赁方式租出资产的账面价值，贷记"融资租赁资产"等科目；按融资租赁方式租出资产的公允价值与其账面价值的差额，借记或贷记"资产处置损益"科目；按发生的初始直接费用，贷记"银行存款"等科目，差额贷记"应收融资租赁款——未实现融资收益"科目。

企业认为有必要对发生的初始直接费用进行单独核算的，也可以按照发生的初始直接费用的金额，借记"应收融资租赁款——初始直接费用"科目，贷记"银行存款"等科目；然后借记"应收融资租赁款——未实现融资收益"科目，贷记"应收融资租赁款——初始直接费用"科目。

② 出租人在确认租赁期内各个期间的利息收入时，应当借记"应收融资租赁款——未实现融资收益"科目，贷记"租赁收入——利息收入""其他业务收入"等科目。

③ 出租人收到租赁收款额时，应当借记"银行存款"科目，贷记"应收融资租赁款——租赁收款额"科目。

（3）"应收融资租赁款减值准备"。

应收融资租赁款的预期信用损失，按应减记的金额，借记"信用减值损失"科目，贷记本科目。转回已计提的减值准备时，做相反的会计分录。

（4）"租赁收入"。

出租人在融资租赁下，在确认租赁期内各个期间的利息收入时，应当借记"应收融资租赁款——未实现融资收益"科目，贷记"租赁收入——利息收入""其他业务收入"等科目。出租人为金融企业的，在融资租赁下，在确认租赁期内各个期间的利息收入时，应当借记"应收融资租赁款——未实现融资收益"科目，贷记"利息收入"等科目。

出租人确认未计入租赁收款额的可变租赁付款额时，应当借记"银行存款""应收账款"等科目，贷记"租赁收入——可变租赁付款额"科目。

5.3.3 出租人对经营租赁的会计处理

（1）租金的处理。

在租赁期内各个期间，出租人应采用直线法或者其他系统合理的方法将经营租赁的租赁收款额确认为租金收入。如果其他系统合理的方法能够更好地反映因使用租赁资产所产生经济利益的消耗模式的，则出租人应采用该方法。出租人在经营租赁下，将租赁收款额采用直线法或其他系统合理的方法在租赁期内进行分摊确认时，应当借记"银行存款""应收账款"等科目，贷记"租赁收入——经营租赁收入"科目。

（2）出租人对经营租赁提供激励措施。

出租人提供免租期的，在整个租赁期内，按直线法或其他合理的方法进行分配，免租期内应当确认租金收入。出租人承担了承租人某些费用的，出租人应将该费用自租金收入总额中扣除，按扣除后的租金收入余额在租赁期内进行分配。

（3）初始直接费用。

出租人发生的与经营租赁有关的初始直接费用应当资本化至租赁标的资产的成本，在租赁期内按照与租金收入相同的确认基础分期计入当期损益。

（4）折旧和减值。

对于经营租赁资产中的固定资产，出租人应当采用类似资产的折旧政策计提折旧；对于其他经营租赁资产，应当根据该资产适用的企业会计准则，采用系统合理的方法进行摊销。出租人应当按照《企业会计准则第 8 号——资产减值》的规定，确定经营租赁资产是否发生减值，并对已识别的减值损失进行会计处理。

（5）可变租赁付款额。

出租人取得的与经营租赁有关的可变租赁付款额，如果是与指数或比率挂钩的，应在租赁期开始日计入租赁收款额；除此之外的，应当在实际发生时计入当期损益。

（6）经营租赁的变更。

经营租赁发生变更的，出租人应自变更生效日开始，将其作为一项新的租赁进行会计处理，与变更前租赁有关的预收或应收租赁收款额视为新租赁的收款额。

5.3.4　出租人会计处理举例

【例 5-14】20×5 年 12 月 1 日，甲公司与乙公司签订了一份租赁合同，从乙公司租入盾构机一台。租赁合同主要条款如下：

（1）租赁资产：全新盾构机。

（2）租赁期开始日：20×6 年 1 月 1 日。

（3）租赁期：20×6 年 1 月 1 日至 20×9 年 12 月 31 日，共 48 个月。

（4）固定租金支付：自 20×6 年 1 月 1 日，每年年末支付租金 2 100 000 元。如果甲公司能够在每年年末的最后一天及时付款，则给予减少租金 100 000 元的奖励。

（5）租赁期开始日租赁资产的公允价值：该设备在 20×6 年 1 月 1 日的公允价值为 5 900 000元，账面价值为 5 400 000 元。

（6）初始直接费用：签订租赁合同过程中乙公司发生可归属于租赁项目的手续费、佣金30 211 元。

（7）担保余值和未担保余值均为 0。

（8）全新生产设备的使用寿命为 5 年。

假定租赁内含利率为 6%，且甲公司均在每年年末付款，不考虑其他因素，单位为万元。

要求：

（1）判断乙公司的租赁类型，并说明理由。

（2）计算租赁收款额。

（3）计算租赁投资净额和未实现融资收益。

（4）编制租赁期开始日乙公司的会计分录。

（5）编制乙公司 20×6 年 12 月 31 日收到第一期租金时的会计分录。

分析： 出租人乙公司的会计处理如下。

（1）判断租赁类型。

租赁期 4 年，占租赁期开始日租赁资产使用寿命 5 年的 80%（占租赁资产使用寿命的大部分），该租赁实质上转移了与该项设备所有权有关的几乎全部风险和报酬，因此将这项租赁认定为融资租赁。

（2）确认租赁收款额。

租赁收款额 =（2 100 000 − 100 000）× 4 = 8 000 000（元）。

（3）确认租赁投资总额。

租赁投资总额 = 在融资租赁下出租人应收的租赁收款额 + 未担保余值

（4）确认租赁投资净额和未实现融资收益。

租赁投资净额 = 租赁资产在租赁期开始日公允价值 + 出租人发生的租赁初始直接费用

未实现融资收益 = 租赁投资总额 − 租赁投资净额

本例中租赁投资总额 = 租赁收款额 + 未担保余值 = 8 000 000 + 0 = 8 000 000（元）

本例中租赁投资净额 = 租赁资产在租赁期开始日公允价值 + 出租人发生的租赁初始直接费用 = 5 900 000 + 30 211 = 5 930 211（元）

本例中未实现融资收益 = 租赁投资总额 − 租赁投资净额 = 8 000 000 − 5 930 211 = 2 069 789（元）。

（5）20×6 年 1 月 1 日。

借：应收融资租赁款——租赁收款额　　　　　　　　　　8 000 000
　　贷：银行存款　　　　　　　　　　　　　　　　　　　　30 211
　　　　融资租赁资产　　　　　　　　　　　　　　　　5 400 000
　　　　资产处置损益　　　　　　　　　　　　　　　　　500 000
　　　　应收融资租赁款——未实现融资收益　　　　　　2 069 789

甲公司在租赁期的收益如表 5-1 所示。

表 5-1　未实现融资收益分配表

（单位：元）

日期 ①	租金 ②	确认的利息收入 ③ = 期初④ ×6%	租赁投资净额余额 期末④ = 期初④ − ② + ③
20×6 年 1 月 1 日			5 930 211
20×6 年 12 月 31 日	2 000 000	355 812.66	4 286 023.66
20×7 年 12 月 31 日	2 000 000	257 161.42	2 543 185.08
20×8 年 12 月 31 日	2 000 000	152 591.10	695 776.18
20×9 年 12 月 31 日	2 000 000	1 304 223.82[①]	0

①尾数调整：1 304 223.82 = 2 000 000 − 695 776.18。

20×6 年 12 月 31 日收到第 1 期租金时。

　　借：银行存款　　　　　　　　　　　　　　　　　　　2 000 000
　　　　贷：应收融资租赁款——租赁收款额　　　　　　　　　　　　2 000 000
　　借：应收融资租赁款——未实现融资收益　　　　　355 812.66
　　　　贷：租赁收入　　　　　　　　　　　　　　　　　　　　　355 812.66

以后期间的会计处理略。

5.4　特殊租赁业务的会计处理

5.4.1　转租赁

　　转租情况下，原租赁合同和转租赁合同通常都是单独协商的，交易对象也是不同的企业，租赁准则要求转租出租人对原租赁合同和转租赁合同分别根据承租人和出租人会计处理要求，进行会计处理。

　　承租人在对转租赁进行分类时，转租出租人应基于原租赁中产生的使用权资产，而不是租赁资产（如作为租赁对象的不动产或设备）进行分类。原租赁资产不归转租出租人所有，原租赁资产也未计入其资产负债表。因此，转租出租人应基于其控制的资产（即使用权资产）进行会计处理。

　　原租赁为短期租赁，且转租出租人作为承租人已按照租赁准则采用简化会计处理方法的，应将转租赁分类为经营租赁。

5.4.2　生产商或经销商出租人的融资租赁会计处理

　　生产商或经销商通常为客户提供购买或租赁其产品或商品的选择。如果生产商或经销商出租其产品或商品构成融资租赁，则该交易产生的损益应相当于按照考虑适用的交易量或商业折扣后的正常售价直接销售标的资产所产生的损益。构成融资租赁的，生产商或经销商出租人在租赁期开始日应当按照租赁资产公允价值与租赁收款额按市场利率折现的现值两者孰低确认收入，并按照租赁资产账面价值扣除未担保余值的现值后的余额结转销售成本，收入和销售成本的差额作为销售损益。

　　由于取得融资租赁所发生的成本主要与生产商或经销商赚取的销售利得相关，生产商或经销商出租人应当在租赁期开始日将其计入损益。与其他融资租赁出租人不同，生产商或经销商出租人取得融资租赁所发生的成本不属于初始直接费用，不计入租赁投资净额。

5.4.3　售后租回交易的会计处理

　　售后租回是指卖主（即资产的所有者）将资产出售后，又将该项资产向买主（即资产的新所有者）租回的交易。若企业（卖方兼承租人）将资产转让给其他企业（买方兼出租人），并从买方兼出租人处租回该项资产，则卖方兼承租人和买方兼出租人均应按照售后租回交易的规定进行会计处理：企业应当按照《企业会计准则第 14 号——收入》（2017）的规定，评估确定售后租回交易中的资产转让是否属于销售，并区别进行会计处理。在标的资产的法定所有权转移给出租人并将资产租赁给承租人之前，承租人可能会先获得标的资产的法定所有权。

但是，是否具有标的资产的法定所有权本身并非会计处理的决定性因素。如果承租人在资产转移给出租人之前已经取得对标的资产的控制，则该交易属于售后租回交易。然而，如果承租人未能在资产转移给出租人之前取得对标的资产的控制，那么即便承租人在资产转移给出租人之前先获得标的资产的法定所有权，该交易也不属于售后租回交易。

（1）售后租回交易中的资产转让属于销售。

卖方兼承租人应当按原资产账面价值中与租回获得的使用权有关的部分，计量售后租回所形成的使用权资产，并仅就转让至买方兼出租人的权利确认相关利得或损失。买方兼出租人根据其他适用的《企业会计准则》对资产购买进行会计处理，并根据本准则对资产出租进行会计处理。如果销售对价的公允价值与资产的公允价值不同，或者出租人未按市场价格收取租金，企业应当进行以下调整。

①销售对价低于市场价格的款项作为预付租金进行会计处理。

②销售对价高于市场价格的款项作为买方兼出租人向卖方兼承租人提供的额外融资进行会计处理。同时，承租人按照公允价值调整相关销售利得或损失，出租人按市场价格调整租金收入。

在进行上述调整时，企业应当按以下二者中较易确定者进行调整：

①销售对价的公允价值与资产的公允价值的差异；

②合同付款额的现值与按市场租金计算的付款额的现值的差异。

（2）售后租回交易中的资产转让不属于销售。

卖方兼承租人不终止确认所转让的资产，而应当将收到的现金作为金融负债，并按照《企业会计准则第 22 号——金融工具确认和计量》（2017）进行会计处理。买方兼出租人不确认被转让资产，而应当将支付的现金作为金融资产，并按照《企业会计准则第 22 号——金融工具确认和计量》（2017）进行会计处理。

售后租回有时候只通过签订售后租回合同就可以实现，售后租回的资产并没有发生位移，甚至仍然在正常使用。这里给我们的思考是：站在不同角度看同一件事物会有不同的结论，尽量从多角度观察、分析、思考某件事，这样才可以对其有更全面、更深刻、更客观的理解，从而做出更合理的决策。

下面举例说明有关售后租回的会计处理。

（1）售后租回交易中的资产转让不属于销售。

【例 5-15】 M 公司（卖方兼承租人）以货币资金 48 000 000 元的价格向 N 公司（买方兼出租人）出售一栋建筑物，交易前该建筑物的账面原值是 48 000 000 元，累计折旧是 8 000 000 元。与此同时，M 公司与 N 公司签订了合同，取得了该建筑物 18 年的使用权（全部剩余使用年限为 40 年），年租金为 4 000 000 元，于每年年末支付，租赁期满时，M 公司将以 200 元购买该建筑物。根据交易的条款和条件，M 公司转让建筑物不满足《企业会计准则第 14 号——收入》（2017）中关于销售成立的条件。假设不考虑初始直接费用和各项税费的影响。该建筑物在销售当日的公允价值为 72 000 000 元。

分析：在租赁期开始日，M 公司对该交易的会计处理如下。

借：货币资金　　　　　　　　　　　　　　　　　　48 000 000

　　贷：长期应付款　　　　　　　　　　　　　　　　　　　　48 000 000

在租赁期开始日，N 公司对该交易的会计处理如下。

借：长期应收款　　　　　　　　　　　　　　　　　　48 000 000

　　贷：货币资金　　　　　　　　　　　　　　　　　　　　　48 000 000

（2）售后租回交易中的资产转让属于销售。

【例 5-16】 M 公司（卖方兼承租人）以货币资金 80 000 000 元的价格向 N 公司（买方兼出租人）出售一栋建筑物，交易前该建筑物的账面原值是 48 000 000 元，累计折旧是 8 000 000 元。与此同时，M 公司与 N 公司签订了合同，取得了该建筑物 18 年的使用权（全部剩余使用年限为 40 年），年租金为 4 800 000 元，于每年年末支付。根据交易的条款和条件，M 公司转让建筑物符合《企业会计准则第 14 号——收入》（2017）中关于销售成立的条件。假设不考虑初始直接费用和各项税费的影响。该建筑物在销售当日的公允价值为 72 000 000 元。

分析：由于该建筑物的销售对价并非公允价值，因此，M 公司和 N 公司分别进行了调整，按照公允价值计量销售收益和租赁应收款。超额售价 8 000 000（=80 000 000-72 000 000）元作为 N 公司向 M 公司提供的额外融资进行确认。

M、N 公司均确定租赁内含年利率为 4.5%。年付款额现值为 58 367 960 元（年付款额 4 800 000，共 18 期，按每年 4.5% 进行折现），其中 8 000 000 元与额外融资相关，50 367 960 元与租赁相关（分别对应年付款额 657 896 元和 4 142 104 元），具体计算过程如下：年付款额现值 = 4 800 000×（P/A，4.5%，18）= 58 367 960（元），额外融资年付款额 =（8 000 000/58 367 960）×4 800 000 = 657 896（元），租赁相关年付款额 = 4 800 000 - 657 896 = 4 142 104（元）。

1. 在租赁期开始日，M 公司对该交易的会计处理如下：

第一步，按与租回获得的使用权部分占该建筑物的原账面金额的比例计算售后租回所形成的使用权资产。

使用权资产 =（48 000 000-8 000 000）（注 1）×[（50 367 960（注 2）/72 000 000（注 3）]
　　　　　　= 27 982 200（元）

注 1：该建筑的账面价值；

注 2：18 年使用权资产的租赁付款额现值；

注 3：该建筑物的公允价值。

第二步，计算与转让至 N 公司的权利相关的利得。

出售该建筑物的全部利得 =72 000 000 - 40 000 000 = 32 000 000（元），其中：

（a）与该建筑物使用权相关利得 = 32 000 000×（50 367 960/72 000 000）= 22 385 760（元）；

（b）与转让至 N 公司的权利相关的利得 =32 000 000-22 385 760 = 9 614 240（元）。

第三步，编制会计分录。

（1）与额外融资相关。

借：货币资金 8 000 000

　贷：长期应付款 8 000 000

（2）与租赁相关。

借：货币资金 72 000 000

　　使用权资产 27 982 200

　　固定资产——建筑物——累计折旧 8 000 000

　　租赁负债——未确认融资费用 24 189 912

　贷：固定资产建筑物——原值 48 000 000

　　　租赁负债——租赁付款额（注） 74 557 872

　　　资产处置损益 9 614 240

注：该金额为 M 公司年付款 4 800 000 元中的 4 142 104 元 ×18。

后续 M 公司支付的年付款额 4 800 000 元中 4 142 104 元作为租赁付款额处理；657 895 元作为以下两项进行会计处理：①结算金融负债 8 000 000 元而支付的款项和②利息费用。

以第 1 年年末为例：

借：租赁负债——租赁付款额 4 142 104

　　长期应付款（注） 297 896

　　利息费用（注） 2 626 558

　贷：租赁负债——未确认融资费（注） 2 266 558

　　　银行存款 4 800 000

注：利息费用 = 50 367 960×4.5% + 8 000 000×4.5% =2 266 558 + 360 000 =2 626 558 元。

长期应付款减少额 = 657 896−360 000 = 297 896 元。

2. 综合考虑租期占该建筑物剩余使用年限的比例等因素，N 公司将该建筑物的租赁分类为经营租赁。

在租赁期开始日，N 公司对该交易的会计处理如下：

借：固定资产——建筑物 72 000 000

　　长期应收款 8 000 000

　贷：货币资金 80 000 000

租赁期开始日之后，N 公司将从 M 公司处年收款额 4 800 000 元中的 4 142 104 元作为租赁收款额进行会计处理。从 M 公司处年收款额中的其余 657 896 元作为以下两项进行会计处理：①结算金融资产 8 000 000 元而收到的款项；②利息收入。

以第 1 年年末为例：

借：银行存款 4 800 000

　贷：租赁收入 4 142 104

　　　利息收入 360 000

　　　长期应收款 297 896

✦ 本章小结

租赁业务分为承租人租赁业务和出租人租赁业务。承租人应当在租赁期开始日按照租赁付款额确认使用权资产，按照租赁期开始日尚未支付的租赁付款额的现值确定租赁负债。出租人的租赁分为融资租赁和经营租赁，分类标准是以租赁转移与租赁资产所有权相关的风险和报酬的程度为依据的。如果一项租赁实质上转移了与租赁资产所有权有关的几乎全部风险和报酬，出租人应当将租赁分类为融资租赁，将除融资租赁以外的其他租赁分类为经营租赁。出租人对融资租赁的会计处理按照租赁资产公允价值与租赁收款额按市场利率折现的现值两者孰低计入收入，按照租赁资产账面价值扣除未担保余值的现值后的余额结转销售成本。出租人应采用合理的方法将经营租赁的租赁收款额确认为租金收入。

✦ 思考题

1. 如何判断一项合同是否属于租赁？
2. 如何判断租赁期的起始时间？
3. 承租人使用权资产的核算与自有固定资产核算有哪些不同？
4. 出租人融资租赁的未实现融资收益如何确定？如何处理出租人的初始直接费用？
5. 特殊租赁业务有哪几种类型？
6. 售后租回的目的是什么？属于销售与不属于销售的会计处理有何差异？

✦ 练习题

1. 不定项选择题

（1）在某商铺的租赁安排中，出租人 20×3 年 12 月 20 日与承租人签订协议，出租人于 20×4 年 1 月 1 日将房屋钥匙交付承租人，承租人在收到钥匙后，就可以自主安排对商铺的装修布置，并安排搬迁。合同约定有 3 个月的免租期，起租日为 20×4 年 4 月 1 日，承租人 20×4 年 4 月 2 日开始支付租金。租赁期开始日为（　　）。
　　A. 20×3 年 12 月 20 日
　　B. 20×4 年 1 月 1 日
　　C. 20×4 年 4 月 1 日
　　D. 20×4 年 4 月 2 日

（2）关于已识别资产和资产的实质性替换权，下列表述中错误的为（　　）。
　　A. 已识别资产必须由合同明确指定
　　B. 如果资产的供应方在整个使用期间拥有对该资产的实质性替换权，则该资产不属于已识别资产
　　C. 企业难以确定供应方是否拥有对该资产的实质性替换权的，应当视其为供应方没有对该资产的实质性替换权
　　D. 如果供应商仅在特定日期或者特定事件发生当日或之后拥有替换资产的权利或义务，则供应方的替换权不具有实质性。

（3）某项使用权资产租赁，甲公司租赁期开始日之前支付的租赁付款额为 20 万元，租赁期开始日尚未支付的租赁付款额的现值为 100 万元，甲公司发生的初始直接费用为 2 万元，甲公司为将租赁资产恢复至租赁条款约定状态预计将发生的现值为 3 万元，已享受的租赁激励为 5 万元。甲公司该项使用权资产的初始成本为（　　）万元。

A. 105　　　　B. 122

C. 120　　　　D. 125

（4）甲公司与某机场运营商（供应商）签订了使用机场某处空间销售商品的 3 年期合同。合同规定了空间的大小，以及空间可位于机场内的任一登机区域。在使用期内，供应商有权随时变更分配给甲公司的空间位置。供应商变更客户空间位置的相关成本极小，甲公司使用（自有的）易于移动的售货亭销售商品。机场有很多符合合同规定空间的区域可供使用。下列项目表述中正确的为（　　）。

A. 供应商有替换客户所使用空间的保护性权利

B. 分配给甲公司的空间的位置属于已识别资产

C. 该合同包含租用机场空间的 3 年期租赁合同

D. 该合同不包含租赁

（5）下列项目中，出租人应认定为经营租赁的为（　　）。

A. 租赁资产性质特殊，如果不做较大改造，只有承租人才能使用

B. 在租赁期开始日，租赁收款额的现值几乎相当于租赁资产的公允价值

C. 租赁资产的风险和报酬没有转移

D. 在租赁期届满时，租赁资产的所有权转移给承租人

（6）在计算租赁付款额的现值时，可采用的折现率为（　　）。

A. 租赁内含利率

B. 租赁合同利率

C. 承租人增量借款利率

D. 同期银行贷款利率

（7）关于租赁的相关概念，下列表述中正确的为（　　）。

A. 初始直接费用，是指为达成租赁所发生的增量成本

B. 租赁负债应当按照租赁期开始日尚未支付的租赁付款额的现值进行初始计量

C. 担保余值，是指与出租人无关的一方向出租人提供担保，保证在租赁结束时租赁资产的价值至少为某指定的金额

D. 未担保余值，是指租赁资产余值中，出租人无法保证能够实现的部分，不含与出租人有关的一方予以担保的部分

（8）关于租赁期，下列表述正确的为（　　）。

A. 租赁期，是指承租人有权使用租赁资产且不可撤销的期间

B. 租赁期自租赁期开始日起计算，不包括出租人为承租人提供的免租期

C. 租赁的不可撤销期限越短，承租人不行使终止租赁选择权的可能性就越小

D. 承租人有续租选择权，即有权选择租该资产，且合理确定将行使该选择权的，租赁期还应当包含续租选择权涵盖的期间

（9）在下列项目中，构成租赁付款额的有（　　）。

A. 固定付款额及实质固定付款额，存在租赁激励的，扣除租赁激励相关金额

B. 各种可变租赁付款额

C. 购买选择权的行权价格，前提是承租人合理确定将行使该选择权

D. 根据承租人提供的担保余值预计应支付的款项

（10）关于租赁的分类，下列项目中正确的为（　　）。

A. 承租人应当在租赁期开始日将租赁分为融资租赁和经营租赁

B. 出租人应当在租赁期开始日将租赁分为融资租赁和经营租赁（　　）

C. 在租赁期开始日后，出租人无须对租赁的分类进行重新评估，除非发生租赁变更

D. 如果一项租赁实质上转移了与租赁资产所有权相关的几乎全部风险和报酬，出租人应当将该项租赁分类为融资租赁

2. 判断题

（1）租赁期是指承租人有权使用租赁资产且不可撤销的期间。（　　）

（2）担保余值是指与出租人无关的一方向出租人提供担保，保证在租赁结束时租赁资产的价值至少为某指定的金额。（　　）

（3）在计算租赁付款额的现值时，可以采用承租人增量借款利率。（　　）

（4）承租人应当在租赁期开始日将租赁分为融资租赁和经营租赁。（　　）

（5）出租人取得的与经营租赁有关的未计入租赁收款额的可变租赁付款额，应当在实际发生时计入当期损益。（　　）

（6）售后租回交易中的资产转让不属于销售的，承租人应当继续确认被转让资产，同时确认一项与转让收入等额的金融负债，并按照《企业会计准则第22号——金融工具确认和计量》对该金融负债进行会计处理。（　　）

（7）售后租回交易中的资产转让属于销售的，承租人应当按照原资产账面价值中与租回获得的使用权有关部分，计量售后租回所形成的使用权资产，并仅就转让至出租人的权利确认相关利得或损失。（　　）

（8）在租赁期届满时，租赁资产的所有权转移给承租人，此时出租人应认定为经营租赁。（　　）

（9）出租人在进行融资租赁的会计处理时，应当在租赁期开始日对融资租赁确认应收融资租赁款，并终止确认融资租赁资产。（　　）

（10）在租赁期开始日后，出租人无须对租赁的分类进行重新评估，除非发生租赁变更。（　　）

3. 计算及分析题

承租人甲公司于20×7年1月1日签订了一份为期5年的设备租赁合同，用于生产B产品。租金于每年年末支付，并按以下方式确定：第1年，租金是可变的，根据该设备在第1年下半年的实际产能确定；第2～5年，每年的租金根据该设备在第1年下半年的实际产能确定，即租金将在第1年年末转变为固定付款额。在租赁期开始日，甲公司无法确定租赁内含利率，其增量借款年利率为6%。假定在第1年年末，根据该设备在第1年下半年的实际产能所确定的租赁付款额为每年400 000元。

已知（P/A，6%，4）=3.465 1。假定使用权资产按直线法在4年内计提折旧，利息费用不符合资本化条件，不考虑其他因素。

要求：

（1）编制20×7年12月31日支付租金的会计分录。

（2）计算20×7年12月31日租赁付款额、租赁付款额现值、未确认融资费用，并编制相关会计分录。

（3）编制20×8年12月31日确认利息费用和支付租金的会计分录。

（4）编制20×8年使用权资产计提折旧的会计分录。

（5）计算20×9年确认的利息费用。

第 6 章
CHAPTER 6

所得税会计

§ **思政导语**

所得是社会给予我们的成果，所得税是我们给予社会的回报。

获得的幸福是他人给予我们快乐的积累，帮助他人快乐是获得内心幸福的阶梯。

§ **本章导读**

通过本章的学习，读者可以了解资产和负债的计税基础、应纳税暂时性差异和可抵扣暂时性差异、递延所得税资产和递延所得税负债等概念，把握递延所得税、当期所得税、所得税费用会计处理的基本理论和方法。

§ **本章思政引导案例**

河北宣工偷税漏税被处罚

河北宣工（000923）2017 年年报对递延所得税费用的会计处理出现会计差错，导致 2017 年度所得税费用少计 5 711 万元，收到深圳证券交易所（以下简称"深交所"）监管函。

2018 年 11 月 8 日，河北宣工披露的《关于前期会计差错更正涉及的定期报告和财务报表更新披露的提示性公告》《关于河北宣化工程机械股份有限公司前期会计差错更正专项说明的鉴证报告》显示，河北宣工在编制 2017 年年度财务报表时，对递延所得税费用的会计处理出现会计差错，导致 2017 年度所得税费用少计 5 711 万元，2017 年度归属于母公司股东的净利润多计 3 381 万元，约占更正后归属于母公司股东的净利润的 14%。

深交所称，河北宣工的上述行为违反了《深圳证券交易所股票上市规则》相关规定，希望河北宣工全体董事、监事、高级管理人员吸取教训，严格遵守《中华人民共和国证券法》《中华人民共和国公司法》等法规及《深证证券交易所股票上市规则》的规定，及时、真实、准确、完整地履行信息披露义务，杜绝此类事件再次发生。

资料来源：http://finance.eastmoney.com/news/1354,20181128994614251.html.

问题：

1. 依法纳税对企业经营的重要性有哪些？

2. 遵纪守法对企业和个人成长的重要性有哪些？

3. 所得税的来源是什么？缴纳企业所得税是否属于企业的社会贡献？

6.1　所得税会计概述

6.1.1　所得税会计及其核算方法

企业会计核算应按照企业会计准则的要求，全面、连续、系统、综合地进行会计确认、计量、记录、报告，反映某一特定日期的财务状况和某一会计期间的经营成果和现金流量，为会计信息使用者提供可靠的、有助于决策的财务信息。但企业会计准则并不规范纳税人应交纳的税种和构成应税所得额的具体项目，这些具体事项是由税法进行规范的。企业所得税税法是规范企业所得税课税对象、课税范围、税率等方面的经济法规，目的在于促进社会财富分配的公平性，增加公共财政收入。由于企业会计准则与税法的目的、目标不同，会计利润与纳税所得额很可能不一致。所得税会计就是在会计利润与应纳税所得额差异的基础上，确定所得税费用以及如何进行所得税费用的会计核算。

我国现行所得税会计采用资产负债表债务法。资产负债表债务法是从资产负债表出发，通过比较资产负债表中所列示的资产和负债，按照企业会计准则确定的账面价值与按照税法规定确定的计税基础之间的差异，分别确认应纳税暂时性差异与可抵扣暂时性差异，并在符合条件的情况下，将两种差异分别确认为相关的递延所得税负债或递延所得税资产，并在此基础上确认每一会计期间利润表中的所得税费用。

从资产负债表出发确认的递延所得税资产与递延所得税负债，充分体现了资产与负债的概念在所得税会计中的应用。如果一项资产的账面价值小于其计税基础，或一项负债的账面价值大于其计税基础，两者之间的差额产生可抵扣未来期间应纳税所得额的暂时性差异，这一差异会减少未来期间应交所得税金额，从而减少未来期间经济利益的流出，相当于增加了未来期间经济利益的流入，所以这一暂时性差异符合资产定义，在符合条件的情况下，应确认为相关的递延所得税资产；如果一项资产的账面价值大于其计税基础，或一项负债的账面价值小于其计税基础，两者之间的差异将会增加未来期间的应纳税所得额和应交所得税，从而会增加未来期间经济利益的流出，相当于减少未来期间的经济利益流入，所以这一差异符合负债的定义，在符合条件的情况下，应确认为相关的递延所得负债。

6.1.2　所得税会计核算的一般程序

一般情况下企业应于资产负债表日进行所得税核算，如发生一些特殊交易事项时，应在确认资产、负债的同时确认相关的所得税影响金额。所得税会计核算应遵循以下程序。

（1）**确定账面价值**。按照企业会计准则的相关规定，确定资产负债表中除递延所得税负债与递延所得税资产以外的资产、负债项目的账面价值。

（2）**确定计税基础**。按照企业会计准则中对于资产、负债计税基础的规定方法，以适用的税法规定为基础，确定资产负债表中除递延所得税负债与递延所得税资产以外的资产、负债项目的计税基础。

（3）**确定暂时性差异**。比较资产、负债的账面价值与其计税基础，从而确定暂时性差异，对暂时性差异进行分析后分别确认为应纳税暂时性差异与可抵扣暂时性差异，从而确定资产负债日递延所得税负债和递延所得税资产金额，并将其与期初递延所得税负债和递延所得税资产金额进行对比后，确定当期应予进一步确认的递延所得税负债和递延所得税资产的金额或应予转销的金额，作为递延所得税。

（4）**确定当期所得税**。就企业当期发生的交易或事项，按照适用的税法规定计算确定当期应纳税所得额，将应纳税所得额与适用的所得税税率计算的结果确认为当期应交所得税，作为当期所得税。

（5）**确定所得税费用**。利润表中的所得税费用包括当期所得税和递延所得税两部分。企业在计算确定了当期所得税和递延所得税后，两者之和（或之差）即为利润表中的所得税费用。

上述所得税会计核算的一般程序可以分为三个部分：一是递延所得税，二是当期所得税，三是所得税费用，其基本关系是：

$$所得税费用 = 递延所得税费用 + 当期所得税费用$$

$$当期递延所得税费用 = 当期递延所得税负债增加额 - 当期递延所得税资产增加额$$

$$当期所得税费用 = 当期应纳税所得额 \times 所得税税率$$

其中，递延所得税负债是未来多交所得税的金额，递延所得税资产是未来少交所得税的金额，所以递延所得税是面向未来的所得税，当期所得税是面向过去的所得税。

可以说，资产负债表债务法的所得税费用涵盖了过去（以利润表的会计利润为基础）、未来（以资产负债表的资产与负债的暂时性差异为基础）两个维度，从完整的时间序列角度计量会计中的所得税费用，这是一种完整的前后关联的思维方式的体现。系统、动态、全局等战略思维方式，也是日常工作生活的重要思维方式之一，由此可以尽量避免片面、静态、以偏概全等思维方式带来的误判和决策失误。

6.2 资产、负债的计税基础

6.2.1 资产的计税基础

资产的计税基础是指企业在收回资产账面价值过程中，计算应纳税所得额时按照税法规定可以从应税经济利益中抵扣的金额。就某一单项资产而言，是按照税法规定就该项资产在未来期间使用直至报废时，可以从计算所得税之前扣除的金额。

（1）资产在初始确认时的计税基础。

通常情况下，资产初始确认的计税基础为资产取得时实际支付的成本，即资产在取得时的入账价值一般与资产计税基础相同。对于企业内部研究开发的无形资产，企业会计准则规定将其划分为研究阶段与开发阶段。对于研究阶段的实际支出应当费用化计入当期损益，对于开发阶段符合资本化条件的实际支出应当资本化。所得税法规定，企业开发新技术、新产品和新工艺所发生的研究开发费用，可以在计算所得税时加计扣除。对于这部分无形资产初始确认的计税基础是实际发生支出和加计扣除的金额。

【例 6-1】　某企业本期通过证券交易市场取得一项交易性金融资产，实际支付 1 200 万元，另支付相关的手续费等 3.6 万元。要求确认该企业资产初始确认时的计税基础。

分析： 该项交易性金融资产在取得时，企业实际支付的交易费用应计入当期损益，实际支付的交易成本为 1 200 万元，作为这项交易性金融资产初始确认的计税基础。所以，资产初始确认的计税基础为资产取得时实际支付的交易成本。

（2）资产在后续计量过程中的计税基础。

当企业持续持有一项资产时，会计准则与所得税法规定不同可能会导致资产的账面价值与其计税基础之间产生差异。

①以公允价值计量的资产。

税法规定，资产在持有期间公允价值的变动不计入应纳税所得额，待处置时一并计算应计入应纳税所得额的金额，该类资产在某一会计期末的计税基础为其取得成本，从而造成在公允价值变动情况下，该类资产账面价值与计税基础之间的差异。此类资产主要包括以公允价值计量的且其变动计入当期损益的金融资产和采用公允价值模式进行后续计量的投资性房地产等。

【例 6-2】　沿用例 6-1 的资料。如果该项交易性金融资产期末公允价值为 1 600 万元。要求确认期末资产的账面价值与其计税基础。

分析： 企业取得这项资产的实际成本价为 1 200 万元，期末这一资产公允价值增加，导致以公允价值计量的资产账面价值随之增加。所以，期末该项交易性金融资产的账面价值为 1 600 万元，但该项资产的计税基础并不能随公允价值的变动而变动，资产的计税基础还是 1 200 万元。

【例 6-3】　20×8 年 12 月 30 日，甲企业将一栋自行开发的写字楼出租给乙公司，租期为 3 年。开发成本为 2 000 万元，甲企业采用公允价值模式计量。20×8 年 12 月 30 日，出租写字楼的公允价值为 2 200 万元。20×9 年 12 月 31 日，出租写字楼的公允价值为 1 800 万元。要求确认 20×8 年 12 月 31 日与 20×9 年 12 月 31 日，该项投资性房地产的账面价值与其计税基础。

分析： 20×8 年 12 月 31 日，该项投资性房地产的账面价值为 2 200 万元。所得税法规定的资产计税基础为建造该项资产的实际成本，所以 20×8 年 12 月 31 日这一资产的计税基础为 2 000 万元。

20×9 年 12 月 31 日，采用公允价值模式计量的投资性房地产不计提折旧，20×9 年 12 月 31 日该项投资性房地产的账面价值仍然为公允价值，但其公允价值不仅比上一期末低而且还低于其实际成本，公允价值为 1 800 万元。按照所得税法规定，这一投资性房地产的计税基础为建造时的实际成本。20×9 年 12 月 31 日，该项资产的账面价值为 1 800 万元，计税基础为 2 000 万元，资产的账面价值低于其计税基础。

②固定资产。

固定资产一般采用成本模式进行初始计量与后续计量，固定资产净值计算公式如下。

固定资产净值＝固定资产原始成本－累计折旧－固定资产减值准备

企业按照会计准则与税法规定，对固定资产所采用的折旧方法、折旧年限不同，以及提取固定资产减值准备的方法不同等，使得同一固定资产的账面价值与其计税基础不同。

企业会计准则遵循实质重于形式的原则，从能够真实反映企业财务状况和经营成果角度出发，根据固定资产为企业带来的经济利益，以及固定资产消耗方式等确定固定资产折旧方法、折旧年限以及净残值，所采用的折旧方法有直线法和加速折旧法，期末按照固定资产市场的实际情况提取固定资产减值准备金额。而税法除了在固定资产的折旧方法和折旧年限上有明确规定外，还规定企业在持有固定资产期间的后续计量过程中，所提取的固定资产减值准备不允许在所得税之前扣除（除政策另有规定之外），固定资产的计税基础不会因固定资产提取了资产减值准备而发生变化。这些都造成了固定资产账面价值与计税基础的差异。

【例 6-4】 A 企业于 20×8 年 12 月 11 日购买了一项固定资产，购置成本为 6 000 万元。企业按照直线法计提折旧，预计折旧年限为 10 年，预计净残值为 300 万元。税法规定该项固定资产计提折旧的方法与企业相同，计提折旧的年限为 15 年，不考虑净残值。要求确认 20×9 年 12 月 31 日固定资产的账面价值及其计税基础。

分析：企业采用直线法并按照 10 年计提折旧，每年折旧金额为 570 万元，假如计提了减值准备 400 万元，20×9 年 12 月 31 日固定资产账面价值为 5 030（=6 000-570-400）万元。

按照税法规定，固定资产的折旧年限为 15 年，所以每年折旧金额为 400 万元，20×9 年 12 月 31 日该项固定资产的计税基础为 5 600（=6 000-400）万元。

【例 6-5】 沿用例 6-4 的资料。如果会计核算对于该项固定资产按照 15 年计提折旧，不考虑净残值。税法规定该项固定资产计提折旧的年限为 10 年，不考虑净残值。若其他条件不变，要求确认 20×9 年 12 月 31 日固定资产的账面价值及其计税基础。

分析：企业采用 15 年的固定资产折旧期限，每年折旧金额为 400 万元，20×9 年 12 月 31 日固定资产账面价值为 5 600（=6 000-400）万元。

税法规定企业按照 10 年计提折旧，每年折旧金额为 600 万元，20×9 年 12 月 31 日该项固定资产的计税基础为 5 400（=6 000-600）万元。

③无形资产。

无形资产的差异主要产生于内部研发形成的无形资产以及使用寿命不确定的无形资产。

税法规定，企业开发新技术、新产品和新工艺所发生的研究开发费用，未形成无形资产计入当期损益的，按照研究开发费用的75%加计扣除；形成无形资产的，按照无形资产成本的175%摊销。无形资产账面价值与计税基础之间会产生暂时性差异，但如果该无形资产的确认不是产生于企业合并交易，同时在确认时既不影响会计利润也不影响应纳税所得额，则不确认该暂时性差异的所得税影响。

【例6-6】 A公司20×9年研究开发支出1 200万元，其中研究阶段支出280万元，开发阶段符合资本化条件前发生的支出350万元，符合资本化条件后至达到预定用途前的支出570万元。税法规定企业的研究开发支出可按75%加计扣除。假定开发形成的无形资产在当年年末已达到预定用途（尚未开始摊销）。

分析： 在A公司20×9年发生的研究开发支出中，630（=280+350）万元依据规定应予费用化，570万元应予资本化，则20×9年年末无形资产的账面价值为570万元。

依据税法规定，A公司20×9年可税前扣除的研究开发支出是1 102.5（=630×175%）万元。当年的研究开发支出所形成的无形资产未来期间可税前扣除的金额为997.5（=570×175%）万元。该项无形资产的账面价值为570万元，计税基础为997.5万元，账面价值小于计税基础的427.5万元为可抵扣暂时性差异。由于该项无形资产不是企业合并交易所取得的，依据税法规定，不确认该暂时性差异对所得税的影响。

无形资产在后续计量时，会计与税收的差异主要产生于是否需要摊销及无形资产减值准备的提取。一方面，会计准则规定使用寿命不确定的无形资产不允许摊销，但税法却允许摊销；另一方面，税法规定企业计提的无形资产减值准备在发生实质性损失前不允许税前扣除，这些都造成了无形资产账面价值与计税基础的差异。

【例6-7】 B公司的某项无形资产取得成本为200万元，因其使用寿命无法合理估计，会计上视为使用寿命不确定的无形资产，不予摊销，但税法规定按不短于10年的期限摊销。要求确认取得该项无形资产1年后，其账面价值与计税基础。

分析： 1年后，无形资产账面价值仍为200万元，其计税基础为180（=200-20）万元。

账面价值与计税基础之间产生的20万元差异，将增加企业未来期间的应纳税所得额和应交所得税。

④其他计提了减值准备的资产。

除上述的固定资产、无形资产外，其他资产计提的减值准备，如应收账款的坏账准备（超出税法规定允许税前扣除的部分）、存货的跌价准备等，税法规定资产在发生实质性损失前，不允许税前扣除，即资产的计税基础不会因资产提取了减值准备而发生变化。这些都造成了此类资产的账面价值与计税基础的差异。

【例6-8】 某公司20×9年1月1日购入一批准备用于销售的商品，期末还有账面余额为1 600万元的该批商品尚未售出，期末这批商品的市价为1 400万元，企业已经提取了200万元的存货跌价准备金额。要求确认这批商品的账面价值与计税基础。

分析： 期末，存货的账面价值为1 400万元。按照税法规定，企业计提的存货跌价准备金额不允许在所得税之前扣除，所以，该项资产的计税基础仍然是初始计量时的成本 1 600 万元。

6.2.2　负债的计税基础

负债的计税基础是指负债的账面价值减去未来期间计算应纳税所得额时按照税法规定可予以抵扣的金额。用公式表示如下。

负债的计税基础 = 负债账面价值 − 未来期间计税时按照税法规定可以在税前扣除的金额

短期借款、应付票据、应付账款以及其他应付款等负债的确认、计量与偿还，一般情况下不会影响企业的损益，也不会影响未来各期应纳税所得额和应交所得税金额，所以这些负债的计税基础为负债的账面价值。但在某些情况下，负债的确认可能会影响损益，并影响不同期间应纳税所得额和应交所得税金额，从而使负债的账面价值与其计税基础之间产生差异。

（1）企业因销售商品提供售后服务等原因确认的预计负债。

按照或有事项准则规定，企业对于预计提供售后服务将发生的支出在满足有关条件时，应当即确认为费用，同时确认为预计负债。税法规定，与销售产品相关的支出应于发生时税前扣除。因该类事项产生的预计负债在期末的计税基础为其账面价值与未来期间可税前扣除的金额之间的差额，而此差额为零。

其他交易或事项中确认的预计负债，应当按照税法规定的计税原则确定其计税基础。

【例 6-9】　20×9 年 12 月 28 日，A 公司状告 B 企业有侵权行为并要求 B 企业赔偿 6 000 万元损失金额。根据 B 企业律师判断，B 企业很可能赔偿对方企业 2 000 万元的损失金额，企业根据律师推断对极有可能支付的 2 000 万元损失金额确认为"预计负债"，B 企业期初"预计负债"无余额。要求确认 B 企业 20×9 年 12 月 31 日预计负债的计税基础。

分析：B 企业在资产负债表日确认的"预计负债"金额，一方面增加了当期"营业外支出"金额，减少了当期税前会计利润，但所得税法规定这一支出金额不能从税前会计利润中扣除，所以应作为纳税调整事项进行调整；另一方面，资产负债表日"预计负债"金额增加了 2 000 万元，但这一负债金额只有在以后实际发生时，才能从以后期间税前利润中扣除。所以这项负债的账面价值为 2 000 万元，但其计税基础为零。该项负债的计税基础计算公式如下。

该项负债的计税基础

= 负债账面价值 − 未来期间计税时按照税法规定可以从税前扣除的金额

= 2 000 万元 − 2 000 万元 = 0

（2）预收账款。

企业在收到客户预付的款项时，因不符合收入确认的条件，会计上将其确认为负债。税法中对于收入确认的原则一般与会计规定相同，即会计上未确认收入时，计税时一般也不计入应纳税所得额。因此，该部分经济利益在未来期间计税时可以税前扣除的金额为零，计税基础等于账面价值。

在某些情况下，因不符合会计准则规定的收入确认条件，未确认为收入的预收款项，按照税法规定应计入当期应纳税所得额时，有关预收账款的计税基础为零，即因其产生时已经缴纳了所得税，未来期间可全额税前扣除。

【例 6-10】 A 公司于 20×9 年 12 月 30 日预收 B 公司 100 万元货款，合同规定 A 公司收到货款后的 10 天之内发出商品并确认为销售收入。要求确认 A 公司 20×9 年 12 月 31 日的预收账款的计税基础。

分析： A 公司预收的 100 万元销货款，在实际收到款项时应计入收到款项当期的应纳税所得额中。该项负债的计税基础计算公式如下。

该项负债的计税基础

＝负债账面价值－未来期间计税时按照税法规定可以从税前扣除的金额

＝100 万元－100 万元＝0

（3）应付职工薪酬。

会计准则规定，企业为获得职工提供的服务给予的各种形式的报酬以及其他相关支出均应作为企业成本费用，在未支付之前确认为负债。税法中对于合理的职工薪酬基本允许税前扣除。但税法中如果规定了税前扣除标准的，按照会计准则规定计入成本费用的金额超过了规定标准的部分，应进行纳税调整。因超过部分在发生当期不允许税前扣除，在以后期间也不允许税前扣除，即该部分差额对未来期间计税不产生影响。所以应付职工薪酬负债的账面价值等于计税基础。

【例 6-11】 20×9 年 12 月 31 日，A 公司资产负债表中"应付职工薪酬"总额为 2 000 万元，体现为应付职工薪酬负债。假定按照税法规定，当期计入成本费用的 2 000 万元工资支出中，可予以税前扣除的合理部分为 1 200 万元。要求确认 A 公司 20×9 年 12 月 31 日应付职工薪酬的计税基础。

分析： 企业实际发生的支出 2 000 万元与允许税前扣除的 1 200 万元之间产生的差额 800 万元在发生当期即应进行纳税调整，并且在以后期间不能税前扣除。该项应付职工薪酬的计税基础计算公式如下：

应付职工薪酬的计税基础

＝负债账面价值－未来期间计税时按照税法规定可以从税前扣除的金额

＝2 000 万元－0＝2 000 万元

"应付职工薪酬"的账面价值与其计税基础相同，不会产生暂时性差异。该事项的会计处理与税收处理存在差异，但之所以不形成暂时性差异的原因是两者之间的 800 万元的差异在产生当期不能税前扣除，在未来期间亦不能税前扣除，从而构成一项永久性差异，其不会对企业未来期间的计税产生影响。

（4）其他负债。

其他负债如企业应交的罚款和滞纳金等，在尚未支付之前按照会计规定确认为费用，同时作为负债反映。税法规定，罚款和滞纳金不能税前扣除，其计税基础为账面价值减去未来期间计税时按照税法规定可以从税前扣除的金额，其结果为零，因此，计税基础等于账面价值。

【例 6-12】 20×9 年 12 月 31 日，A 公司资产负债表中"其他应付款"金额为 200 万元，该项负债为 A 公司因未遵守相关规定，随意排放污水，当地行政管理部门对 A 公司的罚款，

20×9 年资产负债表日 A 公司尚未支付 200 万元的罚款。要求确认 A 公司 20×9 年 12 月 31 日该项负债的计税基础。

分析：20×9 年资产负债表日，A 公司"其他应付款"账面金额为 200 万元，其计税基础的计算公式如下：

该项负债的计税基础

＝负债账面价值－未来期间计税时按照税法规定可以从税前扣除的金额

＝200 万元 －0=200 万元

"其他负债"的账面价值等于其计税基础，不会产生暂时性差异，不会对企业未来期间的计税产生影响。

6.3　暂时性差异

6.3.1　暂时性差异的概念

暂时性差异是指资产或负债的账面价值与其计税基础之间的差额。如果尚未作为资产和负债确认的项目，按照税法规定可以确定其计税基础的，该计税基础与其账面价值的差额也属于暂时性差额。其中，资产的账面价值是指按照企业会计准则及其他相关法规的规定，所确定的有关资产、负债在企业资产负债表中应该列示的金额。

由于资产、负债的账面价值与其计税基础不同，企业在未来持续经营时收回资产或清偿债务的会计期间，应纳税所得额会增加或减少，致使企业在该会计期间应交所得税的增加或减少，这一情况就属于暂时性差异。企业应当于暂时性差异发生的当期，将其确认为相应的递延所得税资产或递延所得税负债。

根据暂时性差异对未来期间应税金额的影响，将其分为应纳税暂时性差异和可抵扣暂时性差异。

6.3.2　暂时性差异的种类

6.3.2.1　应纳税暂时性差异

应纳税暂时性差异是企业在持续经营的前提下，在确定未来收回资产或清偿负债期间的应纳税所得额时，将导致产生多纳税金额的暂时性差异。该项差异在未来期间转回时，会增加转回期间的应纳税所得额和应交所得税金额，应在其产生当期确认相关的递延所得税负债。

产生应纳税暂时性差异的主要有两种情况，当资产账面价值大于其计税基础时，或者负债账面价值小于其计税基础时，产生应纳税暂时性差异。

（1）资产的账面价值大于其计税基础。

资产的账面价值代表的是企业在持续使用及最终出售该项资产时将取得的经济利益的总额，而计税基础代表的是资产在未来期间可予扣除的总金额。资产的账面价值大于其计税基础，该项资产未来期间产生的经济利益不能全部税前抵扣，两者之间的差额需要交税，产生应纳税暂时性差异。

【例 6-13 】 A 公司于 20×4 年 12 月 21 日购买一项固定资产并交付使用，其原始价值为 600 万元，企业按照年限平均法提取折旧，税法规定按照双倍余额递减法提取折旧。两种方法计提折旧的时间均为 5 年，净残值均为 15 万元，要求根据题意计算暂时性差异。计算结果如表 6-1 所示。

表 6-1　暂时性差异计算表

（单位：万元）

项目	会计折旧	税法折旧	账面价值	计税基础	暂时性差异
20×5 年 12 月 31 日	117	240	483	360	123
20×6 年 12 月 31 日	117	144	366	216	150
20×7 年 12 月 31 日	117	86.4	249	129.6	119.4
20×8 年 12 月 31 日	117	57.3	132	72.3	59.7
20×9 年 12 月 31 日	117	57.3	15	15	0

根据表 6-1 计算结果可以看出，该项固定资产的账面价值大于其计税基础，例如第 1 年资产账面价值为 483 万元，其计税基础为 360 万元，产生应纳税暂时性差异 123 万元。企业当期按照计税基础纳税时，在不考虑其他因素的前提下，未来期间应纳税所得额会增加 123 万元，从而增加未来期间应交所得税的金额，增加未来期间经济利益的流出则相当于企业目前承担了一项负债。所以，应确认为应纳税暂时性差异。

（2）负债的账面价值小于其计税基础。

负债的账面价值为企业预计在未来期间清偿该项负债时的经济利益流出，而计税基础代表的是账面价值在扣除税法规定的未来期间允许税前扣除的金额之后的差额。负债的账面价值与其计税基础不同产生的暂时性差异，实质上是税法规定就该项负债在未来期间可以税前扣除的金额（即与该项负债相关的费用支出在未来期间可予税前扣除的金额）。负债的账面价值小于其计税基础，意味着该项负债在未来期间可以税前扣除的金额为负数，即应在未来期间应纳税所得额的基础上调增，增加未来期间的应纳税所得额和应交所得税金额，产生应纳税暂时性差异。

6.3.2.2　可抵扣暂时性差异

可抵扣暂时性差异是指在确定未来收回资产或清偿债务期间的应纳税所得额时，将导致产生少纳税的暂时性差异。可抵扣暂时性差异在未来期间转回时，会减少转回期间应纳税所得额和应交所得税金额。所以，可抵扣暂时性差异在产生期间，符合条件的企业应确认相关的递延所得税资产。

（1）资产账面价值小于其计税基础。

资产的账面价值小于其计税基础，意味着资产在未来期间产生的经济利益少，按照税法规定允许税前扣除的金额则多，两者之间的差额可以减少企业在未来期间的应纳税所得额，从而减少应交所得税。

【例 6-14 】 A 企业于 20×9 年 1 月 1 日外购一项无形资产，取得时的成本为 2 000 万元，企业按照 5 年进行摊销，税法规定该项无形资产按照 10 年进行摊销。企业于第 1 年年末摊销额为 400 万元，税法规定可以税前列支的费用金额为 200 万元。要求计算第 1 年产生的暂时性差异。

分析： 第 1 年企业"无形资产"的账面价值为 1 600（=2 000-400）万元。第 1 年"无形资产"的计税基础为 1 800（=2 000-200）万元。第 1 年资产的账面价值小于其计税基础，差额为 200 万元。第 1 年按照计税基础纳税时，会导致企业在未来转回期间减少应纳税所得额和应交所得税金额，从而增加未来转回期间的经济利益流入。所以，当资产账面价值小于其计税基础时，产生可抵扣暂时性差异。

（2）负债账面价值大于其计税基础。

负债账面价值大于其计税基础表明，在未来期间按税法规定，当该项负债相关的经济利益流出企业时，企业可以全部或部分从税前扣除并减少未来期间应纳税所得额，这就会产生可抵扣暂时性差异。

负债产生的暂时性差异就是按照税法规定就这项负债可以从未来期间税前扣除的金额。用公式表示如下：

$$负债产生的暂时性差异 = 负债的账面价值 - 计税基础$$
$$= 负债的账面价值 - （负债的账面价值$$
$$- 未来期间计税时按照税法规定可以税前扣除的金额）$$
$$= 未来期间计税时按照税法规定可以税前扣除的金额$$

【例 6-15】 20×9 年 5 月 1 日，某企业销售商品提取了产品保修费 800 万元，该企业"预计负债"账面余额为 800 万元，无期初余额。按照税法规定，保修费只有在实际发生时才能从当期税前扣除。要求计算资产负债表日的暂时性差异。

分析： 资产负债表日负债的账面余额为 800 万元，计税基础为 0。资产负债表日税前可以扣除的金额为零，未来期间计税时可税前扣除的金额为 800 万元。产生可抵扣暂时性差异 800 万元。这项差异会导致未来期间应纳税所得额的减少，相当于未来期间经济利益的流入。该项预计负债的暂时性差异计算公式如下。

$$计税基础 = 负债的账面价值 - 未来期间计税时按照税法规定可以税前扣除$$
$$= 800 万元 - 800 万元 = 0$$
$$暂时性差异 = 负债的账面价值 - 计税基础$$
$$= 800 万元 - 0 = 800 万元$$

6.3.3　特殊事项产生的暂时性差异

6.3.3.1　未作为资产、负债确认的项目

企业发生的某些交易事项，由于不符合资产或负债的确认条件，因而并没有在资产负债表中的资产或负债项目中反映，尚未作为资产或负债项目产生的暂时性差异。但这些项目按照税法规定能够确定其计税基础，导致在这些交易事项发生后，资产或负债的账面价值为零，与其计税基础之间产生了暂时性差异。

【例 6-16】 A 公司在筹建期间共发生了 3 000 万元的开办费，从 20×8 年 1 月 1 日企业

正式开始营业。甲公司按照企业会计准则规定将开办费在实际发生时计入"管理费用"。税法规定企业在筹建期间发生的开办费,从企业正式开始营业的第 1 年起,分 5 年分期计入税前会计利润中。

分析: A 公司发生的开办费已经在发生时计入当期损益,该项金额反映在利润表中,并没有反映在企业资产负债表的资产项目中,所以资产账面价值为零。从 20×8 年 1 月 1 日起,A 公司正式开始营业并将 3 000 万元分 5 年计入应纳税所得额中,20×8 年度从税前会计利润中扣除 600 万元,在未来期间税法允许税前会计利润扣除的金额为 2 400 万元。所以,20×8 年 12 月 31 日与开办费相关的计税基础为 2 400 万元。

在 A 公司 20×8 年资产负债表日,这项经济业务视同资产的账面价值为零,资产的计税基础为 2 400 万元,资产账面价值小于其计税基础,两者之间的差额会导致企业在未来期间减少应纳税所得额,产生可抵扣暂时性差异。如果企业符合税务等部门规定的条件,将来能够产生足够的应纳税所得额,那么该差异可减少企业未来期间的应纳税所得额。

6.3.3.2　可抵扣亏损及税款抵减产生的暂时性差异

按照税法规定,可以结转以后年度的未弥补亏损及税款抵减,虽不是因资产、负债的账面价值与计税基础不同产生的,但与可抵扣暂时性差异具有同样的作用,即它能够减少未来期间的应纳税所得额,进而减少未来期间的应交所得税。因此,会计处理上视同可抵扣暂时性差异。

【例 6-17】 S 公司于 20×8 年发生 1 000 万元的经营性亏损。按照《企业所得税法》规定,该项亏损金额可以在未来连续 5 个年度内用税前会计利润弥补。S 公司预计在未来连续 5 个年度内能够产生足够的应纳税所得额。

分析: S 公司的经营亏损在 20×8 年末资产负债表中,并不反映资产或负债的账面价值与其计税基础之间存在的差额。公司的经营亏损可以减少未来期间应纳税所得额和应交所得税,减少未来期间经济利益的流出,属于可抵扣暂时性差异。

从暂时性差异中可以看到,这一差异是暂时的,未来会得到弥补或转回。无论处于顺境还是逆境,都要有乐观的预期,顺境时不要张狂,逆境时不要颓废,物极必反,否极泰来。

6.4　递延所得税资产和递延所得税负债的确认及计量

6.4.1　确认递延所得税资产和递延所得税负债的意义

递延所得税资产和递延所得税负债是与当期所得税资产和当期所得税负债相对应的两个概念。递延所得税资产和递延所得税负债的确认体现了资产负债的定义及权责发生制核算基础。

首先,企业当期发生的交易或事项会导致未来应纳税金额的减少或增加,从而导致企业未来经济利益发生变化，由此确认的递延所得税资产和递延所得税负债符合资产和负债的定义。其次，确认递延所得税资产和递延所得税负债，遵循了权责发生制会计核算基础。依据权责发生制，交易或事项在某一会计期间确认，与其相关的所得税影响也应在该期间内确认，从而更加真实地反映企业的财务成果。

6.4.2　递延所得税资产的确认与计量

6.4.2.1　递延所得税资产的确认

（1）递延所得税资产确认的一般原则。

递延所得税资产产生于可抵扣暂时性差异。确认递延所得税资产应当以未来期间可能取得用来抵扣可抵扣暂时性差异的应纳税所得额为限。在可抵扣暂时性差异转回的未来期间内，企业无法产生足够的应纳税所得额来利用可抵扣暂时性差异的影响，使得与可抵扣暂时性差异相关的经济利益无法实现的，不应确认递延所得税资产；企业有明确证据表明其于可抵扣暂时性差异转回的未来期间能够产生足额的应纳税所得额，进而利用可抵扣暂时性差异的，则应以可能取得的应纳税所得额为限，确认相关的递延所得税资产。

（2）确认递延所得税资产的情况。

在下列交易或事项中产生的可抵扣暂时性差异，应当根据交易或事项的不同情况确认相应的递延所得税资产。

①能够结转以后年度的经营亏损。按照税法规定可以结转以后年度的未弥补亏损，同时可以抵减以后年度的应纳税所得额。虽然这一事项不符合资产、负债的确认条件，却减少了未来期间应纳税所得额，减少未来期间的应交所得税金额，实质上减少了未来期间企业的经济利益流出。这一性质符合资产定义，应该形成可抵扣暂时性差异，这一差异是企业发生可抵扣亏损产生的暂时性差异。

企业对于能够结转以后年度的可抵扣亏损和税款抵减额，应当以很可能获得用来抵扣可抵扣亏损和税款抵减的未来应纳税所得额为限，确认相应的递延所得税资产。其账务处理为：借记"递延所得税资产"科目，贷记"所得税费用"科目。

【例 6-18】　A 企业 20×8 年 12 月 31 日，发生经营性亏损 2 500 万元，该企业预计在未来连续 5 个年度内，可以产生足够的应纳税所得额用以弥补亏损。

分析： 按照会计准则规定当企业发生经营性亏损，没有应纳税所得额时不再计算应纳税所得额，不缴纳所得税。

按照税法规定企业纳税年度发生亏损准予向以后年度结转，用以后年度的所得弥补，但结转年限不得超过 5 年。该企业本年度亏损的 2 500 万元，可以抵减未来连续 5 个年度的应纳税所得额，形成可抵扣暂时性差异。又由于在可遇见的未来，企业可以产生足够的应纳税所得额，如果该企业符合税务部门规定的各项条件，应当确认为递延所得税资产。

②股权投资产生的可抵扣暂时性差异。长期股权投资在非同一控制下采用权益法核算时，当被投资单位发生经营亏损后，投资企业按所持有被投资单位股份的比例相应减少长期股权投资账面价值。但所得税法规定长期股权投资成本在持有期间不变，按投资成本计算税额。

由于会计准则与所得税法规定不同而产生差异，造成资产账面价值小于其计税基础，产生可抵扣暂时性差异。对于符合条件的企业，要相应地确认为递延所得税资产。其账务处理为：借记"递延所得税资产"科目，贷记"所得税费用"科目。

③子公司、联营企业及合营企业投资产生的可抵扣暂时性差异。企业对与子公司、联营企业及合营企业投资相关的可抵扣暂时性差异，应当在同时满足下列条件的情况下，确认相应的递延所得税资产：一是暂时性差异在可预见的未来很可能转回；二是未来很可能获得用来抵扣可抵扣暂时性差异的应纳税所得额。其账务处理为：借记"递延所得税资产"科目，贷记"所得税费用"科目。

④非同一控制下的企业合并中，按照会计规定确定的合并中取得各项可辨认资产、负债的公允价值与其计税基础之间形成可抵扣暂时性差异的，应确认相应的递延所得税资产，同时调整合并中应予确认的商誉。其账务处理为：借记"递延所得税资产"科目，贷记"商誉"科目。

⑤与直接计入所有者权益的交易或事项相关的可抵扣暂时性差异，相应的递延所得税资产应计入所有者权益，例如，因持有的其他债权投资的公允价值下降而应确认的递延所得税资产。其账务处理为：借记"递延所得税资产"科目，贷记"其他综合收益"科目。

（3）不确认递延所得税资产的情况。

在企业合并以外的交易中，如果交易发生时既不影响会计利润也不影响应纳税所得额，则交易中产生的资产、负债的入账价值与其计税基础之间的差额形成可抵扣暂时性差异的，相应的递延所得税资产不予确认。

例如，融资租赁中承租人取得的资产，按照会计准则规定应当将租赁开始日租赁资产公允价值与最低租赁付款额现值两者中较低者以及相关的初始直接费用作为租入资产的入账价值，而税法规定融资租入固定资产应当按照租赁协议或者合同确定的价款加上运输费、途中保险费等的金额计价，作为其计税基础。对于两者之间产生的暂时性差异，如确认其所得税影响，将直接影响到融资租入资产的入账价值，按照会计准则规定，在该种情况下不确认相应的递延所得税资产。

6.4.2.2　递延所得税资产的计量

（1）确定适用税率。企业在资产负债表日确认递延所得税资产时，应估计该项可抵扣暂时性差异的转回期间。对于递延所得税资产应当依据税法规定，按照预期收回该资产期间的适用税率计量，但不应当对递延所得税资产折现。当适用税率发生变化后，应对已确认的递延所得税资产进行重新计量，除直接在权益中确认的交易或者事项产生的递延所得税资产以外，应当将其影响数计入变化当期的所得税费用。

（2）所得税资产发生减值。资产负债表日企业应当对递延所得税资产的账面价值进行复核，如果未来期间很可能无法获得足够的应纳税所得额用以抵扣递延所得税资产的利益，应当减记递延所得税资产的账面价值。

当企业减记递延所得税资产的账面价值后，在未来可抵扣暂时性差异转回期间内，企业要重新判断能否产生足够的应纳税所得额，能否实现可抵扣暂时性差异为企业带来的经济利益，如果能够实现的话企业要恢复递延所得税资产的账面价值。企业应当在很可能获得足够的应纳税所得额时，才能够对减记递延所得税资产的金额转回。

【例6-19】 A企业于20×4年12月20日购买一台办公设备并交付使用，购买成本为8 000万元，预计使用年限为5年，会计采用加速折旧法计提折旧，无残值。税法要求按照直线法提取折旧，折旧年限、残值的计算与会计折旧相同。该企业适用所得税税率为25%，"递延所得税资产"账户期初无余额。有关固定资产账面价值、计税基础、暂时性差异与递延所得税资产余额等计算结果如表6-2所示，根据表6-2的计算结果编制各年会计分录。

表6-2 暂时性差异及递延所得税资产余额

项目	20×5年	20×6年	20×7年	20×8年	20×9年
实际成本（万元）	8 000	8 000	8 000	8 000	8 000
会计累计折旧（万元）	3 200	5 120	6 272	7 136	8 000
账面价值（万元）	4 800	2 880	1 728	864	0
税法累计折旧（万元）	1 600	3 200	4 800	6 400	8 000
计税基础（万元）	6 400	4 800	3 200	1 600	0
暂时性差异（万元）	1 600	1 920	1 472	736	0
所得税税率（%）	25	25	25	25	25
递延所得税资产余额（万元）	400	480	368	184	0

根据表6-2计算结果编制各年会计分录如下。

20×5年12月31日：

借：递延所得税资产 　　　　　　　　　　　　　　　4 000 000

　　贷：所得税费用 　　　　　　　　　　　　　　　　　　　　4 000 000

20×6年12月31日：本期应进一步确认的递延所得税资产额为800 000（=4 800 000−4 000 000）元。

借：递延所得税资产 　　　　　　　　　　　　　　　800 000

　　贷：所得税费用 　　　　　　　　　　　　　　　　　　　　800 000

20×7年12月31日：本期应当转回已确认的递延所得税资产为1 120 000（=4 800 000−3 680 000）元。

借：所得税费用 　　　　　　　　　　　　　　　　　1 120 000

　　贷：递延所得税资产 　　　　　　　　　　　　　　　　　　1 120 000

20×8年12月31日：本期应当转回已确认的递延所得税资产为1 840 000（=3 680 000−1 840 000）元。

借：所得税费用 　　　　　　　　　　　　　　　　　1 840 000

　　贷：递延所得税资产 　　　　　　　　　　　　　　　　　　1 840 000

20×9年12月31日：此项资产的账面价值与计税基础均为零，两者之间不存在暂时性差异，原来已经确认的与该项资产相关的递延所得税资产应予全部转回。

借：所得税费用 　　　　　　　　　　　　　　　　　1 840 000

　　贷：递延所得税资产 　　　　　　　　　　　　　　　　　　1 840 000

6.4.3 递延所得税负债的确认与计量

6.4.3.1 递延所得税负债的确认

（1）递延所得税负债确认的一般原则。

递延所得税负债产生于应纳税暂时性差异。由于应纳税暂时性差异在转回期间将增加企业的纳税所得和应交所得税，导致企业的经济利益流出，因此，在其发生的当期，形成企业应纳税义务，应将其对所得税的影响确认为负债。基于谨慎性会计信息质量要求，为了充分反映交易或事项发生后对于未来期间的计税影响，除所得税准则中明确规定不确认递延所得税负债的特殊情况外，企业应当确认所有的应纳税暂时性差异产生的递延所得税负债。

（2）确认递延所得税负债的情况。

资产负债表日企业对于递延所得税负债，应当依据税法规定按照清偿该负债期间的适用税率计量。适用税率发生变化的，企业应该对已确认的递延所得税负债进行重新计量，除直接在权益中确认的交易或者事项产生的递延所得税负债以外，应当将其影响数计入变化当期的所得税费用。

除另有明确规定外，企业应当对于发生的符合条件的应纳税暂时性差异，确认为递延所得税负债，并计入所得税费用。其账务处理为：借记"所得税费用"科目，贷记"递延所得税资产"科目。

但非同一控制下的企业合并中，按照会计规定确定的合并中取得各项可辨认资产、负债的公允价值与其计税基础之间形成应纳税暂时性差异的，应确认相应的递延所得税负债，同时调整合并中应予确认的商誉，借记"商誉"科目，贷记"递延所得税负债"科目。

与直接计入所有者权益的交易或事项相关的应纳税暂时性差异，相应的递延所得税负债应计入所有者权益，如因持有的其他债权投资公允价值上升而应确认的递延所得税负债。其账务处理为：借记"其他综合收益"科目，贷记"递延所得税负债"科目。

（3）不确认递延所得税负债的情况。

①与子公司、联营企业及合营企业投资产生的应纳税暂时性差异。

企业对子公司、联营企业及合营企业投资时，产生相关的应纳税暂时性差异时，对于符合条件的企业应当确认为递延所得税负债，但是，同时满足下列条件的除外：第一，投资企业能够控制暂时性差异转回的时间；第二，该暂时性差异在可预见的未来很可能不会转回。

②非同一控制下的企业合并中，因企业合并成本大于合并中取得的被购买方可辨认净资产公允价值的份额，按照会计准则规定应确认为商誉，但按照税法规定不允许确认为商誉，即商誉的计税基础为0，两者之间的差额形成应纳税暂时性差异，因确认该递延所得税负债会增加商誉的价值，准则中规定对于该部分应纳税暂时性差异不确认其所产生的递延所得税负债。

可以想象，如果在这种情况下确认了商誉，则商誉增加；商誉增加后，又产生了应纳税暂时性差异，从而又产生了新的商誉，如此循环往复，不可穷尽。故商誉产生的应纳税暂时性差异不确认递延所得税负债。

③企业合并以外的交易中，如果交易发生时既不影响会计利润也不影响应纳税所得额，则交易中产生的资产、负债的入账价值与其计税基础之间的差额形成应纳税暂时性差异的，

相应的递延所得税负债不予确认。

6.4.3.2 递延所得税负债的计量

资产负债表日企业对于递延所得税负债，应当依据税法规定按照清偿该负债期间的适用税率计量。适用税率发生变化的，企业应该对已确认的递延所得税负债进行重新计量，除直接在权益中确认的交易或者事项产生的递延所得税负债以外，应当将其影响数计入变化当期的所得税费用。

递延所得税负债的计量，应当反映资产负债表日企业清偿负债方式的纳税影响，即在计量递延所得税负债时，应当采用与清偿债务的预期方式相一致的税率和计税基础。企业不应当对递延所得税负债进行折现。

递延所得税资产、递延所得税负债均源于未来多交税或少交税，未来多交税是因为未来期间的应纳税暂时性差异，未来少交税是因为未来期间的可抵扣暂时性差异。由此提醒我们，存在暂时性差异的情况下，今天多交税意味着以后少交税，反之亦然。所以不必为今天的多交税而烦恼，不必为今天的少交税而狂喜。从长期来看，交税的总额是恒定的，只是不同会计期间的纳税金额不同。同理，快乐与痛苦并存，成功与失败同在，彼此互换才是长期的结果，所以不必斤斤计较，不能鼠目寸光，而要眼观六路耳听八方，立足现在举目远方。

6.5 所得税费用的核算

资产负债表债务法核算所得税时，就是确定当期所得税和递延所得税两部分内容，从而确定所得税费用。

6.5.1 当期所得税

当期所得税是企业按照税法规定计算确定的本期应交所得税金额，是以所得税法及其相应的法规为基础计算确定的。对于当期所得税的计算，由于所得税税法规定与企业会计准则规定不同，在具体计算时应该在会计利润的基础上，按照所得税法的规定进行调整，计算出当期应纳税所得额，按照应纳税所得额和适用税率计算确定当期应交所得税金额。其计算公式为：

当期应交所得税 = 当期应纳税所得额 × 适用所得税税率

当期应纳税所得额可以在利润表中税前会计利润基础上，调整会计准则与所得税法对所得税规定不同而产生的影响金额，计算公式为：

当期应纳税所得额 = 税前会计利润 + 按照会计准则规定已经计入利润表但按照所得税法规定计算所得税时不允许税前扣除的费用 ± 已经计入利润表中的费用与按照所得税法规定可以税前扣除费用之间的差额 ± 已经计入利润表中的收入与按照所得税法规定应计入应纳税所得额收入之间的差额 − 按照所得税法规定不征所得税的收入 ± 其他需要调整的因素

年度收入总额减除不征税收入、免税收入、各项扣除以及允许弥补的以前年度亏损后的余额为应纳税所得额。收入总额指企业以货币形式和非货币形式从各种来源取得的收入，包括：销售货物收入，提供劳务收入，转让财产收入，股息、红利等权益性投资收益，利息收入，租金收入，特许权使用费收入，接受捐赠收入，其他收入；收入总额中的财政拨款、依法收取并纳入财政管理的行政事业性收费、政府性基金等为不征税收入；国债利息收入等为免税收入。

"各项扣除"是企业实际发生的与取得收入有关的、合理的支出，包括成本、费用、税金、损失和其他支出，准予在计算应纳税所得额时扣除，包括：①企业发生的公益性捐赠支出，在年度利润总额 12% 以内的部分；②企业按照规定计算的固定资产折旧；③企业按照规定计算的无形资产摊销费用；④企业发生的下列支出并按照规定摊销的长期待摊费用：已足额提取折旧的固定资产的改建支出，租入固定资产的改建支出，固定资产的大修理支出，其他应当作为长期待摊费用的支出；⑤企业使用或者销售存货，按照规定计算的存货成本；⑥企业转让资产的净值；⑦可以在计算应纳税所得额时加计扣除的支出，包括开发新技术、新产品、新工艺发生的研究开发费用，安置残疾人员及国家鼓励安置的其他就业人员所支付的工资等。

不得在税前扣除的项目包括：①相关支出，包括向投资者支付的股息、红利等权益性投资收益款项，企业所得税税款，税收滞纳金，罚金、罚款和被没收财物的损失，规定标准以外的捐赠支出，赞助支出，未经核定的准备金支出，与取得收入无关的其他支出；②相关折旧，包括房屋、建筑物以外未投入使用的固定资产，以经营租赁方式租入的固定资产，以融资租赁方式租出的固定资产，已足额提取折旧仍继续使用的固定资产，与经营活动无关的固定资产，单独估价作为固定资产入账的土地，其他不得计算折旧扣除的固定资产；③相关无形资产摊销，包括自行开发的支出已在计算应纳税所得额时扣除的无形资产、自创商誉、与经营活动无关的无形资产，以及其他不得计算摊销费用扣除的无形资产；④企业对外投资期间，投资资产的成本；⑤企业从其关联方接受的债权性投资与权益性投资的比例超过规定标准而发生的利息支出。

企业纳税年度发生的亏损，准予向以后年度结转，用以后年度的所得弥补，但结转年限最长不得超过 5 年。

6.5.2　递延所得税

递延所得税是指按照所得税准则规定，当期应予确认的递延所得税资产和递延所得税负债金额，即递延所得税资产及递延所得税负债当期发生额的综合结果，但不包括计入所有者权益的交易或事项的所得税影响。其计算公式为：

$$递延所得税 = 递延所得税负债发生额 - 递延所得税资产发生额$$
$$= (期末递延所得税负债 - 期初递延所得税负债)$$
$$- (期末递延所得税资产 - 期初递延所得税资产)$$

应予说明的是，一般情况下，递延所得税资产和递延所得税负债的确认都应计入所得税费用，但两种情况除外：一是某项交易或事项的变化，按照会计准则规定不计入利润表的收入或费用项目，而是直接计入资产负债表中的所有者权益项目，由该项交易或事项产生的递延所得税资产或递延所得税负债及其变化也应计入所有者权益，不计入利润表中的所得税费用，如其他债权投资的公允价值变动；二是企业合并中取得的资产、负债，其账面价值与其计税基础不同所确认的相关递延所得税金额，不影响所得税费用，该项递延所得税的确认影响合并中产生的商誉或是计入当期损益的金额。

上述规则说明，递延所得税资产或递延所得税负债不一定调整所得税费用，原因在于产生递延所得税资产或递延所得税负债的来源不同，这一规则体现了会计处理中的因果关系原则。从广义上讲，会计处理过程是一系列因果关系的处理过程，因果关系在会计中无处不在，在我们的工作生活中也无处不在，深刻认识及准确识别因果关系，有助于对事物的理解，增强我们判断的准确性、决策的合理性及结果的有效性。

6.5.3　所得税费用

在计算确定当期所得税及递延所得税之后，所得税费用就是根据这两者之和计算而得，其计算公式为：

$$所得税费用 = 当期所得税费用 + 递延所得税费用$$

【例 6-20】　A 公司 20×8 年度根据利润表中有关数据计算出税前利润总额为 2 000 万元，该公司适用所得税税率为 25%，"递延所得税负债"与"递延所得税资产"账户期初无余额。20×8 年度发生下列调整事项：

（1）捐赠希望工程支出 300 万元；

（2）罚款支出 10 万元；

（3）交易性金融资产公允价值变动损益增加 60 万元；

（4）年初开始计提折旧的固定资产，原始价值为 1 200 万元，该项固定资产预计使用年限为 10 年，无净残值，会计折旧采用双倍余额递减法，按照税法规定采用直线法提取折旧，税法规定的固定资产使用年限、净残值与会计核算相同；

（5）对于本期销售的商品预计了 100 万元产品质量保修费，"预计负债"期初无余额。

根据所给资料计算相关项目账面价值与其计税基础之间的差额，如表 6-3 所示，同时计算"递延所得税负债"与"递延所得税资产"本期发生额，编制相应的会计分录。

表 6-3　相关项目账面价值与其计税基础的差异

20×8 年　　　　　　　　　　　　　　　　　　（单位：万元）

项目	账面价值	计税基础	暂时性差异	
			可抵扣暂时性差异	应纳税暂时性差异
应收账款	260	300	40	
交易性金融资产	240	180		60
固定资产原价	1 200	1 200		
减：累计折旧	240	120		
固定资产账面价值	960	1 080	120	

（续）

项目	账面价值	计税基础	暂时性差异	
			可抵扣暂时性差异	应纳税暂时性差异
预计负债	（100）	0	100	
合计	1 360	1 560	260	60

（1）20×8年度当期应交所得税。

本例中，因为捐赠希望工程支出300万元超过了年度利润总额的12%，所以该部分支出税前扣除的部分为年度利润总额的12%，即240（=2 000×12%）万元。

应纳税所得额 =2 000+10+60+120+100−60=2 230（万元）

当期所得税费用 =2 230×25%=557.5（万元）

（2）20×8年度递延所得税。

递延所得税负债 =60×25%=15（万元）

递延所得税资产 =260×25%=65（万元）

递延所得税费用 =15 − 65 =−50（万元）（收益）

（3）利润表中应确认的所得税费用。

所得税费用 =557.5−50=507.5（万元）

根据计算结果编制如下会计分录：

借：所得税费用——当期所得税费用　　　　　　　　　　　5 570 000

　　贷：应交税费——应交所得税　　　　　　　　　　　　　　　　5 570 000

借：递延所得税资产　　　　　　　　　　　　　　　　　650 000

　　贷：递延所得税负债　　　　　　　　　　　　　　　　　　　　150 000

　　　　所得税费用——递延所得税费用　　　　　　　　　　　　　500 000

【例6-21】 沿用例6-20的资料。20×9年A公司所得税前的利润仍为2 000万元，该年度发生下列与所得税相关的经济事项：

（1）实际支付产品保修费80万元，资产负债表日按照当年实际销售额又提取140万元的预计负债金额；

（2）收到国库券利息120万元存入银行；

（3）交易性金融资产期末公允价值变动净增加40万元。

根据所给资料计算资产账面价值与其计税基础之间的差额，如表6-4所示，同时计算"递延所得税负债"与"递延所得税资产"本期发生额，编制相应的会计分录。

表6-4　相关项目账面价值与其计税基础的差异

20×9年　　　　　　　　　　　　　　　　　　　　　　　　　（单位：万元）

项目	账面价值	计税基础	暂时性差异	
			可抵扣暂时性差异	应纳税暂时性差异
应收账款	260	280	20	
交易性金融资产	1 000	960		40
固定资产原价	1 200	1 200		
减：累计折旧	432	240		

（续）

项目	账面价值	计税基础	暂时性差异	
			可抵扣暂时性差异	应纳税暂时性差异
固定资产账面价值	768	960	192	
预计负债	（160）	0	160	
合计	1 868	2 200	372	40

（1）20×9 年度当期应交所得税。

应纳税所得额 =2 000−120+140−80−40+72=1 972（万元）

当期所得税费用 =1 972×25%=493（万元）

（2）20×9 年度递延所得税。

递延所得税负债 =40×25%−15=−5（万元）

递延所得税资产 =372×25%−65=28（万元）

递延所得税费用 =−5−28=−33（万元）

（3）利润表中应确认的所得税费用。

所得税费用 =493−33=460（万元）

根据计算结果编制如下会计分录：

借：所得税费用——当期所得税费用　　　　　　　　　　　4 930 000

　贷：应交税费——应交所得税　　　　　　　　　　　　　　　　　4 930 000

借：递延所得税资产　　　　　　　　　　　　　　　　　　280 000

　递延所得税负债　　　　　　　　　　　　　　　　　　　50 000

　贷：所得税费用——递延所得税费用　　　　　　　　　　　　　330 000

◆ 本章小结

　　所得税及其会计核算在各类企业中均居于重要地位。所得税会计是在会计利润与应纳税所得额差异的基础上，关于如何确定所得税费用以及如何进行所得税费用会计处理的核算方法。所得税费用包括当期所得税费用与递延所得税费用，前者是在当期应纳税所得额基础上计算的应该上交给税务局的所得税，后者是以后期间多交或少交的所得税，包括递延所得税资产和递延所得税负债，递延所得税资产将减少以后期间的所得税，递延所得税负债将增加以后期间的所得税，递延所得税资产或递延所得税负债来源于暂时性差异，可抵扣暂时性差异形成递延所得税资产，应纳税暂时性差异形成递延所得税负债。通常情况下，递延所得税资产或递延所得税负债调整所得税费用，但计入所有者权益的交易形成的递延所得税应调整所有者权益，合并形成的递延所得税应调整商誉或当期损益。

◆ 思考题

1. 简述资产负债表债务法核算的基本步骤。

2. 简述暂时性差异产生的原因。

3. 简述暂时性差异的种类。

4. 如何确认和计量递延所得税资产？

5. 如何确认和计量递延所得税负债？

练习题

1. 不定项选择题

（1）下列关于企业所得税费用的论述中，正确的为（   ）。

A. 等于当期所得税

B. 一般情况下计入所有者权益变动表

C. 与直接计入所有者权益的交易或事项相关的当期所得税和递延所得税应当计入其他综合收益

D. 与直接计入所有者权益的交易或事项相关的当期所得税和递延所得税应当计入盈余公积

（2）下列项目中一般情况下会对当期损益和应纳税所得额产生影响的为（   ）。

A. 存货

B. 应付票据

C. 交易性金融资产

D. 固定资产

（3）资产在取得后其后续计量过程中因会计准则与税法规定不同，可能造成资产账面价值与计税基础的差异，用公式表示正确的为（   ）。

A. 资产的计税基础 = 以前年度已经税前列支的金额

B. 资产的计税基础 = 以前年度不允许税前列支的金额

C. 资产的计税基础 = 未来年度不允许税前列支的金额

D. 资产的计税基础 = 未来年度可税前列支的金额

（4）下列项目中能够产生应纳税暂时性差异的为（   ）。

A. 负债的账面价值小于其计税基础

B. 资产的账面价值大于其计税基础

C. 资产的账面价值小于其计税基础

D. 负债的账面价值大于其计税基础

（5）可抵扣暂时性差异在未来转回，产生的影响为（   ）。

A. 减少转回期间应纳税所得额

B. 增加转回期间应纳税所得额

C. 减少未来期间应纳税所得额

D. 增加未来期间应纳税所得额

（6）关于所得税费用的计算，下列各项正确的为（   ）。

A. 等于递延所得税加当期所得税

B. 等于递延所得税减当期所得税

C. 等于递延所得税加未来所得税

D. 等于递延所得税减未来所得税

（7）固定资产计提了减值准备对其计税基础的影响，下列表述正确的为（   ）。

A. 增加   B. 减少

C. 无影响   D. 增减

（8）下列项目中能够产生可抵扣暂时性差异的为（   ）。

A. 负债的账面价值小于其计税基础

B. 资产的账面价值大于其计税基础

C. 资产的账面价值小于其计税基础

D. 负债的账面价值大于其计税基础

（9）A 公司 20×8 年 12 月 31 日持有长风公司 1 000 股普通股股票，其公允价值为 1 800 元，取得该项股票的成本为 1 000 元。在资产负债表日，下列事项表述正确的为（   ）。

A. 不产生无差异

B. 产生应纳税暂时性差异 800 元

C. 产生可抵扣暂时性差异 800 元

D. 产生永久性差异 800 元

（10）下列事项中，关于递延所得税表述正确的为（   ）。

A. 等于递延所得税资产加上递延所得税负债

B. 等于递延所得税资产减去递延所得税负债

C. 等于递延所得税负债减去递延所

得税资产

　　D. 等于递延所得税资产乘上递延所得税负债

2. 判断题

（1）资产负债表债务法是从资产负债表出发，通过比较资产负债表中所列示的资产和负债按照企业会计准则确定的账面价值与按照税法规定确定的账面价值之间的差异。（　　）

（2）如果一项资产的账面价值大于其计税基础，或一项负债的账面价值小于其计税基础，两者之间的差异将会减少未来期间的应纳税所得额和应交所得税，从而会减少未来期间经济利益的流出。（　　）

（3）资产计税基础是指企业收回资产账面价值的过程中，计算应纳税所得额时按照税法规定可以从应税经济利益中抵扣的金额。（　　）

（4）所得税法规定，企业开发新技术、新产品和新工艺所发生的研究开发费用，可以在计算所得税时加计扣除。对于这部分无形资产初始确认的计税基础是实际发生支出和加计扣除的金额。（　　）

（5）税法规定资产在持有期间公允价值的变动不计入应纳税所得额，待处置时一并计算应计入应纳税所得额的金额，所以该类资产账面价值与计税基础之间不存在差异。（　　）

（6）因为使用寿命不确定的无形资产无法确定其摊销期，所以会计准则和税法都允许摊销此类资产。（　　）

（7）固定资产、无形资产和其他资产计提的减值准备，如应收账款的坏账准备（超出税法规定允许税前扣除的部分）、存货的跌价准备等，税法规定资产在发生实质性损失前，不允许税前扣除，即资产的计税基础不会因资产计提了减值准备而发生变化。（　　）

（8）负债的计税基础是指负债在未来期间计算应纳税所得额时按照税法规定可予以抵扣的金额。（　　）

（9）暂时性差异是指资产或负债的账面价值与其计税基础之间的差额。如果尚未作为资产和负债确认的项目，按照税法规定可以确定其计税基础的，该计税基础与其账面价值的差额也属于暂时性差额。（　　）

（10）所得税费用即当期所得税，它是在会计利润基础上，按照所得税法的规定进行调整所得的应纳税所得额和适用税率计算得出。（　　）

3. 计算及分析题

（1）A 公司 20×9 自行研究开发一项新技术，研究开发支出共计 4 000 万元，其中符合资本化条件的支出为 3 000 万元。所得税税法规定，研究开发实际支出中未形成无形资产的计入当期损益，可以在所得税之前按 75% 加计扣除；形成无形资产的，按照无形资产成本的 175% 摊销。假定开发形成的无形资产在当年末已达到预定用途（尚未开始摊销）。

　　要求：确认 20×9 年 12 月 31 日该项无形资产的账面价值、计税基础和暂时性差异。

（2）A 公司于 20×4 年 12 月 31 日购买了一项固定资产并交付使用，该项固定资产原始价值为 920 万元。A 公司采用年限平均法提取折旧，税法要求采用年数总和法提取折旧，两种方法提取折旧的年限均为 5 年，预计净残值为 20 万元，各年所得税税率为 25%。

　　要求：计算各年的暂时性差异，并编制相关的会计分录。

（3）20×7 年 12 月 31 日，A 公司年度利润表中实现税前利润总额为 5 000 万元，该公司适用所得税税率为25%。递延所得税资产与递延所得税负债期初余额为0。20×7年发生的与所得税有关的资料如下。

① 20×7年1月，一台交付使用的办公设备开始提取折旧，办公设备原始价值为800万元，使用年限为20年，净残值为0。会计核算采用双倍余额递减法提取折旧，税法允许企业采用年限平均法提取折旧，会计核算与税法规定的设备使用年限及净残值均相同。

② 20×7年3月20日，A公司向国内某项大赛捐赠200万元现金。

③ 20×7年4月30日，A公司支付了100万元的滞纳金。

④ 20×7年度，公司对库存商品提取了150万元的存货跌价准备金额。

⑤ 20×7年度末，A公司购买的B公司发行的普通股股票公允价值比账面价值增加了500万元，A公司在购买B公司股票时已经将其划分为交易性金融资产。

⑥ 20×7年度，A公司按照当年销售收入的一定比例提取了400万元的产品保修费，"预计负债"账户余额期初为0，本期未支付产品保修费。

20×7年度，有关资产、负债账面价值与其计税基础的差异如表6-5所示。

表6-5　相关项目账面价值与其计税基础的差异

20×7年12月31日　　　　　　　　　　　　（单位：万元）

项目	账面价值	计税基础	暂时性差异	
			应纳税暂时性差异	可抵扣暂时性差异
交易性金融资产	2 000	1 500		
存货	2 000	2 150		
固定资产原价	800	800		
减：累计折旧	80	40		
固定资产净值	720	760		
预计负债	（400）	0		
合计	4 320	4 410		

要求：

① 计算20×7年度应纳税所得额。

② 计算20×7年度应交所得税金额。

③ 计算20×7年度递延所得税金额。

④ 计算20×7年度的所得税费用。

⑤ 根据计算结果编制20×7年度所得税费用的会计分录。

（4）沿用（3）的资料，20×8年A公司利润表中实现税前利润为5 500万元，20×8年发生的与所得税有关的资料如下。

① 20×8年度，购买国库券实际利息收入400万元。

② 20×8年度，提取存货跌价准备金额500万元。

③ 20×8年度，实际支付产品保修费200万元，本年度又提取产品保修费300万元，"预计负债"账户年末余额为500万元。

④ 20×8年度，公司实际发生的交际应酬支出超出计税标准600万元。

20×8年度，有关资产、负债账面价值与其计税基础的差异如表6-6所示。

表 6-6　相关项目账面价值与其计税基础的差异

20×8 年 12 月 31 日　　　　　　　　　　（单位：万元）

项目	账面价值	计税基础	暂时性差异	
			应纳税暂时性差异	可抵扣暂时性差异
交易性金融资产	2 000	1 500		
存货	1 500	2 150		
固定资产原价	800	800		
减：累计折旧	152	80		
固定资产净值	648	720		
预计负债	（500）	0		
合计	3 998	4 370		

要求：

① 计算 20×8 年度应纳税所得额。

② 计算 20×8 年度应交所得税金额。

③ 计算 20×8 年度递延所得税金额。

④ 计算 20×8 年度的所得税费用。

⑤ 根据计算结果编制 20×8 年度所得税费用的会计分录。

第 7 章
CHAPTER 7

套期保值会计

§ **思政导语**

人类从创造工具那一天起，就一直追求工具对目的的有用性。

人从懂事那天起，就一直追求金钱对幸福的有用性。

§ **本章导读**

通过本章的学习，读者可以了解衍生工具的含义、分类及简要会计处理，理解套期保值的概念、分类、套期工具、被套期项目和套期关系，掌握公允价值套期、现金流量套期和境外经营净投资套期的会计处理。

§ **本章思政引导案例**

投资者掉进"CME 套期杠杆"高利的诱惑陷阱

"CME 套期杠杆"（CME hedging leverage）投资平台声称是 CME Group（芝加哥商品交易所，以下简称"芝商所"）比特币期货团队下的一个项目，不仅可以提供全球最优秀的期货交易员帮助客户管理资金，而且可以免费提供高达 100 倍杠杆的配资额度。

经过调查得知，"CME 套期杠杆"与芝商所没有任何关系，芝商所也从未推过此类产品，前者只是打着后者的品牌和知名度到处招揽投资。如果说一定要有联系的话，那就是这家投资平台在自己的名字里有"CME"字眼。

该平台在宣传中称："为了帮助全球客户抵抗日益严重的货币贬值风险，并在全球经济萧条的国际环境下，致力于推动比特币期货交易市场的流动性与活跃度，平台于 2019 年 1 月 1 日发布了利用期货杠杆原理实现资产稳定增长的投资组合策略——CME 套期杠杆。"

那么，这个平台的盈利模式是怎样的呢？该平台自称，配资是由真实的交易所产生的手续费，这部分手续费可以拿来分成，是真正有造血功能的。并且，平台还将投资者托管的资金进行比特币期货的交易，把小部分盈利分给投资者，大部分留给公司。因此，投资者无须担心平台因为庞大的现金支出，而出现资金链断裂的情况。

据《期货日报》记者了解，在期货行业，也有不少行业口碑比较好的、有一定知名度的期货公司曾遭遇"山寨网站"的情况。这类虚假网站背后有两种不同的概念：一是为了冒充期货公司等正规机构而冒充，背后根本没有接入到真实的交易平台，实质上是对赌；二是某些机构的人员打着自己所在机构的名义，编造网站和身份。投资者要擦亮眼睛，树立正确的投资观念，对带有"免佣金""高杠杆""高收益"等字眼的信息切勿轻信，以免因小失大，被带入"沟里"。

资料来源：https://money.jrj.com.cn/2019/04/28081627500328.shtml?to=pc.

问题：
1. 套期业务有哪些风险？
2. 企业的虚假宣传暴露了哪些道德缺陷？
3. 诚信经营会得到哪些好处？

7.1　衍生工具概述

7.1.1　衍生工具的含义

金融工具是指形成一方的金融资产并形成其他方的金融负债或权益工具的合同。

金融资产是指企业持有的现金、其他方的权益工具以及符合下列条件之一的资产：从其他方收取现金或其他金融资产的合同权利；在潜在有利条件下，与其他方交换金融资产或金融负债的合同权利；将来须用或可用企业自身权益工具进行结算的非衍生工具合同，且企业根据该合同将收到可变数量的自身权益工具；将来须用或可用企业自身权益工具进行结算的衍生工具合同，但以固定数量的自身权益工具交换固定金额的现金或其他金融资产的衍生工具合同除外。

金融负债是指企业符合下列条件之一的负债：向其他方交付现金或其他金融资产的合同义务；在潜在不利条件下，与其他方交换金融资产或金融负债的合同义务；将来须用或可用企业自身权益工具进行结算的非衍生工具合同，且企业根据该合同将交付可变数量的自身权益工具；将来须用或可用企业自身权益工具进行结算的衍生工具合同，但以固定数量的自身权益工具交换固定金额的现金或其他金融资产的衍生工具合同除外。

权益工具是指能证明拥有某个企业在扣除所有负债后的资产中的剩余权益的合同，如企业发行的普通股，以及企业发行的、使持有者有权以固定价格购入固定数量本企业普通股的认股权证。

金融工具可以分为基础金融工具和衍生工具。基础金融工具也称传统金融工具，是衍生工具产生和运用的基础，是指能证明债权、权益、债务关系的具有一定格式的合法书面文件，主要包括：现金、存款、债券投资、应收账款、其他应收款、存出保证金、应付账款、其他应付款、存入保证金、应付债券、普通股等。

衍生工具是指金融工具确认和计量准则涉及的、具有下列特征的金融工具或其他合同。

（1）其价值随特定利率、金融工具价格、商品价格、汇率、价格指数、费率指数、信用等级、信用指数或其他变量的变动而变动，变量为非金融变量的，该变量不应与合同的任何一方存在特定关系。

（2）不要求初始净投资，或者与对市场因素变化预期有类似反应的其他合同相比，要求较少的初始净投资。

（3）在未来某一日期结算。

简单地说，衍生工具是价值不确定、在未来结算的金融工具，价值不确定源于未来期间因环境变化而引起的相关变量的变化，体现了风险的力量。其实，风险主要源于政治、经济、科技、法律、自然等环境的变化，而这些环境无时无刻不在变化，因而风险无处不在、无时不在。我们做任何决策，都要有前瞻意识、动态意识、风险意识，必须考虑未来期间的相关风险，考虑自己对风险的承受能力，否则可能会面临无法承受的决策失误的严重后果。

7.1.2 衍生工具的分类

常见的衍生工具包括远期合同、期货合同、互换合同和期权合同等。

（1）远期合同。

远期合同是交易双方约定在未来某一确定时间以确定价格买卖一定数量的某种金融资产的合约，主要包括远期外汇合约、远期利率协议、远期股票合约等。

远期外汇合约是以外汇为标的物的远期合约，是指客户与经营外汇银行之间或经营外汇的银行互相之间签订合约，在双方约定的未来日期按约定的远期汇率将一种货币兑换成另一种货币的交易行为，在期汇交易中签订的合约即为远期外汇合约。

远期利率协议是以利率为标的物的远期合约，通过这种合约，买方和卖方可以锁定未来某一时点开始的某个预先约定的期间内的利率，是双方约定以未来一定期间、一定名义的本金为计算基础，将约定利率与约定期间开始日的市场利率之差形成的利息差额的现值，由一方支付给另一方的合约。

远期股票合约是交易双方约定在将来某一确定日期按确定价格交付一定数量的单个股票或一揽子股票的交易协议。

（2）期货合同。

期货合同是指买卖双方在有组织的交易所内，以公开竞价的方式达成协议，约定在未来某一特定时间交割标准数量特定资产的交易合约。期货合同包括商品期货与金融期货两大类，前者的交易标的是商品，后者的交易标的是金融工具，金融期货又有外汇期货、利率期货和股票指数期货之分。

外汇期货交易指交易双方在有组织的交易场所按照交易规则，通过公开竞价，买卖特定币种、特定数量、特定交割期的标准合约的交易。外汇期货合约的标的是各种可自由兑换的货币，可以用于规避汇率变动的风险或利用汇率变动获取利益。

利率期货交易是在有组织的场所内，按照交易规则，通过公开竞价，买卖特定数量、特定交割期的标准合约的交易。但利率期货合约标的物是各种利率的载体，通常包括商业票据、定期存单、国债及其他政府公债。利率期货通过签订约定远期利率的协议，使投资者能够锁定未来的利率水平，实现套期保值。

股票指数期货是以股票价格指数作为合约标的物，又称股指期货或期指。股指期货合约的价格是按指数的点数与一个固定金额相乘计算的，合约是以现金进行结算或交割。

（3）互换合同。

互换合同是指当事人按照一定条件在金融市场上进行不同金融工具交换的合约，主要有货币互换、利率互换等。

货币互换是指以一种货币表示的一定数量的资本额及在此基础上产生的利息支付义务，与另一种货币表示的相应数量的资本额及在此基础上产生的利息支付义务进行相互交换。货币互换的前提是要存在两个在期限和金额上利益相同而对货币需求相反的伙伴，双方按预先约定进行资本额的互换，互换后，每年以约定利率和资本额为基础进行利息支付的互换，协议到期后，再按照原约定的利率将原资本额换回。也就是说，货币互换要在期初、计息日、到期日发生多次资金流动，而且资金的流动是双向的。

利率互换是在货币互换的基础上产生的，是指计息方法不同（一方以固定利率计息，另一方以浮动利率计息）或者利率水平不一致的债权或债务之间进行的转换。与货币互换不同的是，利率互换是在利率不同的同一货币之间互换，并且不进行本金的互换，只是在协议约定的各期互换由于利息不同而产生的利息差额。由于没有期初及最后的本金互换，利率互换的资金流动只发生在计息日，而且由于是净额结算，因此资金的流动是单向的。

（4）期权合同。

期权是一种交易选择权，分为买权和卖权两个基本类型。买权即看涨期权，其持有者有权在某一确定时间以确定价格购买标的资产；卖权即看跌期权，其持有者有权在某一确定时间以确定价格出售标的资产。在这两类期权中，有交易选择权的一方都必须向另一方支付权利金，即期权价格。按照期权行使时间，可以分为欧式期权和美式期权。欧式期权只能在到期日执行，美式期权则可以在期权有效期内的任何时间执行。

期权合同是指由交易所统一制定的标准化合约。根据标的资产的不同，期权合同包括外汇期权合同、利率期权合同、股票期权合同和股票指数期权合同等。

外汇期权合同是以外汇为标的物的期权交易合同，即在合约买方支付权利金的前提下，赋予合约买方在规定期限内按合约双方约定的价格购买或出售一定数量外汇的权利。外汇期权又分为现汇期权和外汇期货期权。现汇期权是指期权买方在期权到期日或之前，有权决定是否购售外汇现货的合约。外汇期货期权是指期权买方在期权到期日或之前，有权决定是否购售外汇期货的合约。

利率期权合同是在合约买方支付权利金的前提下，赋予其在规定期限内按合约双方约定的价格购买或者出售一定数量的某种利率商品（如商业票据、国债或其他政府公债）的权利的合同，合约卖方取得权利金后，有义务在买方要求履行时进行出售和购买。

股票期权合同是在合约买方支付权利金的前提下，赋予其在规定期限内按合约双方约定的价格购买或出售一定数量的某种股票的权利的合同,合约卖方取得权利金后,有义务在买方要求履约时进行出售或购买。

股票指数期权合同是以股票指数为标的物的期权交易合同,又称股指期权。与外汇期权、利率期权、股票期权不同的是,股票期权合同的价格以点数计量,即合约价格按指数的点数与一个固定金额相乘计算,最终合约实际交割的是现金。

不难看出,上述四类衍生工具的共同特点是面向未来。每个人都有美好的愿景,规划着未来的发展阶段和节点,期望实现预期的美好愿望,其前提是具备优秀的品德和踏实的工作作风。远期合同就是一种承诺,兑现承诺、说话算数、诚信为人是基本要求;期货合同是在规定的场合内进行标准数量合约的签订与交易,期货的重要功能之一是价格发现,如同我们的朋友交往一样,随着时间的流逝,朋友也会有自然筛选,所谓"日久见人心";互换合同实际是一种互通有无、互惠互利的合同,比如一个中国大学生计划去英国留学,一个英国大学生计划来中国留学,双方可以签订货币互换合同,将各自持有的人民币或英镑进行互换,约定互换的时间和金额,进行本金互换、利息互换,其中自然涉及双方的诚实守信,如此才能实现货币互换的完成以及互换的持续;期权中的看涨期权与看跌期权类似于我们对未来的看法与判断,看涨是一种乐观情绪,看跌是一种悲观情绪,每个人都有情绪涨落的时候,需要进行情绪管理,"前途是光明的,道路是曲折的"。

7.1.3 衍生工具的核算

企业确认的衍生工具按照公允价值进行初始计量和后续计量,公允价值变动计入公允价值变动损益。

为了进行衍生工具会计核算,应该设置"衍生工具"会计科目,该科目是共同类会计科目,核算衍生工具的公允价值及其变动形成的衍生资产或衍生负债,可以设置"期货合约""期权合约""远期合约""互换合约"等明细科目。该科目的期末借方余额反映企业衍生工具形成的资产的公允价值,期末贷方余额反映企业衍生工具形成的负债的公允价值。

取得衍生工具时,按其公允价值借记本科目,贷记"银行存款"等科目,发生的交易费用计入"投资收益"科目;期末公允价值与账面价值的差额计入"公允价值变动损益"科目;处置衍生工具时,借记"银行存款""结算备用金"等科目,贷记本科目,差额计入"投资收益"科目,并将原来计入"公允价值变动损益"科目的金额转入"投资收益"科目。

【例 7-1】甲公司于 20×8 年 4 月 10 日投入 A 期货公司 200 万元,用于钢材期货交易。4 月 15 日买入 200 吨钢材期货合约,单价 5 200 元,应付保证金 100 000 元。4 月末该合约单价涨至 5 500 元,5 月末单价降至 5 400 元,6 月 10 日按照单价 5 800 元卖出平仓。

(1) 20×8 年 4 月 10 日拨付期货交易资金。

借:存出保证金——A 期货公司   2 000 000

    贷:银行存款   2 000 000

（2）20×8 年 4 月 15 日购入钢材期货合约。

借：衍生工具——期货合约   100 000

  贷：存出保证金——A 期货公司   100 000

（3）20×8 年 4 月末期货合约公允价值增加 60 000（＝（5 500－5 200）×200）元。

借：衍生工具——期货合约   60 000

  贷：公允价值变动损益   60 000

（4）20×8 年 5 月末结算持仓期货合约损失 20 000（＝（5 400－5 500）×200）元。

借：公允价值变动损益   20 000

  贷：衍生工具——期货合约   20 000

（5）20×8 年 6 月 10 日卖出该期货合约平仓。

①出售期货合约。

该期货合约买入价 5 200 元，卖出价 5 800 元，收益 120 000 元，其中 4 月已确认收益 60 000 元、5 月已确认损失 20 000 元，剩余收益 80 000 元计入 6 月投资收益。

借：存出保证金——A 期货公司   120 000

  贷：衍生工具——期货合约   40 000

    投资收益   80 000

②冲回购买期货合约款。

借：存出保证金——A 期货公司   100 000

  贷：衍生工具——期货合约   100 000

③结转公允价值变动损益。

借：公允价值变动损益   40 000

  贷：投资收益   40 000

经过上述会计处理后，"衍生工具——期货合约""公允价值变动损益"账户结清，"存出保证金——A 期货公司"账户借方余额 2 120 000，其中 120 000 元为本次期货合约投资收益，体现为"投资收益"贷方余额的 120 000 元。

7.2 套期保值会计的分类

套期是指企业为管理外汇风险、利率风险、价格风险、信用风险等特定风险引起的风险敞口（指未加保护的风险），指定金融工具为套期工具，以使套期工具的公允价值或现金流量变动，预期抵销被套期项目全部或部分公允价值或现金流量变动的风险管理活动；套期保值（以下简称套期）是指企业为规避外汇风险、利率风险、商品价格风险、股票价格风险、信用风险等，指定一项或一项以上套期工具，使套期工具的公允价值或现金流量变动，预期抵销被套期项目全部或部分公允价值或现金流量变动，这里的"套期工具"通常是衍生工具。套期保值的目的在于通过套期工具的收益弥补或减少被套期项目的损失，而不是盈利。套期主要涉及套期工具、被套期项目和套期关系三个要素。

7.2.1 套期工具

套期工具是指企业为进行套期而指定的、其公允价值或现金流量变动预期可抵销被套期项目的公允价值或现金流量变动的金融工具。套期工具有两个特点：一是以公允价值计量且其变动计入当期损益的衍生工具，二是以公允价值计量且其变动计入当期损益的非衍生金融资产或非衍生金融负债，但指定为以公允价值计量且其变动计入当期损益、其自身信用风险变动引起的公允价值变动计入其他综合收益的金融负债除外。企业自身权益工具不属于企业的金融资产或金融负债，不能作为套期工具。

通常衍生工具可以作为套期工具。例如，企业为规避原材料价格上涨的风险而购入一定数量的期货合同，该期货合同即为套期工具。应注意的是，如果某项衍生工具无法有效地对冲被套期项目的风险，则不能作为套期工具。例如，套期保值准则规定，对于利率上下限期权，或由一项发行的期权和一项购入的期权组成的期权，其实质相当于企业发行一项期权（即企业收取了净期权费），不能将其指定为套期工具。因为该期权的潜在损失可能大大超过被套期项目的潜在利得，从而不能有效地对冲被套期项目的损失。企业可将单项衍生工具指定为对一种风险进行套期，也可以将两项或两项以上衍生工具的组合或该组合的一定比例指定为套期工具。

非衍生工具通常不能作为套期工具，但在外汇风险套期中，企业可以将非衍生金融资产（选择以公允价值计量且其变动计入其他综合收益的非交易性权益工具投资除外）或非衍生金融负债的外汇风险成分指定为套期工具。例如，某企业对外销售一批商品，合同规定 5 个月后以美元结算，为规避外汇风险，该企业可以将相同数量的美元借款作为该销售确定承诺的套期工具。

无论衍生工具还是非衍生工具，作为套期工具的公允价值必须能够可靠计量。

无法可靠计量公允价值的金融工具，例如在活跃市场上没有报价的权益工具投资，以及与该权益工具挂钩并须通过交付该权益工具进行结算的衍生工具，则不能作为套期工具。其公允价值无法可靠计量，意味着无法反映其公允价值变动情况和套期有效性，无法确定套期关系，自然无法进行套期会计处理。犹如个别人说话不靠谱，不知道哪句话是真的，哪句话是假的，我们如何信任他呢？怎么敢与其交往，委托其做事呢？又如何能够做朋友呢？

7.2.2 被套期项目

被套期项目是指使企业面临公允价值或现金流量变动风险，且被指定为被套期对象的、能够可靠计量的项目。例如以下几类。

①已确认的资产或负债。

②尚未确认的确定承诺。确定承诺是指在未来某特定日期或期间，以约定价格交换特定数量资源、具有法律约束力的协议，尚未确认是指尚未在资产负债表中确认。例如甲公司向境外乙公司订购一套设备，双方签订了该设备购买合同，约定 3 个月后按固定的外币价格购

入，该确定承诺可以指定为被套期项目。

③极可能发生的预期交易。预期交易是指尚未承诺但预期会发生的交易。上述购买设备的合同具有法律约束力，是一种确定承诺，也是预期或发生的交易。

④境外经营净投资。境外经营净投资是指企业在境外经营净资产中的权益份额。境外经营可以是在境外的子公司、合营安排、联营企业或分支机构，当然在境内与企业记账本位币不同的子公司、合营安排、联营企业或分支机构，也视同为境外经营。

企业可以将上述单个项目或项目组合的一部分（项目组成部分）指定为被套期项目。项目组成部分是指小于项目整体公允价值或现金流量变动的部分，企业只能将下列项目组成部分或其组合指定为被套期项目。一是项目整体公允价值或现金流量变动中仅由某一个或多个特定风险引起的公允价值或现金流量变动部分（风险成分）。根据在特定市场环境下的评估，该风险成分应当能够单独识别并可靠计量。风险成分也包括被套期项目公允价值或现金流量的变动仅高于或仅低于特定价格或其他变量的部分。二是一项或多项选定的合同现金流量。三是项目名义金额的组成部分，即项目整体金额或数量的特定部分，其可以是项目整体的一定比例部分，也可以是项目整体的某一层级部分。若某一层级部分包含提前还款权，且该提前还款权的公允价值受被套期风险变化影响的，企业不得将该层级指定为公允价值套期的被套期项目，但企业在计量被套期项目的公允价值时已包含该提前还款权影响的情况除外。

运用套期会计时，在合并财务报表层面，只有与企业集团之外的对手方之间交易形成的资产、负债、尚未确认的确定承诺或极可能发生的预期交易才能被指定为被套期项目；在合并财务报表层面，只有与企业集团之外的对手方签订的合同才能被指定为套期工具。对于同一企业集团内的主体之间的交易，在企业个别财务报表层面可以运用套期会计，在企业集团合并财务报表层面不得运用套期会计，但下列情形除外：第一，在合并财务报表层面，符合《企业会计准则第 33 号——合并财务报表》规定的投资性主体与其以公允价值计量且其变动计入当期损益的子公司之间的交易，可以运用套期会计；第二，企业集团内部交易形成的货币性项目的汇兑收益或损失，不能在合并财务报表中全额抵销的，企业可以在合并财务报表层面将该货币性项目的外汇风险指定为被套期项目；第三，企业集团内部极可能发生的预期交易，按照进行此项交易的主体的记账本位币以外的货币标价，且相关的外汇风险将影响合并损益的，企业可以在合并财务报表层面将该外汇风险指定为被套期项目。

7.2.3　套期关系评估

公允价值套期、现金流量套期或境外经营净投资套期同时满足下列条件的，才能运用套期会计方法进行处理。

第一，套期关系仅由符合条件的套期工具和被套期项目组成。

第二，在套期开始时，企业正式指定了套期工具和被套期项目，并准备了关于套期关系和企业从事套期的风险管理策略和风险管理目标的书面文件。该文件至少载明了套期工具、被套期项目、被套期风险的性质以及套期有效性评估方法（包括套期无效部分产生的原因分析以及套期比率确定方法）等内容。

第三，套期关系符合套期有效性要求。

套期有效性是指套期工具的公允价值或现金流量变动能够抵销被套期风险引起的被套期项目公允价值或现金流量变动的程度。套期工具的公允价值或现金流量变动大于或小于被套期项目的公允价值或现金流量变动的部分为套期无效部分。套期同时满足下列条件的，企业应当认定套期关系符合套期有效性要求。

一是被套期项目和套期工具之间存在经济关系。该经济关系使得套期工具和被套期项目的价值因面临相同的被套期风险而发生方向相反的变动。

二是被套期项目和套期工具经济关系产生的价值变动中，信用风险的影响不占主导地位。

三是套期关系的套期比率，应当等于企业实际套期的被套期项目数量与对其进行套期的套期工具实际数量之比，但不应当反映被套期项目和套期工具相对权重的失衡，这种失衡会导致套期无效，并可能产生与套期会计目标不一致的会计结果。例如，企业确定拟采用的套期比率是为了避免确认现金流量套期的套期无效部分，或是为了创造更多的被套期项目进行公允价值调整以达到增加使用公允价值会计的目的，可能会产生与套期会计目标不一致的会计结果。

企业应当在套期开始日及以后期间持续地对套期关系是否符合套期有效性要求进行评估，尤其应当分析在套期剩余期限内预期将影响套期关系的套期无效部分产生的原因。企业至少应当在资产负债表日及相关情形发生重大变化将影响套期有效性要求时对套期关系进行评估。套期关系由于套期比率的原因而不再符合套期有效性要求，但指定该套期关系的风险管理目标没有改变的，企业应当进行套期关系再平衡。套期关系再平衡是指对已经存在的套期关系中被套期项目或套期工具的数量进行调整，以使套期比率重新符合套期有效性要求。基于其他目的对被套期项目或套期工具所指定的数量进行变动，不构成套期关系再平衡。企业在套期关系再平衡时，应当首先确认套期关系调整前的套期无效部分，并更新在套期剩余期限内预期将影响套期关系的套期无效部分产生原因的分析，同时相应更新套期关系的书面文件。

企业发生下列情形之一的，应当终止运用套期会计。

①因风险管理目标发生变化，套期关系不再满足风险管理目标。

②套期工具已到期、被出售、合同终止或已行使。

③被套期项目与套期工具之间不再存在经济关系，或者被套期项目和套期工具经济关系产生的价值变动中，信用风险的影响开始占主导地位。

④套期关系不再满足所规定的运用套期会计方法的其他条件。在适用套期关系再平衡的情况下，企业应当首先考虑套期关系再平衡，然后评估套期关系是否满足所规定的运用套期会计方法的条件。

终止套期会计可能会影响套期关系的整体或其中一部分，在仅影响其中一部分时，剩余未受影响的部分仍适用套期会计。

套期关系同时满足下列条件的，企业不得撤销套期关系的指定并由此终止套期关系。

①套期关系仍然满足风险管理目标。

②套期关系仍然满足运用套期会计方法的其他条件。在适用套期关系再平衡的情况下，

企业应当首先考虑套期关系再平衡，然后评估套期关系是否满足所规定的运用套期会计方法的条件。

企业发生下列情形之一的，不作为套期工具已到期或合同终止处理。

①套期工具展期或被另一项套期工具替换，而且该展期或替换是企业书面文件所载明的风险管理目标的组成部分。

②由于法律法规或其他相关规定的要求，套期工具的原交易对手方变更为一个或多个清算交易对手方（例如清算机构或其他主体），以最终达成由同一中央交易对手方进行清算的目的。如果存在套期工具其他变更的，该变更应当仅限于达成此类替换交易对手方所必须的变更。

从套期三要素中可以看到，套期工具是我们可以选择一类工具，选择该工具的目的是通过其公允价值变动收益或现金流量变动收益对冲或弥补被套期项目的可能损失，如果套期工具与被套期项目不存在紧密的关系，就达不到套期的目的。因此，如何选择、什么时候选择、选择什么样的套期工具对被套期项目进行套期，套期关系是否紧密或高度有效，关系到套期的成败。某些企业以套期保值为名，签订了某项或某些衍生工具，实际却是衍生工具的投机交易。例如，中海油（新加坡公司）2003 年获得集团公司授权，开始石油套期保值业务，意在通过衍生工具保值和价格锁定功能，降低石油交易的价格风险，但由于扩大业务范围，从事石油衍生品期权交易并通过多种手段掩盖事实，最终损失达 5.54 亿美元，致使中海油（新加坡公司）于 2004 年 12 月 1 日向当地法院申请破产保护，这是抛弃套期保值的初衷、破坏套期工具与被套期项目的套期关系的后果。

日常生活中也有类似的问题，人们在确立某行动目标后，需要考虑通过什么途径、采用什么手段、选择什么时间达成目标，但不能"为达目的不择手段"，善意、合规、诚信、努力是成功的重要前提和基础，否则不仅前功尽弃，还可能身败名裂。

7.2.4　套期保值会计的分类

套期工具与被套期项目是一项套期关系的两个组成要素，只有当企业特定的风险管理策略将这两个要素有机地连接起来，才构成一项套期关系。根据套期工具和被套期项目之间的套期关系，套期保值会计可划分为公允价值套期、现金流量套期和境外经营净投资套期三类。

（1）公允价值套期。

公允价值套期是指对已确认资产或负债、尚未确认的确定承诺，或该资产或负债、尚未确认的确定承诺中可辨认部分的公允价值变动风险进行的套期。该类价值变动源于某类特定风险，且将影响企业的损益。

以下是公允价值套期的例子。

①某企业对承担的固定利率负债的公允价值变动风险进行套期。

②某汽车生产公司签订了一项 6 个月后以固定外币金额购买生产线的合同（未确认的确定承诺），为规避外汇风险对该确定承诺的外汇风险进行套期。

③某食品公司签订了一项 4 个月后以固定价格购买小麦的合同（未确认的确定承诺），为规避价格变动风险对该确定承诺的价格变动风险进行套期。

例如：某空调制造企业为规避外汇风险，签订了一项 3 个月后以固定外币金额购买金属原材料的合同（未确认的确定承诺），对该确定承诺的外汇风险进行套期。又如：汇金公司 20×8 年 12 月 16 日从凯利公司进口商品，货款总计 100 000 美元。合同约定于 20×9 年 1 月 16 日以美元结算。为规避美元汇率升值的风险，汇金公司当日与银行签订了买入金额为 100 000 美元、期限为 31 天的远期合约。

（2）现金流量套期。

现金流量套期是指对现金流量变动风险进行的套期。该类现金流量变动源于与已确认资产或负债、很可能发生的预期交易有关的某类特定风险，且将影响企业的损益。

以下是现金流量套期的例子。

①某企业对承担的浮动利率债务的现金流量变动风险进行套期。

②某汽车生产公司为规避 6 个月后预期很可能发生的与购买生产线相关的现金流量变动风险进行套期。

③某企业对 2 个月后预期很可能发生的与其他债权投资处置相关的现金流量变动风险进行套期。

例如：风云公司于 20×8 年 12 月 26 日以 10% 的利率签订了一笔为期 2 年的 1 000 万美元的借款协议，每半年付息一次。为规避美元利率下降的风险，风云公司同时签订了一项名义本金为 1 000 万美元、期限 2 年的利率互换协议。互换协议规定每半年收取 10% 固定利息的同时支付 LIBOR+0.5 的利息。又如：某制造企业更新主要生产设备，为规避 3 个月后预期很可能发生的与购买大型机器设备相关的现金流量变动风险进行套期。再如，某企业对 3 个月后预期很可能发生的与其他债权投资处置相关的现金流量变动风险进行套期。

对确定承诺的外汇风险进行的套期，企业可以作为现金流量套期或公允价值套期。

（3）境外经营净投资套期。

境外经营净投资套期是指对境外经营净投资外汇风险进行的套期。境外经营净投资，是指企业在境外经营净资产中的权益份额。企业既无计划也不可能在可预见的未来会计期间结算的长期外币货币性应收项目（含贷款），应当视同境外经营净投资的组成部分。因销售商品或提供劳务等形成的期限较短的应收账款不构成境外经营净投资。

例如：A 公司是一家中国企业，拥有一家法国子公司，净投资为 3 000 万美元。20×8 年 9 月 1 日，A 公司与某金融机构签订了一份 6 个月期限的远期合同，将卖出 1 000 万美元，汇率为 1 美元 =6.82 元人民币；20×8 年 12 月 31 日，汇率为 1 美元 =6.81 元人民币；20×9 年 3 月 1 日，汇率为 1 美元 =6.78 元人民币。

A 公司在法国的净投资暴露在汇率变动风险下。为了规避汇率下降（即美元贬值）带来的风险，A 公司利用远期合同进行套期，以一个固定的远期汇率 1 美元 =6.82 元人民币卖出 1 000 万美元，形成空头。20×9 年 3 月 1 日以即期汇率买入 1 000 万美元进行交割，以使得自己规避美元汇率下降带来的外汇风险，有效地保持净投资额的价值，否则公司将损失 40（= 1 000×6.82−1 000×6.78）万元人民币。

7.3 套期保值的会计处理

7.3.1 会计科目的设置

为了进行套期保值会计核算，应设置"套期工具""被套期项目""套期损益"会计科目。

（1）"套期工具"科目。

该科目是一个共同类会计科目，核算企业开展套期保值业务（包括公允价值套期、现金流量套期和境外经营净投资套期）套期工具公允价值变动形成的资产或负债。该科目可按套期工具类别进行明细核算。

企业将已确认的衍生工具等金融资产或金融负债指定为套期工具的，应按其账面价值，借记或贷记"套期工具"科目，贷记或借记"衍生工具"等科目。资产负债表日，对于有效套期，应按套期工具产生的利得，借记"套期工具"科目，贷记"套期损益"等科目；套期工具产生损失做相反的会计分录。金融资产或金融负债不再作为套期工具核算的，应按套期工具形成的资产或负债，借记或贷记有关科目，贷记或借记"套期工具"科目。

"套期工具"期末借方余额反映了企业套期工具形成资产的公允价值，该科目的期末贷方余额反映了企业套期工具形成负债的公允价值。

（2）"被套期项目"科目。

该科目是一个共同类会计科目，核算企业开展套期保值业务被套期项目公允价值变动形成的资产和负债。该科目可按被套期项目类别进行明细核算。

企业将已确认的资产或负债指定为被套期项目，应按其账面价值，借记或贷记"被套期项目"科目，贷记或借记"库存商品""长期借款""其他债权投资"等科目。已计提跌价准备或减值准备的，还应同时结转跌价准备或减值准备。资产负债表日，对于有效套期，应按被套期项目产生的利得，借记"被套期项目"科目，贷记"套期损益"等科目；被套期项目产生损失做相反的会计分录。资产或负债不再作为被套期项目核算的，应按被套期项目形成的资产或负债，借记或贷记有关科目，贷记或借记"被套期项目"科目。

"被套期项目"期末借方余额，反映企业被套期项目形成资产的公允价值；该科目的期末贷方余额，反映企业被套期项目形成负债的公允价值。

（3）"套期损益"科目。

该科目是个损益类会计科目，用于核算有效套期关系中套期工具和被套期项目的公允价值变动。套期工具和被套期项目产生利得记入该科目的贷方，套期工具和被套期项目产生损失记入该科目的借方。会计期末，"套期损益"科目要全部转入"本年利润"，结转后该科目没有余额。

不单独设置"套期损益"科目的企业，对于套期工具和被套期项目产生的损益通过"公允价值变动损益"科目核算。

7.3.2 公允价值套期会计处理

7.3.2.1 公允价值套期会计处理的基本要求

在公允价值套期会计处理中，套期工具和被套期项目均以公允价值计量，公允价值套期满足运用套期会计方法条件的，应当按照下列规定处理。

①套期工具为衍生工具的，套期工具公允价值变动形成的利得或损失应当计入当期损益；套期工具为非衍生工具的，套期工具账面价值因汇率变动形成的利得或损失应当计入当期损益。

②被套期项目因被套期风险形成的利得或损失应当计入当期损益，同时调整被套期项目的账面价值。被套期项目为按成本与可变现净值孰低进行后续计量的存货、按摊余成本进行后续计量的金融资产或可供出售金融资产的，也应当按此规定处理。

7.3.2.2　被套期项目利得或损失的具体处理方法

（1）对于金融资产或金融负债组合一部分的利率风险公允价值套期，企业对被套期项目形成的利得或损失可按下列方法处理。

被套期项目在重新定价期间内是资产的，在资产负债表中资产项下单列项目反映，待终止确认时转销。

被套期项目在重新定价期间内是负债的，在资产负债表中负债项下单列项目反映，待终止确认时转销。

（2）被套期项目以摊余成本计量的金融工具的，对被套期项目账面价值所做的调整，应当按照调整日重新计算的实际利率在调整日至到期日的期间内进行摊销，计入当期损益。

对利率风险组合的公允价值套期，在资产负债表中单列的相关项目，也应当按照调整日重新计算的实际利率在调整日至相关的重新定价期间结束日的期间内摊销。采用实际利率法进行摊销不切实可行的，可以采用直线法进行摊销。此调整金额应当于金融工具到期日前摊销完毕；对于利率风险组合的公允价值套期，应当于相关重新定价期间结束日前摊销完毕。

（3）被套期项目为尚未确认的确定承诺的，该确定承诺因被套期风险引起的公允价值变动累计额应当确认为一项资产或负债，相关的利得或损失应当计入当期损益。

（4）在购买资产或承担负债的确定承诺的公允价值套期中，该确定承诺因被套期风险引起的公允价值变动累计额（已确认为资产或负债），应当调整履行该确定承诺所取得的资产或承担的负债的初始确认金额。

7.3.2.3　终止运用公允价值套期会计的条件

套期满足下列条件之一的，企业应终止运用公允价值套期会计。

①套期工具已到期、被出售、合同终止或已行使。

套期工具展期或被另一项套期工具替换时，展期或替换是企业正式书面文件所载明的套期策略组成部分的，不作为已到期或合同终止处理。

②该套期不再满足运用套期会计方法的条件。

③企业撤销了对套期关系的指定。

7.3.2.4　公允价值套期会计处理举例

【例 7-2】20×8 年 1 月 1 日，安达公司为规避所持有存货甲的公允价值变动风险，与某金融公司签订了一份衍生工具合同（即衍生工具乙），并将其指定为 20×8 年上半年存货甲价格变化引起的公允价值变动风险的套期。

20×8 年 1 月 1 日，衍生工具乙的公允价值为零，被套期项目（即存货甲）的账面价值和成本均为 4 000 000 元，公允价值是 4 200 000 元。20×8 年 6 月 30 日，衍生工具乙的公允价值上涨了 80 000 元，存货甲的公允价值下降了 80 000 元。当日，安达公司将存货甲售出，并将衍生工具乙结算。

安达公司通过比较衍生工具乙和存货甲的公允价值变动评价套期有效性，衍生工具乙的标的资产与被套期项目存货在数量、质量、价格变动和产地等方面均相同，预期该套期高度有效。

假定不考虑衍生工具的时间价值、商品销售相关的增值税及其他因素，安达公司应编制如下会计分录。

（1）20×8 年 1 月 1 日。

借：被套期项目——库存商品甲	4 000 000	
贷：库存商品——甲		4 000 000

（2）20×8 年 6 月 30 日。

借：套期工具——衍生工具乙	80 000	
贷：套期损益		80 000
借：套期损益	80 000	
贷：被套期项目——库存商品甲		80 000
借：银行存款（或应收账款）	4 120 000	
贷：主营业务收入		4 120 000
借：主营业务成本	3 920 000	
贷：被套期项目——库存商品甲		3 920 000
借：银行存款	80 000	
贷：套期工具——衍生工具乙		80 000

由于安达公司采取了套期策略，套期工具公允价值变动的收益弥补了被套期项目公允价值变动的损失，规避了存货公允价值变动的风险，因此其存货公允价值下降并没有对预期毛利 200 000（=4 200 000-4 000 000）元产生不利影响。

假定 20×8 年 6 月 30 日，衍生工具乙的公允价值上涨了 87 000 元，存货甲的公允价值下降了 92 000 元。其他资料不变，账务处理如下。

（1）20×8 年 1 月 1 日。

借：被套期项目——库存商品甲	4 000 000	
贷：库存商品——甲		4 000 000

（2）20×8 年 6 月 30 日。

借：套期工具——衍生工具乙	87 000	
贷：套期损益		87 000
借：套期损益	92 000	

　　　　贷：被套期项目——库存商品甲　　　　　　　　　　　　　　　92 000
　　　借：银行存款（或应收账款）　　　　　　　　　　4 108 000
　　　　贷：主营业务收入　　　　　　　　　　　　　　　　　　　4 108 000
　　　借：主营业务成本　　　　　　　　　　　　　　　3 908 000
　　　　贷：被套期项目——库存商品甲　　　　　　　　　　　　3 908 000
　　　借：银行存款　　　　　　　　　　　　　　　　　　87 000
　　　　贷：套期工具——衍生工具乙　　　　　　　　　　　　　　　87 000

　　上述两种情况的差异在于，前者不存在"无效套期损益"，而后者存在"无效套期损益"
5 000（=87 000-92 000）元，因此对安达公司的当期利润总额的影响差异5 000元。

7.3.3　现金流量套期会计处理

7.3.3.1　现金流量套期会计处理的基本要求

　　现金流量套期满足运用套期会计方法条件的，应当按照下列规定处理。

　　（1）套期工具利得或损失中属于有效套期的部分，应当直接确认为其他综合收益，并单
列项目反映。该有效套期部分的金额，按照下列两项的绝对额中较低者确定：

　　①套期工具自套期开始的累计利得或损失；

　　②被套期项目自套期开始的预计未来现金流量现值的累计变动额。

　　（2）套期工具利得或损失中属于无效套期的部分（即扣除直接确认为所有者权益后的其
他利得或损失），应当计入当期损益。

　　（3）在风险管理策略的正式书面文件中，载明了在评价套期有效性时将排除套期工具的
某部分利得或损失或相关现金流量影响的，被排除的该部分利得或损失的处理适用《企业会
计准则第22号——金融工具确认和计量》。

7.3.3.2　套期工具利得或损失的后续处理

　　（1）被套期项目为预期交易，且该预期交易使企业随后确认一项金融资产或一项金融负
债的，原直接确认为其他综合收益的相关利得或损失，应当在该金融资产或金融负债影响企
业损益的相同期间转出，计入当期损益。但是，企业预期原直接在其他综合收益确认的净损
失全部或部分在未来会计期间不能弥补时，应当将不能弥补的部分转出，计入当期损益。

　　（2）被套期项目为预期交易，且该预期交易使企业随后确认一项非金融资产或一项非金
融负债的，企业可以选择下列方法处理。

　　①原直接在其他综合收益中确认的相关利得或损失，应当在该非金融资产或非金融负债
影响企业损益的相同期间转出，计入当期损益。但是，企业预期原直接在其他综合收益中确
认的净损失全部或部分在未来会计期间不能弥补时，应当将不能弥补的部分转出，计入当期
损益。

　　②将原直接在其他综合收益中确认的相关利得或损失转出，计入该非金融资产或非金融
负债的初始确认金额。

非金融资产或非金融负债的预期交易形成了一项确定承诺时，该确定承诺满足运用套期保值准则规定的套期会计方法条件的，也应当选择上述两种方法之一处理。

企业选择了上述两种处理方法之一作为会计政策后，应当一致地运用于相关的所有预期交易套期，不得随意变更。

（3）不属于以上（1）或（2）所指情况的，原直接计入其他综合收益中的套期工具利得或损失，应当在被套期预期交易影响损益的相同期间转出，计入当期损益。

7.3.3.3　终止运用现金流量套期会计方法的条件

企业应在下列情况之一出现时，终止运用现金流量套期会计方法。

（1）套期工具已到期、被出售、合同终止或已行使。

在套期有效期间直接计入其他综合收益中的套期工具利得或损失不应当转出，直至预期交易实际发生时，再按有关规定处理。套期工具展期或被另一项套期工具替换，且展期或替换是企业正式书面文件所载明套期策略组成部分的，不作为已到期或合同终止处理。

（2）该套期不再满足运用套期保值准则规定的套期会计方法的条件。

在套期有效期间直接计入其他综合收益中的套期工具利得或损失不应当转出，直至预期交易实际发生时，再按有关规定处理。

（3）预期交易预计不会发生。

在套期有效期间直接计入其他综合收益中的套期工具利得或损失应当转出，计入当期损益。

（4）企业撤销了对套期关系的指定。

对于预期交易套期，在套期有效期间直接计入其他综合收益中的套期工具利得或损失不应当转出，直至预期交易实际发生或预计不会发生。预期交易实际发生的，应按有关规定处理；预期交易预计不会发生的，原直接计入其他综合收益中的套期工具利得或损失应当转出，计入当期损益。

7.3.3.4　现金流量套期会计处理举例

【例 7-3】20×8 年 1 月 1 日，甲公司预期在 20×8 年 6 月 30 日销售 A 商品 50 000 件。为规避与其销售有关的现金流量变动风险，甲公司于 20×8 年 1 月 1 日与乙金融机构签订了一份衍生工具合同（即衍生工具 B），且将其指定为对 A 商品销售的套期工具。

20×8 年 1 月 1 日，衍生工具 B 的公允价值为零，商品的生产成本为 1 600 000 元，预期销售收入为 2 000 000 元。20×8 年 6 月 30 日，衍生工具 B 的公允价值上涨了 40 000 元，A 商品销售价格下降了 40 000 元。当日，甲公司将商品 A 出售，并将衍生工具 B 结算。

衍生工具 B 的标的资产与被套期的预期销售在数量、质量、价格变动和产地等方面相同，并且衍生工具 B 的结算日和预期商品销售日均为 20×8 年 6 月 30 日，预期该套期高度有效。

假定不考虑衍生工具的时间价值、商品销售相关的增值税及其他因素，A 公司的账务处理如下（单位：元）。

（1）20×8年1月1日，不做账务处理。

（2）20×8年6月30日。

确认衍生工具的公允价值变动：

借：套期工具——衍生工具B 40 000

　　贷：其他综合收益——套期储备 40 000

确认商品A的销售：

借：银行存款（或应收账款） 1 960 000

　　贷：主营业务收入 1 960 000

借：主营业务成本 1 600 000

　　贷：库存商品——A 1 600 000

确认衍生工具B的结算：

借：银行存款 40 000

　　贷：套期工具——衍生工具B 40 000

确认将原计入其他综合收益的衍生工具公允价值变动转出，调整主营业务收入：

借：其他综合收益——套期储备 40 000

　　贷：主营业务收入 40 000

【例7-4】 海地公司于20×8年11月1日与境外S公司签订合同，约定20×9年1月31日以每吨60欧元的价格购入1 000吨花生油。海地公司为规避花生油成本的外汇风险，于当日与某金融机构签订了一项3个月期的远期外汇合同，约定汇率为1欧元=7.58元人民币，合同金额为60 000欧元。20×9年1月31日，海地公司以净额方式结算该远期外汇合同，并购入花生油。

假定：①20×8年12月31日，1个月欧元兑人民币远期汇率为1欧元=7.55元人民币，人民币的市场利率为6%；②20×9年1月30日，欧元兑人民币即期汇率为1欧元=7.53元人民币；③该套期符合运用套期保值准则所规定的运用套期会计的条件；④不考虑增值税等相关税费。

根据套期会计准则规定，对外汇确定承诺的套期既可以划分为公允价值套期，也可以划分为现金流量套期。

情形1： 海地公司将上述套期划分为公允价值套期。

（1）20×8年11月1日。

远期合同的公允价值为零，不做账务处理，将套期保值进行表外登记。

（2）20×8年12月31日。

远期外汇合同的公允价值=((7.58-7.55)×60 000/(1+6%×1/12))=1 791（元）

借：套期损益 1 791

　　贷：套期工具——远期外汇合同 1 791

借：被套期项目——确定承诺 1 791

　　贷：套期损益 1 791

（3）20×9年1月31日。

远期外汇合同的公允价值 ＝（7.58−7.53）×60 000＝3 000（元）

借：套期损益	1 209	
贷：套期工具——远期外汇合同		1 209
借：套期工具——远期外汇合同	3 000	
贷：银行存款		3 000
借：被套期项目——确定承诺	1 209	
贷：套期损益		1 209
借：库存商品——花生油（60×1 000×7.53）	451 800	
贷：银行存款		451 800
借：库存商品——花生油	3 000	
贷：被套期项目——确定承诺		3 000

将被套期项目的余额调整花生油的入账价值。

情形 2：海地公司将上述套期划分为现金流量套期。

（1）20×8 年 11 月 1 日。

不做账务处理，将套期保值进行表外登记。

（2）20×8 年 12 月 31 日。

远期外汇合同的公允价值 ＝（（7.58−7.55）×60 000/（1+6%×1/12））=1 791（元）

借：其他综合收益——套期储备	1 791	
贷：套期工具——远期外汇合同		1 791

（3）20×9 年 1 月 31 日。

远期外汇合同的公允价值 ＝（7.58−7.53）×60 000=3 000（元）

借：其他综合收益（套期工具价值变动）	1 791	
贷：套期工具——远期外汇合同		1 791
借：套期工具——远期外汇合同	3 000	
贷：银行存款		3 000
借：库存商品——花生油	451 800	
贷：银行存款		451 800

海地公司将套期工具于套期期间形成的公允价值变动累计额（净损失）暂记在所有者权益中，在处置花生油影响企业损益的期间转出，计入当期损益。该净损失在未来会计期间不能弥补时，将全部转出，计入当期损益。

7.3.4　境外经营净投资套期会计处理

对境外经营净投资的套期，企业应按类似于现金流量套期会计的规定进行会计处理。

（1）套期工具形成的利得或损失中属于有效套期的部分，应当直接确认为其他综合收益，并单列项目反映。处置境外经营时，上述在其他综合收益中单列项目反映的套期工具利得或损失应当转出，计入当期损益。

（2）套期工具形成的利得或损失中属于无效套期的部分，应当计入当期损益。

【例7-5】 20×7年10月1日，L公司（记账本位币为人民币）在丹麦的子公司乙有一项净投资外币1 000万丹麦克朗。为规避境外经营净投资外汇风险，L公司与某境外金融机构签订了一份外汇远期合同，约定于20×8年3月31日卖出1 000万丹麦克朗。L公司每季度对境外投资余额进行检查，依据检查结果调整对净投资价值的套期。有关资料如表7-1所示。

表7-1　L公司外汇远期合同的相关信息

日期	即期汇率（丹麦克朗/人民币）	远期汇率（丹麦克朗/人民币）	远期合同的公允价值（元）
20×7年10月1日	1.52	1.50	0
20×7年12月31日	1.45	1.42	600 000
20×8年3月31日	1.40	不适用	850 000

L公司在评价套期有效性时，将远期合同的时间价值排除在外。假定L公司的上述套期满足运用套期会计方法的所有条件。

L公司的账务处理如下（单位：元）。

（1）20×7年10月1日。

借：被套期项目——境外经营净投资　　　　　　　　15 200 000

　贷：长期股权投资　　　　　　　　　　　　　　　　　　　　15 200 000

外汇远期合同的公允价值为零，不做账务处理。

（2）20×7年12月31日。

确认远期合同的公允价值变动：

借：套期工具——远期外汇合同　　　　　　　　　　600 000

　　财务费用——汇兑损失　　　　　　　　　　　　200 000

　贷：其他综合收益——套期储备　　　　　　　　　　　　　　800 000

确认对子公司净投资的汇兑损益：

借：外币报表折算差额　　　　　　　　　　　　　　800 000

　贷：被套期项目——境外经营净投资　　　　　　　　　　　　800 000

（3）20×8年3月31日。

确认远期合同的公允价值变动：

借：套期工具——远期外汇合同　　　　　　　　　　250 000

　　财务费用——汇兑损失　　　　　　　　　　　　250 000

　贷：其他综合收益——套期储备　　　　　　　　　　　　　　500 000

确认对子公司净投资的汇兑损益：

借：外币报表折算差价　　　　　　　　　　　　　　500 000

　贷：被套期项目——境外经营净投资　　　　　　　　　　　　500 000

确认外汇远期合同的结算：

借：银行存款　　　　　　　　　　　　　　　　　　850 000

　贷：套期工具——外汇远期合同　　　　　　　　　　　　　　850 000

注：境外经营净投资套期（类似现金流量套期）产生的利得在其他综合收益中列示，直至子公司被处置。

上述我们分别介绍了公允价值套期、现金流量套期和境外经营净投资套期的会计处理方法，为加深理解和防止混淆，现将这些会计处理方法总结如表 7-2 所示。

表 7-2　套期保值会计比较

	公允价值套期		现金流量套期		境外经营净投资套期	
	套期工具	被套期项目	套期工具	被套期项目	套期工具	被套期项目
利得或损失（有效套期部分）	当期损益（套期损益）		其他综合收益		其他综合收益	—
利得或损失（无效套期部分）			当期损益		当期损益	

◆ 本章小结

通常金融工具可分为基础金融工具和衍生工具，前者主要包括现金、存款、债权、债务、股权等，后者主要包括远期合同、期货合同、互换和期权等金融工具。套期保值是指企业为规避外汇风险、利率风险、商品价格风险、股票价格风险、信用风险等，指定一项或一项以上套期工具，使套期工具的公允价值或现金流量变动，预期抵销被套期项目全部或部分公允价值或现金流量变动。套期保值按套期关系划分为公允价值套期、现金流量套期和境外经营净投资套期。对于满足套期保值准则规定条件的公允价值套期、现金流量套期和境外经营净投资套期，企业可运用套期会计的方法进行处理。在进行套期保值会计核算时，需要设置"套期工具""被套期项目"和"套期损益"三个会计科目，按公允价值套期、现金流量套期或境外经营净投资套期进行会计处理。

◆ 思考题

1. 什么是金融工具、衍生工具？常见的衍生工具有哪些？

2. 什么是套期保值？套期保值包括哪些种类？

3. 什么是套期工具？通常有哪些衍生工具可以作为套期工具？

4. 什么是被套期项目？通常有哪些项目可以作为被套期项目？

5. 公允价值套期会计核算的基本要求有哪些？

6. 现金流量套期的会计核算的基本要求有哪些？

7. 境外经营净投资套期会计核算的基本要求有哪些？

8. 公允价值套期、现金流量套期和境外经营净投资套期会计处理的区别有哪些？

◆ 练习题

1. 不定项选择题

（1）下列项目中，属于衍生工具的为（　　）。

    A. 远期合同　　　B. 期货合同

    C. 互换合同　　　D. 期权合同

（2）下列项目中，属于衍生工具确认条件的为（　　）。

    A. 价值确定

    B. 价值不确定

C. 不要求或较少要求初始投资

D. 未来结算

（3）企业取得衍生工具发生的交易费用，应计入的会计科目为（　　）。

A. 管理费用

B. 财务费用

C. 公允价值变动损益

D. 投资收益

（4）在现金流量套期中，套期工具利得或损失中有效套期部分，应当（　　）。

A. 计入当期损益

B. 递延到以后期间

C. 与相应的资产项目抵销

D. 计入其他综合收益

（5）公允价值套期中，套期工具利得或损失中有效套期部分，应当计入的项目为（　　）。

A. 当期损益

B. 递延到以后期间

C. 与相应的资产项目抵销

D. 其他综合收益

（6）下列项目中，可以作为套期工具的为（　　）。

A. 单项衍生工具

B. 多项衍生工具

C. 单项基础金融工具

D. 多项基础金融工具

（7）下列项目中，属于套期关系组成项目的为（　　）。

A. 套期工具　　　B. 套期有效性

C. 被套期风险　　D. 被套期项目

（8）下列项目中，属于共同类会计科目的为（　　）。

A. 衍生工具　　　B. 套期工具

C. 被套期项目　　D. 套期损益

（9）在公允价值套期会计中，被套期项目因被套期风险形成的利得或损失应当（　　）。

A. 计入当期损益

B. 计入其他综合收益

C. 计入被套期项目账面价值

D. 递延到以后期间

（10）境外经营净投资的套期中，套期工具形成的利得或损失中的有效套期部分，应当（　　）。

A. 计入当期损益

B. 计入其他综合收益

C. 与相应的资产项目抵销

D. 递延到以后期间

2. 判断题

（1）企业运用商品期货进行套期时，其套期保值策略通常是，买入（卖出）与现货市场数量相当但交易方向相反的期货合同，以期在未来某一时间通过卖出（买入）期货合同来补偿现货市场价格变动所带来的实际价格风险。（　　）

（2）所有的衍生工具都可以作为套期工具。（　　）

（3）非衍生金融资产或非衍生金融负债通常不能作为套期工具，但被套期风险为外汇风险时，某些非衍生金融资产或非衍生金融负债可以作为套期工具。（　　）

（4）L 公司拥有一项支付固定利息、收取浮动利息的互换合同，计划将其用于对所发行的浮动利率债券进行套期。该互换合同的剩余期限为 8 年，而债券的剩余期限为 5 年。在这种情况下，L 公司可以将互换合同剩余期限中的 3 年互换指定为套期工具。（　　）

（5）对于采用权益法核算的股权投资，只有对境外经营净投资可以作为被套期项目。（　　）

（6）如果套期有效性不能可靠地计量，也可以采用套期会计方法处理。（　　）

（7）某企业套期的实际结果是，套期工具公允价值变动形成的损失为 1 200 万元，而被套期项目的公允价值变动形成的利得为 1 000 万元，在套期开始及以后期间，该套期预期会高度有效地抵销套期指定期间被套期风险引起的公允价值或现金流量变动，可以认定该套期是高度有效的。（　　）

（8）终止套期会计可能会影响套期关系的整体或其中一部分，在仅影响其中一部分时，剩余未受影响的部分仍适用套期会计。（　　）

（9）对于公允价值的套期，被套期项目因被套期风险形成的利得或损失应当计入当期损益，同时调整被套期项目的账面价值。（　　）

（10）采用现金流量套期会计处理时，当预期交易预计不会发生时，在套期有效期间直接计入所有者权益中的套期工具利得或损失应当转出，计入当期损益。（　　）

3. 计算及分析题

（1）20×8 年 3 月 1 日，A 公司为规避所持有存货甲的公允价值变动风险，与某金融公司签订一份衍生工具合同（即衍生工具 M），并将其指定为 20×8 年上半年存货甲价格变化引起的公允价值变动风险的套期。衍生工具 M 的标的资产与被套期项目存货在数量、质量、价格变动和产地方面均相同。20×8 年 3 月 1 日，衍生工具 M 的公允价值为零，被套期项目（即存货甲）的账面价值和成本均为 4 000 000 元，公允价值是 4 200 000 元。

要求：

① 假定 20×8 年 9 月 30 日，衍生工具 M 的公允价值上涨了 80 000 元，存货甲的公允价值下降了 80 000 元。当日，A 公司将存货甲售出，并将衍生工具 M 结算。忽略衍生工具的时间价值、商品销售相关

的增值税及其他因素，进行 A 公司的账务处理。

② 假定 20×8 年 9 月 30 日，衍生工具乙的公允价值上涨了 87 000 元，存货甲的公允价值下降了 92 000 元。其他资料如①，进行 A 公司的账务处理。

（2）L 公司预期将于 20×7 年 6 月 30 日销售 A 商品。为规避与其销售有关的现金流量变动风险，L 公司于 20×7 年 1 月 1 日与乙金融机构签订了一份衍生工具合同，且将其指定为对 A 商品销售的套期工具。衍生工具合同的标的资产与被套期的预期销售在数量、质次、价格变动和产地等方面相同，并且该衍生工具合同的结算日和预期商品销售日均为 20×7 年 6 月 30 日。

20×7 年 1 月 1 日，衍生工具合同的公允价值为零，商品的预期销售价格为 4 000 000 元。20×7 年 6 月 30 日，衍生工具合同的公允价值上涨了 80 000 元，商品的预期销售价格下降了 80 000 元。当日，L 公司将商品 A 出售，并将衍生工具合同结算。L 公司评价该套期完全有效。

要求： 假定不考虑衍生工具的时间价值、商品销售相关的增值税及其他因素，进行 L 公司的账务处理。

（3）D 公司于 20×6 年 10 月 1 日与境外乙公司签订了一份合同，约定于 20×7 年 1 月 30 日以 50 英镑 / 件的价格购入 10 000 件 A 商品。D 公司为规避购入 A 商品的外汇风险，于当日与某金融机构签订了一份 4 个月期的远期外汇合同，约定汇率为 1 英镑 = 10 元人民币，合同金额 500 000 英镑，这时，人民币的市场利率为 5%。20×7 年 1 月 30 日，D 公司以净额

方式结算该远期外汇合同，并购入A商品。该套期符合运用套期保值准则所规定的运用套期会计的条件。相关的汇率资料是：20×6年12月31日，20×7年1月30日，远期汇率是1英镑=9.85元人民币；20×7年1月30日，即期汇率是1英镑=9.8元人民币。

要求： 不考虑增值税等相关税费，进行D公司的相关账务处理。

第 8 章
CHAPTER 8

债务重组与破产清算会计

§ 思政导语

没有长生不老的企业，只有优胜劣汰的铁律——经济规律。

没有永葆活力的青春，只有绿树成荫的心态——自然规律。

§ 本章导读

通过本章的学习，读者可以了解企业债务重组的含义、方式以及破产清算的原因及程序，进而掌握企业债务重组与破产清算的相关会计理论、会计制度、会计处理方法，了解企业破产清算会计报表的种类与编制方法。

§ 本章思政引导案例

利用关联方债务重组粉饰业绩

广东华龙集团成立于 1993 年，主营海洋渔业。2000 年在上海证券交易所上市，2001 年和 2005 年分别对外宣称遭遇自然灾害，后由于连续三年亏损在 2007 年被停牌。停牌之后，华龙集团向佛山三盛借款 3 000 万元用于清偿巨额债务，之后这笔借款的债权被佛山三盛转让给上海兴铭（华龙集团第三大股东），并由上海兴铭在股份改革中豁免。除此之外，华龙集团还通过与重庆新渝巨鹰实业发展有限公司等五家债权人签订了"债务重组协议"，豁免债务高达 3 000 多万元。同样在 2007 年度，公司还获得了农业部渔用柴油补贴款 700 余万元，在 2009 年凭借其通过债务豁免和政府补贴的高额营业外收入在证券交易所成功复牌。2010 年广东华龙集团被上海三盛收购，收购之后的华龙更名为中昌海运股份有限公司，2016 年 10 月 14 日又变更为中昌大数据股份有限公司。

造假通常由动机、机会和自我合理化三个要素组成。首先，华龙集团造假动机直接来自 2007 年的停牌危机。其在上市时就以过度包装来满足上市条件，然而，劣质的资产无法支撑主营业务利润的持续性，无奈之下只能通过营业外收入（即债务重组）来粉饰报表从而顺利复牌。复牌后的股权融资可以解决华龙集团的资金问题。其次，华龙集团造假的机会来自市场规则的不完善。上海兴铭是华龙集团的第三大股东，华龙集团与佛山三盛的借款被转让给上海兴铭，则其债务也相应被豁免，再加上700余万元的政府补贴，这种不合理的巨额营业外收入使得华龙集团当年公司报表在不违反相关法律的情况下扭亏为盈，成功复牌。最后，华龙集团的自我合理化主要存在于两方面，其一，华龙集团将财务困境归结于两起自然灾害事件，其二，华龙集团借助债务豁免和政府补贴增加营业外收入使得自己成功复牌合理合法。

华龙集团的上述债务重组对该集团产生了"名利双跌"效应，即两次受灾公告使华龙集团受到了外界的一片口诛笔伐，股价也随着急剧下跌，使得广大股民受到了严重损失。

资料来源：https://wenku.baidu.com/view/cf60fc07f042336c1eb91a37f111f18583d00cec.html.

问题：

1. 债务重组会给债务人带来哪些好处？
2. 关联方债务重组是否会影响到交易的真实、公平原则？
3. 本案例中的债务重组的负面影响有哪些？

优胜劣汰是市场经济的基本法则。在激烈的市场竞争中，有些企业难免出现无法清偿到期债务的情况，对此可以有两个选择：一是债权人允许债务人减少偿还金额、延期偿债、以物抵债、债务转为股本等，由债权债务双方实施债务重组，自行解决债务纠纷；二是债务人处于资不抵债甚至达到破产界限，无法持续经营下去，通过破产清算清理债权债务关系。

8.1 债务重组

8.1.1 债务重组的含义

债务重组是在不改变交易对手方的情况下，经债权人和债务人协定或法院裁定，就清偿债务的时间、金额或方式等重新达成协议的交易。债务重组对债权人而言是"债权重组"，对债务人而言是"债务重组"，为表述方便，这里统称为"债务重组"。其中"不改变交易对手方"是指不改变债权债务对象，但可以有第三方参与。例如，A公司以不同于债权债务双方合同规定的偿债方式，代替债务人向债权人偿债。"重新达成协议"是指债权债务双方经过协商，就相关债务条款重新达成的协议，包括偿债金额、偿还方式、偿还时间等方面的变更，无论债务人是否处于财务困难、债权人是否做出让步。

这里的债务重组所涉及的债权和债务是指《企业会计准则第22号——金融工具确认和计量》规范的金融工具，包括应收租赁款、应付租赁款，但不包括合同资产、合同负债、预计负债。

债务重组可以分为权益性交易与非权益性交易两类，前者不确认重组损益，后者确认重组损益。

8.1.2 债务重组的方式

债务重组的方式主要包括以下四类。

（1）以资产清偿债务。

这是指债务人转让其资产给债权人以清偿债务的债务重组方式。债务人用于清偿债务的资产包括金融资产和非金融资产，前者主要指现金、银行存款、其他货币资金、债权投资、权益投资等资产，后者如存货、固定资产、无形资产等。

（2）将债务转为权益工具。

这是指债务人将债务转为资本、债权人将债权转为股权的债务重组方式。债务转为资本时，对股份有限公司而言，是将债务转为股本；对其他企业而言，是将债务转为实收资本。这一重组方式下，债务人因此而增加股本（或实收资本），债权人因此而增加长期股权投资等。

（3）修改其他债务条件。

这是指不包括上述两种方式在内的修改其他债务条件进行的债务重组方式，如调整债务本金、利息以及变更偿债期限等。

（4）组合偿债。

这是指采用以上三种方式共同清偿债务的债务重组方式。如债务的一部分以现金资产清偿，一部分以非现金资产清偿，另一部分转为资本，剩余部分采用降低利率等修改其他债务条件方式完成。

自古以来我国就有"欠债还钱，天经地义"之说，企业的债务源于债权人，按期足额清偿债务是债务人的法律义务，是实现商品交易公平、有序的基本规则，是保护债权人产权的需要。无论债务人以现金、实物还是权利清偿相关债务，都是债务人诚信经营的体现。当然，如果有限责任的企业债务人资不抵债，则债权人难以全额受偿，但债务人已经竭尽全力，债权人的债权损失也体现了市场风险。日常生活中也是如此，欠债不还的"老赖""欠债是大爷"的理念或行为，说明了该债务人诚信丧失、品德低下，不仅违背了法律，破坏了公序良俗，更难以拥有真正的朋友，难以拥有美满的生活。

8.1.3 债务重组的会计处理

企业应根据债务重组方式的不同，在债务重组日进行相应的会计处理，确认和计量债务重组的利得或损失。债务重组日是指债务重组完成日，即债务人按照债务重组协议或法院裁定，将相关资产转让给债权人、将债务转为资本或修改后的偿债条件开始执行的日期。以非现金资产抵债，应按最后一批运抵并办理债务解除手续日期为债务重组日。对即期债务重组，以债务解除手续日期为债务重组日；对远期债务重组，以新的偿债条件开始执行的时间为债务重组日。例如，A 公司欠 B 公司 200 万元货款，到期日为 20×9 年 6 月 30 日。A 公司因财务困难，经与 B 公司协商于 20×9 年 7 月 15 日签订债务重组协议，规定 A 公司以价值 160 万元的商品抵偿欠 B 公司上述全部债务。20×9 年 7 月 20 日 B 公司收到该商品并验收入库。

20×9 年 7 月 22 日办理了有关债务解除手续。该债务重组的重组日为 20×9 年 7 月 22 日。

8.1.3.1 以资产清偿债务

（1）以金融资产清偿债务。

以金融资产清偿债务的，债务人应当将清偿债务的账面价值与偿债金融资产账面价值之间的差额，计入"投资收益"科目。偿债金融资产计提减值准备的，应结转已经计提的减值准备。以债务工具（如其他债权投资）清偿债务的，原转入其他综合收益的利得损失，转入"投资收益"科目；以非交易性权益工具（如其他权益工具投资）清偿债务的，原转入其他综合收益的利得损失，转入"盈余公积""利润分配——未分配利润"科目。

债权人放弃债权的账面价值与受让的金融资产公允价值之间的差额，计入投资收益。

【例 8-1】A 公司于 20×5 年 4 月 6 日向 B 公司销售一批商品，不含税价格为 200 000 元，增值税税率为 13%。按合同规定，B 公司应于 20×5 年 8 月 6 日前偿付货款。由于 B 公司陷入财务困境，无法按合同规定偿还债务，经双方协议于 20×5 年 8 月 1 日进行债务重组。根据债务重组协议规定，A 公司同意 B 公司以银行存款偿还原债务的 80%，免除剩余债务。A 公司已提取信用减值损失 20 000 元（整个交易过程未发生除增值税以外的其他税费）。

（1）债务人（B 公司）的会计处理。

借：应付账款——A 公司（200 000×（1+13%）） 226 000
　　贷：银行存款（226 000×80%） 180 800
　　　　投资收益 45 200

（2）债权人（A 公司）的会计处理。

借：银行存款 180 800
　　坏账准备 20 000
　　投资收益 25 200
　　贷：应收账款——B 公司 226 000

上面，如果 A 公司已提取坏账准备为 60 000 元，坏账准备冲减后仍余 14 800（=60 000-45 200）元，应予转回并抵减当期信用减值损失。会计处理为：

借：银行存款 180 800
　　坏账准备 45 200
　　贷：应收账款——B 公司 226 000
借：坏账准备 14 800
　　贷：信用减值损失 14 800

（2）以非金融资产清偿债务。

以非金融资产清偿债务，债务人清偿债务的账面价值与偿债资产账面价值的差额，计入"其他收益——债务重组收益"科目，结转转让资产计提的减值准备。

债权人放弃债权的公允价值与账面价值的差额计入"投资收益"，受让非金融资产公允价值与终止债权账面价值差额计入"投资收益"。受让非金融资产时，应按照受让该资产的类别分别确定其入账成本：存货的成本包括放弃债权的公允价值和使该资产达到当前位置和状态所发生的可直接归属于该资产的税金、运输费、装卸费、保险费等其他成本；联营企业或合营企业投资的成本包括放弃债权的公允价值和可直接归属于该资产的税金等其他成本；投资性房地产的成本包括放弃债权的公允价值和可直接归属于该资产的税金等其他成本；固定资产的成本包括放弃债权的公允价值和使该资产达到预定可使用状态前所发生的可直接归属于该资产的税金、运输费、装卸费、安装费、专业人员服务费等其他成本；生物资产的成本，包括放弃债权的公允价值和可直接归属于该资产的税金、运输费、保险费等其他成本；无形资产的成本，包括放弃债权的公允价值和可直接归属于使该资产达到预定用途所发生的税金等其他成本。

【例 8-2】　沿用例 8-1 的资料。假设例 8-1 中的 B 公司欠 A 公司含税购货款 226 000 元，经与 B 公司协商，A 公司同意 B 公司以其生产的产品甲偿还债务。该产品的市价为 180 000元，实际成本为 108 000 元，该产品应缴纳的增值税销项税额为 23 400 元，该产品已计提的存货跌价准备为 1 000 元。A、B 公司增值税率均为 13%，未发生其他相关税费，B 公司已对该项应收账款计提坏账准备 2 000 元。

（1）债务人（B 公司）的会计处理。

借：应付账款——A 公司　　　　　　　　　　　　　226 000
　　贷：主营业务收入　　　　　　　　　　　　　　　　　　　180 000
　　　　应交税金——应交增值税（销项税额）　　　　　　　　 23 400
　　　　其他收益——债务重组收益　　　　　　　　　　　　　 22 600
借：主营业务成本　　　　　　　　　　　　　　　　107 000
　　存货跌价准备　　　　　　　　　　　　　　　　　1 000
　　贷：库存商品——甲　　　　　　　　　　　　　　　　　　108 000

（2）债权人（A 公司）的会计处理。

借：库存商品——甲　　　　　　　　　　　　　　　180 000
　　应交税金——应交增值税（进项税额）　　　　　　23 400
　　坏账准备　　　　　　　　　　　　　　　　　　　2 000
　　投资收益　　　　　　　　　　　　　　　　　　 20 600
　　贷：应收账款——B 公司　　　　　　　　　　　　　　　　226 000

【例 8-3】　沿用例 8-1 的资料。假设例 8-1 中的 B 公司欠 A 公司含税购货款 226 000 元，经与 B 公司协商，A 公司同意 B 公司以其一台机器设备偿还债务。该机器设备的公允价值为185 000 元，账面原价为 300 000 元，已提折旧 40 000 元，已计提减值准备 5 000 元，A 公司偿还债务时以银行存款支付清理费用 1 000 元。B 公司接受 A 公司以机器设备偿还债务时，未发生其他相关税费，B 公司已对该项应收账款计提坏账准备 2 000 元。

（1）债务人（B 公司）的会计处理。

① 固定资产账面价值转入固定资产清理时。

借：固定资产清理　　　　　　　　　　　　　　　　255 000

固定资产减值准备	5 000	
累计折旧	40 000	
贷：固定资产——机器设备		300 000

② 付清理费用时。

借：固定资产清理	1 000	
贷：银行存款		1 000

③ 结转债务重组利得时。

借：应付账款——A 公司	226 000	
贷：固定资产清理		185 000
其他收益——债务重组收益		41 000

④ 结转转让固定资产的损益时。

借：资产处置损益——处置固定资产损失	71 000	
贷：固定资产清理		71 000

（2）债权人（A 公司）的会计处理。

借：固定资产——机器设备	185 000	
坏账准备	2 000	
投资收益	39 000	
贷：应收账款——B 公司		226 000

【例 8-4】沿用例 8-1 的资料。假设例 8-1 中的 B 公司欠 A 公司含税购货款 226 000 元，经与 B 公司协商，A 公司同意 B 公司以其一项长期股权投资偿还债务，该投资的公允价值为 180 000 元，账面价值 160 000 元，已计提减值准备 2 000 元，未发生其他相关税费。

（1）债务人（B 公司）的会计处理。

借：应付账款——A 公司	226 000	
长期股权投资减值准备	2 000	
贷：长期股权投资		160 000
投资收益（180 000+2 000−160 000）		22 000
其他收益——债务重组收益		46 000

（2）债权人（A 公司）的会计处理。

借：长期股权投资	180 000	
坏账准备	2 000	
投资收益	44 000	
贷：应收账款——B 公司		226 000

【例 8-5】 沿用例 8-1 的资料。假设例 8-1 中的 B 公司欠 A 公司含税购货款 226 000 元，经与 B 公司协商，A 公司同意 B 公司以其一项其他债权投资偿还债务，该投资的公允价值为 180 000 元，账面价值 160 000 元，已计提减值准备 2 000 元，已转入其他综合收益的公允价值变动 5 000 元，A 公司计提坏账损失 3 000 元，未发生其他相关税费。

（1）债务人（B 公司）的会计处理。

借：应付账款——A 公司 226 000

其他综合收益——信用减值准备 2 000

其他综合收益——其他债权投资公允价值变动 5 000

贷：其他债权投资 160 000

投资收益 27 000

其他收益——债务重组收益 46 000

上述投资收益 27 000=180 000+2 000+5 000−160 000。

（2）债权人（A 公司）的会计处理。

借：其他债权投资 180 000

坏账准备 3 000

投资收益 43 000

贷：应收账款——B 公司 226 000

【例 8-6】 沿用例 8-1 的资料。假设例 8-1 中的 B 公司欠 A 公司含税购货款 226 000 元，经与 B 公司协商，A 公司同意 B 公司以其一项其他权益工具投资偿还债务，该投资的公允价值为 180 000 元，账面价值 160 000 元，已转入其他综合收益的公允价值变动 5 000 元，A 公司计提坏账损失 3 000 元，未发生其他相关税费。

（1）债务人（B 公司）的会计处理。

借：应付账款——A 公司 226 000

其他综合收益——其他权益工具投资公允价值变动 5 000

贷：其他权益工具投资 160 000

盈余公积 500

利润分配——未分配利润 4 500

其他收益——债务重组收益 66 000

（2）债权人（A 公司）的会计处理。

借：其他权益工具投资 180 000

坏账准备 3 000

投资收益 43 000

贷：应收账款——B 公司 226 000

8.1.3.2 债务转为权益工具

在债务转为权益工具的债务重组中，债务人企业应将债权人放弃债权而享有股份的面值总额（或者股权份额）确认为股本（或者实收资本），股份（或者股权）的公允价值总额与股本（或者实收资本）之间的差额确认为股本溢价（或者资本溢价）计入资本公积。清偿债务账面价值与权益工具确认金额的差额，计入投资收益。债务人发行权益工具的相关税费，依次冲减资本溢价、盈余公积、未分配利润。

【**例 8-7**】 20×9 年 3 月 20 日，甲公司向乙公司购入一批材料，应付款项 200 万元，约定当年 9 月 20 日之前支付。甲公司将该债务分类为摊余成本计量的金融负债，乙公司将该债权分类为公允价值计量且其变动计入当期损益的金融资产。20×9 年 9 月 25 日，甲公司因不能清偿该债务而与乙公司达成了债务重组协议，乙公司将该债权转为对甲公司的股权投资。20×9 年 9 月 30 日，双方办理了相关手续，甲乙双方各支付相关费用 2 万元和 3 万元。转股后，甲公司总股本为 500 万元，乙公司持有甲公司股权份额为 20%，对甲公司有重大影响。

20×9 年 8 月 31 日，应收款项与应付款项公允价值均为 170 万元。20×9 年 9 月 25 日，应收款项与应付款项公允价值均为 160 万元。20×9 年 9 月 30 日，应收款项与应付款项公允价值均为 150 万元。不考虑相关税费。

（1）债务人（甲公司）会计处理。

9 月 30 日

应付账款公允价值 =1 500 000+20 000（相关税费）=1 520 000（元）

借：应付账款——乙公司	2 000 000	
贷：实收资本（5 000 000×20%）		1 000 000
资本公积——资本溢价		520 000
银行存款		20 000
投资收益		460 000

（2）债权人（乙公司）会计处理。

8 月 31 日

借：公允价值变动损益	300 000	
贷：交易性金融资产——公允价值变动		300 000

9 月 25 日

借：公允价值变动损益	100 000	
贷：交易性金融资产——公允价值变动		100 000

9 月 30 日

借：公允价值变动损益	100 000	
贷：交易性金融资产——公允价值变动		100 000
借：长期股权投资——甲公司	1 530 000	
交易性金融资产——公允价值变动	500 000	
贷：交易性金融资产——成本		2 000 000
银行存款		30 000

8.1.3.3 组合偿债

组合偿债是债务人以现金等金融资产、非金融资产、债务转权益、修改条款等方式的组合清偿债务。债务人清偿债务账面价值与转让资产账面价值、权益工具和重组债务确认金额的差额，计入"其他收益——债务重组收益"或"投资收益"（仅适用金融工具）。

债权人受让的某非金融资产的入账价值，按照该非金融资产公允价值占受让所有非金融资产的公允价值的比例分配确定，放弃债权的公允价值与账面价值的差额，计入投资收益。

组合偿债是一种多种方式的偿债选择，也体现了债权人谅解下的债务清偿的灵活性。接受他人帮助后应该"知恩图报"，可以金钱回报、感情回报，也可以行为等回报，"滴水之恩涌泉相报"，这也是做人之本。

【例 8-8】　20×9 年 5 月 10 日，甲公司向乙公司购入一批材料，价税合计 468 万元。12 月 10 日，甲公司由于现金流困难，与乙公司达成债务重组协议，甲公司以库存商品、一套设备、一项债券投资以及 10 万元人民币偿还对乙公司的欠款，其中库存商品市价 180 万元、设备公允价值 150 万元、债券投资市价 47.1 万元。该日乙公司持有的该债权公允价值 420 万元。12 月 20 日完成抵债资产的转移，甲公司发生设备运输费 1.3 万元，乙公司发生设备安装费 3 万元。

甲公司以摊余成本计量该项债务，抵债库存商品成本 140 万元，设备原值 300 万元，已提折旧 80 万元，计提减值准备 36 万元，以摊余成本计量的债券投资面值 30 万元，票面利率等于市场利率。债务账面价值 468 万元。

乙公司以摊余成本计量该项债权，已计提坏账准备 28 万元，债券投资市价 42 万元，将受让的商品、设备、债券分别作为包装物、固定资产、以公允价值计量且其公允价值变动计入当期损益的金融资产核算。

甲公司、乙公司均为一般纳税人，适用税率 13%，经税务机关核定的商品计税价格 180 万元、设备计税价格 150 万元。不考虑其他税费。

（1）债权人（乙公司）会计处理。

包装物可抵扣增值税 =180×13%=23.4（万元）

设备可抵扣增值税 =150×13%=19.5（万元）

确定入账成本：

商品入账成本 =（180 /（180+150））×（420-47.1-10-23.4-19.5）

　　　　　　 = 0.545 5 × 320

　　　　　　 = 174.56（万元）

设备入账成本 =（150 /（180+150））×（420-47.1-10-23.4-19.5）

　　　　　　 = 0.454 5× 320

　　　　　　 = 145.44（万元）

①结转债务重组损益。

借：包装物	1 745 600
在建工程	1 454 400
应交税费——应交增值税（进项税）	429 000
交易性金融资产	420 000
坏账准备	280 000

　　　　银行存款　　　　　　　　　　　　　　　　　　　100 000

　　　　投资收益　　　　　　　　　　　　　　　　　　　251 000

　　　　　贷：应收账款——甲公司　　　　　　　　　　　　　　　　　4 680 000

②支付安装费用。

借：在建工程　　　　　　　　　　　　　　　　　　　30 000

　　贷：银行存款　　　　　　　　　　　　　　　　　　　　　　　30 000

（2）债务人（甲公司）会计处理。

借：固定资产清理　　　　　　　　　　　　　　　1 840 000

　　累计折旧　　　　　　　　　　　　　　　　　　800 000

　　固定资产减值准备　　　　　　　　　　　　　　360 000

　　　贷：固定资产——机器设备　　　　　　　　　　　　　　　　3 000 000

借：固定资产清理　　　　　　　　　　　　　　　　13 000

　　贷：银行存款　　　　　　　　　　　　　　　　　　　　　　13 000

借：应付账款——乙公司　　　　　　　　　　　4 680 000

　　贷：固定资产清理　　　　　　　　　　　　　　　　　　　1 853 000

　　　　库存商品　　　　　　　　　　　　　　　　　　　1 400 000

　　　　应交税费——应交增值税（销项税）　　　　　　　　　429 000

　　　　债权投资——成本　　　　　　　　　　　　　　　　　300 000

　　　　其他收益——债务重组收益　　　　　　　　　　　　　698 000

　　总之，债务人通过金融资产、转为权益工具、修改其他债务条件进行债务重组的，均以公允价值计量，与清偿债务账面价值的差额计入投资收益；通过非金融资产偿债、组合偿债的，清偿债务资产金额与清偿债务账面价值差额计入其他收益。债权人放弃债权的公允价值与其账面价值的差额一律计入投资收益。

8.2　破产清算

8.2.1　企业破产的分类

　　市场经济是竞争经济。在激烈的市场竞争中必然是优胜劣汰，出现债务人不能清偿到期债务的现象，从而引发破产制度的建立与完善。现有文献表明，世界上第一部企业破产制度是英国 1542 年颁布的《破产条例》，1571 年颁布了《破产法》，之后的 1849 年、1861 年、1869 年、1882 年、1914 年分别对《破产法》进行了较大幅度的修改，逐步形成了独立的公司破产制度。法国于 1838 年设立了独立的《破产法》，德国于 1855 年颁布《普鲁士破产法》，新加坡、新西兰、加拿大也分别在 1987 年、1989 年和 1992 年修改了《破产法》。美国于 1800 年颁布了第一部《联邦破产法》，1841 年、1867 年、1989 年分别颁布了第二部、第三部、第四部《联邦破产法》，并于 1932 年成立了破产法院，1938 年、1978 年对《联邦破产法》进行了较大的修改。西方破产法兴盛于 19 世纪，充实、完善于 20 世纪。我国清政府于 1906 年制定了《破产律》。新中国成立后，在改革开放计划商品经济背景下，1986 年 12 月 2 日第六届全国人民代表大会常务委员会第十八次会议审议通过了自 1988 年 11 月 1 日起正式施行的《中华人民共和国企业破产法（试行）》，2006 年 8 月 27 日第十届全国人民代表大会常务委员会第二十三次会议审议通过了自 2007 年 6 月 1 日起正式施行的《中华人民共和国企业破产法》（以下简称《破产法》），实现了破产法的国际趋同。破产不等于清算，而是将企业破产分为破产和解、破产重整、破产清算三类，其中前两类属于拯救企业的破产制度，企业仍处于持续经营状态。

8.2.1.1 破产和解

破产和解是指债务人为了避免破产宣告或破产分配，而提出和解申请及和解协议草案，以解决债权人与债务人之间债权债务问题的制度，其基本程序如下。

（1）提出和解申请。企业法人不能清偿到期债务，并且资产不足以清偿全部债务或者明显缺乏清偿能力的，可以直接向人民法院申请和解；在人民法院受理破产申请后、宣告债务人破产前，债务人企业也可以向人民法院申请和解。

（2）提出和解协议草案。无论是债务人企业直接向人民法院申请和解，还是债务人企业被债权人申请破产清算后、宣告破产清算前向人民法院申请和解，债务人申请和解时应当提出和解协议草案，申明清偿债务的期限及要求减免债务的数额等。

（3）裁定和解。人民法院经审查认为和解申请符合法律规定的，将裁定和解、予以公告，指定管理人接管破产和解企业，并召集债权人会议讨论和解协议草案，由此标志着企业破产和解程序的开始。

（4）讨论和解协议草案。出席会议的有表决权的债权人过半数同意，并且其所代表的债权额占无财产担保债权总额的三分之二以上的，意味着债权人会议通过和解协议并做出通过决议。

（5）终止和解程序。债权人会议通过和解协议的决议提交人民法院裁定认可后，终止和解程序，并予以公告，管理人应当向债务人移交财产和营业事务，并向人民法院提交执行职务的报告。经人民法院裁定认可的和解协议，对债务人和全体和解债权人均有约束力。这里的和解债权人是指人民法院受理破产申请时对债务人享有无财产担保债权的人。

如果和解协议草案经债权人会议表决未获得通过，或者已经债权人会议通过的和解协议未获得人民法院认可的，人民法院应当裁定终止和解程序，并宣告债务人破产；债务人不能执行或者不执行和解协议的，人民法院经和解债权人请求，应当裁定终止和解协议的执行，并宣告债务人破产；因债务人的欺诈或者其他违法行为而成立的和解协议，人民法院应当裁定无效，并宣告债务人破产。

（6）履行和解协议。和解协议草案经债权人会议表决通过并得到人民法院裁定认可后，债务人应当按照和解协议规定的条件清偿债务。

（7）终结破产程序。和解协议执行完毕后，按照和解协议减免的债务，自和解协议执行完毕时起，债务人不再承担清偿责任。如果人民法院受理破产申请后，债务人与全体债权人就债权债务的处理自行达成协议的，也可以请求人民法院裁定认可，并终结破产程序。

8.2.1.2　破产重整

　　破产重整是指经利害关系人的申请，在审判机关的主持和参与下，对于不能清偿到期债务的企业进行生产经营整顿和债权债务清理，使其免于破产清算的法律制度，其基本程序如下。

　　（1）申请破产重整。

　　《破产法》第八章"重整"中规定，企业法人不能清偿到期债务，并且资产不足以清偿全部债务或者明显缺乏清偿能力的，债务人或者债权人可以直接向人民法院申请对债务人进行重整；债权人申请对债务人进行破产清算的，在人民法院受理破产申请后、宣告债务人破产前，债务人或者出资额占债务人注册资本十分之一以上的出资人，可以向人民法院申请重整。除了没有和解协议草案外，其他应提交的资料与申请和解相同。

　　（2）批准破产重整申请。

　　人民法院经审查认为重整申请符合法律规定的，将裁定债务人重整，并予以公告，同时指定管理人。自人民法院裁定债务人重整之日起至重整程序终止，为重整期间。

　　（3）提交重整计划草案。

　　债务人或者管理人应当自人民法院裁定债务人重整之日起六个月内，同时向人民法院和债权人会议提交重整计划草案。债务人自行管理财产和营业事务的，由债务人制作重整计划草案；管理人负责管理财产和营业事务的，由管理人制作重整计划草案。债务人或者管理人未按期提出重整计划草案的，人民法院应当裁定终止重整程序，并宣告债务人破产。根据《破产法》规定，重整计划草案的主要内容包括：债务人的经营方案、债权分类、债权调整方案、债权受偿方案、重整计划的执行期限、重整计划执行的监督期限、有利于债务人重整的其他方案。

　　（4）表决和批准重整计划草案。

　　人民法院应当自收到重整计划草案之日起三十日内召开债权人会议，分别职工组、国家税收组、抵押担保债权人组、普通债权组、出资人组等对重整计划草案进行表决。出席会议的同一表决组的债权人过半数同意重整计划草案，并且其所代表的债权额占该组债权总额的三分之二以上的，即为该组通过重整计划草案。各表决组均通过重整计划草案时，重整计划即为通过。部分表决组未通过重整计划草案的，债务人或者管理人可以同未通过重整计划草案的表决组协商，该表决组可以在协商后再表决一次；如果该表决组拒绝再次表决或者再次表决仍未通过重整计划草案，但重整计划草案符合有关条件的，债务人或者管理人可以申请人民法院批准重整计划草案，人民法院经审查认为重整计划草案符合规定的，应当自收到申请之日起三十日内裁定批准，终止重整程序，并予以公告。这些规定包括：按照重整计划草案，对债务人的特定财产享有担保权的债权就该特定财产将获得全额清偿，其因延期清偿所受的损失将得到公平补偿，并且其担保权未受到实质性损害，或者该表决组已经通过重整计划草案；债务人所欠职工的工资和医疗、伤残补助、抚恤费用，所欠的应当划入职工个人账户的基本养老保险、基本医疗保险费用，法律、行政法规规定应当支付给职工的补偿金以及债务人所欠税款将获得全额清偿，或者相应表决组已经通过重整计划草案；普通债权所获得的清偿比例，不低于其在重整计划草案被提请批准时依照破产清算程序所能获得的清偿比例，或者该表决组已经通过重整计划草案；重整计划草案对出资人权益的调整公平、公正，或者出资人组已经通过重整计划草案；重整计划草案公平对待同一表决组的成员，并且所规定的债权清偿顺序符合破产法的规定；债务人的经营方案具有可行性。经人民法院裁定批准的重整计划，对债务人和全体债权人均有约束力。

如果重整计划草案未获得通过且未依法获得批准，或者已通过的重整计划未获得批准的，人民法院应当裁定终止重整程序，并宣告债务人破产。

在重整期间，管理人负责管理财产和营业事务的，可以聘任债务人的经营管理人员负责营业事务；经债务人申请、人民法院批准，债务人可以在管理人的监督下自行管理财产和营业事务，已接管债务人财产和营业事务的管理人应当向债务人移交财产和营业事务，《破产法》规定的管理人的职权由债务人行使。此外，在重整期间，对债务人的特定财产享有的担保权暂停行使，但如果担保物有损坏或者价值明显减少的可能、足以危害担保权人权利的，担保权人可以向人民法院请求恢复行使担保权；在重整期间，债务人或者管理人为继续营业而借款的，可以为该借款设定担保；债务人的出资人不得请求投资收益分配；除人民法院同意外，债务人的董事、监事、高级管理人员不得向第三人转让其持有的债务人的股权。

（5）执行重整计划。

人民法院裁定批准重整计划后，已接管财产和营业事务的管理人应当向债务人移交财产和营业事务。重整计划由债务人负责执行。自人民法院裁定批准重整计划之日起，在重整计划规定的监督期内，由管理人监督重整计划的执行。在监督期内，债务人应当向管理人报告重整计划执行情况和债务人财务状况。债权人未依法申报债权的，在重整计划执行期间不得行使权利；在重整计划执行完毕后，可以按照重整计划规定的同类债权的清偿条件行使权利。债权人对债务人的保证人和其他连带债务人所享有的权利，不受重整计划的影响。

如果重整计划按期完成，按照重整计划减免的债务，自重整计划执行完毕时起，债务人不再承担清偿责任。但是，如果债务人有以下情况，人民法院经管理人或者利害关系人请求，将裁定终止重整计划的执行，并宣告债务人破产：债务人不执行重整计划；债务人的经营状况和财产状况继续恶化，不能执行重整计划，缺乏挽救的可能性；债务人有欺诈、恶意减少债务人财产或者其他显著不利于债权人的行为；债务人的行为致使管理人无法执行职务等。由于债务人不执行或不能执行重整计划，而为重整计划的执行提供的担保继续有效；人民法院裁定终止重整计划执行的，债权人在重整计划中作出的债权调整的承诺失去效力，但债权人因执行重整计划所受的清偿仍然有效，债权未受清偿的部分作为破产债权，这时的债权人只有在其他同顺位债权人同自己所受的清偿达到同一比例时，才能继续接受分配。

8.2.1.3　破产清算流程

破产清算是指债务人被依法宣告破产后，清理财产、公平清偿债务、注销企业的法律制度。破产清算主要来源于以下三种情况。

（1）直接申请的破产清算。

根据《破产法》规定，债务人达到破产界限的，可以向人民法院提出破产清算申请；债务人不能清偿到期债务，债权人可以向人民法院提出对债务人进行破产清算的申请；企业法人已解散但未清算或者未清算完毕，资产不足以清偿债务的，依法负有清算责任的人应当向人民法院申请破产清算（《破产法》第七条）。可见债务人、债权人、负有清算责任的人均可以申请债务人破产清算，如果该申请被人民法院受理并宣告债务人破产，该债务人便进入破产清算程序。

（2）和解失败的破产清算。

①和解申请失败的破产清算。

和解协议草案经债权人会议表决未获得通过，或者已经债权人会议通过的和解协议未获得人民法院认可的，人民法院应当裁定终止和解程序，并宣告债务人破产。

②和解欺诈的破产清算。

因债务人的欺诈或者其他违法行为而成立的和解协议，人民法院应当裁定无效，并宣告债务人破产。

③不执行或不能执行和解协议的破产清算。

债务人不能执行或者不执行和解协议的，人民法院经和解债权人请求，应当裁定终止和解协议的执行，并宣告债务人破产。

（3）重整失败的破产清算。

①重整申请失败的破产清算。

债务人或者管理人未按期提出重整计划草案，或重整计划草案未获得债权人会议通过且未获得批准，或者已通过的重整计划未获得批准的，人民法院应当裁定终止重整程序，并宣告债务人破产。

②重整期间的破产清算。

在重整期间，债务人有下列情形之一的，人民法院经管理人或者利害关系人请求，应当裁定终止重整程序，并宣告债务人破产：债务人的经营状况和财产状况继续恶化，缺乏挽救的可能性；债务人有欺诈、恶意减少债务人财产或者其他显著不利于债权人的行为；由于债务人的行为致使管理人无法执行职务。

③不执行或不能执行重整协议的破产清算。

债务人不能执行或者不执行重整计划的，人民法院经管理人或者利害关系人请求，应当裁定终止重整计划的执行，并宣告债务人破产。

上述三类破产中，破产和解、破产重整的企业仍然处于持续经营状态，没有太特殊的会计问题，因此本书主要介绍破产清算的相关会计理论及实务处理。

破产清算的基本程序

①提出破产申请。

债务人达到破产界限，债务人、债权人、负有清算责任的人可以向人民法院申请债务人破产清算（简称破产申请）。向人民法院提出破产申请，应当提交破产申请书和有关证据。破产申请书应当载明申请人、被申请人的基本情况、申请目的、申请的事实和理由、人民法院认为应当载明的其他事项；债务人提出申请的，还应当向人民法院提交财产状况说明、债务清册、债权清册、有关财务会计报告、职工安置预案以及职工工资的支付和社会保险费用的缴纳情况。人民法院受理破产申请前，申请人可以请求撤回申请。

②受理破产申请。

人民法院收到破产申请后，需要审查申请人的破产资格（国有企业需要上级主管部门的同意文件，非国有企业需要具备股东或开办人决定债务人破产的文件）、破产申请文件及内容的完整性、申请理由的充分性与合法性等。人民法院受理破产申请的，应当自裁定作出之日起五日内送达申请人；债权人提出申请的，人民法院应当自裁定作出之日起五日内送达债务人，债务人应当自裁定送达之日起十五日内，向人民法院提交财产状况说明、债务清册、债权清册、有关财务会计报告以及职工工资的支付和社会保险费用的缴纳情况；人民法院裁定不受理破产申请的，应当自裁定作出之日起五日内送达申请人并说明理由，申请人对裁定不服的，可以自裁定送达之日起十日内向上一级人民法院提起上诉。人民法院应当自裁定受理破产申请之日起二十五日内通知已知债权人，并予以公告。

③接管申请破产的企业。

人民法院裁定受理破产申请，应当同时指定管理人，接管申请破产的企业。债务人的债务人或者财产持有人应当向管理人清偿债务或者交付财产，管理人对破产申请受理前成立而债务人和对方当事人均未履行完毕的合同有权决定解除或者继续履行，并通知对方当事人；管理人自破产申请受理之日起二个月内未通知对方当事人，或者自收到对方当事人催告之日起三十日内未答复的，视为解除合同；管理人决定继续履行合同的，对方当事人应当履行，但对方当事人有权要求管理人提供担保，管理人不提供担保的，视为解除合同。此外，自人民法院受理破产申请的裁定送达债务人之日起至破产程序终结之日，债务人的法定代表人、财务管理人员和其他经营管理人员等有关人员必须妥善保管其占有和管理的财产、印章和账簿、文书等资料；根据人民法院、管理人的要求进行工作，并如实回答询问；列席债权人会议并如实回答债权人的询问；未经人民法院许可，不得离开住所地；不得新任其他企业的董事、监事、高级管理人员。

④宣告破产。

人民法院依法宣告债务人破产的，应当自裁定作出之日起五日内送达债务人和管理人，自裁定作出之日起十日内通知已知债权人，并予以公告。债务人被宣告破产后，债务人称为破产人，债务人财产称为破产财产，人民法院受理破产申请时对债务人享有的债权称为破产债权。对破产人的特定财产享有担保权的权利人，对该特定财产享有优先受偿的权利；该债权人行使优先受偿权利未能完全受偿的，其未受偿的债权作为普通债权；放弃优先受偿权利的，其债权作为普通债权。如果破产宣告前，债务人有下列情形之一的，人民法院将裁定终结破产程序，不宣告破产，并予以公告：一是第三人为债务人提供足额担保或者为债务人清偿全部到期债务的，二是债务人已清偿全部到期债务的。

⑤编报破产财产变价方案。

管理人应当及时拟订破产财产变价方案，提交债权人会议讨论，按照债权人会议通过或者人民法院裁定的破产财产变价方案，适时变价出售破产财产。除了债权人会议另有决议外，变价出售破产财产应当通过拍卖进行，破产企业可以全部或者部分变价出售，其中的无形资产和其他财产可以单独变价出售。国家规定不能拍卖或者限制转让的财产，应当按照国家规定的方式处理。

⑥编报破产财产分配方案。

管理人应当及时拟订破产财产分配方案，提交债权人会议讨论。其主要内容包括：参加破产财产分配的债权人名称或者姓名、住所；参加破产财产分配的债权额；可供分配的破产财产数额；破产财产分配的顺序、比例及数额。

破产财产在优先清偿破产费用和共益债务后，依照下列顺序清偿：第一，破产人所欠职工的工资和医疗、伤残补助、抚恤费用，所欠的应当划入职工个人账户的基本养老保险、基本医疗保险费用，以及法律、行政法规规定应当支付给职工的补偿金；第二，破产人欠缴的除前项规定以外的社会保险费用和破产人所欠税款；第三，普通破产债权。破产财产不足以清偿同一顺序的清偿要求的，按照比例分配；破产企业的董事、监事和高级管理人员的工资按照该企业职工的平均工资计算。

⑦表决裁定破产财产分配方案。

债权人会议通过破产财产分配方案后，由管理人将该方案提请人民法院裁定认可，由管理人执行。

⑧执行破产财产分配方案。

管理人按照破产财产分配方案实施多次分配的，应当公告本次分配的财产额和债权额；实施最后分配的，应当在公告中指明。此外，还应确定提存分配额。一是附条件提存。对于附生效条件或者解除条件的债权，管理人应当将其分配额提存；提存的分配额，在最后分配公告日，生效条件成就或者解除条件未成就的，应当交付给债权人；生效条件未成就或者解除条件成就的，应当分配给其他债权人。二是未受领提存。债权人未受领的破产财产分配额，管理人应当提存；债权人自最后分配公告之日起满二个月仍不领取的，视为放弃受领分配的权利，管理人或者人民法院应当将提存的分配额分配给其他债权人。三是诉讼提存。破产财产分配时，对于诉讼或者仲裁未决的债权，管理人应当将其分配额提存；自破产程序终结之日起满二年仍不能受领分配的，人民法院应当将提存的分配额分配给其他债权人。

⑨提交破产财产分配报告。

管理人在最后分配完结后，首先应及时向人民法院提交破产财产分配报告，报告破产财产分配中拨付的破产费用和共益债务、偿付的职工债权、税收债权、普通债权以及申请的提存分配额、提存方式。其次，应向人民法院提出裁定终结破产程序的报告。当然，如果破产人无财产可供分配，或其财产不足以清偿破产费用的，管理人应直接请求人民法院裁定终结破产程序。

⑩裁定终结破产程序。

人民法院应当自收到管理人终结破产程序的请求之日起十五日内作出是否终结破产程序的裁定，裁定终结的，发布破产程序终结公告。

⑪注销企业登记。

管理人应当自破产程序终结之日起十日内，持人民法院终结破产程序的裁定、破产人营业执照副本、公安机关缴回破产人印章的回执、税务机关完税证明及注销税户证明等，向破产人的原登记机关办理注销企业工商登记。管理人于办理注销登记完毕的次日起，除了存在诉讼或者仲裁未决情况外，人民法院将发布解除该管理人职务的决定书，终止其执行管理人职务。

⑫ 追加财产分配。

自破产程序依法终结之日起二年内，有下列情形之一的，债权人可以请求人民法院按照破产财产分配方案进行追加分配：第一，发现人民法院受理破产申请前一年内，债务人无偿转让的财产、以明显不合理的价格进行的交易、对没有财产担保的债务提供的财产担保、对未到期的债务提前清偿、放弃的债权、为逃避债务而隐匿转移的财产、虚构债务或者承认不真实的债务，以及债务人的董事、监事和高级管理人员利用职权从企业获取的非正常收入和侵占的企业财产，或人民法院受理破产申请前六个月内，债务人明知已经达到破产界限，仍对个别债权人进行清偿而损害债务人财产的，应依法追回；第二，发现破产人有应当供分配的其他财产的。如果存在追回财产，但财产数量不足以支付分配费用的，不再进行追加分配，由人民法院将其上交国库。

⑬ 连带清偿债务。

破产人的保证人和其他连带债务人，在破产程序终结后，对债权人依照破产清算程序未受清偿的债权，依法继续承担清偿责任。

我们仔细研读、品味一下《破产法》，是否像一座医院呢？《破产法》实施中的法官、律师、会计师、税务师、资产评估师等像不像不同科室的医生呢？

企业达到破产界限如同身体不舒服而到医院挂号。如果法院裁定其破产和解，意味着该企业主要是债权债务关系问题，只是暂时的财务困难，经过债权债务双方和解即可使债务人摆脱财务困境，回到正常经营轨道。如此相当于患者只是头疼感冒，没有其他严重的慢性病患，更不会危及生命，患者通过简单的吃药、打针即可解决头疼、发烧等问题，很快痊愈。如果法院裁决其破产重整，债务人企业或管理人应制订包括债务人的经营方案、债权分类方案、债权调整方案、债权受偿方案、重整计划的执行期限方案、重整计划执行的监督期限在内的破产重整计划草案，提交债权人会议讨论通过并经法院裁定后进入重整期间，至破产重整计划执行完毕后重整期间结束，重整计划由债务人执行、管理人监督。在重整期间，对债务人的特定财产享有的担保权暂停行使；债务人或者管理人为继续营业而借款的，可以为该借款设定担保；债务人的出资人不得请求投资收益分配；债务人的董事、监事、高级管理人员不得向第三人转让其持有的债务人的股权。可见，破产重整相当于患者入院后检查出严重的病患，需要进行诸如换肝、换肾等大手术，需要进 ICU 观察和治疗，当病情稳定后转入普通病房并在符合出院条件的适当时机办理出院。如果法院裁定债务人企业破产清算，则债务人称为破产人，债务人财产称为破产财产，人民法院受理破产申请时对债务人享有的债权称为破产债权，管理人应当及时拟订破产财产变价方案，经债权人会议通过或者人民法院裁定后，适时变价出售破产财产；之后应拟订破产财产分配方案，经债权人会议讨论通过、法院裁定后由管理人实施财产分配，分配完结后未受清偿的债权依法豁免，并向人民法院提交破产财产分配报告，并提请人民法院裁定终结破产程序。如果上述破产和解和破产重整失败，企业将转入破产清算程序，类似于头疼感冒患者由于基础病复发等原因而不治身亡，或动了大手术的患者没有挺过手术危险期而病亡，直接被宣告破产清算的企业相当于患者入院前已经死亡。企业的破产清算就是患者被出具死亡证明、宣告死亡的后事处理。世界上没有永世长存的事物，企业从诞生到死亡是一个过程，人从诞生到死亡也是一个过程，死亡是任何事物必须面对的现实，死亡意味着生命的结束，也意味着资源消耗的让渡，生死循环是宇宙万物的基本规律，冷静面对死亡、坦然接受死亡需要勇气，更需要理智，中外"死亡哲学"教材及相关课程也不断更新，给我们带来了对人生新的思考和新的认识。

与上述三类破产案件的实施相适应，出现了破产和解会计、破产重整会计、破产清算会计，前两部分可以称为破产拯救会计。破产拯救在于"治病救人"，破产清算在于"尊重活人"，目标均在于优化资源配置、提高资源的利用效率，与正常企业管控的目标并无二致，作为融合于《破产法》实施的破产会计难道不美吗？其中的破产和解会计、破产重整会计散发着浓浓的"仁爱""宽厚"之美，破产清算会计蕴含着"尊重"之美，破产清算会计中的担保财产与担保债务、抵销财产与抵销债务、取回财产与取回债务等包含着简洁美、对称美，清算资产负债表包含着平衡美，破产会计信息的报告包含着连贯美等。

8.2.2　破产清算会计的主要特点

企业破产清算会计是企业处于终止经营状态的会计工作，其资金运动具有一次性、同方向、不形成资金循环和资金周转等特点，在会计假设、会计原则等方面呈现出诸多特殊性。

8.2.2.1　企业破产清算会计假设

企业进入破产清算程序后，已处于清算状态，一般意义上的会计假设发生了较大变化。

（1）清算主体假设。

清算状态下的企业中，各项工作都是围绕企业清算问题而展开的，都是为清算主体服务的。无论正常清算中的清算组还是破产清算中的管理人，其工作的对象都是处于"死亡"状态的企业，会计的主体也是一种静态为主的清算状态。

（2）清算经营假设。

进入清算阶段的企业，将终止一般的生产经营活动，持续经营假设已不复存在，所进行的资产估价、变现和债务的偿还等，完全是处理企业的"后事"，是致使企业消亡的一种被动、消极的经营行为，资产、负债已没有长短期之分，而是处于清算这同一起跑线上，故而已没有流动资产与非流动资产之分。

（3）清算期间假设。

一个企业的清算是一项十分纷繁复杂的工作，很难在短期内完成。《破产法》规定，债权人的债权申报期限最长可达三个月（自公告发布之日算起），尽管债权申报可在较短时间内申报完毕，但为了及时向债权人会议及人民法院、企业原董事会报告清算进展情况，也应定期编织清算报告。实际工作中，一个企业的清算期一般在半年以上。当然，清算期间的认定与收益确认无关，这是与正常企业会计分期的本质区别所在。

（4）清算价值假设。

清算价值是指在清算财产处于被迫出售、快速变现等非正常市场条件下的出售额。正常企业的资产、负债均以持续经营价值计价。而在清算企业中，这一计价原则显然已失去意义，代之以资产按清算价值计价，负债无论是否到期均按到期对待，以现实价值偿债。

企业破产清算会计假设的上述特点，体现了与持续经营企业会计核算一般前提的区别，核心是终止经营后的清算。其实，我们日常工作、生活中也有类似的情况。例如，工作交接也是一种阶段性工作的"清算"，交付人需要交代和交付所掌管各项工作的文件资料、尚未办理完成的事项，处理完其应该处理的遗留事项。居家生活中的搬家也是一种"清算"，需要清理、整理、打包各种物品，处理好原居住房屋相关物业费、水电气等事宜。"清算"不是一个"时间点"，而是一个"时间段"，需要一个过程，仍然需要认真对待、处理相关事项，体现做事的"善始善终"，避免虎头蛇尾、防止半途而废。

8.2.2.2　企业破产清算会计原则

破产清算会计的上述假设，奠定了破产清算会计原则的基础，也继承了持续经营企业会计原则，但又形成了一些独具特色的会计原则。

（1）与一般会计原则完全相同的原则。

①客观性原则。在清算会计中，也必须以实际发生的经济业务及合法的原始凭证为依据，如实反映破产进展情况、清算进展情况及清算状况和清算结果，要求做到内容真实、数字准确、资料可靠。

②及时性原则。及时收集、加工各种清算会计信息，及时向有关方面传递和报告清算会计信息，保证会计信息的时效性，也是清算会计应遵循的一项重要会计原则。

③明晰性原则。清算会计虽然属特殊业务会计之一，但所提供的会计信息必须做到简明、易懂，便于使用者正确理解和利用。这就要求清算会计的一些专用名词应做到既规范、科学，又简洁清楚，账簿、报表的设计也应如此。

（2）与一般会计原则不尽相同的原则。

①相关性原则。清算会计在收集、加工、传递清算会计信息的过程中，必须考虑与清算工作密切相关的部门、集团对会计信息的要求，满足各方面（企业董事会、清算组、管理人、人民法院、债权人、股东等）对清算会计信息的需要。

②重要性原则。清算会计自然要全面、完整地反映和监督所发生的各项有关交易事项，但对使用者重要的会计信息仍应进行详细核算，并在会计报告中予以详尽说明，如担保债权与担保财产、抵销债权、清算费用、债权偿债金额及比例等，而对次要的会计业务则可以简化核算，如各项存货的界定、估价与变现等。

③合法性原则。企业清算不仅是终止企业的一种经济行为，更重要的是维护债权人、债务人和所有者的合法权益。因此在清算会计中的合法性显得尤为重要，要求严格按《中华人民共和国公司法》《中华人民共和国企业破产法》《中华人民共和国民法总则》等有关规定进行

清算会计处理。

（3）与一般会计完全不同的原则。

在清算会计中，正常企业的可比性原则、历史成本原则、谨慎性原则及划分收益性支出与资本性支出原则等均失去了存在的土壤，产生了以下四个独具特色的会计原则。

①收付实现制原则。与正常企业不同，清算会计必须以收付实现制进行财产变现、债务清偿及剩余财产分配和清算损益的确认，这是企业清算的终极性所决定的。

②现行价格原则。企业进入清算程序后，其资产要按现行清算价值估价、变现，债务亦按现实应偿还额，根据清算财产的多少和债务类别清偿，由此清算损益、清算报表均是在现行价格的基础上确认和编制的。

③相互对应原则。在企业破产清算中，为保护债权人和债务人的合法权益，应将资产分为担保财产和普通财产，债务应作相应的分类，担保债务依据担保财产清偿、非担保债务依据普通财产清偿，从而维护清算工作的合法性、公正性。

④公正性原则。清算会计中要涉及债权人、债务人、企业所有者、人民法院、职工等各方面关系人。清算会计人员除做到会计管理的客观性外，还必须公正地处理清算业务，不偏不倚地反映清算状况及结果。

没有比较就没有鉴别。上述企业破产清算会计假设及会计原则的特点，均来源于比较。善于比较、勤于比较是发现和把握相关事物特点的有效方法，也是辨别善恶、发现规律的重要方法之一。了解事物特点及规律，可以更好地有针对性地提出相应的工作对策或应对策略，提高工作效率、改善工作效果、实现工作创新。工作如此，生活中的社会交往、衣食住行等同样离不开比较后的决策。

8.2.3　破产清算会计处理

1994 年国务院发布了《国务院关于在若干城市试行国有企业破产有关问题的通知》（简称《通知》），规定安置好破产企业职工是实施企业破产的前提，企业的土地转让所得必须首先用于破产企业职工的安置，安置职工后的剩余部分可以用来偿债。为配合该《通知》的顺利实施，财政部于 1997 年 7 月 31 日发布实施了《国有企业试行破产有关会计处理问题暂行规定》，将企业破产会计分为破产企业会计处理与清算组会计处理两个部分，设置了资产、负债、损益三类共 23 个会计科目。

2015 年 12 月召开的中央经济工作会议提出了 2016 年"三去一降一补"的五大任务，2016 年 2 月国务院陆续印发了《国务院关于钢铁行业化解过剩产能实现脱困发展的意见》《国务院关于煤炭行业化解过剩产能实现脱困发展的意见》，要求"引导地方综合运用兼并重组、债务重组和破产清算等方式，加快处置'僵尸企业'，实现市场出清"，提出了修订企业破产会计制度的客观要求。财政部经过新破产法与破产清算会计理论研究，联合法律、会计理论界和实务界专家建立了企业破产会计制度起草小组，通过破产清算企业的实地调研，于 2016 年 12 月 20 日正式发布实施了《企业破产清算有关会计处理规定》，适用于经法院宣告破产处于破产清算期间的企业法人，取代了 1997 年发布的《国有企业试行破产有关会计处理问题暂行规定》。

8.2.3.1　破产清算会计处理的基本要求

（1）会计基础与计量属性。

破产企业会计确认、计量和报告以非持续经营为前提。企业经法院宣告破产的，应当按照法院或债权人会议要求的时点（包括破产宣告日、债权人会议确定的编报日、破产终结申请日等，简称"破产报表日"）编制清算财务报表，并由破产管理人签章。

破产企业在破产清算期间的资产应当以破产资产清算净值计量。其中，资产是指《破产法》规定的债务人（破产企业）财产，破产资产清算净值是指在破产清算的特定环境下和规定时限内，最可能的变现价值扣除相关的处置税费后的净额。最可能的变现价值应当为公开拍卖的变现价值，但是债权人会议另有决议或国家规定不能拍卖或限制转让的资产除外；债权人会议另有决议的，最可能的变现价值应当为其决议的处置方式下的变现价值；按照国家规定不能拍卖或限制转让的，应当将按照国家规定的方式处理后的所得作为变现价值。

破产企业在破产清算期间的负债应当以破产债务清偿价值计量。破产债务清偿价值，是指在不考虑破产企业的实际清偿能力和折现等因素的情况下，破产企业按照相关法律规定或合同约定应当偿付的金额。

（2）确认与计量。

破产企业应当按照破产资产清算净值对破产宣告日的资产进行初始确认计量，按照破产债务清偿价值对破产宣告日的负债进行初始确认计量，初始确认价值与原账面价值的相关差额直接计入清算净值。

破产企业在破产清算期间的资产，应当按照破产资产清算净值进行后续计量，负债按照破产债务清偿价值进行后续计量，按照破产报表日的破产资产清算净值和破产债务清偿价值，对资产和负债的账面价值分别进行调整，差额计入清算损益。

破产清算期间发生资产处置的，破产企业应当终止确认相关被处置资产，并将处置所得金额与被处置资产的账面价值的差额扣除直接相关的处置费用后，计入清算损益。

破产清算期间发生债务清偿的，破产企业应当按照偿付金额，终止确认相应部分的负债。在偿付义务完全解除时，破产企业应当终止确认该负债的剩余账面价值，同时确认清算损益。

破产清算期间发生的各项费用、取得各项收益应当直接计入清算损益。

在破产清算期间，破产企业按照税法规定需缴纳企业所得税的，应当计算所得税费用，并将其计入清算损益。所得税费用应当仅反映破产企业当期应交的所得税，不考虑递延所得税。

破产企业因盘盈、追回等方式在破产清算期间取得的资产，应当按照取得时的破产资产清算净值进行初始确认计量，初始确认计量的账面价值与取得该资产的成本之间存在差额的，该差额应当计入清算损益。

破产企业在破产清算期间新承担的债务，应当按照破产债务清偿价值进行初始确认计量，并计入清算损益。

（3）破产清算会计科目。

破产管理人接管破产企业后，可以保留破产企业原有会计科目，根据实际需要增设下列会计科目（自行设置明细科目）。

① "应付破产费用"。本科目核算破产企业在破产清算期间发生的破产法规定的各类破产费用。破产费用是指为了保证破产程序的顺利进行而发生的相关费用，主要包括破产案件的诉讼费用，管理、变价和分配债务人资产的费用，管理人执行职务的费用、报酬和聘用工作人员的费用。本科目应按发生的费用项目设置明细账。

② "应付共益债务"。本科目核算破产企业在破产清算期间发生的破产法规定的各类共益债务。共益债务是指在人民法院受理破产申请后，为全体债权人的共同利益而管理、变卖和分配破产财产而负担的债务，主要包括因管理人或者债务人请求对方当事人履行双方均未履行完毕的合同所产生的债务、债务人财产受无因管理所产生的债务、因债务人不当得利所产生的债务、为债务人继续营业而应当支付的劳动报酬和社会保险费用以及由此产生的其他债务、管理人或者相关人员执行职务致人损害所产生的债务以及债务人财产致人损害所产生的债务。

③ "清算净值"。本科目核算破产企业在破产报表日结转的清算净损益科目余额。破产企业资产与负债初始确认的相关差额，也在本科目核算。

④ "资产处置净损益"。本科目核算破产企业在破产清算期间处置破产资产产生的、扣除相关处置费用后的净损益。

⑤ "债务清偿净损益"。本科目核算破产企业在破产清算期间清偿债务产生的净损益。

⑥ "破产资产和负债净值变动净损益"。本科目核算破产企业在破产清算期间按照破产资产清算净值调整资产账面价值，以及按照破产债务清偿价值调整负债账面价值产生的净损益。

⑦ "其他收益"。本科目核算除资产处置、债务清偿以外，在破产清算期间发生的其他收益。

⑧ "破产费用"。本科目核算破产企业破产清算期间发生的破产法规定的各项破产费用。

⑨ "共益债务支出"。本科目核算破产企业破产清算期间发生的破产法规定的共益债务相关的各项支出。

⑩ "其他费用"。本科目核算破产企业破产清算期间发生的除破产费用和共益债务支出之外的各项其他费用。

⑪ "所得税费用"。本科目核算破产企业破产清算期间发生的企业所得税费用。

⑫ "清算净损益"。本科目核算破产企业破产清算期间结转的上述各类清算损益科目余额。

破产企业可根据具体情况增设、减少或合并某些会计科目。

破产清算会计科目设置中，之所以在破产企业原有会计科目基础上新增有关破产清算的特有会计科目，主要是因为破产企业所处行业、业务内容可能不同，保留原有会计科目既简化了会计处理，也满足了不同企业的特殊要求。避免 "一刀切"，遵循因地制宜原则也是日常工作、生活中的重要原则。"亲戚有远近" "朋友有厚薄"，注意不同环境、不同场合的言行举止的适当性，也是处理好各种社会关系的基本规则之一。

（4）破产清算报表列报。

破产企业应当按照要求编制清算财务报表，向法院、债权人会议等报表使用者反映破产企业在破产清算过程中的财务状况、清算损益、现金流量变动和债务偿付状况。

法院宣告企业破产的，破产企业应当以破产宣告日为破产报表日编制清算资产负债表及相关附注。法院或债权人会议等要求提供清算财务报表的，破产企业应当根据其要求提供清算财务报表的时点确定破产报表日，编制清算资产负债表、清算损益表、清算现金流量表、债务清偿表及相关附注。

向法院申请裁定破产终结的，破产企业应当编制清算损益表、债务清偿表及相关附注。

8.2.3.2　破产清算会计处理举例

从上述破产清算基本程序可以看出，企业被宣告破产清算后，需要清理财产、变现财产、清偿债务。因此，与正常企业不同，清算开始需要了解破产清算企业的财产、负债状况，首先需要编制清算资产负债表，根据相关资产处置、债务清偿等交易事项进行会计处理，按要求向人民法院、债权人会议等编报清算财务报表、附注在内的清算财务报告。

【例 8-9】　岚峰公司因不能清偿到期债务、资产不足以清偿全部债务，于 20×6 年 8 月 3 日被人民法院宣告破产，该日的科目余额表如表 8-1 所示。

表 8-1　科目余额表

编制单位：岚峰公司　　　　　　　　　　　　20×6 年 8 月 3 日　　　　　　　　　　　　　　　单位：元

科目名称	借方余额	贷方余额
库存现金	2 000	
银行存款	6 800	
库存商品	25 000	
应收账款	60 000	
其他应收款	14 000	
长期待摊费用	8 000	
长期股权投资	20 000	
固定资产	775 000	
累计折旧	−99 200	
短期借款		60 000
长期借款		800 000
应交税费		160 000
应付账款		20 000
其他应付款		15 000
应付职工薪酬		50 000
实收资本		1 000 000
资本公积		130 000
利润分配		−1 423 400
合计	811 600	811 600

（1）结转破产宣告日相关会计科目的余额。

破产企业根据法院宣告企业破产日的科目余额表，需要进行相关会计科目余额的结转：

将原"应付账款""其他应付款"等科目中属于破产法所规定的破产费用的余额，转入"应付破产费用"科目；属于破产法所规定的共益债务的余额，转入"应付共益债务"科目；将原"商誉""长期待摊费用""递延所得税资产""递延所得税负债""递延收益""股本""资本公积""盈余公积""其他综合收益""未分配利润"等科目的余额，转入"清算净值"科目。

上述科目余额表中，假设"其他应付款"中含有破产费用 10 000 元，含有共益债务 2 000 元，则相关结转分录为：

借：其他应付款   12 000

 贷：应付破产费用   10 000

   应付共益债务   2 000

借：清算净值   8 000

 贷：长期待摊费用   8 000

借：实收资本   1 000 000

  资本公积   130 000

 贷：清算净值   1 130 000

借：清算净值   1 423 400

 贷：利润分配   1 423 400

（2）调整破产宣告日相关会计科目的余额。

破产企业应当对拥有的各类资产（包括原账面价值为零的已提足折旧的固定资产、已摊销完毕的无形资产等）登记造册，估计其破产资产清算净值，按照其破产资产清算净值对各资产科目余额进行调整，并相应调整"清算净值"科目。对各类负债按照破产债务清偿价值进行重新计量，计量后的金额与原账面价值的差额调整"清算净值"科目。

假设岚峰公司有关资产、负债重新计量后的金额及其差额如表 8-2 所示。

表 8-2　资产与负债调整表

编制单位：岚峰公司   20×6 年 8 月 3 日   单位：元

项目	资产			负债		
	账面价值	评估净值	差额	账面价值	清偿价值	差额
库存商品	15 000	20 000	−5 000			
应收账款	60 000	30 000	−30 000			
其他应收款	14 000	12 400	−1 600			
长期股权投资	20 000	24 000	4 000			
固定资产	675 800	600 000	−75 800			
短期借款				60 000	60 000	0
长期借款				800 000	800 000	0
应交税费				160 000	160 000	0
应付账款				20 000	18 000	2 000
其他应付款				3 000	3 000	0
应付职工薪酬				50 000	50 000	0

根据上述资料，编制调整会计分录如下：

借：清算净值　　　　　　　　　　　　　　　　　　　106 400

　　长期股权投资　　　　　　　　　　　　　　　　　　4 000

　　应付账款　　　　　　　　　　　　　　　　　　　　2 000

　　贷：库存商品　　　　　　　　　　　　　　　　　　　　　　5 000

　　　　应收账款　　　　　　　　　　　　　　　　　　　　　30 000

　　　　其他应收款　　　　　　　　　　　　　　　　　　　　 1 600

　　　　固定资产　　　　　　　　　　　　　　　　　　　　　75 800

（3）编制清算资产负债表。

清算资产负债表反映破产企业在破产报表日资产的破产资产清算净值，负债的破产债务清偿价值，清算净值及其相互关系的信息，左方为资产，右方为负债及清算净值。

本表列示的项目不区分流动和非流动，其中，"应收账款"或"其他应收款"项目，应分别根据"应收账款"或"其他应收款"的科目余额填列，同时，"长期应收款"科目余额也在上述两项目中分析填列；"借款"项目，应根据"短期借款"和"长期借款"科目余额合计数填列；"应付账款"或"其他应付款"项目，应分别根据"应付账款""其他应付款"的科目余额填列，同时，"长期应付款"科目余额也在该项目中分析填列；"金融资产投资"项目，应根据"以公允价值计量且其变动计入当期损益的金融资产""持有至到期投资"和"可供出售金融资产"的科目余额合计数填列。本表的"清算净值"项目反映破产企业于破产报表日的清算净值。本项目应根据"清算净值"科目余额填列。

破产企业应当在清算资产负债表附注中，区分是否用作担保，分别披露破产资产明细信息，披露依法追回的账外资产、取回的质物和留置物等明细信息（如追回或取回有关资产的时间、有关资产的名称、破产资产清算净值等），披露经法院确认以及未经法院确认的债务的明细信息（债务项目名称以及有关金额等），披露应付职工薪酬的明细信息（如所欠职工的工资和医疗、伤残补助、抚恤费用，所欠的应当划入职工个人账户的基本养老保险、基本医疗保险费用，以及法律、行政法规规定应当支付给职工的补偿金等）。

根据表 8-1、表 8-2 的相关资料，编制的清算资产负债表如表 8-3 所示。

表 8-3　清算资产负债表

会清 01 表

编制单位：岚峰公司　　　　　　　　20×6 年 8 月 3 日　　　　　　　　单位：元

资产	次	期末数	负债及清算净值	次	期末数
货币资金		17 600	**负债**		
应收票据			短期借款		120 000
应收账款		60 000	长期借款		1 600 000
其他应收款		24 800	应付票据		
预付款项			应付账款		36 000
存货		40 000	预收款项		
金融资产投资			其他应付款		6 000
长期股权投资		48 000	应付债券		
投资性房地产			应付破产费用		20 000
固定资产		1 200 000	应付共益债务		4 000

（续）

资产	次	期末数	负债及清算净值	次	期末数
在建工程			应付职工薪酬		100 000
无形资产			应交税费		320 000
……			……		
			负债合计		2 206 000
			清算净值		**−815 600**
			清算净值		−815 600
资产总计		1 390 400	负债及清算净值总计		1 390 400

（4）处置破产财产。

根据债权人会议讨论通过、人民法院裁定的破产财产变价方案，管理人应适时变价出售破产财产。变价出售破产财产应当通过拍卖进行，但债权人会议另有决议的除外。破产企业可以全部或者部分变价出售财产。变价出售时，可以将其中的无形资产和其他财产单独变价出售。按照国家规定不能拍卖或者限制转让的财产，应当按照国家规定的方式处理。变现财产原账面价值与变现收入的差额计入"资产处置净损益"科目。

岚峰公司各项财产经过估价、变现，共获得货币收入 942 000 元，其中：库存商品 12 000 元，应收账款 24 000 元，其他应收款 6 000 元，长期股权投资 18 000 元，A 厂房 300 000 元（账面价值 400 000 元），B 厂房 350 000 元（账面价值 140 000 元），其他固定资产 50 000 元，无偿划拨土地的使用权收归国家，国家给予补偿 200 000 元，共计变现价值 960 000 元。应编制的会计分录为（增值税略）：

借：银行存款　　　　　　　　　　　　　　　　　12 000
　　资产处置净损益　　　　　　　　　　　　　　 8 000
　　贷：库存商品　　　　　　　　　　　　　　　　　　　　20 000
借：银行存款　　　　　　　　　　　　　　　　　30 000
　　资产处置净损益　　　　　　　　　　　　　　12 400
　　贷：应收账款　　　　　　　　　　　　　　　　　　　　30 000
　　　　其他应收款　　　　　　　　　　　　　　　　　　　12 400
借：银行存款　　　　　　　　　　　　　　　　　18 000
　　资产处置净损益　　　　　　　　　　　　　　 6 000
　　贷：长期股权投资　　　　　　　　　　　　　　　　　　24 000
借：银行存款　　　　　　　　　　　　　　　　 650 000
　　贷：固定资产——A 厂房　　　　　　　　　　　　　　 400 000
　　　　　　　　——B 厂房　　　　　　　　　　　　　　 140 000
　　　　资产处置净损益　　　　　　　　　　　　　　　　 110 000
借：银行存款　　　　　　　　　　　　　　　　　50 000
　　资产处置净损益　　　　　　　　　　　　　　10 000
　　贷：固定资产　　　　　　　　　　　　　　　　　　　　60 000
借：银行存款　　　　　　　　　　　　　　　　 200 000

贷：其他收益	200 000

（5）破产财产的分配。

破产财产包括破产申请受理时属于债务人的全部财产，以及破产申请受理后至破产程序终结前债务人取得的财产。债务人财产分为担保财产与破产财产（普通财产）两大类。

债务人财产不足以清偿所有破产费用和共益债务的，先行清偿破产费用；不足以清偿所有破产费用或者共益债务的，按照比例清偿；不足以清偿破产费用的，管理人应当提请人民法院终结破产程序，人民法院应当自收到请求之日起十五日内裁定终结破产程序，并予以公告。

担保财产偿还担保债务，担保财产变现金额大于担保债务部分计入破产财产，担保财产变现金额不足清偿的担保债务部分计入普通债务。

破产财产在优先清偿破产费用和共益债务后，依照下列顺序清偿：破产人所欠职工的工资和医疗、伤残补助、抚恤费用、所欠的应当划入职工个人账户的基本养老保险、基本医疗保险费用，以及法律和行政法规规定应当支付给职工的补偿金、破产人欠缴的除前项规定以外的社会保险费用和破产人所欠税款、普通破产债务。破产财产不足以清偿同一顺序的清偿要求的，按比例在债权人之间分配。

第一，支付破产费用与偿还共益债务。

岚峰公司破产清算期间，有关破产费用、共益债务及其会计处理如下。

① 用银行存款支付聘用人员工资和留守人员工资 88 400 元。

借：破产费用——人员费用	88 400	
贷：银行存款		88 400

② 以银行存款支付办公用品费 1 200 元。

借：破产费用——办公费	1 200	
贷：银行存款		1 200

③ 管理人派人外出催讨债务，预借差旅费 4 500 元。

借：其他应收款——×××（借款人）	4 500	
贷：银行存款		4 500

④ 银行转来通知，水电费 800 元已付讫。

借：破产费用——办公费	800	
贷：银行存款		800

⑤ 支付资产评估机构的资产评估费 5 000 元。

借：破产费用——评估费	5 000	
贷：银行存款		5 000

⑥ 外出讨债人员报销差旅费 4 000 元，余 500 元借款交回现金。

借：破产费用——差旅费	4 000	
库存现金	500	
贷：其他应收款——×××（借款人）		4 500

⑦ 以银行存款支付财产拍卖的公告费 1 000 元。

借：破产费用——公告费 1 000
　　贷：银行存款 1 000

⑧支付法院转来的法律诉讼费3 000元。

借：破产费用——诉讼费 3 000
　　贷：银行存款 3 000

⑨管理人决定解除某合同，按照合同规定应该给予对方20 000元的赔偿。

借：共益债务支出 20 000
　　贷：应付共益债务 20 000

⑩岚峰公司暂存的一辆外单位货车，因管理不善造成毁损，经协商应赔偿6 000元。

借：共益债务支出 6 000
　　贷：应付共益债务 6 000

⑪以银行存款支付上述共益债务。

借：应付共益债务 26 000
　　贷：银行存款 26 000

⑫按照相关规定，以银行存款支付管理人报酬50 000元。

借：破产费用——管理人报酬 50 000
　　贷：银行存款 50 000

⑬支付应偿还的应付破产费用10 000元、应付共益债务2 000元。

借：应付破产费用 10 000
　　　应付共益债务 2 000
　　贷：银行存款 12 000

至此，所有财产经过变现后，共有货币资金968 800（=8 800+960 000）元，支付上述破产费用163 400元，支付共益债务28 000元，余777 400元应按照法律规定的顺序和要求进行分配。

第二，偿还其他债务。

假设本例中，A厂房变现300 000元，其担保甲银行的长期借款债务500 000元，不足清偿的200 000元计入普通债务；B厂房变现350 000元，其担保乙银行的长期借款债务300 000元，全额清偿，余50 000元已经是货币形态，用于清偿普通债务。

①偿还担保债务。

借：长期借款——甲银行 300 000
　　　　　　——乙银行 300 000
　　贷：银行存款 600 000

②偿还应付职工薪酬。

借：应付职工薪酬 50 000
　　贷：银行存款 50 000

③偿还应交税款。

截至20×7年9月10日，岚峰公司偿还上述债务后，只有127 400（=777 400-600 000-

50 000）元剩余资产，偿还所欠税款尚欠 32 600 元，欠丙银行短期借款、A 公司应付账款、B 公司其他应付款均无法偿还，均依法豁免。

借：应交税费　　　　　　　　　　　　　　　160 000

　　贷：银行存款　　　　　　　　　　　　　　　124 900

　　　　库存现金　　　　　　　　　　　　　　　　2 500

　　　　债务清偿净损益　　　　　　　　　　　　 32 600

依法豁免债务的分录为：

借：长期借款——甲银行　　　　　　　　　　200 000

　　短期借款——丙银行　　　　　　　　　　　60 000

　　应付账款——A 公司　　　　　　　　　　　18 000

　　其他应付款——B 公司　　　　　　　　　　 3 000

　　贷：其他收益　　　　　　　　　　　　　　　281 000

（6）清算损益的结转。

在编制破产清算期间的财务报表前，应进行相关损益的结转，将"资产处置净损益""债务清偿净损益""破产资产和负债净值变动净损益""其他收益""破产费用""共益债务支出""其他费用""所得税费用"科目结转至"清算净损益"科目，将"清算净损益"科目余额转入"清算净值"科目。

本例中：

资产处置净损益 =-8 000- 12 400-6 000+110 000-10 000=73 600（元）

其他收益 =200 000+281 000=481 000（元）

破产费用 =88 400+1 200+800+5 000+4 000+1 000 +3 000+50 000=153 400（元）

共益债务支出 =20 000+6 000=26 000（元）

借：债务清偿净损益　　　　　　　　　　　　32 600

　　贷：清算净损益　　　　　　　　　　　　　　 32 600

借：资产处置净损益　　　　　　　　　　　　73 600

　　贷：清算净损益　　　　　　　　　　　　　　 73 600

借：其他收益　　　　　　　　　　　　　　　481 000

　　贷：清算净损益　　　　　　　　　　　　　　481 000

借：清算净损益　　　　　　　　　　　　　　179 400

　　贷：破产费用　　　　　　　　　　　　　　　153 400

　　　　共益债务支出　　　　　　　　　　　　　 26 000

借：清算净损益　　　　　　　　　　　　　　407 800

　　贷：清算净值　　　　　　　　　　　　　　　407 800

上述破产费用、共益债务支出均属于清算期间的费用，破产企业被宣告破产前发生的属于应付破产费用（本例为 10 000 元）、应付共益债务（本例为 2 000 元）部分，在企业被宣告破产前已经列支，不属于清算期间的费用。

至此所有账目结清，"清算净值"账户借方合计为 1 537 800（=8 000+1 423 400+106 400）

元，贷方合计为 1 537 800 (=1 130 000+407 800) 元。

（7）编制破产清算期末会计报表。

破产清算终结时，应当编制清算损益表、清算现金流量表、债务清偿表。

①清算损益表。

清算损益表反映破产企业在破产清算期间发生的各项收益、费用。清算损益表至少应当单独列示反映下列信息的项目：资产处置净收益（损失）、债务清偿净收益（损失）、破产资产和负债净值变动净收益（损失）、破产费用、共益债务支出、所得税费用等。本例如表 8-4 所示。

表 8-4　清算损益表

会清 02 表

编制单位：岚峰公司　　　　20×6 年 8 月 3 日至 20×7 年 9 月 10 日　　　　单位：元

项目	行次	本期数	累计数
一、清算收益（清算损失以"－"号表示）		73 600	
（一）资产处置净收益（净损失以"－"号表示）			
（二）债务清偿净收益（净损失以"－"号表示）		32 600	
（三）破产资产和负债净值变动净收益（净损失以"－"号表示）			
（四）其他收益		481 000	
小计		587 200	
二、清算费用			
（一）破产费用（以"－"号表示）		153 400	
（二）共益债务支出（以"－"号表示）		26 000	
（三）其他费用（以"－"号表示）			
（四）所得税费用（以"－"号表示）			
小计		179 400	
三、清算净收益（清算净损失以"－"号表示）		407 800	

②清算现金流量表。

清算现金流量表反映了破产企业在破产清算期间货币资金余额的变动情况。清算现金流量表应当采用直接法编制，至少应当单独列示反映下列信息的项目：处置资产收到的现金净额、清偿债务支付的现金、支付破产费用的现金、支付共益债务支出的现金、支付所得税的现金等（见表 8-5）。

表 8-5　清算现金流量表

会清 03 表

编制单位：岚峰公司　　　　20×6 年 8 月 3 日至 20×7 年 9 月 10 日　　　　单位：元

项目	行次	本期数	累计数
一、期初货币资金余额		8 800	
二、清算现金流入			
（一）处置资产收到的现金净额		960 000	
（二）收到的其他现金			
清算现金流入小计		960 000	

（续）

项目	行次	本期数	累计数
三、清算现金流出			
（一）清偿债务支付的现金		777 400	
（二）支付破产费用的现金		163 400	
（三）支付共益债务的现金		28 000	
（四）支付所得税费用的现金			
（五）支付的其他现金			
清算现金流出小计		968 800	
四、期末货币资金余额		0	

③债务清偿表。

债务清偿表反映破产企业在破产清算期间发生的债务清偿情况。债务清偿表应当根据《破产法》规定的债务清偿顺序，按照各项债务的明细单独列示。债务清偿表中列示的各项债务至少应当反映其确认金额、清偿比例、实际需清偿金额、已清偿金额、尚未清偿金额等信息（见表 8-6）。

表 8-6　债务清偿表

会清 04 表

编制单位：岚峰公司　　　　20×6 年 8 月 3 日至 20×7 年 9 月 10 日　　　　单位：元

债务项目	行次	期末数	经法院确认债务的金额	清偿比例	实际需清偿金额	已清偿金额	尚未清偿金额
有担保的债务：							
甲银行长期借款			500 000		500 000	150 000	200 000
乙银行长期借款			300 000		300 000	150 000	0
小计			800 000		800 000	300 000	200 000
普通债务：							
第一顺序：劳动债务			50 000		50 000	50 000	0
其中：应付职工薪酬			50 000		50 000	50 000	0
第二顺序：国家税款债务			160 000		160 000	124 900	32 600
其中：应交税费			160 000		160 000	124 900	32 600
第三顺序：普通债务							
其中：借款							
丙银行					60 000	0	60 000
应付款项							
A 公司					18 000	0	18 000
B 公司					3 000	0	3 000
小计							113 600
合计							313 600

（8）企业破产清算报表附注。

破产企业应当在清算财务报表附注中披露下列信息：破产资产明细信息、破产管理人依法追回的账外资产明细信息、破产管理人依法取回的质物和留置物的明细信息、未经法院确认的债务的明细信息、应付职工薪酬的明细信息、期末货币资金余额中已经提存用于向特定债权人分配或向国家缴纳税款的金额、资产处置损益的明细信息（包括资产性质、处置收入、处置费用及处置净收益）、破产费用的明细信息（包括费用性质、金额等）、共益债务支出的明细信息（包括具体项目、金额等）。

清算终结后，清算组应当将接收的会计账册等会计档案连同在清算期间形成的会计档案一并移交破产企业的业务主管部门或者人民法院，由业务主管部门或者人民法院指定有关单位保存。

会计档案保管要求和保管期限应当符合《会计档案管理办法》的规定。

◈ 本章小结

债务重组是在不改变交易对手方的情况下，经债权人和债务人协定或法院裁定，就清偿债务的时间、金额或方式等重新达成协议的交易，分为以资产清偿债务、将债务转为资本、修改其他债务条件以及上述三种方式的组合方式。

债务人以债务工具（其他债权投资）清偿债务的，原转入其他综合收益的利得损失，转入"投资收益"；以非金融资产清偿债务时，清偿债务的账面价值与转让资产账面价值的差额，计入"其他收益——债务重组收益"，结转转让资产计提的减值准备；债务转为权益工具时，清偿债务账面价值与权益工具确认金额的差额，计入"投资收

益"。债权人放弃债权的公允价值与账面价值的差额、受让资产公允价值与终止债权账面价值差额计入"投资收益"。

企业破产分为破产和解、破产重整、破产清算三类，其中前两类属于拯救企业的破产制度，企业仍然处于持续经营状态，而破产清算则进入终止经营状态。企业清算会计是企业处于终止经营状态的会计工作，在会计假设、会计原则等方面呈现出诸多特殊性，管理人的会计人员要根据破产清算程序接管破产清算企业、结转和调整相关资产与负债账面价值、变现财产、清偿债务、结清账目、编制破产清算会计报告等工作。

◈ 思考题

1. 债权债务双方就相关债务偿还期限达成了延长的协议，但最终还款金额没有减少，是否属于债务重组？为什么？

2. 债务人以债务工具（其他债权投资）清偿债务的，原转入其他综合收益的利得损失，为什么转入"投资收益"？

3. 债务人以非金融资产清偿债务时，清偿债务的账面价值与转让资产账面价值的差额，计入"其他收益——债务重组收益"，为什么不计入营业外收入？

4. 债务转为权益工具时，清偿债务账面价值与权益工具确认金额的差额，为什么计入"投资收益"而不计入"其他收益"？

5. 债权人放弃债权的公允价值与账面价值的差额、受让资产公允价值与终止债权账面价值差额计入"投资收益"，为什么不计入"其他收益"？

6. 企业破产清算会计中，资产为什么采用破产资产清算净值计量？

7. 破产清算会计是否存在会计分期？为什么？

8. 破产费用与共益债务的内容与区别有哪些？

9. 清算资产负债表与资产负债表有何区别，为什么？

10. 企业破产清算会计报表是否应该设计现金流量表？如何设计？

练习题

1. 不定项选择题

（1）下列项目中，属于债务重组内容的为（　　）。

A. 清偿债务的时间

B. 清偿债务的金额

C. 清偿债务的方式

D. 清偿债务的地点

（2）下列项目中，属于债务重组的债务为（　　）。

A. 应付账款　　　　B. 应付租赁款

C. 合同负债　　　　D. 预计负债

（3）下列项目中，属于债务重组日的为（　　）。

A. 债务重组协议签订日

B. 债务重组协议公正日

C. 债务重组开始日

D. 债务重组完成日

（4）下列项目中，债务人以其他债权投资清偿债务的，原转入其他综合收益的利得损失不应转入的会计科目为（　　）。

A. 盈余公积

B. 利润分配——未分配利润

C. 投资收益

D. 营业外收入

（5）下列项目中，债务人以非金融资产清偿债务时，清偿债务的账面价值与偿债资产账面价值的差额应计入的会计科目为（　　）。

A. 营业外收入——债务重组收益

B. 其他收益——债务重组收益

C. 投资收益

D. 资本公积

（6）下列项目中，债权人受让非金融资产公允价值与终止债权账面价值差额，应计入的会计科目为（　　）。

A. 营业外支出——债务重组损失

B. 其他收益——债务重组收益

C. 投资收益

D. 资本公积

（7）下列项目中，不属于清算资产负债表的编制时间为（　　）。

A. 破产清算期间的每个年末

B. 破产清算期间的每个月末

C. 破产清算期初

D. 破产清算期末

（8）下列项目中，在破产财产优先清偿破产费用和共益债务后，不应该首先受偿的为（　　）。

A. 应当支付给职工的补偿金

B. 破产人所欠税款

C. 担保债权

D. 普通债权

（9）下列项目中，属于破产清算会计与一般会计核算原则不尽相同的原则为（　　）。

A. 客观性原则

B. 相关性原则

C. 及时性原则

D. 收付实现制原则

（10）下列项目中，属于破产费用的为（　　）。

A. 诉讼费用

B. 管理人报酬

C. 管理人执行职务的费用

D. 管理人执行职务致人损害的费用

2. 判断题

（1）债务重组只能是债权债务双方就偿债相关条款达成的协议，不能有第三方的参与。（　　）

（2）根据债权债务双方达成的债务重组协议，即使债务人没有减少债务偿还额，也应该认定为债务重组。（　　）

（3）债务人以债务工具、非交易性权益工具清偿债务时，原转入其他综合收

益的利得损失应转入"投资收益"科目。（　　）

（4）债权人受让非金融资产公允价值与终止债权账面价值差额计入"投资收益"。（　　）

（5）在债务转为权益工具的债务重组中，清偿债务账面价值与权益工具确认金额的差额应计入其他收益。（　　）

（6）在破产清算会计中，其资金运动的特点之一是不能形成资金循环和周转。（　　）

（7）由于企业破产清算将终止企业经营、注销企业登记，所有资产均将用于破产清算分配，因此破产清算会计中不存在"重要性"的会计信息质量要求。（　　）

（8）清算资产负债表是反映被破产清算企业在破产清算结束日的资产、负债和清算净损益情况的报表。（　　）

（9）企业破产清算中，变现财产原账面价值小于变现收入的差额，应计入破产费用。（　　）

（10）债务人财产不足以清偿所有破产费用和共益债务的，应按照比例清偿。（　　）

3. 计算及分析题

（1）以非金融资产抵偿债务的会计处理。

20×8年5月31日，南方公司销售一批商品给北方公司，开出的增值税专用发票上注明的销售价款为640 000元，增值税销项税额为83 200元。款项尚未受到。20×9年10月31日双方协议进行债务重组，南方公司同意将其拥有的一项长期股权投资用于抵偿债

务。该项长期股权投资的账面余额及公允价值均为560 000元，计提的相关减值准备为10 000元。北方公司转让该项长期股权投资时发生相关费用2 000元，南方公司已对该项债权提取了4 400元坏账准备。假定不考虑其他相关税费。

要求： 编制债权债务双方有关债务重组的会计分录。

（2）以混合重组方式清偿债务的会计处理。

甲公司销售一批商品给乙公司（非股份有限公司），价款1 170 000元（含增值税）。在债务到期时，因乙公司无法如期偿债，甲公司与乙公司协商进行债务重组，达成如下重组协议：

① 甲公司先豁免金额为70 000元的债务；

② 乙公司剩余的1 100 000元债务中，1 000 000元转为甲公司对乙公司的股权投资；

③ 剩余100 000元债务以一项账面价值为110 000元的无形资产抵偿。

假定整个交易过程中没有发生相关税费，乙公司没有对用于抵债的无形资产计提减值准备，甲公司也没有对重组债权计提坏账准备。

要求： 编制债权债务双方有关债务重组的会计分录。

（3）破产清算会计核算。

蓝调公司20×7年9月6日被人民法院宣告破产清算，该日的科目余额表如下：

科目余额表

编制单位：蓝调公司　　　　　　　　20×7年9月6日　　　　　　　　单位：元

科目名称	借方余额	科目名称	贷方余额
库存现金	6 800	短期借款	34 000
银行存款	45 900	应付票据	8 500

（续）

科目名称	借方余额	科目名称	贷方余额
其他货币资金	18 700	应付账款	19 550
应收票据	1 700	其他应付款	850
应收账款	102 000	应付职工薪酬	5 950
预付账款	4 250	应交税费	6 800
其他应收款	2 550	应付利息	27 200
物资采购	16 150	长期借款	276 500
原材料	70 550	应付债券	51 000
周转材料	17 000	长期应付款	8 500
库存商品	13 600	股本	170 000
生产成本	24 650	资本公积	102 000
长期股权投资	88 400	坏账准备	5 100
固定资产	175 100	累计折旧	68 000
在建工程	6 800		
无形资产	11 900		
长期待摊费用	17 000		
利润分配	160 900		
合计	783 950	合计	783 950

注：该公司长期借款中欠甲银行的 60 000 元，以账面价值为 80 000 元的厂房为抵押物。

该公司清算过程中，资产账面价值与其清算净值相符，上述债务已经确认，各项资产变现价值为其账面价值的 60%，另发生破产费用 100 000 元、共益债务 20 000 元。该公司于 20×8 年 10 月 6 日清算终结。

要求：

① 编制相关会计分录，包括相关余额结转、财产变现、清偿各项债务、破产费用与共益债务的发生和结转、清算损益结转等会计分录。

② 编制清算资产负债表、清算结束时的债务清偿表与清算损益表。

第 3 篇

PART 3

特殊行业会计

[本篇导读]

　　由于经济的复杂性、环境的多样性以及科技进步的日益加快，会计领域也不断出现新领域、新行业，在某些研究内容和业务处理方面与传统制造业存在一些差异，这些行业的财务人员也迫切需要学习所在行业的会计理论和会计实务的操作方法。因此，本篇选取了三个具有代表性、应用范围广的特殊行业会计——施工企业会计、石油天然气会计和企业年金基金会计，介绍了三个特殊行业会计处理中的主要理论、方法和会计信息披露内容。

第 9 章
CHAPTER 9

施工企业会计

§ 思政导语

人类任何一项伟大的建筑产品，都源于精美设计基础上的精心施工。

人生任何一件得意的工作成就，均离不开脚踏实地的辛勤努力。

§ 本章导读

通过本章的学习，读者可以了解施工企业会计工作的特点，施工企业的分类、经营方式，施工项目会计核算的特征，施工企业成本及费用的会计处理，施工企业收入的会计处理，施工企业利润的会计处理以及施工会计信息披露等问题。

§ 本章思政引导案例

职业健康保护全面覆盖重大工程建筑施工企业

2020 年 4 月 25 日至 5 月 1 日是全国第 18 个《中华人民共和国职业病防治法》宣传周。2020 年的宣传主题为"职业健康保护·我行动"。

由上海市卫健委等主办的"职业健康保护·我行动"活动在沪举办。活动透露，随着加快恢复生产生活秩序，整个城市也有了生机和活力，但同时大大小小的建筑施工工地存在着各种各样的职业病危害，比如噪声、粉尘等。

目前针对这些职业病危害，相关部门采取的措施是与建筑施工企业代表签订职业健康承诺书，共同督促指导建筑施工企业落实职业病防治主体责任，保障广大施工人员的职业健康权益，接下来还将对国家及本市重大工程中的建筑施工企业做到全覆盖检查，对职业病防治措施不到位导致不良后果的，将依法给予行政处罚。

"目前从我国情况看，新发职业病仍然是以尘肺病为主，大约占 90% 左右，其次是化学中毒和职业性耳鼻喉口腔疾病。"上海市化工职业病防治院健康监护中心化学事故应急救援中心主任张雪涛说，从上海的职业病发病情况来看，职业病年发病总例数是在减少的，但在新发职业病的种类上，职业性噪声聋发病有所增加，几乎占新发职业病类型的一半，其次职业性尘肺病约占20%～25%，再次是化学中毒。

上海的职业病诊断机构均实行备案制管理，机构的名单在上海市卫健委的官方网站上进行公布，可以在市卫健委官网上查询。上海市卫健委方面介绍，2020年上海《职业病防治法》宣传周上海将开展网上直播访谈、线上培训、线上公益讲座、报纸宣传、官方公众号信息以及直接向用人单位发放宣传折页和宣传海报等宣传活动。目的就是要进一步提高广大劳动者的职业健康意识，营造全社会关心关注职业病防治的浓厚氛围。

资料来源：https://baijiahao.baidu.com/s?id=1665137279981606318&wfr=spider&for=pc.

问题：

1. 以人为本的理念是如何体现在施工企业宣传周中的？
2. 保障施工工人的职业健康，会产生哪些方面的有利影响？
3. 建立《职业病防治法》宣传周有何现实意义？

9.1 施工企业会计概述

9.1.1 施工企业的含义及分类

施工企业是指从事建筑施工、设备安装和其他专门工程施工的企业，主要包括各种土木建筑公司、设备安装公司、基础设施公司、冶金工程公司、电力建设公司、市政工程公司、装修和装饰工程公司等。

除了可以按照组织形式和组织规模分类外，施工企业还具有特有的分类标准，即根据所具备资质的不同，施工企业可以分为具有施工总承包资质的企业、具有专业承包资质的企业和具有施工劳务资质的企业。

（1）具有施工总承包资质的企业。

具有施工总承包资质的企业可以从事资质证书许可范围内的相应工程总承包、工程项目管理等业务。这类企业数量不多但影响力较大，其经营范围广、营业额大，是建筑行业的"龙头"企业。具有施工总承包资质的企业可以对所承接的施工总承包工程内各专业工程全部自行施工，也可以将专业工程依法分包给具有专业承包资质的企业。但是，当具有施工总承包资质的企业将有资质要求的专业工程进行分包时，应分包给具有专业承包资质的企业，而将劳务作业进行分包时，应分包给具有施工劳务资质或专业作业资质的企业。

（2）具有专业承包资质的企业。

具有专业承包资质的企业数量大、门类多，一般属于劳动密集型企业，是建筑行业的主体企业。具有专业承包资质的企业可以承接具有施工总承包资质的企业依法分包的专业工程或建设单位依法发包的专业工程。具有专业承包资质的企业应对所承接的专业工程全部自行组织施工，但劳务作业可以分包给具有施工劳务资质或专业作业资质的企业。

（3）具有施工劳务资质的企业。

具有施工劳务资质的企业规模小、数量多，属于劳动密集型企业。具有施工劳务资质或专业作业资质的企业可以承接具有施工总承包资质或专业承包资质的企业分包的劳务作业。

9.1.2　施工企业的经营方式

（1）按承包者在经营中所处的地位分类。

按照承包者在经营中所处地位的不同，施工企业的具体经营方式可分为独立承包、总分包和联合承包三种。

独立承包是指某个施工企业完全利用自有的能力承包一项工程的全部生产任务。这种承包方式要求施工企业规模较大，或者工程规模较小，如技术要求比较简单的工程和修缮工程等。

总分包是指通过总承包和分包方式完成工程施工任务。其中，总承包是指建设单位将全部建筑安装工程的施工生产任务委托给一个施工企业总负责，以明确责任和便于施工现场的统一领导。分包是指总承包单位在征得建设单位同意的情况下，根据施工需要将一部分工程分给具有相应资质条件的施工企业承担，但建筑工程主体结构的施工必须由总承包单位完成。

联合承包是指由两个或两个以上的施工企业联合起来承包一项工程，共同对建设单位负责。在承包合同执行的过程中，联合承包各方共同对建设单位承担连带责任。

（2）按合同取费方式分类。

按照合同取费方式的不同，施工企业的具体经营方式可分为总价承包、单价承包和成本加成承包三种。

总价承包是指施工企业按照与建设单位商定的总造价进行承包工程。

单价承包是指施工企业与建设单位按照工程的一定计量单位议定固定单价，然后根据实际完成的工程量汇总计算工程总造价，并据以结算工程价款。

成本加成承包是指施工企业按照工程实际成本加上一定数量的酬金，作为工程总造价与建设单位签订工程承包合同，并据以结算工程价款。

（3）按材料供应方式分类。

按照建筑材料提供方式的不同，施工企业的具体经营方式可分为包工包料、包工不包料和包工部分包料三种。

上述按照施工企业资质的三种分类以及经营方式的分类，是一种阶梯分类关系。这种分类思维有助于更清晰、更完整地认识事物，有助于针对不同类别或性质的事物采取不同的对策或策略，提高应对效率，改进应对效果，例如"三个世界"的划分、存货管理的 ABC 管理法、马斯洛需求层次理论等。

9.1.3　施工项目会计核算

9.1.3.1　施工项目会计核算的特征

施工项目会计核算是指一个施工项目从投标到项目完工的全部生产经营过程，以及该工程竣工后至工程保修期结束，相关会计事项和交易的确认、计量、记录与报告。

（1）会计主体是施工项目部。

施工项目部是公司在工程项目所在地设立的代表公司从事生产经营活动的机构。在实行项目法施工的情况下，它可以作为会计主体进行独立的会计核算。

（2）施工项目会计的重心是成本核算。

施工企业一般以单个合同作为会计核算对象。施工生产的单件性决定了其不能根据一定时期内发生的全部生产费用和完成的工程数量来计算各项工程的单位成本，而必须按照订单分别归集施工生产费用，单独计算每项工程的成本。

（3）分段进行施工项目会计核算。

由于建筑产品的施工生产周期长，占用资金多，施工项目部应将已完成预算定额所规定的全部工序或工程内容的分部工程或分项工程作为"已完工程"，及时与建设单位办理工程价款的中间结算，待工程全部竣工后再进行清算。

（4）考虑自然环境选择施工项目会计方法。

施工项目部所使用的固定资产、周转材料等资产一般都露天存放，建筑安装工程体积庞大，一般都是露天作业，资产受自然侵蚀特别大，尤其是在施工条件比较恶劣的情况下，资产损耗更为明显。施工项目会计应选择合理的固定资产折旧方法和周转材料摊销方法，使价值补偿能够符合其实际磨损情况。

施工项目会计核算的上述特征，体现了其会计主体、核算重心、核算流程及环境约束。可以说，施工项目核算是典型的成本中心的核算。其会计主体的确立反映了会计主体的动态性，与合并报表会计主体相反，不是扩大会计主体而是缩小会计主体；核算重心的成本核算，反映了该项目料工费的消耗及管理情况，是可控成本核算与管理的体现；核算流程的分阶段性，反映了其生产工艺流程的特点；环境约束反映了有关折旧、摊销等成本费用确认和计量的特点。由此提醒我们牢记动态思维、个性思维、灵活思维、具体问题具体分析思维的重要性，避免静态僵化思维、一刀切思维，提高我们的辩证思维的能力。

9.1.3.2　施工项目会计科目设置

结合施工企业会计的特点，施工企业主要应设置的会计科目如表9-1所示。

表9-1　施工企业常用的会计科目

顺序号	科目编号	一级科目	顺序号	科目编号	一级科目
（一）资产类科目			6	1122	应收账款
1	1001	库存现金	7	1123	预付账款
2	1002	银行存款	8	1131	应收股利
3	1012	其他货币资金	9	1132	应收利息
4	1101	交易性金融资产	10	1221	其他应收款
5	1121	应收票据	11	12**	内部往来

（续）

顺序号	科目编号	一级科目	顺序号	科目编号	一级科目
12	12**	备用金			（二）负债类科目
13	1231	坏账准备	53	2001	短期借款
14	1401	材料采购	54	2101	交易性金融负债
15	1402	在途物资	55	2201	应付票据
16	1403	原材料	56	2202	应付账款
17	1404	材料成本差异	57	2203	预收账款
18	1405	库存商品	58	****	合同负债
19	1408	委托加工物资	59	2211	应付职工薪酬
20	1411	周转材料	60	2221	应交税费
21	****	合同资产	61	2231	应付利息
22	****	合同资产减值准备	62	2232	应付股利
23	****	应收退货成本	63	2241	其他应付款
24	1471	存货跌价准备	64	2401	递延收益
25	1501	债权投资	65	2501	长期借款
26	1502	债权投资减值准备	66	2502	应付债券
27	1503	其他债权投资	67	2701	长期应付款
28	1504	其他权益工具投资	68	2702	未确认融资费用
29	1511	长期股权投资	69	2711	专项应付款
30	1512	长期股权投资减值准备	70	2801	预计负债
31	1521	投资性房地产	71	2901	递延所得税负债
32	1522	投资性房地产累计折旧			（三）共同类
33	1523	投资性房地产累计摊销	72	3101	衍生工具
34	1524	投资性房地产减值准备	73	3201	套期工具
35	1531	长期应收款	74	3202	被套期项目
36	1541	未实现投资收益			（四）所有者权益类科目
37	1601	固定资产	75	4001	实收资本
38	1602	累计折旧	76	4002	资本公积
39	1603	固定资产减值准备	77	4003	其他综合收益
40	1604	在建工程	78	4101	盈余公积
41	1605	工程物资	79	4103	本年利润
42	1606	固定资产清理	80	4104	利润分配
43	1607	在建工程减值准备	81	4201	库存股
44	1608	工程物资减值准备			（五）成本费用类科目
45	1701	无形资产	82	****	合同取得成本
46	1702	累计摊销	83	****	合同取得成本减值准备
47	1703	无形资产减值准备	84	****	合同履约成本
48	1711	商誉	85	****	合同履约成本减值准备
49	1712	商誉减值准备	86	5301	研发支出
50	1801	长期待摊费用			（六）权益类科目
51	1811	递减所得税资产	87	6001	主营业务收入
52	1901	待处理财产损益	88	6051	其他业务收入

（续）

顺序号	科目编号	一级科目	顺序号	科目编号	一级科目
89	6101	公允价值变动损益	97	6601	销售费用
90	6111	投资收益	98	6602	管理费用
91	6115	资产处置损益	99	6603	财务费用
92	6117	其他收益	100	6701	资产减值损失
93	6301	营业外收入	101	6702	信用减值损失
94	6401	主营业务成本	102	6711	营业外支出
95	6402	其他业务成本	103	6801	所得税费用
96	6403	税金及附加	104	6901	以前年度损益调整

注：表中科目编号中的 * 号由企业结合企业会计准则的进一步要求和企业会计核算的需要自行设置。

表 9-1 中，"内部往来"科目核算企业与所属内部独立核算单位（如施工项目部）之间，或各内部独立核算单位之间，由于工程价款结算、材料销售、提供劳务等业务所发生的各种应收、应付、暂收、暂付往来款项。

"备用金"科目核算企业拨付给非独立核算的内部单位（如职能部门、施工单位等）或个人备作差旅费、零星采购、零星开支等使用的款项。企业也可以不设置该科目，而并入"其他应收款"科目中核算。

"合同履约成本"科目核算企业为履行当前或预期取得的合同所发生的成本。同时，企业可按合同分别设置"服务成本""工程施工""机械作业""辅助生产"等明细科目，核算中间产品、服务成本及工程施工成本。

9.2　施工企业会计处理

由于施工企业的资产、负债、所有者权益等会计核算与一般企业大同小异，所以本节主要介绍施工企业具有自身特点的成本费用、收入、利润等的会计处理。

9.2.1　施工企业成本及费用的会计处理

9.2.1.1　施工成本与施工费用的分类

（1）施工成本的分类。

施工成本是指施工企业在施工过程中所发生的全部生产费用的总和。一般以施工项目的单位工程作为成本核算的对象，通过各单位工程成本核算的综合反映施工项目成本。

①按成本计算的范围分类。

按成本计算的范围大小，施工成本可以依次为全部工程成本、单项工程成本、单位工程成本、分部工程成本和分项工程成本。

全部工程成本（也称总成本）是指施工企业从事各种建筑安装工程施工所发生的全部施工费用。

单项工程成本是指具有独立设计文件，建成后能独立发挥生产能力和效益的各项工程所发生的全部施工费用，如公路建设中某独立大桥的工程成本等。

单位工程成本是指单位工程施工所发生的全部施工费用。如隧道单项工程可分为土建工程、照明和通气工程等单位工程。

分部工程成本是指分部工程施工所发生的全部施工费用。如基础工程、路面工程、路基工程等。

分项工程成本是指分项工程施工所发生的全部施工费用。分项工程是建筑安装工程的基本构成因素，是组织施工及确定工程造价的基础。

②按成本项目分类。

按成本项目，施工成本可以分为直接材料费、直接人工费、施工机械使用费、其他直接费、间接费用等。

直接材料费是指用于施工生产且直接构成工程实体的主要材料、构件、其他材料费用等。直接人工费是指直接从事施工生产人员的工资、福利费等。施工机械使用费是指施工中使用机械的台班费和租赁费等。其他直接费是指设计及技术援助费用、施工现场材料的二次搬运费、生产工具和用具使用费、检验试验费、工程定位复测费、工程交点费、场地清理费、水电费等。间接费用是指施工单位或生产单位为组织或管理施工生产活动而发生的费用。

（2）施工费用的分类。

施工企业发生的费用按配比的方法不同，可以分为应计入施工成本的费用和不应计入施工成本的费用两类。其中，应计入施工成本的费用如前所述，包括直接材料费、直接人工费、施工机械使用费、其他直接费、间接费用等；不应计入施工成本的费用是指虽与本期收入的取得密切相关，但不能直接归属于某个特定对象的各种费用，因而应将它们与整个期间的全部营业收入配比，直接计入当期损益，这类费用主要包括销售费用、管理费用和财务费用。

9.2.1.2　工程承包合同履约成本的会计处理

（1）直接材料费的会计处理。

项目施工过程中发生的直接用于形成工程实体的原材料费用，应在"工程施工——某项目合同成本"科目中专设"直接材料费用"科目进行核算。

【例9-1】　20×8 年 7 月 10 日，A 建筑公司 1 号仓库发出优质水泥 8 000 吨，单价 200元。其中隧道使用 6 000 吨，路基使用 2 000 吨，发出优质钢材 600 吨，单价 3 000 元，隧道使用 400 吨，路基使用 200 吨。材料费会计处理如下。

借：工程施工——隧道工程合同成本（直接材料费）　　　　 2 400 000

　　　　　——路基工程合同成本（直接材料费）　　　　 1 000 000

　　贷：原材料　　　　　　　　　　　　　　　　　　　　　　　　 3 400 000

（2）直接人工费的会计处理。

直接进行工程施工的生产人员的人工费，应根据服务对象分别在"工程施工""机械作业""辅助生产"等科目中归集。其中，直接进行工程施工的生产人员的人工费，应记入"工程施工"科目及所属明细科目的借方；直接进行辅助生产的人工费，应记入"辅助生产"科目及所属明细科目的借方；以自有机械进行施工并独立核算的人工费，应记入"机械作业"

科目及所属明细科目的借方；工程项目管理人员的工资薪酬，应记入"工程施工——间接费用"科目及所属明细科目的借方。同时，记入"应付职工薪酬"科目的贷方。

【例9-2】 20×8年7月10日，A建筑公司发生直接进行工程施工的生产人员人工费640 000元。其中隧道施工队240 000元，路基施工队400 000元。人工费会计处理如下。

借：工程施工——隧道工程合同成本（直接人工费）　　　　　　240 000
　　　　　　——路基工程合同成本（直接人工费）　　　　　　400 000
　　贷：应付职工薪酬　　　　　　　　　　　　　　　　　　　　　　　　640 000

（3）施工机械使用费的会计处理。

施工机械使用费除外租设备进行施工可直接记入"工程施工——机械使用费"科目外，应当设置"机械作业"科目，并设置"燃料及动力""折旧及修理"等相关明细科目进行明细核算。

（4）其他直接费的会计处理。

企业在施工过程中发生的除直接人工费、直接材料费、施工机械使用费以外的其他各种直接费用，在发生时，借记"工程施工——其他直接费"科目，贷记"银行存款""周转材料"等科目。

【例9-3】 20×8年8月10日，A建筑公司发生委托外单位为隧道安全进行测试支出1 000元，领用生产工具750元；因整修路基支付外部劳务人员搬运费2 500元，领用生产工具500元。其他直接费会计处理如下。

借：工程施工——隧道工程合同成本（其他直接费）　　　　　1 000
　　　　　　——路基工程合同成本（直接人工费）　　　　　　2 500
　　贷：银行存款　　　　　　　　　　　　　　　　　　　　　　　　　3 500
借：工程施工——隧道工程合同成本（其他直接费）　　　　　　750
　　　　　　——路基工程合同成本（直接人工费）　　　　　　　500
　　贷：周转材料　　　　　　　　　　　　　　　　　　　　　　　　　1 250

（5）间接费用的会计处理。

间接费用是为完成施工合同所发生的、不易直接归属于合同成本核算对象而应分配计入有关合同成本核算对象的各项费用开支，是企业下属的施工单位（如施工项目部）为组织和管理施工生产活动所发生的费用。

①间接费用的归集。

间接费用是施工单位为组织和管理施工生产活动所发生的共同性费用，一般难以分清具体的受益对象。因此，在费用发生时，应先通过"工程施工——间接费用"科目进行归集，成本计算期期末再采用合理的方法分配计入各项工程成本。费用发生时，借记"工程施工——间接费用"科目，贷记"应付职工薪酬""累计折旧"等科目。

【例9-4】 20×8年8月15日，A建筑公司华东项目部发放管理人员工资100 000元，奖金35 000元；车辆折旧150 000元。其他直接费会计处理如下。

借：工程施工——间接费用——管理人员工资　　　　　　　　135 000

　　　　　　——间接费用——折旧及维修　　　　　　　　150 000

　　贷：应付职工薪酬　　　　　　　　　　　　　　　　　　　　　　　135 000

　　　　累计折旧　　　　　　　　　　　　　　　　　　　　　　　　　150 000

②间接费用的分配。

如果工程承包合同只设一个成本核算对象，间接费用可直接计入该合同的成本。否则，间接费用应按照合理的方法分配计入各成本核算对象的成本。其分配方法一般有人工费比例分配法、直接费用比例分配法、按年度计划分配率分配法等。

第一，人工费比例分配法。该方法是以合同实际发生的人工费为基数，对工程核算对象的间接费用进行分配的一种方法。这种方法适用于人工费占成本比例大的工程项目，如安装工程等。相关计算公式如下。

某项工程应负担的间接费 = 该项工程实际发生的人工费 × 间接费分配率

间接费分配率 = 当期发生的全部间接费用 ÷ 当期各项工程发生的人工费之和

【例 9-5】 20×8 年第 1 季度，A 建筑公司华西项目部共发生间接费用 400 000 元，人工费 1 000 000 元，分别为清洗设备 300 000 元，过滤设备 200 000 元，空调设备 500 000 元。间接费用分配表如表 9-2 所示。

表 9-2　间接费用分配表

编表单位：华西项目部　　　　　　　　　　20×8 年第 1 季度　　　　　　　　　　金额单位：元

项目	人工费成本	分配率	分配额
清洗设备	300 000	0.4	120 000
过滤设备	200 000	0.4	80 000
空调设备	500 000	0.4	200 000
合计	1 000 000	0.4	400 000

间接费分配率 =400 000÷（300 000+200 000+500 000）=0.4

间接费用分配的会计处理如下。

借：工程施工——清洗设备安装合同成本（间接费用）　　　　120 000

　　　　　　——过滤设备安装合同成本（间接费用）　　　　　80 000

　　　　　　——空调设备安装合同成本（间接费用）　　　　200 000

　　贷：工程施工——间接费用　　　　　　　　　　　　　　　　　　400 000

第二，直接费用比例分配法。该方法是按照各成本核算对象的直接费用占间接费用比例进行分配的方法，主要适用于对建筑工程的核算。相关计算公式如下。

某项工程应负担的间接费 = 该项工程实际发生的直接费 × 间接费分配率

间接费分配率 = 当期发生的全部间接费用 × 当期各项工程发生的直接费之和

第三，按年度计划分配率分配法。该方法是按照年度开始前确定的全年度适用的计划分配率分配间接费用的方法。如以合同收入作为分配标准，相关计算公式如下。

某项工程应负担的间接费 = 该项工程实际完成合同收入额 × 年度计划分配率

年度计划分配率＝年度间接费用计划总额÷年度各工程计划合同收入总额

"工程施工——间接费用"科目如果有年末余额，说明全年间接费用的实际发生额与计划分配额之间有差额，一般应在年末调整合同成本。

9.2.1.3　辅助生产成本的会计处理

施工企业的辅助生产是指服务于施工生产而进行的产品生产、劳务供应。如供电、供水及机器设备修理等。

（1）辅助生产费用的归集。

为了归集各个辅助生产部门所发生的生产费用，施工企业应设置"辅助生产"科目，发生辅助生产费用支出时，借记"辅助生产"科目，贷记"应付职工薪酬""银行存款""原材料"等科目。

【例9-6】　B施工企业有供水站和发电站两个辅助生产部门。20×8年3月，两个部门发生如下费用：领用燃料3 000元，其中，供水站2 000元，发电站1 000元；领用材料100 000元，其中，供水站60 000元，发电站40 000元；分配本月职工薪酬30 000元，其中，供水站20 000元，发电站10 000元；领用机械配件1 000元，两个辅助生产部门各占一半；计提本月固定资产折旧3 500元，其中，供水站2 000元，发电站1 500元；用银行存款支付其他费用3 800元，其中，供水站2 000元，发电站1 800元。相关账务处理如下。

```
借：辅助生产——供水站                          86 500
           ——发电站                          54 800
    贷：原材料——燃料                                    3 000
           ——主要材料                               100 000
           ——机械配件                                  1 000
        应付职工薪酬                                   30 000
        累计折旧                                        3 500
        银行存款                                        3 800
```

登记辅助生产多栏式明细账如表9-3和表9-4所示。

表9-3　辅助生产多栏式明细账（1）

单位：供水站　　　　　　　　　　　　　　　　产品或劳务数量：21 625

成本核算对象：水力　　　　　　　　　　　计量单位：立方米　金额单位：元

20×8年		凭证号	摘要	借方	贷方	余额	明细科目发生额			
月	日						人工费	材料费	其他直接费	间接费用
略	略	略	领用材料及燃料	62 000		62 000		62 000		
			职工薪酬费用	20 000		82 000	20 000			
			领用机械配件	500		82 500		500		
			计提折旧	2 000		84 500				2 000
			支付其他费用	2 000		86 500			2 000	
			结转成本		86 500					
			合计	86 500	0		20 000	62 500	2 000	2 000

表 9-4　辅助生产多栏式明细账（2）

单位：发电站　　　　　　　　　　　　　　　　　　　　产品或劳务数量：109 600

成本核算对象：电力　　　　　　　　　　　　　　计量单位：千瓦时　金额单位：元

20×8 年		凭证号	摘要	借方	贷方	余额	明细科目发生额			
月	日						人工费	材料费	其他直接费	间接费用
略	略	略	领用材料及燃料	41 000		41 000		41 000		
			职工薪酬费用	10 000		51 000	10 000			
			领用机械配件	500		51 500		500		
			计提折旧	1 500		53 000				1 500
			支付其他费用	1 800		54 800			1 800	
			结转成本		54 800					
			合计	54 800		0	10 000	41 500	1 800	1 500

（2）辅助生产费用的分配。

①形成材料物资的辅助生产成本转出。

辅助生产部门生产完成验收入库的各种自制材料、结构件等，应按实际成本借记"原材料""周转材料"等科目，贷记"辅助生产"科目。当施工单位或其他有关部门领用这些材料、结构件时，再从"原材料""周转材料"等科目的贷方转出至"工程施工"等科目的借方。

②形成劳务的辅助生产成本转出。

辅助生产部门提供水、电、气、设备维修和施工机械的安装、拆卸等劳务所发生的辅助生产费用，一般应于月末根据辅助生产明细账的记录，编制辅助生产费用分配表，采用适当的方法在各受益对象之间进行分配。其中，对外单位提供的部分，应借记"其他业务成本"科目，贷记"辅助生产"科目；对本单位提供的部分，应借记"工程施工""机械作业"等科目，贷记"辅助生产"科目。

【例 9-7】　沿用例 9-6 的资料。发电站发生的成本合计为 54 800 元，提供 109 600 千瓦时电，其中工程施工现场耗用 87 680 千瓦时，机械作业耗用 16 440 千瓦时，施工管理耗用 5 480 千瓦时。发电劳务成本分配结果如表 9-5 所示。

表 9-5　辅助生产部门对外提供劳务费用分配表

（金额单位：元）

部门	劳务量	计量单位	应分配生产费用	受益对象					
				工程施工		机械作业		项目管理	
				耗用	金额	耗用	金额	耗用	金额
发电站	109 600	千瓦时	54 800	87 680	43 840	16 440	8 220	5 480	2 740

辅助生产成本分配账务处理如下。

借：工程施工——某项目合同成本　　　　　　　　　　43 840

　　　　　　——间接费用　　　　　　　　　　　　　2 740

　　机械作业　　　　　　　　　　　　　　　　　　　8 220

　　贷：辅助生产——发电站　　　　　　　　　　　　　　　54 800

③辅助生产部门之间的分配。

一般可以采用直接分配法和一次交互分配法。

第一，直接分配法。

采用直接分配法分配辅助生产费用时，不考虑各辅助生产单位之间相互提供劳务（或产品），而是将各辅助生产费用直接分配给辅助生产以外的各受益单位。

【例9-8】 C施工企业陇南项目部设置一个搬运队和一个机械修理队辅助施工。20×8年4月，搬运队共发生成本费用240 000元，其提供服务为：路基施工队200 000吨公里，隧道施工队240 000吨公里，机械修理队20 000吨公里，项目经理部40 000吨公里；机械修理队发生费用160 000元，其提供服务为：路基施工队5 000工时，隧道施工队4 000工时，搬运队6 000工时，项目经理部1 000工时。

机械修理队和搬运队相互提供劳务不考虑分摊，只对内部基本施工队伍和管理部门进行费用分摊，修理费用按修理工时比例分配，搬运费用按班运吨公里比例分配。20×8年4月，相关辅助生产费用分配结果如表9-6所示。

对外劳务分配数量：

搬运队的数量=500 000-20 000=480 000（吨公里）

机修队的数量=16 000-6 000= 10 000（工时）

表 9-6　辅助费用分配表

编制单位：陇南项目部　　　　　　　　20×8年4月　　　　　　　　金额单位：元

项目		路基施工队	隧道施工队	项目经理部	合计
搬运队	工作量	200 000	240 000	40 000	480 000
	分摊率				0.5
	分摊金额	100 000	120 000	20 000	240 000
机修队	工作量	5 000	4 000	1 000	10 000
	分摊率				16
	分摊金额	80 000	64 000	16 000	160 000
费用合计		180 000	184 000	36 000	400 000

费用分配率（单位成本）：

运输队的分配率=240 000÷480 000=0.5（吨公里）

机修队的分配率=160 000÷10 000=16（元/工时）

相关账务处理如下。

借：工程施工——路基工程合同成本（机械使用费）　　　　　　180 000

　　　　　　——隧道工程合同成本（机械使用费）　　　　　　184 000

　　　　　　——间接费用——折旧及修理　　　　　　　　　　16 000

　　　　　　——其他费用　　　　　　　　　　　　　　　　　20 000

　　贷：辅助生产——搬运队　　　　　　　　　　　　　　　　　　　　240 000

　　　　　　　　——机修队　　　　　　　　　　　　　　　　　　　　160 000

第二,一次交互分配法。

在这一方法下,先根据各辅助生产内部相互供应的数量和交互分配前的费用分配率,进行一次交互分配;其次将各辅助生产车间交互分配后的实际费用,按对外提供劳务的数量,在辅助生产以外的受益单位之间进行分配。

【例9-9】 沿用例9-8的资料。搬运队和机修队的费用先进行相互分配(见表9-7),得到搬运队和机修队对外分配的费用如下。

搬运队的费用:240 000-9 600+60 000=290 400(元)

机修队的费用:160 000-60 000+9 600=109 600(元)

表 9-7 辅助费用分配表

编制单位:陇南项目部　　　　　　　　　　20×8年4月　　　　　　　　　　金额单位:元

分配方向			交互分配			对外分配		
辅助生产部门			搬运队	机修队	合计	搬运队	机修队	合计
待分配费用			240 000	160 000	400 000	290 400	109 600	400 000
工作或劳务数量			500 000	16 000	——	480 000	10 000	——
单位成本(分配率)			0.48	10		0.605	10.96	——
辅助单位	搬运队	耗用数量		6 000				
		分配金额		60 000				
	机修队	耗用数量	20 000					
		分配金额	9 600					
	金额小计		9 600	60 000				
基本单位	路基队	耗用数量				200 000	5 000	
		分配金额				121 000	54 800	175 800
	隧道队	耗用数量				240 000	4 000	
		分配金额				145 200	43 840	189 040
	金额小计					266 200	98 640	364 840
项目经理部		耗用数量				40 000	1 000	
		分配金额				24 200	10 960	35 160

交互分配:

借:辅助生产——搬运队(折旧及修理)　　　　　　　　　　60 000

　　　　　　——机修队(其他费用)　　　　　　　　　　　　9 600

　　贷:辅助生产——搬运队　　　　　　　　　　　　　　　　　　　　9 600

　　　　　　　　——机修队　　　　　　　　　　　　　　　　　　　　60 000

对外分配:

借:工程施工——路基工程合同成本(机械使用费)　　　　175 800

　　　　　　——隧道工程合同成本(机械使用费)　　　　189 040

　　　　　　——间接费用——折旧及修理　　　　　　　　10 960

　　　　　　——其他费用　　　　　　　　　　　　　　　　24 200

　　贷:辅助生产——搬运队　　　　　　　　　　　　　　　　　　　290 400

　　　　　　　　——机修队　　　　　　　　　　　　　　　　　　　109 600

9.2.1.4 机械作业成本的会计处理

施工单位使用自有施工机械和运输设备进行机械作业时，应设置"机械作业"科目。本科目借方登记实际发生的各项机械使用费，贷方登记月末转入有关账户应由成本核算对象负担或构成特定支出的机械作业成本。本科目应按照"人工费""燃料及动力""折旧及修理""其他直接费""间接费用"五个成本项目进行明细核算。

（1）机械作业成本的归集。

机械作业费用主要包括：人工费、燃料及动力、折旧及修理、其他直接费、间接费用等五项内容。施工机械中的大型机械设备、特种施工机械，可以单机或机组作为成本核算对象；中小型施工机械，可以机械类别作为成本核算对象。运输设备中的大型运输设备可以单车为成本核算对象，一般运输设备可以类别作为成本核算对象。

【例9-10】 20×8年2月，A建筑公司华北项目部的搬运车共发生下列费用：应付驾驶员工资14 480元，领用燃料12 400元，计提折旧费12 000元，领用机械配件7 920元，支付通行费1 200元。账务处理如下。

```
借：机械作业——搬运车                        48 000
    贷：应付职工薪酬                             14 480
        原材料——燃料                            12 400
            ——机械配件                           7 920
        累计折旧                                 12 000
        银行存款                                  1 200
```

（2）机械作业成本的分配。

为单一受益对象发生的支出，可直接将"机械作业"账户归集的费用转入"工程施工"等有关账户；为多个受益对象发生的支出，则应按照一定的方法将机械作业成本在有关对象之间进行分配。对外单位、专项工程等提供机械作业的成本，借记"其他业务成本"等科目，贷记"机械作业"科目。自有施工机械使用费的分配主要有以下三种方法。

第一，机械台班分配法。

机械台班分配法是指按各工程成本核算对象实际使用施工机械的台班数进行分配的方法。按单机或机组进行成本核算的施工机械通常采用这一方法分配。计算公式如下。

$$某种机械的每台班实际成本 = 该种机械本月实际发生的费用总额$$
$$\div 该种机械本月实际工作的台班总数$$
$$某工程成本核算对象应分配的某种机械使用费 = 该工程成本核算对象实际使用台班数$$
$$\times 某种机械的每台班实际成本$$

【例9-11】 20×8年6月，A建筑公司华北项目部的自有起重机共发生机械作业费48 000元，本月实际工作240个台班。其中，为厂房工程工作100个台班，为办公楼工程工作140台班，则机械作业费用分配处理如下。

起重机每台班实际成本 =48 000÷240=200（元／台班）

厂房工程应分配的起重机使用费 =100×200=20 000（元）

办公楼工程应分配的起重机使用费 =140×200=28 000（元）

机械作业费分配账务处理如下。

借：工程施工——厂房项目合同成本（机械使用费）　20 000

　　　　　　——办公楼项目合同成本（机械使用费）　28 000

　　贷：机械作业——起重机　48 000

第二，作业量分配法。

作业量分配法是指以各种施工机械所完成的作业量为基础进行分配的方法，主要适用于能够计算完成作业量的单台或某类施工机械。计算公式如下。

某种机械的单位作业量实际成本 = 该种机械实际发生的费用总额 ÷ 该种机械实际完成的作业量

某工程成本核算对象应负担的某种机械使用费 = 该种机械为该工程成本核算对象提供的作业量 × 该种机械的单位作业量实际成本

【例 9-12】 A 建筑公司华北项目部有自有搬运车 1 辆，20×8 年 8 月实际发生的费用总额为 72 000 元，本月为厂房工程和办公楼工程的作业总量为 3 600 吨公里。其中：为厂房工程提供的作业量为 2 000 吨公里，为办公楼工程提供的作业量为 1 600 吨公里，则厂房工程和办公楼工程本月应负担的搬运车使用费的分配如下。

搬运车的单位作业量实际成本 =72 000÷3 600=20（元 / 吨公里）

厂房工程应负担的搬运车使用费 =2 000×20=40 000（元）

办公楼工程应负担的搬运车使用费 =1 600×20=32 000（元）

机械作业费分配账务处理如下。

借：工程施工——厂房项目合同成本（机械使用费）　40 000

　　　　　　——办公楼项目合同成本（机械使用费）　32 000

　　贷：机械作业——搬运车　72 000

第三，预算分配法。

预算分配法是指按实际发生的机械作业费用占预算定额规定的机械使用费的比率进行分配的方法。此种方法一般适用于不便计算机械使用台班或无机械台班和台班单价预算定额的中小型施工机械使用费。计算公式如下。

机械作业费用分配率 = 实际发生的机械作业费用总额

÷ 全部受益工程成本核算对象的预算机械使用费总额

某受益工程成本核算对象应分配的机械使用费 = 该受益工程成本核算对象预算机械使用费 × 机械作业费用分配率

【例 9-13】 A 建筑公司华北项目部有自有搬运车 1 辆，20×8 年 8 月实际发生的机械作业费用总额为 36 408 元，厂房工程和办公楼工程预算中的搬运车使用费共计 120 000 元。其中：厂房工程预算中的搬运车使用费为 72 000 元，办公楼工程预算中的搬运车使用费为 48 000 元，则厂房工程和办公楼工程本月应负担的搬运车使用费分配如下。

机械作业费用分配率 =36 408÷120 000=0.303 4

厂房工程应负担的搬运车使用费 =72 000×0.303 4=21 844.8（元）

办公楼工程应负担的搬运车使用费 =48 000×0.303 4=14 563.2（元）

机械作业费用分配账务处理如下。

借：工程施工——厂房项目合同成本（机械使用费）　　　　　21 844.8

　　　　　——办公楼项目合同成本（机械使用费）　　　　14 563.2

　　贷：机械作业——搬运车　　　　　　　　　　　　　　　　　　　36 408

实际工作中，施工项目部一般依据各月的机械作业明细账、工程量报表等资料，编制机械使用费分配表，分配自有施工机械使用费。

9.2.2 施工企业收入的会计处理

9.2.2.1 施工企业收入的特征及分类

（1）施工企业收入及其特征。

收入是指企业在日常活动中形成的、会导致所有者权益增加的、与所有者投入资本无关的经济利益的总流入。施工企业收入具有如下特征。

①收入从企业的日常活动中产生，如施工企业承包工程、销售产品和材料、提供机械作业和运输作业劳务取得的收入等。企业从偶发的交易或事项中产生的经济利益流入不属于收入，如出售固定资产的收益等。

②收入一方面可表现为企业资产的增加，如增加应收账款、银行存款等；另一方面可表现为企业负债的减少，如工程款中一部分收取现金，另一部分抵偿债务等。

③收入能导致企业所有者权益增加。根据"资产 = 负债 + 所有者权益"，当资产增加或负债减少时，所有者权益就会增加。

④收入只包括本企业经济利益的流入，不包括为第三方或者客户代收的款项。如虽然企业代政府部门收取的各种税费等会引起企业资产和负债变动，但它不会增加企业的所有者权益，不能作为企业的收入。

（2）施工企业收入的分类。

按照企业经营业务的主次，收入可以分为主营业务收入和其他业务收入。

主营业务收入主要是工程承包合同收入。其他业务收入主要包括销售产品、材料、提供机械作业和运输作业劳务等取得的收入等。

9.2.2.2 工程承包合同收入的确认及计量

工程承包合同是指为建造一项资产或者在设计、技术、功能、最终用途等方面密切相关的多项资产而订立的合同。如房屋、道路、桥梁、水坝等建筑物，以及船舶、飞机、大型机械设备等。工程承包合同收入的确认及计量主要分为五步：第一步，识别与客户订立的合同；第二步，识别合同中的单项履约义务；第三步，确定交易价格；第四步，将交易价格分摊至各单项履约义务；第五步，履行各单项履约义务时确认收入。

（1）识别与客户订立的合同。

施工企业与客户之间的合同同时满足下列条件的，应当在客户取得相关商品控制权时确认收入：①合同各方已批准该合同并承诺将履行各自义务；②该合同明确了合同各方与所转让的商品（或提供的劳务）相关的权利和义务；③该合同有明确的与转让的商品（或提供的劳务）相关的支付条款；④该合同具有商业性质，即履行该合同将改变企业未来现金流量的风险、时间分布或金额；⑤企业因向客户转让商品而有权取得的对价很可能回收。

对于满足上述五项条件的工程承包合同，施工企业应该在客户取得相关商品控制权时确认收入。取得相关商品控制权是指能够主导该商品的使用并从中获得几乎全部的经济利益。一般来说，客户通过验收工程确认了工程承包方完成的质量，即获得了相应建筑产品的控制权。

（2）识别合同中的单项履约义务。

合同开始日，施工企业应对合同进行评估，识别该合同所包含的各单项履约义务，并确定各单项履约义务是在某一时段内履行，还是在某一时点履行。然后，在履行了各单项履约任务时分别确认收入。履约义务是指合同中企业向客户转让可明确区分商品的承诺。企业应当将下列向客户转让商品的承诺作为单项履约任务。①企业向客户转让可明确区分商品（或商品、服务的组合）的承诺。企业向客户承诺的商品同时满足下列条件的，应当作为可明确区分商品，一是客户能够从该商品本身与其他易于获得的资源一起使用中受益，二是企业向客户转让该商品的承诺与合同中其他承诺可单独区分。②企业向客户转让一系列实质相同且转让模式相同的、可明确区分商品的承诺。其中，转让模式相同是指每一项可明确区分商品均满足在某一时段内履行履约义务的条件，且采用相同方法确定其履约进度。

（3）确定交易价格。

交易价格是企业因向客户转让商品而预期有权收取的对价金额。合同标价并不一定代表交易价格，施工企业应当根据合同条款，并结合以往的习惯做法等确定交易价格。主要应考虑以下情形。①可变对价。企业与客户签订的合同中约定的对价金额可能会因折扣、折让、返利、退款、奖励积分、激励措施、业绩奖金、索赔等因素而变化。根据一项或多项或有事项的发生而收取不同对价金额的合同，也属于可变对价的情形。企业应当按照期望值或最可能发生金额确定可变对价的最佳估计数，之后，计入交易价格的可变对价金额还应该满足限制条件，即包含可变对价的交易价格，应当不超过在相关不确定性消除时，累计已确认的收入极可能（大于50%且小于95%）不会发生重大转回的金额。②合同中存在的重大融资成分。当合同各方以在合同中（或者以隐含的方式）约定的付款时间为客户或企业就该交易提供了重大融资利益时，合同中即包含了重大融资成分。例如，企业以赊销的方式销售商品等。合同中存在重大融资成分的，企业应该按照假定客户在取得商品控制权时即以现金支付的应付金额（即现销价格）确定交易价格。③非现金对价。当企业因转让商品而有权向客户收取的对价是非现金形式时，如实物资产、无形资产、股权、客户提供的广告服务等，企业通常应当按照非现金对价在合同开始日的公允价值确定交易价格。非现金对价公允价值不能合理估计的，企业应当参照其承诺向客户转让商品的单独售价间接确定交易价格。非现金对价的公允价值可能会因对价的形式而发生变动（例如，企业有权向客户收取的对价是股票，股票本身的价格会发生变动），也可能会因为其形式以外的原因而发生变动（例如，企业有权收取非现金对价的公允价值，因企业的履约情况而发生变动）。合同开始日后，非现金对价的公允价值因对价形式以外的原因而发生变动的，应当作为可变对价，按照与记录交易价格的可变对价金额的限制条件相关的规定进行处理；合同开始日后，非现金对价的公允价值因对价形式而发生变动的，该变动金额不应计入交易价格。④应付客户对价。企业在向客户转让商品的同时，需要向客户支付对价的，应当将该应付对价冲减交易价格，但应付客户对价是为了自客户取得其他可明确区分商品的除外。应付客户对价中包含可变金额的，企业应当根据《企业会计准则第14号——收入》有关可变对价的相关规定对其进行估计。企业应付客户对价超过自客户取得的可明确区分商品公认价值的，超过金额应当冲减交易价格。自客户取得的可明确区分商品公允价值不能合理估计的，企业应当将应付客户对价全额冲减交易价格。进行相关会计处理时，企业应当在确认相关收入与支付（或承诺支付）客户对价二者孰晚的时点冲减当期收入。

（4）将交易价格分摊至各单项履约义务。

当合同中包含两项或多项履约义务时，为了使企业分摊至每一单项履约义务的交易价格能够反映其因向客户转让已承诺的相关商品（或提供已承诺的相关服务）而预期有权收取的对价金额，企业应当在合同开始日，按照各单项履约义务所承诺商品单独售价的相对比例，将交易价格分摊至各单项履约义务。其中，单独售价是指客户单独销售商品的价格。单独售价无法直接观察的，企业应当综合考虑其能够合理取得的全部相关信息，采用市场调整法、成本加成法、余值法等方法合理估计单独售价。

【例9-14】 20×8年7月1日，M建筑公司与客户签订合同，向其销售A、B两项商品，A商品的单独售价为3 000元，B商品的单独售价为12 000元，合同价款为12 500元。合同约定，A商品于合同开始日交付，B商品在一个月之后交付，只有当两项商品全部交付之后，M公司才有权收取合同价款。假定两项商品分别构成单项履约义务，其控制权在交付时转移给客户。假定不考虑相关税费的影响，则将交易价格分摊至各单项履约义务的处理如下。

分摊至A商品的合同价款为：3 000÷（12 000+3 000）×12 500=2 500（元）

分摊至B商品的合同价款为：12 000÷（12 000+3 000）×12 500=10 000（元）

相关账务处理如下。

（1）M公司交付A商品时。

借：合同资产	2 500
贷：主营业务收入——A商品	2 500

（2）M公司交付B商品时。

借：应收账款	12 500
贷：合同资产	2 500
主营业务收入——B商品	10 000

应收款项是企业无条件收取合同对价的权利，企业仅仅随着时间的流逝即可收款。而合同资产是指企业已向客户转让商品而有权收取对价的权利，它不是一项无条件的收款权，该

权利除了受时间流逝影响之外，还取决于其他条件，比如合同中的其他履约义务，只有履行了这些义务，才能收取相应的合同对价。关于二者在账务处理上的区别详见"9.2.2.3 工程承包合同收入的账务处理"。

（5）履行每一单项履约义务时确认收入。

施工企业应该在履行了合同中的履约义务，即客户取得相关商品控制权时确认收入。企业应该根据实际情况，首先判断履约义务是否满足在某一时段内履行的条件，如不满足，则该履约义务属于在某一时点履行的履约义务。满足下列条件之一的，属于在某一时段内履行的履约义务，相关的收入应当在该履约义务履行的期间内确认。①客户在企业履约的同时即取得并消耗企业履约所带来的经济利益。企业在履约过程中持续地向客户转移企业履约所带来的经济利益，该履约义务属于在某一时段内履行的履约义务，企业应该在履行履约义务的期间确认收入。②客户能够控制企业履约义务进行中在建的商品。企业在履约过程中创建的商品包括在产品、在建工程、尚未完成的研发项目、正在进行的服务等。如果客户在企业创建这些商品的过程中就能够控制这些商品，则应当认为企业提供该商品的履约义务属于在某一时段内履行的履约义务。③企业履约过程中所产出的商品具有不可替代用途，且该企业在整个合同期间内有权就累计至今已完成的履约部分收取款项。对于在某一时段内履行的履约义务，企业应当在该时间内按照履约进度确认收入，但履约进度不能合理确定的除外。企业应当考虑商品的性质，采用产出法（已转移给客户商品的完工程度、时间进度、已完工或交付的产品等产出指标对客户价值的影响）和投入法（企业投入的材料、人工、机器工时等企业履行履约义务的投入）确定恰当的履约进度，并且在确定履约进度时，应当扣除那些控制权尚未转移给客户的商品和服务。

在资产负债表日，企业应当在按照合同的交易价格总额乘以履约进度扣除以前会计期间累计已确认的收入后的金额，确认为当期收入。当履约进度不能合理确定时，企业已经发生的成本预计能够得到补偿的，应当按照已经发生的成本金额确认收入，直到履约进度能够合理确定为止。企业应当在每个资产负债表日对履约进度进行重新估计。当客观环境发生变化时，企业也需要重新评估履约进度是否发生变化，以确保履约进度能够反映履约情况的变化，该变化应当作为会计估计变更进行会计处理。

9.2.2.3　工程承包合同收入的账务处理

施工企业应设置"主营业务收入""主营业务成本""合同资产""合同负债"等科目，对工程承包合同收入进行账务处理。

"主营业务收入"科目可按主营业务的种类进行明细核算。企业在履行了合同中的单项履约义务时，应按照已收或应收的合同价款，加上应收取的增值税税额，借记"银行存款""应收账款""应收票据""合同资产"等科目；按应确认的收入金额，贷记本科目；按应收取的增值税税额，贷记"应交税费——应交增值税（销项税额）""应交税费——待转销项税额"等科目。

"主营业务成本"科目核算企业确认主营业务收入时应结转的成本，可按主营业务的种类进行明细核算。期末企业应根据本期提供建筑服务等实际成本，计算应结转的主营业务成本，借记本科目，贷记"合同履约成本——工程施工"等科目。

"合同资产"科目核算企业已向客户转让商品而有权收取对价的权利，且该权利取决于时间流逝之外的其他因素，本科目应按合同进行明细核算。企业在客户实际支付合同对价或在该对价到期应付之前，已经向客户转让了商品的，应当按因已转让商品而有权收取的对价金额，借记本科目或"应收账款"科目，贷记"主营业务收入"等科目；企业取得无条件收款权时，借记"应收账款"等科目，贷记本科目。涉及增值税的，还应进行相应的处理。

合同资产发生减值的，还应通过"合同资产减值准备"科目核算其减值损失，按应减记的金额，借记"资产减值损失"科目，贷记本科目；转回已计提的资产减值准备时，编制相反的会计分录。

"合同负债"科目核算企业已收或应收客户对价而应向客户转让商品的义务，应按合同进行明细核算。企业在向客户转让商品之前，客户已经支付了合同，对价或企业已经取得了无条件收取合同对价权利的，企业应当在客户实际支付款项与到期应支付款项孰早时点，按照该已收或应收的金额，借记"银行存款""应收账款""应收票据"等科目，贷记本科目；企业向客户转让相关商品时，借记本科目，贷记"主营业务收入"等科目。涉及增值税的，还应进行相应的处理。

通常情况下，企业对其已向客户转让商品而有权收取的对价金额应当确认为合同资产或应收账款；对于其已收或应收客户对价而应向客户转让商品的义务，应当按照已收或应收的金额确认合同负债。由于同一合同下的合同资产和合同负债应当以净额列式，企业也可以设置"合同结算"科目，以核算同一合同下属于某一时段内履行履约义务涉及与客户结算对价的合同资产或合同负债，并在此科目下设置"合同结算——价款结算"科目，反映定期与客户进行结算的金额，设置"合同结算——收入结转"科目，反映按履约进度结转的收入金额。

【例9-15】20×7年1月1日，A建筑公司与客户签订M项目工程承包合同。工程造价12 600万元，工程期限为1年6个月。A建筑公司负责工程施工及全面管理，客户每6个月与A建筑公司结算一次。M工程预计20×8年6月30日竣工，预计可能发生的总成本为8 000万元。假定该建筑工程整体构成单项履约义务，并属于在某一时段履行的履约义务。A建筑公司采用成本法确定履约进度，增值税税率为10%，不考虑其他相关因素。

20×7年6月30日，工程累计发生成本3 000万元，交易双方结算合同价款5 000万元，A建筑公司实际收到价款4 000万元；20×7年12月31日，工程累计发生成本6 000万元，交易双方结算合同价款2 200万元，A建筑公司实际收到价款2 000万元；20×8年6月30日，工程累计发生成本8 200万元，交易双方结算合同价款5 400万元，并支付剩余工程款6 600万元。上述价款均不含增值税。假定A建筑公司与客户结算时即发生增值税纳税义务，客户在实际支付工程价款的同时，支付其对应的增值税款。A建筑公司的账务处理如下。

（1）20×7年1月1日至6月30日实际发生工程成本时。

借：工程施工——M项目合同成本　　　　　　　　　　　　　　30 000 000

　　贷：原材料、应付职工薪酬等　　　　　　　　　　　　　　　　30 000 000

（2）20×7年6月30日。

履约进度=30 000 000÷80 000 000=37.5%

合同收入 =126 000 000×37.5%=47 250 000（元）

借：合同结算——收入结转 47 250 000

　　贷：主营业务收入 47 250 000

借：主营业务成本 30 000 000

　　贷：工程施工——M 项目合同成本 30 000 000

借：应收账款 55 000 000

　　贷：合同结算——价款结算 50 000 000

　　　　应交税费——应交增值税（销项税额） 5 000 000

借：银行存款 50 000 000

　　贷：应收账款 50 000 000

当日，"合同结算"科目的余额为贷方 275（=5 000-4 725）万元，表明 A 建筑公司已经与客户结算但尚未履行履约义务的金额为 275 万元。由于 A 建筑公司预计该部分履约义务将在 20×7 年内完成，因此，应在资产负债表中作为合同负债列示。

（3）20×7 年 7 月 1 日至 12 月 31 日实际发生工程成本时。

借：工程施工——M 项目合同成本 30 000 000

　　贷：原材料、应付职工薪酬等 30 000 000

（4）20×7 年 12 月 31 日。

履约进度 =60 000 000÷80 000 000=75%

合同收入 =126 000 000×75%-47 250 000=47 250 000（元）

借：合同结算——收入结转 47 250 000

　　贷：主营业务收入 47 250 000

借：主营业务成本 30 000 000

　　贷：工程施工——M 项目合同成本 30 000 000

借：应收账款 24 200 000

　　贷：合同结算——价款结算 22 000 000

　　　　应交税费——应交增值税（销项税额） 2 200 000

借：银行存款 22 000 000

　　贷：应收账款 22 000 000

当日，"合同结算"科目的余额为借方 2 250（=4 725-2 200-275）万元，表明 A 建筑公司已经履行履约义务但尚未与客户结算的为 2 250 万元。由于该部分金额将在 20×8 年内结算，因此，应在资产负债表中作为合同资产债列示。

（5）20×8 年 1 月 1 日至 6 月 30 日实际发生工程成本时。

借：工程施工——M 项目合同成本 22 000 000

　　贷：原材料、应付职工薪酬等 22 000 000

（6）20×8 年 6 月 30 日。

由于当日该工程已竣工决算，其履约进度为 100%。

合同收入 =126 000 000-47 250 000-47 250 000=31 500 000（元）

借：合同结算——收入结转　　　　　　　　　　　　31 500 000
　　贷：主营业务收入　　　　　　　　　　　　　　　　　　　　31 500 000
借：主营业务成本　　　　　　　　　　　　　　　20 000 000
　　贷：工程施工——M项目合同成本　　　　　　　　　　　　　20 000 000
借：应收账款　　　　　　　　　　　　　　　　　59 400 000
　　贷：合同结算——价款结算　　　　　　　　　　　　　　　　54 000 000
　　　　应交税费——应交增值税（销项税额）　　　　　　　　　　5 400 000
借：银行存款　　　　　　　　　　　　　　　　　72 600 000
　　贷：应收账款　　　　　　　　　　　　　　　　　　　　　　72 600 000

当日，"合同结算"科目的余额为零（=2 250+3 150-5 400）。

9.2.3　施工企业利润的会计处理

9.2.3.1　利润的构成

企业作为独立的经济实体，应当以自己的经营收入抵补其成本费用，并且实现盈利。企业盈利的大小在很大程度上反映了企业生产经营的经济效益，以及企业在每个会计期间的最终经营成果。利润是企业在一定会计期间的经营成果，它包括收入减去费用后的净额、直接计入当期利润的利得和损失等。其中，直接计入当期利润的利得和损失是指应当计入当期损益的、会导致所有者权益发生增减变动的、与所有者投入资本或者向所有者分配利润无关的利得或者损失。

利润计算的系列公式如下：

营业利润 = 营业收入 - 营业成本 - 税金及附加 - 销售费用 - 管理费用 - 财务费用
　　　　　　- 研发费用 - 信用减值损失 - 资产减值损失 + 其他收益
　　　　　　+ 投资收益（- 投资损失）+ 净敞口套期收益（- 净敞口套期损失）
　　　　　　+ 公允价值变动收益（- 公允价值变动损失）
　　　　　　+ 资产处置收益（- 资产处置损失）

利润总额 = 营业利润 + 营业外收入 - 营业外支出

净利润 = 利润总额 - 所得税费用

9.2.3.2　营业外收支的会计处理

营业外收支是指企业发生的与日常活动无直接关系的各项收支。营业外收支虽然与企业生产经营活动没有多大的关系，但从企业主体来考虑，营业外收支同样带来收入或形成企业的支出，也是增加或减少利润的因素，对企业的利润总额及净利润会产生较大的影响。

（1）营业外收入。

营业外收入是指企业发生的营业利润以外的收益，营业外收入并不是由企业经营资金耗费所产生的，不需要企业付出代价，实际上是一种纯收入，不可能也不需要与有关费用进行配比。因此，在会计处理上，应当严格区分营业外收入与营业收入的界限，营业收入主要包括：非流动资产毁损报废利得、与企业日常活动无关的政府补助、固定资产盘盈利得、捐赠利得等。

非流动资产毁损报废利得，指因自然灾害等发生毁损、已丧失使用功能而报废非流动资产所产生的清理产生的收益。

盘盈利得指企业对于现金等资产清查盘点中盘盈的资产，报批准后计入营业外收入的金额。

政府补助指与企业日常活动无关的，企业从政府无偿取得货币性资产或非货币性资产形成的利得。

捐赠利得是指企业接受捐赠产生的利得。企业的捐赠和债务豁免，按照会计准则规定符合确认条件的，通常应当确认为当期收益。但是，企业接受控股股东（或控股股东的子公司）或非控股股东（或非控股股东的子公司）直接或间接代为偿债，债务豁免或捐赠，经济实质表明属于控股股东或非控股股东对企业的资本性投入，应当将相关利得计入所有者权益（资本公积）。

企业应当通过"营业外收入"科目，核算营业外收入的取得和结转情况，该科目可按营业外收入项目进行明细核算。期末，应将该科目余额转入"本年利润"科目，结转后该科目无余额。

（2）营业外支出。

营业外支出是指企业发生的营业利润以外的支出，主要包括：非流动资产毁损报废损失、公益性捐赠支出、非常损失、固定资产盘亏损失等。

公益性捐赠支出是指企业对外进行公益性捐赠发生的支出。

非常损失是指企业对于因客观因素（如自然灾害等）造成的损失，在扣除保险公司赔偿后计入营业外支出的净损失。

企业应通过"营业外支出"科目，核算营业外支出的发生及结转情况。该科目可按营业外支出项目进行明细核算。期末，应将该科目余额转入"本年利润"科目，结转后该科目无余额。

需要注意的是，营业外收入和营业外支出应当分别核算。在具体核算时，不得以营业外支出直接冲减营业外收入，也不得以营业外收入冲减营业外支出，即企业在会计核算时，应当区别营业外收入和营业外支出进行核算。

9.2.3.3　本年利润的会计处理

企业应设置"本年利润"科目，核算企业当期实现的净利润（或发生的净亏损）。企业期（月）末结转利润时，应将各损益类科目的金额转入本科目，结平各损益类科目。结转后本科目的贷方余额为当期实现的净利润，借方余额为当期发生的净亏损。

年度终了，应将本年度收入利得和费用损失相抵后结出的本年实现的净利润，转入"利润分配"科目，借记本科目，贷记"利润分配——未分配利润"科目；如为净亏损则做相反的会计分录。结转后本科目应无余额。

9.2.3.4　综合收益总额

净利润加上其他综合收益扣除所得税影响后的净额为综合收益总额。

其中，其他综合收益是指企业根据其他会计准则规定未在当期损益中确认的各项利得和损失，包括以后会计期间不能重分类进损益的其他综合收益和以后会计期间满足规定条件时，将重分类进损益的其他综合收益两类。

（1）以后会计期间不能重分类进损益的其他综合收益项目，主要包括重新计量设定受益计划净负债或净资产导致的变动、按照权益法核算因被投资单位重新计量设定受益计划净负债或净资产变动导致的权益变动，投资企业按持股比例计算确认的该部分其他综合收益项目，以及在初始确认时，企业可以将非交易性权益工具指定为以公允价值计量且其变动计入其他综合收益的金融资产，指定后不得撤销，即当该类非交易性权益工具终止确认时，原计入其他综合收益的公允价值变动损益，不得重分类进损益。

（2）以后会计期间满足规定条件时，将重分类进损益的其他综合收益项目，主要包括以下几类。

①符合金融工具准则规定，同时符合以下两个条件的金融资产，应当分类为以公允价值计量且其变动计入其他综合收益：一是企业管理该金融资产的业务模式，既以收取合同现金流量为目标，又以出售该金融资产为目标；二是该金融资产的合同条款规定，在特定日期产生的现金流量，仅为对本金和以未偿付本金金额为基础的利息的支付。当该类金融资产终止确认时，之前计入其他综合收益的累积利得或损失应当从其他综合收益中转出，计入当期损益。

②按照金融工具准则规定，将以公允价值计量且其变动计入其他综合收益的债务工具投资重分类为以摊余成本计量的金融资产的，或重分类为公允价值计量且其变动计入当期损益的金融资产的，按规定可以将原计入其他综合收益的利得或损失转入当期损益的部分。

③采用权益法核算的长期股权投资。采用权益法核算的长期股权投资，按照被投资单位实现其他综合收益以及持股比例计算应享有或分担的金额，调整长期股权投资的账面价值，同时增加或减少其他综合收益。其会计处理为：借记（或贷记）"长期股权投资——其他综合收益"科目，贷记（或借记）"其他综合收益"，待该项股权投资处置时，将原计入其他综合收益的金额转入当期损益。

④存货或自用房地产转换为投资性房地产。企业将作为存货的房地产转换为采用公允价值模式计量的投资性房地产时，应当按该项房地产在转换日的公允价值，借记"投资性房地产——成本"科目，原已计提跌价准备的，借记"存货跌价准备"科目，按其账面余额，贷记"开发产品"科目；同时，转换日的公允价值小于账面价值的，按其差额，借记"公允价值变动损益"科目，转换日的公允价值大于账面价值的，按其差额，贷记"其他综合收益"科目。

企业在将自用的建筑物等转换为采用公允价值模式计量的投资性房地产时，应当按该项房地产在转换日的公允价值，借记"投资性房地产——成本"科目，原已计提减值准备的，借记"固定资产减值准备"科目，按已计提的累计折旧等，借记"累计折旧"等科目，按其账面余额，贷记"固定资产"等科目；同时，转换日的公允价值小于账面价值的，按其差额，借记"公允价值变动损益"科目，转换日的公允价值大于账面价值的，按其差额，贷记"其他综合收益"科目。待该项投资性房地产处置时，因转换计入其他综合收益的部分应转入当期损益。

⑤现金流量套期工具产生的利得或损失中属于有效套期的部分。

⑥外币财务报表折算差额。按照外币折算的要求，企业在处置境外经营的当期，将已列入合并财务报表所有者权益的外币报表折算差额中与该境外经营相关部分，自其他综合收益项目转入处置当期损益。如果是部分处置境外经营，应当按处置的比例计算处置部分的外币报表折算差额，转入处置当期损益。

9.3　施工企业会计信息披露

会计报表是反映企业某一特定日期财务状况和某一会计期间经营成果、现金流量等会计信息的文件。施工企业对外提供会计信息主要通过编制和提供资产负债表、利润表、现金流量表、所有者权益变动表及报表附注实现，施工企业对内报告会计信息则主要通过编制和提供成本费用表实现。施工企业的对外报表的格式和内容与一般企业基本相同，本部分主要介绍施工企业的对内财务报告，即成本费用报表。

施工项目成本费用报表是反映承包企业所承揽的工程项目成本及其降低情况，为企业管理部门提供成本信息的内部会计报表，主要包括工程成本表、单位工程竣工成本表、施工间接费用明细表等。施工项目成本报表是施工企业进行成本分析和考核的重要依据。

9.3.1　工程成本表

工程成本表用以反映在月度、季度、年度内已经向发包单位办理工程价款结算的工程成本的构成及其节约或超支情况。一般可按成本项目反映本期和本年累计已经办理工程价款结算的已完工程的预算成本、实际成本、成本降低额和降低率。工程成本表格式如表 9-8 所示。

表 9-8　工程成本表

编制单位：×××　　　　　　　　　　　20×8 年度　　　　　　　　　　　单位：元

成本项目	本年数				累计数			
	预算成本	实际成本	降低额	降低率	预算成本	实际成本	降低额	降低率
人工费								
材料费								
机械使用费								
其他直接费								
间接费用								
成本合计								

在工程成本表中，各栏目的含义及编制方法如下。

"预算成本"栏反映本期和本年累计已完工程的预算成本，根据已完工程结算表中的预算成本，按成本项目分析加总填列。

"实际成本"栏反映本期和本年累计已完工程的实际成本，根据施工单位设置的工程施工成本明细分类账中各成本项目的本期（本年）工程实际成本合计，加期初（年初）未完工程盘点单中各成本项目的未完工程成本，减期末（年末）未完工程盘点单中各成本项目的未完工程成本填列。

"降低额"栏根据"预算成本"栏内数字减"实际成本"栏内数字填列。出现超支时，应以"-"号填列。

"降低率"栏按项目的降低额和预算成本计算填列。

9.3.2   单位工程竣工成本决算

竣工成本决算是确定已竣工单位工程的预算成本和实际成本，是全面考核竣工工程成本降低或超支情况的主要依据，也可为企业今后参与工程的招标报价以及与发包单位进行合同谈判提供参考依据。施工成本决算的内容一般包括：竣工工程成本项目反映的预算成本、实际成本及其成本降低额、成本降低率，竣工工程耗用人工、材料、机械的预算用量、实际用量及其节约（或超支）额、节约（或超支）率，竣工工程的简要分析及说明等。

编制竣工成本决算主要包括以下几个步骤。

（1）单位工程竣工后，各施工单位的预算人员应根据竣工工程的施工图预算和工程变更、材料代用等有关技术经济签证资料，及时编制单位工程竣工结算书，计算确定已竣工单位工程的全部预算成本和预算总造价，以便与发包单位办理工程价款的最终结算。

（2）单位工程竣工后，应及时清理施工现场，盘点剩余材料，对于已计入工程成本但尚未使用的剩余材料，要办理退库手续，冲减有关工程成本。

（3）检查各项施工费用是否已经正确、完整地计入竣工工程的工程成本表。漏计的费用要补计，多计的费用要予以冲回。

（4）将工程成本表中所记录的已竣工单位工程自开工起至竣工止的施工费用进行汇总累计，正确计算竣工工程的实际成本。在此基础上，将工程实际成本与预算成本进行比较，计算工程成本降低额和降低率，编制竣工工程成本决算。

单位工程竣工决算表格式如表 9-9、表 9-10 所示。

表 9-9   竣工成本决算表

发包单位：×××   开工日期：20×7 年 × 月 × 日

工程名称：XY 工程   竣工日期：20×8 年 × 月 × 日

建筑面积：× m²   20×8 年 × 月 × 日   单位：元

成本项目	预算成本	实际成本	降低额	降低率	简要分析及说明
人工费					
材料费					
机械使用费					
其他直接费					
间接费用					
工程成本总计					

表 9-10　工料机用量分析表

发包单位：×××　　　　　　　　　　　　　　　　开工日期：20×7 年 × 月 × 日

工程名称：XY 工程　　　　　　　　　　　　　　　竣工日期：20×8 年 × 月 × 日

建筑面积：× m²　　　　　　　　　　　20×8 年 × 月 × 日

项目	计量单位	预算用量	实际用量	节约（+）或超支（-）	节约或超支率（%）
一、人工	工日				
二、材料					
1. 钢材	吨				
2. 水泥	吨				
3. 木材	立方米				
……					
三、机械					
1. 大型	台班				
2. 中、小型	台班				

竣工成本决算的编制方法如下。

（1）各项目预算成本，应根据预算部门提供的已竣工单位工程的预算总成本和分项预算成本数填列。

（2）各项目实际成本，应根据已竣工单位工程的工程成本表中自开工起至竣工止各成本项目的累计数填列。

（3）各项目工程成本降低额，应根据工程预算成本减去实际成本后的差额填列。相减后的结果如为正数，即为降低额；反之，则为超支额，应以"-"号表示。

（4）各项目工程成本降低率，应根据工程成本降低额占工程预算成本的比率计算，以百分比表示。如为超支率，应以"-"号表示。

（5）各项目工、料、机用量分析，预算用量应根据预算部门提供的有关资料汇总填列，实际用量应根据各施工班组提供的用工台账、用料台账、使用机械台账等资料汇总填列，节约或超支量、节约或超支率应根据预算用量和实际用量计算填列。

（6）竣工工程的简要分析及说明，一般可列示预算总造价、单位工程量造价、单位工程量预算成本、单位工程量实际成本等，应根据有关资料分析计算填列。

编制的竣工成本决算一般应一式多份，其中一份应连同竣工工程的"工程成本表"和竣工结算书等资料合并保存，以供查阅。

可以看到，竣工成本决算表采用的是传统货币计量单位，工料机用量分析表则选择了工日、吨、立方米、台班等非货币计量单位。实际上，会计核算的以货币计量为主、以非货币计量为辅的规则，体现了会计计量单位选择的主次不同，反映了会计计量的混合性质。这些基本规则提醒我们应该关注主要矛盾及矛盾的主要方面，矛盾的主要方面决定了事物的性质，以及观察事物、分析事物的层次性，是认识事物、理解事物、运用事物的重要思维方式。世界上没有绝对纯净的事物，绝对真理只是一个极限，是我们不断努力奋斗、不断完善进步的目标，"大学之道，在明明德，在亲民，在止于至善"。

9.3.3　施工间接费用明细表

施工间接费用明细表反映施工单位在一定时期内为组织和管理工程施工所发生的费用总额和各明细项目数额的报表。该表按费用项目、分别"本年计划数"和"本年累计实际数"进行反映。本表不仅可以显示施工间接费用的开支情况，而且可为分析施工间接费用计划完成情况和节约（或超支）的原因提供依据。

施工间接费用明细表一般应按月编制，其格式如表 9-11 所示。

表 9-11　施工间接费用明细表

20×8 年 × 月

工程名称：×××　　　　　单位：×××　　　　　项目经理：×××　　　　　日期：×××

项目	行次	本年计划数（元）	本年累计实际数（元）
工作人员工资薪金			
办公费			
固定资产使用费			
差旅交通费			
工具用具使用费			
劳动保护费			
检验试验费			
工程保养费			
财产保险费			
取暖及水电费			
排污费			
其他			
合计			

本表中，"本年计划数"按当期计划资料分项目填列，12 月的施工间接费用明细表按当年计划数填列；"本年累计实际数"栏可根据"工程施工——间接费用"的明细账资料填列。

■ 本章小结

具有施工总承包资质的企业、具有专业承包资质的企业和具有施工劳务资质的企业是施工企业与一般企业不一样的特有的分类标准。按照承包者在经营中所处地位的不同，施工企业的具体经营方式可分为独立承包、总分包和联合承包三种；按照合同取费方式的不同，施工企业的具体经营方式可分为总价承包、单价承包和成本加成承包三种；按照建筑材料提供方式的不同，施工企业的具体经营方式可分为包工包料、包工不包料和包工部分包料三种。施工项目部是独立的会计主体，成本核算是施工项目会计的中心任务。因为施工企业的资产类和债权债务类项目的会计核算与一般企业区别不大，所以本章主要介绍了施工企业成本费用、施工企业收入、施工企业利润的会计处理，两种具有施工企业特殊性的项目的会计处理。最后，主要介绍了施工企业与一般企业不一样的对内财务报告——成本费用报表。

■ 思考题

1. 简述施工企业的具体经营方式。

2. 简述工程承包合同收入确认和计量的步骤。

3. 履约进度的确定方法有哪几种?

4. 简述工程施工成本的分类。

练习题

1. 不定项选择题

（1）施工企业项目部发生的管理人员工资应计入的账户为（　　）。

　A. 管理费用　　　B. 制造费用

　C. 工程施工　　　D. 机械作业

（2）施工现场发生的二次搬运费应计入的账户为（　　）。

　A. 其他直接费　　B. 间接费用

　C. 直接人工费　　D. 直接材料费

（3）施工企业自有机械作业所发生的各项费用，首先应归集到的账户为（　　）。

　A. 机械作业　　　B. 材料费

　C. 其他直接费用　D. 间接费用

（4）下列各项中，属于施工成本构成内容的为（　　）。

　A. 人工费　　　　B. 材料费

　C. 利润　　　　　D. 税金

（5）下列各项中，属于建筑施工项目直接成本的为（　　）。

　A. 人工费

　B. 管理人员工资

　C. 办公费

　D. 施工机械使用费

（6）下列各项中，不属于工程承包合同收入的为（　　）。

　A. 工程承包合同变更所取得的收入

　B. 向客户索赔所取得的收入

　C. 因奖励所取得的收入

　D. 取得的与合同履约有关的零星收入

（7）资产负债表日，项目部确认工程承包合同收入与费用的方法为（　　）

　A. 个别计价法　　B. 销售百分比法

　C. 加权平均法　　D. 履约进度

（8）下列事项中，不构成合同履约成本的为（　　）。

　A. 从合同签订开始至合同完成为止所发生的、与履约有关的直接费用

　B. 从合同签订开始至合同完成为止所发生的、与履约有关的间接费用

　C. 因订立合同而发生的有关费用

　D. 合同订立前发生的费用

（9）下列各项中，列入企业营业外支出项目的为（　　）。

　A. 捐赠支出　　　B. 固定资产盘亏

　C. 非常损失　　　D. 资产减值损失

（10）下列各项中，可增加企业营业利润的为（　　）。

　A. 工程承包合同收入

　B. 出售固定资产的收入

　C. 银行存款的利息收入

　D. 罚没收入

2. 判断题

（1）以合同形式奖励的收入，应在实际收到工程发包方的奖励款项时确认，并在当季末按实际收到的奖励金额调增合同预计总收入。（　　）

（2）工程承包合同收入是指客户能够认可的，金额能够可靠计量的，通过履行该合同所能取得的各项收入，包括与客户签订的合同中最初商议的合同总金额以及合同执行期间以不同形式追加的与该合同相关的净增加收入。（　　）

（3）合同履约成本是指为建造某项合同而发生的相关费用，包括从合同签订开始至合同结束期间所发生的，与履行合同义务有关的费用。（　　）

（4）合同执行过程中的预计总成本＝累计发生的成本＋剩余工程量尚需发生的成本。（　　）

5. 施工项目成本费用报表主要包括哪几种?

（5）为订立合同而发生的差旅费、投标费等，如当年取得合同，可以计入合同取得成本。否则，应当计入当期损益。（　　）

（6）工程竣工，成本投入完毕，客户办理完竣工决算后，在保质期内项目所发生的收账费用、质量缺陷修复等费用应于发生时计入当期损益，不再按照企业会计准则的方法确认成本。（　　）

（7）按照会计准则的规定，因奖励形成的收入不属于工程承包合同收入内容。（　　）

（8）工程承包合同成本包括从合同签订开始至合同完成为止为履约所发生的直接费用和间接费用。（　　）

（9）施工企业代扣当月职工应交的水电费应计入应付账款账户。（　　）

（10）施工企业的项目成本费用报表主要包括施工直接费用明细表和施工间接费用明细表。（　　）

3. 计算及分析题

（1）A施工单位自有搬运车两辆，20×8年6月共发生下列费用：

①1日，领用燃料的实际成本为2 000元。

②15日，支付购买机油费用600元，增值税96元。

③26日，支付搬运车修理费1 600元，增值税256元。

④31日，计提搬运车折旧费2 400元。

⑤31日，计算应付搬运车驾驶员工资6 000元。

⑥31日，机械作业应分摊管理人员的职工福利费2 560元。

要求： 根据上述资料，编制相关业务会计分录。

（2）B施工企业与客户签订了一项合同总额为2 000万元的固定造价合同（不含增值税）。合同规定的工期为3年。假定第1年履约进度为30%，第2年履约进度为80%，前两年的合同预计总成本均为1 600万元，第3年工程全部完成，累计实际发生合同成本1 500万元。

要求： 根据上述资料，确认各年度应确认的合同收入并编制相应的会计分录。

第 10 章
CHAPTER 10

石油天然气会计

§ **思政导语**

化石燃料的发现与应用，起始于勘探、开采、加工。

世界真理的发现与应用，取决于探索、思考、论证。

§ **本章导读**

通过本章的学习，读者可以了解石油天然气会计的相关概念、分类和会计处理的基本原则等，掌握石油天然气勘探、开发和生产阶段的会计处理，了解石油天然气信息披露的相关要求。

§ **本章思政引导案例**

中石油联合阿里"互联网+"对抗低油价风险

2016 年 3 月 10 日，中国石油与阿里巴巴集团、蚂蚁金服集团在北京签署战略合作框架协议，双方约定将立足互联网平台，深化合作渠道、拓展合作领域、创新合作模式、提升消费体验，共同推动双方业务的转型升级和创新发展。

按照战略框架协议，中国石油和阿里巴巴及其关联企业——蚂蚁金服，将在阿里云、电子地图、互联网汽车、天猫、菜鸟物流，以及中国石油掌上营业厅、互联网支付、电子加油卡、互联网金融、会员共享和积分互换、联合营销等领域开展广泛务实的合作。此前，双方已在支付宝服务窗充值和支付宝条码付等方面展开合作，并取得积极的进展。

阿里巴巴、蚂蚁金服作为国内互联网及互联网金融领域的领先企业，一直致力于以互联网、大数据的技术和理念助力各行各业向"互联网+"转型升级，增强各行各业的创新能力，为各个领域的消费者提供更加优质的服务和体验。与中石油的战略合作将"互联网+"推进到一个全新的领域，这将是"互联网+"战略深入发展的标志性事件。

　　中石油表示，携手阿里巴巴，积极投身"互联网＋"改革实践，加快打造智慧物流、智慧油站，依托昆仑加油卡这一媒介，深入开展跨界营销，积极拓展汽车后服务市场，着力构建"人·车·生活生态圈"，通过线上线下渠道融合，丰富顾客消费体验，满足顾客多元化消费需求，目前已经见到了阶段性成效。中石油和阿里巴巴进行战略合作，将加快中石油与"互联网＋"的深度融合，推动管理体制机制优化，实现业务间协同发展、高效整合，提升核心竞争力，有效应对低油价的挑战。

　　同时，中石油还将借助阿里巴巴在大数据分析应用、互动式营销方面的技术优势和先进经验，进一步降低资本运营成本，提高管理和运行效率，为客户提供更温馨、更便捷、更精准的消费服务，扩大下游客户群体，提升中石油企业形象。

　　资料来源：http://www.cnpc.com.cn/cnpc2015/jtxw/201603/83cf9ae6197b4837a066ded577a6a13a.shtml.

问题：

1. 中石油与阿里巴巴集团合作的方式是什么？
2. 中石油加入"互联网＋"可能产生哪些合作利益？
3. 如何理解"一个篱笆三个桩，一个好汉三个帮"？

10.1　石油天然气会计概述

10.1.1　石油天然气概述

　　石油通常又称原油，是一种黏稠的深褐色（有时有点绿色的）液体，由不同的碳氢化合物混合组成，其主要成分是烷烃，还含硫、氧、氮、磷、钒等元素。石油主要被加工为汽油、柴油等燃油，同时也是许多化学工业产品，如溶液、化肥、杀虫剂和塑料等的原料。天然气往往伴随着石油一起出现，是一种多组分的混合气态化石燃料，主要成分也是烷烃，其中甲烷占绝大多数，另有少量的乙烷、丙烷和丁烷。它主要存在于油田和天然气田，也有少量存在于煤层。天然气燃烧后无废渣、废水产生，相较煤炭、石油等能源有着使用安全、热值高、洁净等优势。石油、天然气可以说是"黄金资源"，它们用途广泛，覆盖现代社会的方方面面。

　　石油工业是以原油为生产对象并以原油为原料发展起来的工业体系，其体系包括上游和下游两部分。从寻找石油到利用石油，大致要经过四个主要环节，即寻找、开采、输送和加工，这四个环节一般又分别称为"石油勘探""油田开发""油气集输"和"石油炼化"。

　　"石油勘探"是为了寻找和查明油气资源，而利用各种勘探手段了解地下的地质状况，认识生油、储油、油气运移、聚集、保存等条件，综合评价所含油气远景，确定油气聚集的有利地区，找到储油气的圈闭，并探明油气田面积，搞清油气层情况和产出能力的过程。

　　"油田开发"指的是在认识和掌握油气田地质及其变化规律的基础上，在油藏上合理地分布油井和投产顺序，以及通过调整采油井的工作制度和其他技术措施，把地下石油资源采到地面的全过程。

"油气集输"是把分散的油井所生产的石油、天然气和其他产品集中起来，经过必要的处理、初加工，将合格的油和天然气分别外输到炼油厂和天然气用户的全过程。主要包括油气分离、油气计量、原油脱水、天然气净化、原油稳定、轻烃回收等。

"石油炼化"可以分为石油炼制与石油化工。石油炼制是将石油加工为汽油、煤油、喷气燃料、柴油、润滑油、石蜡、沥青等产品的方法，主要包括蒸馏、重整、催化裂化、焦化、加氢、脱蜡、精制等；而石油化工指以石油和天然气为原料，生产石油产品和石油化工产品。

"寻找、开采、输送和加工"的油气生产流程，形成了系统的链条，就像是一个严密的思维过程，我们的学习、科研、工作过程也是这样一个过程。在这个过程中，首先要确定目标，然后寻找达成目标的路径，沿着确定的路径前行，经过不同阶段的努力、不同阶段小目标的实现积累成果、传递成果、应用成果，达成最后的大目标，然后再确立新的目标、实施新的目标努力过程。这一过程包含了由此及彼、由表及里的探索分析过程，包含了真理的发现和验证过程，也包含了环境的分析、适应、改造的过程，反映了真理发现过程的艰辛及运用中的艰难，体现了真理的光辉及力量。

10.1.2 石油天然气会计基本问题

石油工业是专门从事石油、天然气勘探开发和加工炼制的工业部门，最能反映石油行业特殊性的就是它的"上游"产业，即勘探、开发活动，所以一般石油天然气会计主要包括石油勘探、开发活动的会计核算及财务报告的原则和方法。

石油天然气生产企业不同于一般行业，这主要取决于石油天然气生产活动的特殊性。若想获取油气生产活动的财务信息，石油天然气会计就需要针对油气企业最重要的资产——油气资产的确认、计量和披露进行反映。由于石油天然气资产不同于其他资产的特殊性，石油天然气会计存在以下几个基本问题。

（1）石油天然气储量资产的确定。

石油天然气会计的首要问题是可开采储量的价值能否可靠计量。由于油气储量深埋于地下，对其价值的计量很大程度上依赖于估计，而且随着实际开采活动以及以后情况的变化，储量及储量资产的价值也可能发生变化。在可以计量油气储量资产价值的情况下，油气储量资产在不同的取得方式下，价值的确认也有差异。油气储量资产的计价又由储量资产的评估方法决定，不同的评估方法获得的结果有不同之处，如何进行选择就是需要考虑的难点问题。

（2）油气资产初始计量。

石油天然气资产不能按照类似固定资产、无形资产等其他资产的方法进行初始计量。因为在资产负债表中提供的资本化费用信息与石油天然气储量资产无关。一般来说，资本化费用低于或等于油气储量价值，收益表中反映的净收益信息不包括油气探明储量增加而产生的发现价值，这样实际上是低估资产、少计收入的会计信息失真。因此，初始计量使用历史成本法还是价值法计量就是首先要解决的问题。其次如果采用价值法计量，那么是采用发现价值法还是现值会计法也是个问题。即便使用历史成本计量石油天然气开采资产，其勘探结果不确定，成本是否能够资本化也需要确认。如果采用成本法，那么是采用成果法还是完全成本法也存在很多争论。

（3）资产减值。

资产期末计量一直是会计界的热点问题，在可靠性为首要目的前提下，历史成本与公允价值不相容，期末计价无法反映真实的石油天然气资产价值。石油天然气储量资产由于存储数量、实际开采数量的不确定性，石油天然气产品价格波动等问题而很难计量，石油天然气开采资产的公允价值认定标准和减值确认问题也存在一定的困难。

（4）损耗及摊销。

石油天然气开采资产的损耗和摊销取决于石油天然气储量开发、生产的状况。油气资产的损耗和摊销由石油天然气储量资产可供开采年限决定，并且它的损耗是非线性的。石油天然气在开发的不同阶段，资产实际损耗差别很大。油田在开发初期含水低、地层压力大，产量高，开发成本低；油田在开发中后期，含水不断升高，产量逐年降低，开发成本不断增大。所以，石油天然气开采资产损耗，应根据石油天然气资产的特殊性确定合理的方法，体现收入与成本费用的配比原则。

（5）拆除和恢复成本。

拆除和恢复成本是根据国家法律和行政法规、国际公约等规定企业承担的环境保护和生态恢复等义务所确定的支出，如石油天然气设施等的弃置和恢复环境义务。石油天然气设备拆除成本耗资巨大，完成后遗弃设备带来一系列的环境处理费用可能会显著影响企业财务状况。如果把它作为某一期的费用进行摊销，则不符合重要性及配比原则的要求。因此，采用适当的会计方法处理石油天然气企业的拆除和恢复成本对会计信息使用者将产生很大的影响，而且未来拆除和恢复成本的时间与现在相隔甚远，其现值的确定难度增大。

（6）信息披露。

在历史成本法下，财务报表数据不能全面反映油气企业资产状况的客观性。石油天然气资产由于其会计计量及确认的复杂性，现有国内外的会计处理远远不能反映其真实情况，于是在很多情况下需要利用财务报告附注或其他方式进行充分披露。会计披露的要求将直接影响会计信息使用者能否全面了解石油天然气企业的资产状况和未来盈利能力。

10.1.3　石油天然气会计难点问题

目前，石油天然气会计存在公认的三大难点问题：石油天然气资产计量、石油天然气资产转让收益决定和石油天然气会计信息披露。

（1）石油天然气资产计量。

石油天然气资产计量是石油天然气会计中争议最大的问题，产生争议的焦点在于油气资产的计量基础和计价方法的选择。下面将从理论上对石油天然气资产的计量基础和计价方法进行讨论。

①石油天然气资产计量基础的选择。

想要真实地反映出油气储量资产的价值，最重要的就是要根据其具有的特性选择合适的计量基础。目前，国内外有关石油天然气资产的计量均以历史成本为主。因为历史成本的客观性和可验证性，历史成本长期以来都作为资产的主要计量属性。但石油天然气资产是一项特殊的资产。石油天然气资产按历史成本计量也就是对油气生产活动中的有关支出按一定规定加以资本化。对于一般实体资产而言，在通货膨胀较小的情况下，历史成本和其实际价值的差异较小，而石油天然气资产历史成本计量结果与实际价值之间存在很大的差异：一方面，同等支出取得的油气资产差异大；另一方面，取得同样资产的支出差异大。由此导致了石油天然气企业之间进行比较分析的困难。在这种情况下，人们提出了油气资产以价值为基础进行计量。

价值计量是指按石油天然气的产出加以计量，也就是说，以价值为基础提供的信息是面向未来的，因而，它较历史成本基础信息具有较大的相关性。但是，由于石油天然气资产的价值基础计量具有较大的主观随意性，价值基础信息也具有一定的局限性。石油天然气资产数量的确认需要估计、环境变化需要估计、未来现金流的贴现率需要估计，较多的主观判断和人为估计使得价值基础计量的相关性大打折扣，成为油气资产计量研究中提倡以历史成本为计量基础的基本原因。

②石油天然气资产计量方法的选择。

实务中，在不同的计量基础下，发展了不同的石油天然气资产计量方法。在历史成本法下，油气资产的计量方法主要包括成果法和完全成本法。

成果法是指以油田的成本归集和计算为中心，只资本化与发现探明储量相关的成本费用，不直接相关的成本费用作为当期费用处理。成果法强调了采掘业中隐藏的风险和不确定性，能够提供更多的相关信息。成果法核算反映了资产的定义，将那些与未来收益没有关系的支出作为费用处理。成果法以单个油田为成本中心，能够更加准确地反映企业的经营成果和业绩。同时，成果法的概念与配比概念相一致。在成果法下，发生的成本如果与未来收入有直接关系则确认为资产，如果这种直接的关系不存在，则该成本不归为资产。这种方法避免了将不成功的成本资本化，使当期和未来的财务报告歪曲的情况。

但在成果法核算下，若扩大或者缩减勘探支出的规模，可能会对利润表造成很大影响，使其不能正确反映发现储量的业绩。如果当年失败的勘探或者已经确定无探明储量的勘探较多，那么当年的利润率自然会比勘探成功率高的年度小，甚至比不勘探的年份利润率小。这就给了管理者一个较大的利润操纵空间，管理者可以通过控制勘探规模来调整阶段性支出，从而控制企业利润。对于新成立的油田企业，初期的勘探工作成功率较低，如果采用成果法会使公司前期的收益偏低，不利于企业的融资活动，而勘探工作趋于稳定时，又会导致报告的净收益偏高。在成果法中，将发现储量的支出资本化是合理的，但其入账金额以历史成本计量，使得资本化金额无法真实反映油气的实际价值。勘探风险带来的不确定性，也使得成果法核算下的年度的利润有较大波动，不能正确反映企业当年创造的价值。

完全成本法是指不论是否成功发现探明油气储量，都将全部勘探中发生的成本费用资本化的一种方法。也就是说，在完全成本法下，未找到探明储量的一切支出都应由探明储量来承担，加以资本化，然后按照单位产量法摊销，以正确反映获得探明储量所花费的代价。

完全成本法是将勘探风险分散到以后的各个年份，它强调权责发生制原则，认为在寻找石油和天然气储量的过程中，发生在该活动中的成功和非成功成本都是储量成本的必要组成部分，发生成本和发现的储量之间没有直接联系。这种方法对于新成立的油气企业来说，可以适当地修饰会计报表，方便企业进行筹资。

然而，完全成本法不符合会计中对资产的定义，将不成功的勘探成本、不存在油气藏的油田取得成本资本化，只能虚增企业的资产，同时虚增企业当期的利润。完全成本法将成功勘探的项目收益与全部的成本进行配比，不符合传统的配比原则，也无法正确反映成功勘探给企业带来的效益。同时，完全成本法不能正确反映勘探活动的不确定性。由于把不成功的勘探成本资本化，并在无关的油气生产时计提折旧，就会导致平滑收益，隐藏了勘探开发的风险，使收益不真实。

上述两种方法均以历史成本为基础，两者的区别如表10-1所示。

表 10-1　成果法和完全成本法的区别

项目	成果法	完全成本法
核算对象	油气井及相关设施	
取得成本	暂时资本化	资本化
勘探成本	暂时资本化	资本化
开发成本	资本化	资本化
生产成本	费用化	费用化
成本中心	一个租赁矿区、井田、储层	国家或一个大区域
适用公司	大型油气公司	小型油气公司

从长远看，成果法和完全成本法的不同选择对企业收益和企业资产没有较大影响。成果法将勘探期间未成功的勘探费用全部当期确认，完全成本法则将其分在若干期间内确认。但相对于完全成本法来说，成果法一方面发生的成本和发现的储量之间有直接对应的关系，较符合现行会计理论框架下资产的概念；另一方面将勘探失败的支出费用化，虽然降低了公司的净收益，但减少税收的缴纳，因此得到国外大型油气公司及准则制定机构的青睐。目前国际会计准则规定采用成果法，而美国则是两种方法并用，我国采用成果法核算。

（2）石油天然气转让收益决定。

石油天然气生产活动是一项比较特殊的活动，它具有高投入、高风险、高收益的特征。正是由于石油天然气生产活动的这些特殊性，使石油天然气生产的会计核算变得非常复杂。特别是油气资产的高风险特性还带来了多种权益的分享安排，从而形成了不同的产权安排模式，进一步增加了油气资产会计的复杂性。目前，油气资产的计量、转让收益的确定以及油气资产的披露是石油天然气财务会计的三大难题。由于收益的确认一直是财务会计中的重要内容，也是财务会计中的难点问题，因此石油天然气资产转让的收益确认问题也是非常复杂的。但这些问题在企业会计准则中并没有得到详细具体的规定。为此，必须对石油天然气资产转让的收益确认问题做进一步的研究和阐述。

石油天然气资产的转让是指石油天然气权益的拥有者将自己所拥有权益的一部分或全部转让给另一方的经济交易行为。为了分散石油天然气生产活动的巨大风险和满足其巨额资金需求，或是为了提高经营效率和取得税收利益，石油天然气行业发展了大量的资产权益转让安排。为此，对于相应的产权分割安排与转让需要明确，如何确认收益或损失要确定其原则，这样才能对油气企业的效益进行合理的评价。

（3）石油天然气会计信息披露。

财务会计报告是财务会计信息披露的主要手段，也是财务会计的核心。对于油气生产企业而言，石油天然气资产报告是企业财务会计的主要内容之一。如何对油气资产进行归类、以何种模式披露油气资产会计信息、在会计报表的哪些部分进行披露以及披露的内容等问题，长期以来在国内外会计理论研究中都引起了很大争议，因此，石油天然气资产会计信息披露就成为石油天然气会计的三大难点之一。

①石油天然气资产的归类。

资产是会计的重要因素，对资产进行报告是财务报告的重要内容。根据油气生产的过程，石油天然气资产包括矿区权益、井及相关设施和储量。在我国 2006 年颁布的《企业会计准则27 号——石油天然气开采》中，专门设立了油气资产科目对其进行归集计量。但油气储量资产仍仅在报表附注中列示，并没有完全在表内反映，事实上，由于探明的开发油气资产与未开发的油气资产带来的风险不同，因此油气资产的折耗还应该分类确认。

②石油天然气资产的披露模式。

会计披露将会计信息以财务报告等形式提供给信息需求者。为使财务报告提供的信息对内外部的决策者和信息需求者有意义，财务报告必须具备"可靠性"和"相关性"，不同时具备这两个特征的财务报告是不具备决策有用性的。由于石油天然气资产的历史成本与未来现金流量（价值）存在着差异，因此，为了兼顾会计信息的可靠性与相关性，提高会计信息的质量，在石油天然气资产会计信息披露模式的发展过程中逐步依次形成了以历史成本为基础的披露模式、以价值为基础的披露模式以及"历史成本＋储量价值"的披露模式，并增加了对油气资产的补充规定。

③石油天然气资产的分部报告和中期报告。

分部报告是为了提高财务报告信息的质量。分部的划分一般采用两种标准：一是按地理区域，形成地理分部；二是按照经营内容，形成行业分部。石油天然气生产活动主要是提供地理分部的信息。综合性的石油公司由于上下游一体化的经营，还应提供行业分部的相应信息。按地理分部提供油气资产的信息，关键点在于确定地理分部。在确定时，要考虑到油气资产风险的特征，既不能划分的太小，增加信息提供成本，也不能太大，不足以反映特定区域油气资产的特定风险。

中期报告是为提高财务信息的及时性而对企业财务报告提出的要求。因为在企业财务年度执行过程中，许多需要结算的内容要到年终才能进行，因此，中期财务报告是企业年度预算执行情况的一次初步总结。对于油气生产经营企业来讲，中期财务报告应关注以下几个问题：首先，是否需要报告油气资产储量数量及其变动；其次，是否报告重要的油气储量发现；最后，中期财务报告使用的会计方法与上年度财务会计方法不一致时是否需要揭示。在中期财务报告中可不要求提供油气资产储量数量及其变动信息，但年度中间重大的储量发现及会计方法的变更应加以揭示。

10.2　石油天然气的会计处理

根据石油工业的四个主要环节（寻找、开采、输送和加工），石油天然气会计可分为石油天然气勘探阶段会计、石油天然气开发阶段会计和石油天然气生产阶段会计。

在介绍勘探阶段、开发阶段和生产阶段会计处理之前，有必要了解矿区权益的相关概念以及会计处理。

10.2.1　矿区权益的会计处理

10.2.1.1　基本概念

矿区权益是指企业取得的在矿区内勘探、开发和生产油气的权利。矿区权益分为探明矿区权益和未探明矿区权益。探明矿区是指已发现探明经济可采储量的矿区；未探明矿区是指未发现探明经济可采储量的矿区。探明经济可采储量，是指在现有技术和经济条件下，根据地质和工程分析，可合理确定的能够从已知油气藏中开采的油气数量。

10.2.1.2　会计核算

为取得矿区权益而发生的成本应当在发生时予以资本化。企业取得的矿区权益，应当按照取得时的成本进行初始计量。

①申请取得矿区权益的成本包括探矿权使用费、采矿权使用费、土地或海域使用权支出、中介费以及可直接归属于矿区权益的其他申请取得支出。

②购买取得矿区权益的成本包括购买价款、中介费以及可直接归属于矿区权益的其他购买取得支出。

③矿区权益取得后发生的探矿权使用费、采矿权使用费和租金等维持矿区权益的支出，应当计入当期损益。

企业应设置"油气资产——矿区权益"科目，用以核算企业拥有或者控制的资源预期能够为企业带来的经济利益，包括为了获得矿区而付出的代价、油气井及相关设施设备、储量资产等。

10.2.1.3　折耗和减值

企业应当采用产量法或年限平均法对探明矿区权益计提折耗。采用产量法计提折耗的，折耗额可按照单个矿区计算，也可按照若干具有相同或类似地质构造特征或储层条件的相邻矿区所组成的矿区组计算。计算公式如下：

$$探明矿区权益折耗额 = 探明矿区权益账面价值 \times 探明矿区权益折耗率$$
$$= 探明矿区当期产量 / (探明矿区期末探明经济可采储量 + 探明矿区当期产量)$$

企业对于矿区权益的减值，应当分不同情况确认减值损失。

①探明矿区权益的减值，按照《企业会计准则第 8 号——资产减值》处理。

②对于未探明矿区权益，应当至少每年进行一次减值测试。

单个矿区取得成本较大的,应当以单个矿区为基础进行减值测试,并确定未探明矿区权益减值金额。单个矿区取得成本较小且与其他相邻矿区具有相同或类似地质构造特征或储层条件的,可按照若干具有相同或类似地质构造特征或储层条件的相邻矿区所组成的矿区组进行减值测试。未探明矿区权益公允价值低于账面价值的差额,应当确认为减值损失,计入当期损益。未探明矿区权益减值损失一经确认,不得转回。

为了核算油气资产减值,应设置"油气资产减值准备"科目,用以反映油气资产的减值准备提取情况。

10.2.1.4 矿区权益转让的会计处理

(1)探明矿区权益的转让。

①转让全部探明矿区权益。

企业应将转让所得与矿区权益账面价值之间的差额计入当期损益。

【例 10-1】 甲石油公司转让了其拥有的矿区 A,其账面原值为 1 000 万元,已计提减值准备 200 万元,目前账面价值为 800 万元,转让所得 920 万元。该公司采用产量法计提折耗,截至转让前未对矿区 A 进行开采,因此产量为 0。

甲公司应当将转让所得大于矿区权益账面价值的差额确认为收益。相关账务处理如下:

借:银行存款　　　　　　　　　　　　　　　9 200 000
　　油气资产减值准备　　　　　　　　　　　2 000 000
　　贷:油气资产——矿区权益　　　　　　　　　　　　　10 000 000
　　　　营业外收入　　　　　　　　　　　　　　　　　　　1 200 000

如果转让所得为 720 万元,甲公司应当将转让所得小于矿区权益账面价值的差额确认为损失。相关账务处理如下:

借:油气资产减值准备　　　　　　　　　　　2 000 000
　　银行存款　　　　　　　　　　　　　　　7 200 000
　　营业外支出　　　　　　　　　　　　　　　800 000
　　贷:油气资产——矿区权益　　　　　　　　　　　　　10 000 000

②转让部分探明矿区权益、且该矿区权益以矿区组为基础计提减值准备。

企业应按照转让权益和保留权益的公允价值比例,计算确定已转让部分矿区权益账面价值,转让所得与已转让矿区权益账面价值的差额计入当期损益。

【例 10-2】 甲石油公司转让了其拥有的矿区 B 中的 20 平方千米,转让部分的公允价值为 400 万元,转让所得 500 万元。整个矿区 B 的面积为 50 平方千米,账面原值为 1 000 万元,已计提减值准备 200 万元,目前账面价值为 800 万元,公允价值为 1 000 万元。该公司采用产量法计提折耗,截至转让前未对矿区 B 进行开采,因此产量为 0。

甲公司转让部分矿区权益且剩余矿区权益成本的收回不存在较大的不确定性,因此应按照转让权益和保留权益的公允价值比例,计算确定已转让部分矿区权益的账面价值:

$$400/1\,000 \times 800 = 320\,(万元)$$

随转让部分矿区转出的油气资产减值准备：

$$400/1\,000 \times 200 = 80（万元）$$

相关账务处理如下：

借：油气资产减值准备　　　　　　　　　　　800 000
　　银行存款　　　　　　　　　　　　　　5 000 000
　　　贷：油气资产——矿区权益　　　　　　　　　　　4 000 000
　　　　　营业外收入　　　　　　　　　　　　　　　1 800 000

如果转让所得为200万元，相关会计处理如下：

借：油气资产减值准备　　　　　　　　　　　800 000
　　银行存款　　　　　　　　　　　　　　2 000 000
　　营业外支出　　　　　　　　　　　　　1 200 000
　　　贷：油气资产——矿区权益　　　　　　　　　　　4 000 000

（2）未探明矿区权益的转让。

①转让全部未探明矿区权益。

以现金或现金等价物形式出售未探明矿区全部收益，其损益的确认分为两种情况：a. 如果矿区经过单独评估，则认可损益；b. 如果矿区未经过单独评估，则仅在售出价格大于原始成本的情况下认可收益（不允许认可损失）。

【例10-3】甲公司支付了800万元，拥有一个未开发的租赁矿区。假设该矿区已计提减值准备300万元，并以下列价格出售。

（1）以600万元出售。

（2）以400万元出售。

假设另一种情况，该矿区没有经过单独评估，以下列价格出售。

（3）以600万元出售。

（4）以900万元出售。

相关会计处理如下。

（1）借：油气资产减值准备　　　　　　　　3 000 000
　　　　银行存款　　　　　　　　　　　　6 000 000
　　　　　贷：油气资产——矿区权益　　　　　　　　　8 000 000
　　　　　　　营业外收入　　　　　　　　　　　　　1 000 000

（2）借：油气资产减值准备　　　　　　　　3 000 000
　　　　银行存款　　　　　　　　　　　　4 000 000
　　　　营业外支出　　　　　　　　　　　1 000 000
　　　　　贷：油气资产——矿区权益　　　　　　　　　8 000 000

（3）借：油气资产减值准备　　　　　　　　2 000 000
　　　　银行存款　　　　　　　　　　　　6 000 000
　　　　　贷：油气资产——矿区权益　　　　　　　　　8 000 000

此处油气资产减值准备为 200 万元，以避免认可损失。

（4）借：银行存款　　　　　　　　　　　　　　　　　9 000 000

　　　贷：油气资产——矿区权益　　　　　　　　　　　　　　　　8 000 000

　　　　　营业外收入　　　　　　　　　　　　　　　　　　　　　1 000 000

②转让部分未探明矿区权益。

由于是未探明的矿区，因此对于回收保留权益的成本通常存在很大的不确定性，收到的资金数额应作为成本的回收处理。如果售出价格大于结转价值（经过单独评估），或售出价格大于原始成本（未经过单独评估），则认可收益，不允许认可损失。

【例 10-4】　甲公司支付了 100 万元，拥有了一个未探明租赁矿区。甲公司转让了 25% 的经营权益，得到 40 万元的现金。下面是四种不同的情况：

（1）矿区经过单独评估，计提减值准备 20 万元。

（2）该矿区不具有独立意义，即未经过单独评估。

（3）售出价格 110 万元，矿区计提减值损失 20 万元。

（4）售出价格 110 万元，矿区未经过单独评估。

相关会计处理如下。

（1）借：银行存款　　　　　　　　　　　　　　　　　400 000

　　　贷：油气资产——矿区权益　　　　　　　　　　　　　　　　400 000

（2）借：银行存款　　　　　　　　　　　　　　　　　400 000

　　　贷：油气资产——矿区权益　　　　　　　　　　　　　　　　400 000

以上两条会计处理没有收益，因为对于保留权益成本的回收存在很大的不确定性。

（3）借：银行存款　　　　　　　　　　　　　　　　　1 100 000

　　　　油气资产减值准备　　　　　　　　　　　　　　200 000

　　　贷：油气资产——矿区权益　　　　　　　　　　　　　　　　1 000 000

　　　　　营业外收入　　　　　　　　　　　　　　　　　　　　　　300 000

（4）借：银行存款　　　　　　　　　　　　　　　　　1 100 000

　　　贷：油气资产——矿区权益　　　　　　　　　　　　　　　　1 000 000

　　　　　营业外收入　　　　　　　　　　　　　　　　　　　　　　100 000

10.2.2　石油天然气勘探阶段会计处理

10.2.2.1　基本概念

探井是指所钻的井是为了在未探明地区寻找和生产油或气，以及在以前发现并生产油或气的其他油藏所在的油田内寻找新的油藏，或者是为了扩展已知的油藏。通常，探井是指开发井、服务井或如一些条款所定义的参数井以外的任何井。根据地质理论，钻井是为获取有关特殊地质条件的资料而钻的井，通常没有为石油和天然气生产完钻的目的。参数井被归类为"勘探型"或者"开发型"。

油气勘探是指为了识别勘探区域或探明油气储量而进行的地质调查、地球物理勘探、钻探活动以及其他相关活动。

油气勘探支出包括钻井勘探支出和非钻井勘探支出。钻井勘探支出主要包括钻探区域探井、勘探型详探井、评价井和资料井等活动发生的支出；非钻井勘探支出主要包括进行地质调查、地球物理勘探等活动发生的支出。

10.2.2.2　勘探钻井成本的核算

（1）成果法。

采用成果法对钻井勘探支出进行资本化，是指以矿区为成本归集和计算中心，只有与发现探明经济可采储量相关的钻井勘探支出才能资本化；如不能确定钻井勘探支出是否发现了探明经济可采储量，应在一年内对其暂时资本化；与发现探明经济可采储量不直接相关的支出，作为当期费用处理。

（2）完全成本法。

采用完全成本法对钻井勘探支出进行资本化，是指对勘探活动中发生的全部支出都加以资本化的一种方法，不论这些支出的发生是否导致了探明经济可采储量的发现。

成果法与完全成本法体现了两种不同的思维模式，前者关注短期因果关系，主要考虑短期风险；后者着眼长期的因果关系，主要考虑目的性。由此可以推广至短期利益与长期利益的选择。如何衡量和协调短期利益与长期利益的矛盾，是日常生活、工作中常见的难题之一，反映了局部与整体、近期与长期的冲突。总体来看，树立长期、全局的战略观念，有助于完整、系统地认识事物的全貌，避免盲人摸象，减少追求短期利益而损害长期利益的行为。近些年我们关注生态环境的优化，尽管短期内可能不利于经济的发展，但长期看有利于经济的可持续发展。

两种方法的主要差异如表 10-2 所示。

表 10-2　成果法与完全成本法在勘探阶段会计处理中的主要差异

项目	成果法下的会计处理	完全成本法下的会计处理
地质 / 地理研究支出	当期费用	资本化
矿区权益取得支出	暂时资本化，根据评估结果进行处理	资本化
钻井勘探支出	暂时资本化，根据评估结果进行处理	资本化
开发钻井支出	资本化	资本化
生产	当期费用	当期费用
折耗	以矿区或矿区组为成本中心，以账面价值为折耗基础，以探明经济可采储量或已开发探明经济可采储量为基础计算折耗率	以国家为成本中心，以账面价值加未来开发支出为折耗基础，以已开发及未开发探明经济可采储量为基础计算折耗率

油气准则的规定类似成果法的做法。根据油气准则规定，油气勘探的主要会计业务内容是对地质勘探成本和钻井作业成本的核算，钻井勘探支出在完井后，应分别以下情况处理。

①确定该井发现了探明经济可采储量的，应将钻探该井的支出结转为井及相关设施成本。

②确定未发现探明经济可采储量的，应将钻探该井的支出扣除净残值后计入当期损益。

③完井当时无法确定是否发现了探明经济可采储量的，应暂时资本化，但暂时资本化时间不应超过 1 年。

④完井 1 年后仍无法确定是否发现了探明经济可采储量的，应将暂时资本化的支出全部计入当期损益，除非同时满足以下条件：第一，该井已发现足够数量的储量，但要确定是否属于探明经济可采储量，还需实施进一步的勘探活动；第二，进一步的勘探活动已在实施中或已有明确计划并即将实施。其中，"已有明确计划"是指企业已在其内部管理活动中通过了该计划的实施，例如已拨付资金、已制定出明确的时间表或实施计划并对所涉及人员进行了传达。

⑤直接归属于发现了探明经济可采出量的有效井段的钻井勘探支出结转为井及相关设施；无效井段支出计入当期损益。

在进行会计处理时，将与钻井相关的成本都暂时归类为"在建井——无形钻井与开发成本"科目或"在建井——矿区与井的设备"科目。钻到目标深度时，必须确定该井是否发现了探明储量。如果该井发现了探明储量，则将"在建井——无形钻井与开发成本"科目或"在建井——矿区与井的设备"科目的余额转入"井及相关设备设施"账户。另外，如果该井是该矿区所钻的第一口成功深井，则该未探明矿区账户将被重新归类或转记为探明矿区账户，因为发现探明储量而应归属于探明矿区。

【例 10-5】 20×7 年 1 月 2 日，根据地质和地球物理勘探结果，H 公司决定以每亩 200 元的价格租赁 1 000 亩矿区。该租赁矿区为未开发矿区。

借：未探明矿区　　　　　　　　　　　　　　　　　200 000
　　贷：银行存款　　　　　　　　　　　　　　　　　　　　　200 000

20×7 年 2 月，H 公司决定开始钻井操作，并为确定井位发生地质和地球物理勘探成本 50 000 元（即使地质和地球物理勘探在一个有潜在油藏的区域进行，为选择井位也必须进行更加详细的地质和地球物理勘查，这样的地质和地球物理勘查工作被认为是该井钻井成本的一部分）。

借：在建井——无形钻井与开发成本　　　　　　　　50 000
　　贷：银行存款　　　　　　　　　　　　　　　　　　　　　50 000

20×7 年 3 月，为挖井液池和安装水管线发生 40 000 元追加准备成本，水管线本身的成本为 20 000 元（这些活动通常由钻井承包商完成）。

借：在建井——无形钻井与开发成本　　　　　　　　40 000
　　在建井——矿区与井的设备　　　　　　　　　　20 000
　　贷：银行存款　　　　　　　　　　　　　　　　　　　　　60 000

20×7 年 4 月，H 公司为采油树发生了取得（购买）成本 50 000 元和安装成本 30 000 元。

借：在建井——无形钻井与开发成本　　　　　　　　30 000
　　在建井——矿区与井的设备　　　　　　　　　　50 000
　　贷：银行存款　　　　　　　　　　　　　　　　　　　　　80 000

20×7 年 5 月，该井的工作已完成，并且发现了探明储量。需要重新做两个分录：一是把该井的成本从在产品账户转入完工产品账户，二是把该租赁矿区重新分类为探明矿区。

借：井及相关设备设施——无形钻井与开发成本　　　　　　　120 000

　　井及相关设备设施——矿区与井的设备　　　　　　　　70 000

　　贷：在建井——无形钻井与开发成本　　　　　　　　　　　　　120 000

　　　　在建井——矿区与井的设备　　　　　　　　　　　　　　　　70 000

　　借：探明矿区　　　　　　　　　　　　　　　　　　　200 000

　　　贷：未探明矿区　　　　　　　　　　　　　　　　　　　　　200 000

10.2.3　石油天然气开发阶段会计处理

在完成矿区取得和勘探后，也就是完成一定数量的探井而发现了具有商业开采价值的石油天然气储量后，石油天然气生产就转入第三个阶段——开发阶段。在开发阶段，取得采矿权的企业在探明具有商业开采价值的地区进行产能建设，为石油天然气的开采准备物质条件。开发阶段需要大量打井投入和油田地面建设的投资，依然表现为高投入，但与勘探过程的高投入不同的是，此处的高投入结果是确定的。进行开发，首先要有开发评价方案，然后经过可行性研究进行研究选择，最后确定开发方案。依据开发方案，开发阶段主要做两类活动，一个是钻井和井网部署，另外一个是油田地面建设。

10.2.3.1　基本概念界定

探明区域是指探明储量已明确归属的某一矿区财产的一部分。

开发井是指在探明的有石油天然气储量地区打的井，并钻到已知的可生产的储层。

参数井是指以地质研究为导向，为取得有关的地层详细资料打的井。这些井通常不是为完井后进行碳氢化合物生产而钻的。这类井也包括测试鉴定，如岩心测试和所有关于碳氢化合物勘探的消耗性井。参数井分为勘探型参数井和开发型参数井。其中开发型参数井指在某一探明区域钻探的参数井。

开发成本是为了获得进入已探明储量地区和提供用于开采、处理、集输和储存石油和天然气的设施而发生的费用。

辅助设备和设施包括地震设备、钻井设备、建筑和分级设备、车辆、修井机、仓库、供应基地、营地和现场办公室及其他办公分支机构。一些辅助设备和设施仅为单独的勘探、开发和生产作业所购买或建造，另外一些设备和设施则为两次或多次作业服务，或服务于企业的运输、炼化和营销活动。只要辅助设备和设施被用于石油天然气生产，其折旧和实际发生的作业成本就要作为勘探、开发和生产成本。

10.2.3.2　开发活动主要会计内容概述

油气开发，是指为了取得探明矿区中的油气而建造或更新井及相关设施的活动。目前在国际上，无论采用完全成本法还是成果法，对于开发成本都予以资本化处理。开发活动中的已完工的打井（开发井、开发性参数井）所形成的油井、干井均予以资本化，计入“油气资产——井及相关设施”会计科目，而后按照“产量法”或“年限平均法”对油气资产计提折耗。油田地面建设中所形成的设备、设施均计入“固定资产”会计科目，而后按照“加速折旧法"（双倍余额递减法、年数总和法）或"平均折旧法"（工作量法、年限平均法）计提折旧油田地面建设。

油气开发活动所发生的支出，应当根据其用途分别予以资本化，作为油气开发形成的井及相关设施的成本。油气开发形成的井及相关设施的成本主要包括：

（1）钻前准备支出，包括前期研究、工程地质调查、工程设计、确定井位、清理井场、修建道路等活动发生的支出；

（2）井的设备购置和建造支出，井的设备包括套管、油管、抽油设备和井口装置等，井的建造包括钻井和完井；

（3）购建提高采收率系统发生的支出；

（4）购建矿区内集输设施、分离处理设施、计量设备、储存设施、各种海上平台、海底及陆上电缆等发生的支出。

10.2.4　石油天然气生产阶段会计处理

10.2.4.1　石油天然气生产阶段活动概论

石油天然气生产，也叫油气开采。进入开采环节，就是要把地下的油，通过井及相关设施提取到地面，所以生产的第一个步骤就是提取；从不同井中提取出来的油，要进入不同的管道当中，为了计算到底出了多少油、多少气，第二个步骤就是要计量；然后，在生产的过程中要进行第三个步骤——运输；油气中的油、气、水、硫化物、不可溶的轻烃等在运输后要进行单项分离和多项分离，这就是第四个步骤——处理；最后分离出纯净的油和气后，要进行第五个步骤，把它们储存起来；储存起来的油气，作为商品油、商品气，就相当于生产企业中的存货，可以对外销售。综上所述，开采环节要经过五个步骤：提取、计量、运输、处理、储存。

10.2.4.2　石油天然气生产阶段会计业务内容

（1）油气生产成本的核算。

因为油气生产活动的一个特点是高投入，所以油气生产活动的本质，最核心的问题就是支出。所以，进入开采环节需要对油气生产成本进行核算，我国会计准则使用成果法。

①生产成本的定义。

生产包括将石油天然气提取到地表以及收集、处理、现场加工和现场储存。生产成本是那些发生于某企业矿井以及有关设备设施的作业和维护成本，包括辅助设备和设施的折旧和相应作业成本，以及那些井和相关设备和设施的其他操作和维持成本。它们是产出的石油和天然气成本的一部分，主要包括：经营矿井和相关设备设施的人工成本，修理和维护，在经营矿井及相关设备设施中所消耗的材料、物资和燃料等，已探明矿区财产、矿井和有关设备设施所使用的财产税和保险费，采掘税等。

另外，与生产成本一起，已资本化取得、勘探和开发成本的折旧、折耗及摊销业应当成为石油天然气生产成本的一部分。我国 2006 年新会计准则第 27 号《石油天然气开采》第 20

条规定：油气的生产成本包括相关矿区权益折耗、井及相关设施折耗、辅助设备及设施折旧以及操作费用等。操作费用包括油气生产和矿区管理过程中发生的直接和间接费用。

综上所述，油气生产成本应该包括：操作费用、资产的转移价值（辅助设备及设施的折旧，无形资产的摊销，相关矿区权益、井及相关设施的折耗）、税金。

②成本中心。

为了进行财务报告，生产成本可以以国家或大的地理地区为单位进行归集。但是，为了进行管理控制、权益清算、储量确定和所得税计算等，也可以以井或矿区层次为单位保持生产成本的记录。单井或矿区的一些成本很容易识别出来，但是其他成本必须根据分类或其功能进行归集，然后在一些适当的基础上将其分配到井或矿区中。

③成本归集。

油气生产成本通常可以分为直接生产成本和间接生产成本两大类。

直接生产成本是那些与特定矿区上的石油或天然气生产有密切关系的成本，包括：薪金和工资、职工福利、井的服务和修井、地面设备的修理和维护。

间接生产成本是所有那些与特定矿区石油和天然气的生产没有紧密关系，在矿区层次上不可控制的成本。这些间接成本几乎是以与间接费用成本相同的方式进行会计核算的。对一项功能或活动的成本进行归集，然后分配或分摊到单项矿区，一般是在直接人工时间、直接人工成本、井的数量、设备使用的时间、提供服务的数量、产量或其他一些适当的基础上进行的。

（2）矿区井及相关设施的折耗。

油气资产，是指油气开采企业所拥有或控制的井及相关设施和矿区权益。油气资产属于递耗资产。油气资产的折耗，是指油气资产随着当期采掘工作的开展而逐渐转移到所开采产品（油气）成本的价值。无论成果法还是完全成本法，均需对石油天然气资产计提折耗。折耗的计算方法有直线法和单位产量法两种。企业无论采用直线法还是单位产量法，一经确定不得随意变更。

①直线法。

直线法又称平均年限法，是将资本化支出均衡地分摊到各会计期间的一种方法。采用这种方法计算的每期折耗额都相等。

②单位产量法。

单位产量法的原理是某成本中心发生的资本化支出和勘探开发成本中心可采储量密切相关。因此每一个产量单位应承担相同数量的支出。单位产量法可以以矿物或矿物含量的物理数量为计算基础，也可以以矿物的价值为计算基础。单位产量法假定资产的服务潜力随着使用程度而减退，因此将年限平均法中资产的有效使用年限改为这项资产所能生产的产品或劳务数量。单位产量法实质上是一种特殊的工作量法。

在成果法下，完整的油气资产（以生产油气为目的的已资产化的矿区取得、勘探与开发成本）内容包括未探明矿区取得成本、已探明矿区取得成本、井及相关设备设施成本（已完成的开发钻井、成功探井及其他开发成本）以及未完工程和在建井的成本。需要进行折旧、折耗与摊销计算的只是已资本化的探明矿区取得成本及完工投入使用的井及相关设备设施成本。

另外，公司拥有的其他公司探明矿区的非经营权益也应随着生产的进行而一起进行折旧、折耗与摊销处理。

企业应当采用产量法或年限平均法对探明矿区权益计提折耗。采用产量法计提折耗的，折耗额可按照单个矿区计算，也可按照若干具有相同或类似地质构造特征或储层条件的相邻矿区所组成的矿区组计算。计算公式如下：

$$探明矿区权益折耗额 = 探明矿区权益账面价值 \times 探明矿区权益折耗率$$

探明矿区权益折耗率 = 探明矿区当期产量/(探明矿区期末探明经济可采储量 + 探明矿区当期产量)

（3）弃置义务。

我国第 4 号具体会计准则《固定资产》第 13 条也规定："确定固定资产成本时，应当考虑预计弃置费用因素。"

在考虑拆除成本和残值时：

$$井及相关设备设施的单位探明开发储量折耗的成本 = (年末账面价值 + 预计拆除成本 - 预计残值) / (年末探明开发储量 + 当年生产量)$$

弃置义务是资产报废时发生的支付义务，是未来义务的现值化。这种将未来履行的义务或发生的费用计入今天资产价值并进行摊销的做法，体现了思考问题的完整性、动态性；通过该资产报废前的摊销而积累的资金，为未来的义务履行提供资金保障，体现了思考问题的系统性及处理问题的谨慎性。长远观念、全局观念、动态观念的建立，有助于保证观察事物的客观性，提高决策的合理性。

（4）资产减值。

井及相关设施主要包括油气井、套管、油管、抽油设备和井口装置、提高采收率设施、矿区内集输设施、分离处理设施、计量设备、储存设施、各种海上平台、海底及陆上电缆等设施。这些资产属于企业的折耗资产，应当按照《企业会计准则第 27 号——石油天然气开采》准则的规定对其进行确认和计量，企业应当采用产量法或使用年限法对井及相关设施计提折耗。折耗额可按单个矿区或矿区组分别计算。辅助设备与设施主要包括地震设备、建造设备、车辆、修理车间、仓库、供应站、通信设备、办公设施等。这些资产应当按照《企业会计准则第 4 号——固定资产》准则的规定进行确认和计量。企业应当采用年限平均法、工作量法、双倍余额递减法和年限总和法等对辅助设备与设施计提折旧。井及相关设施和辅助设备及设施的资产减值应当按照《企业会计准则第 8 号——资产减值》处理。

使用成果法时需要注意以下几个方面。成果法的成本中心是一个矿区或基于一个共同的地质特征矿区的一些合理的归集，如一个油田或储层。为了计算摊销而合并在一起的一些矿区必须具有相关的地质特征，例如数个矿区占有单一储层或单一油田，当一个油田或储层被作为一个成本中心时，将有数倍的租赁矿区以组的形式集合在一起构成一个成本中心，这些矿区可能是所有探明的矿区，也可能是所有未探明的矿区，或者是探明和未探明矿区的混合体。

如果在一个油田或储层摊销基数中的所有矿区都是探明矿区，那么所有的租赁矿区成本将在该油田或储层的总探明储量上进行归集或折耗；如果构成该油田或储层的矿区组中包含的探明矿区与未探明矿区在一起，则只有探明矿区的租赁矿区成本可以被折耗；井及相关设备设施的总资本化成本仅仅是有关探明矿区的成本，这些成本也应该在该油田或储层的总探明已开发储量上进行归集和折耗。

石油天然气生产阶段会计处理与探勘阶段和开发阶段的会计处理类似。

【例10-6】

（1）20×4年2月2日，B公司支付1 000 000元取得一块租赁矿区，该矿区是未开发矿区，取得成本被认为是独立重要的。

借：未探明矿区	1 000 000
贷：银行存款	1 000 000

（2）20×5年2月2日，支付延期租金30 000元。

借：延期租金费用	30 000
贷：银行存款	30 000

（3）20×5年，在租赁矿区范围内钻了一些干井，B公司于20×5年12月31日决定将该租赁矿区的40%列入减损。

借：减损费用	400 000
贷：减损备抵	400 000

（4）20×5年7月，B公司钻了一口干井，发生无形钻井开发成本3 500 000元，设备成本350 000元，设备无残值。

借：在建井——无形钻井开发成本	3 500 000
在建井——租赁矿区及井设备	350 000
贷：银行存款	3 850 000
借：干井费用	38 500 000
贷：在建井——无形钻井开发成本	3 500 000
在建井——租赁矿区及井设备	350 000

（5）B公司于20×6年2月又钻了另一口勘探井，发生无形钻井开发成本5 000 000元，设备成本1 750 000元，该井发现探明储量。

借：在建井——无形钻井开发成本	5 000 000
在建井——租赁矿区及井设备	1 750 000
贷：银行存款	6 750 000
借：井及相关设备设施费——无形钻井开发成本	5 000 000
井及相关设备设施费——租赁矿区及井设备	1 750 000
贷：在建井——无形钻井开发成本	5 000 000
在建井——租赁矿区及井设备	1 750 000
借：探明矿区	600 000
减损备抵	400 000
贷：未探明矿区	1 000 000

（6）20×6 年，成功井开采 10 000 桶原油，相关的开采成本为每桶 4 元。

借：矿区作业费用　　　　　　　　　　　　　　　　　　　40 000

　贷：现金　　　　　　　　　　　　　　　　　　　　　　　　　　　40 000

（7）20×6 年 12 月，B 公司开始钻第三口井，到 12 月 31 日累计无形钻井开发成本 1 000 000 元，设备成本 150 000 元。

借：在建井——无形钻井开发成本　　　　　　　　　　　1 000 000

　　在建井——租赁矿区及井设备　　　　　　　　　　　　150 000

　贷：现金　　　　　　　　　　　　　　　　　　　　　　　　　　1 150 000

（8）到 20×6 年 12 月 31 日的储量报告显示：

探明储量 900 000 桶；

探明已开发储量 300 000 桶。

年初的储量计算：

探明储量 = 900 000 + 10 000 = 910 000（桶）；

探明已开发储量 = 300 000 + 10 000 = 310 000（桶）；

取得成本折耗率 = 10 000/910 000 = 1.1%；

井及相关设备设施折耗率 = 10 000/310 000 = 3.2%；

取得成本折耗额 = 600 000×1.1% = 6 600（元）；

井及相关设备设施折耗额 = 6 750 000×3.2% = 216 000（元）；

折耗额合计 222 600 元。

借：折旧、折耗和摊销费用　　　　　　　　　　　　　　222 600

　贷：累计折旧、折耗与摊销——探明矿区　　　　　　　　　　6 600

　　　累计折旧、折耗与摊销——井　　　　　　　　　　　　216 000

10.3　石油天然气会计信息披露

10.3.1　石油天然气会计信息披露的目标

（1）油气会计信息披露的行业目标。

石油和天然气行业不同于一般行业，这主要是因为石油和天然气生产活动的特殊性。其特殊性表现在：它是资源型行业，油气资源来自千万年地层深处的自然沉积，规模上的扩张受制于油气资源的储量，生产经营活动的高投入、高风险、投资回收期长，并且收益和风险的相关性较低。由于存在这些因素，石油天然气的会计信息披露与一般行业不同。

首先，石油天然气会计信息披露必须先要满足一般企业会计信息披露目标——促进资源的最优配置。当信息披露者向市场披露了有用的信息而筹集到了必要的资本（股票或借入资金），并因此获得了丰厚的利润时，可以认为信息披露已实现了资源的最佳配置的目标，即实现了社会资源的最优增长、社会福利的最大化以及其他有益目标。

其次，由于油气行业的特殊性，油气会计信息的披露也必须具有其特殊性。由于石油天然气核算存在两种不同核算方法以及油气资产的特殊性，这些信息都是需要进行特殊披露的，以便信息使用者了解油气行业的真实情况。油气生产企业具有很高的油气发现成本和很大比例的不成功探井，其风险主要体现在油气储量的寻找上，所以，石油天然气企业财务会计报告需要大量的表外信息来补充表内信息的不足。

（2）油气信息披露的企业目标。

油气企业信息披露的目标主要是解除受托责任，而不是提供对决策有用的信息。当前油气企业的信息披露主要是根据有关会计准则和规章制度来进行的，在计量模式上又主要采用基于历史成本的成果法，而这些会计规范和典型的计量模式主要是以考核受托人的受托责任履行情况为出发点。从我国新施行的《企业会计准则第 27 号——石油天然气开采》对从矿区权益的取得、确认与计量、摊销、转让和废弃，到矿产资源勘探与评价中的资产确认与计量，以及矿产资源开发与生产、资产减值和最终披露等方面的规定可以看出，准则要求的信息披露的目的是从企业的角度出发的，在于解除其受托责任，而不是从信息使用者的角度出发，提高信息的有用性。

10.3.2　石油天然气会计信息披露的方式和内容

当前油气企业的信息披露主要包括：基本列报、内容与格式、披露方式、计量模式等。这些披露要求均和一般工业企业无异，满足通用财务报告规范的要求，各国油气准则也只是要求在附注中披露油气企业生产的特殊会计信息。显然，这种披露方法使油气企业财务报告的个性不够突出。

（1）石油天然气会计信息披露的方式。

对于石油天然气会计信息的披露主要是通过企业财务报告的形式，即会计报表加上附注信息以及说明书。会计报表是对财务信息的再确认，附注信息以及说明书是对会计报表所不能表现的必要信息进行披露。如今会计信息披露的方式越来越灵活，如国外年报在非财务部分，有大量的直方图、曲线图、地区分布图等图示直观地说明，而我国会计信息披露的方式比较单一，只有文字和表格，会计数据和财务分析指标没有相互结合。目前，我国石油公司主要执行的是《企业会计准则第 27 号——石油天然气开采》和《企业财务会计报告条例》以及证监会对会计信息披露的有关规定。

（2）石油天然气会计信息披露的内容。

我国第 27 号企业会计准则要求披露的信息包括：拥有国内和国外的油气储量年初、年末数据；当期在国内和国外发生的矿区权益的取得、油气勘探和油气开发各项支出的总额；探明矿区权益、井及相关设施的账面原值，累计折耗和减值准备累计金额及其计提方法；与油气开采活动相关的辅助设备及设施的账面原价，累计折旧和减值准备累计金额及其计提方法。具体可分为非价值披露和价值披露两类。

①油气会计信息的非价值披露。

关于油气会计信息的非价值披露，我们主要讨论其会计核算方法和资本化成本的披露方式。在历史成本法下，石油和天然气资产是指因从事石油和天然气生产活动而发生的且予以资本化了的有关支出。石油和天然气生产活动的支出分别是：取得成本、勘探成本和开发成本，这几个成本是否资本化、资本化的方式、已资本化成本的折旧与折耗及摊销方式等因会计方法的不同而存在巨大差异。会计核算方法可以在财务报表中、报表注释中或者同时在二者中进行披露；资本化的处理方式在报表注释中进行披露。

长期以来，中国对资源储量以实物量管理为主，很少涉及对储量资产价值的研究。随着对储量信息有用性的逐渐认同以及现实需要，国内学术界开始对储量资产价值评估及披露进行研究，虽然也提出了多种方法及途径，但至今尚无明确结论。《企业会计准则第 27 号》规定，"企业应当分别披露其在国内和国外拥有的油气储量的年初年末数据"。这是目前中国相关会计准则中对石油天然气储量信息使用和披露的最具体的要求。显然，《企业会计准则第 27 号》对油气资产减值的披露太过简单，只规定企业应当分别披露其在国内和国外拥有的油气储量的年初年末数据，对于储量在年内的变化原因和影响因素以及储量的价值则没要求披露。这仅仅是对非价值储量数量披露的要求，这样的披露形式在广度和深度上都是不够的。

②油气会计信息的价值披露。

为了取得储量所发生的成本与所获得的储量数量和储量价值间可能并没有直接关系，甚至存在着巨大差异，因为油气探明储量是自然存在的，其勘探耗费不是它的生产成本，而仅仅是一种发现成本，其价值应取决于在特定社会经济条件下商品的供给和需求状况。

储量数量只是一个"实物数量"，我们的会计信息、财务报表是建立在"货币计量"假设基础上的，财务信息的使用者需要的是以货币表示的明确的价值。因此，在披露储量数量的基础上，增加对储量价值披露的要求是绝对有必要的。

10.3.3 石油天然气会计信息披露的展望

（1）油气会计信息披露存在的主要问题。

综合国内外石油天然气会计信息披露现状，我国石油天然气会计信息披露主要存在以下问题。

①披露的信息量不够充分。企业为降低信息生产成本，倾向于尽量减少会计信息披露的合理选择，况且我国油气准则的制定相比国际油气会计准则而言起步比较晚，所涉及的范围和深度不够，造成油气企业披露的有用信息严重不足。

②信息的决策有用性不强。当前油气企业的会计信息披露几乎没有考虑信息使用者的需求，局限于强制性信息披露，许多对信息使用者的投资决策有重要影响的企业核心能力信息被排除在会计信息披露之外，造成会计信息产品的有用性降低。

③信息质量难以保证。油气企业会计信息披露存在会计规范约束与第三者鉴定，但由于缺少最终信息使用者的直接约束与监管，加上会计师事务所不参与企业会计信息的生产过程，因此信息质量鉴定难度加大，进而会计信息披露质量也得不到彻底保证，导致资本市场资源配置的低效率。由于油气企业的财务报告和其他企业一样是免费提供的，企业在提供信息的过程中会考虑成本与收益的均衡。由于企业无法收回信息产品的生产成本，同时可能还要承担因信息披露不当所产生的后果，因此企业只愿提供最基本的信息，对涉及油气生产专业性问题和油气生产企业的核心能力方面的信息采取不予披露的策略，从而造成资本市场资源配置效率的降低。

（2）对油气会计信息披露的建议。

为了实现资本市场资源的优化配置，油气企业会计信息披露改进措施应体现在以核心能力信息披露为切入口，提高财务报告的信息质量。当前，对于投资者以企业价值作为投资标准的事实，以及油气企业本身所具有的高投入、高风险、高技术的"三高"特点，企业应该加大对油气生产专业性信息的披露，要对成本风险的分担安排、知识资本的投入、储量勘探战略、涉外合营和环境保护等信息进行披露，实现财务报告的实质上突破。另外，除了披露框架信息外，还要将其每一部分内容的详细信息在企业可以接受的程度下有条件地披露，要做到既能使企业充分考虑到成本效益问题，又能够满足各信息使用者不同的决策要求。

当前的选择是，企业出于对提高其自身的价值和市场竞争力的考虑，只能采用自愿性信息披露方式，但是这种方式会引起企业信息披露成本的升高。考虑到市场经济的规则，成本的投入必须是以将来的回报为前提的。因此，为了防范企业核心能力信息披露产生的成本效益问题，企业应采用部分信息有偿提供的方式，来满足投资者的个性化信息需求。同时，为了使企业核心能力信息披露的风险降到最低，相关的政府部门应该加大监管力度，制定相应的法律规范，在提高市场效率的前提下，同时保护信息使用者和企业的利益。

中外石油公司对外会计信息披露产生差异的根本原因在于，国外有一套完善的关于石油天然气生产企业的会计准则，对石油天然气公司的财务会计和信息披露进行了详尽的规定，而我国目前还缺少相应的行业会计准则。按照一般会计准则进行的会计核算和信息披露，不能反映出石油天然气生产的特殊性，因而不能满足信息使用者的需要。制定石油天然气行业会计准则，是解决我国石油天然气公司会计信息披露问题的根本之道。具体来说，应该做到以下几点。

①有选择地借鉴国外先进经验。国外对油气会计理论的研究比较早，而且理论体系比较完善，尤以美国为代表。对于初步建立油气会计准则的我国而言，国外的准则体系有着很大的借鉴意义。但目前我国市场经济发展还不够完善，油气生产企业的运行机制与国外企业也不尽相同，所以在吸收国外油气会计准则精华的同时，一定要结合我国油气生产企业的实际情况，有选择地予以借鉴，以制定真正适合我国油气企业的会计信息披露要求。

②增加对经营成果的披露。油气资产是油气生产活动的结果，是油气生产企业经营成果的来源。它不同于一般的长期资产，具有稀缺性和不可再生性。报告油气生产活动的结果，是对油气资产报告的必要补充，对于综合化（一体化经营）油气公司或包含油气生产活动的混业经营公司来说，报告油气生产活动的成果更具意义。所以，我国油气会计准则应将经营成果的披露问题予以规范化，以便投资者更好地了解油气生产企业的经营全貌。

③尝试提供储量的价值信息。美国油气准则 SFAS69 要求上市油气公司使用标准化计量，即以 10% 的贴现率将储量的未来现金净流量折为现值，并作为不经审计的补充信息予以披露。虽然许多人认为，标准化计量缺乏可靠性，但是通过提供储量价值信息不仅可以反映油气资产的价值，而且可以减少信息披露的主观性，解决历史成本计量结果相关性不够的问题，从而使信息具有更强的可比性。因此，我国可以尝试要求油气生产企业向投资者报告储量价值信息。

④丰富信息披露的形式。国外油气公司年报信息披露形式全面灵活。我国的油气生产企

业也应逐渐改变传统单一的披露方式，多运用直方图、曲线图、地区分布图等进行直观、形象的说明。同时要注重对多层次、多角度分析性信息的揭示，通过简明的财务分析指标分析企业的财务状况和发展前景，尤其对于重大变化的原因要给予详细解释，使投资者清楚地了解企业的经营历史，合理预测企业的发展前景。

◈ 本章小结

石油天然气的生产活动具有一定的特殊性，相应的石油天然气会计处理主要分为勘探阶段的会计处理、开发阶段的会计处理和生产阶段的会计处理。在石油天然气勘探阶段，会计核算主要使用成果法，只有与发现探明经济可采储量相关的钻井勘探支出才能资本化，与发现探明经济可采储量不直接相关的支出，作为当期费用处理。在石油天然气开发阶段，会计核算要求开发成本（开发活动中的已完工的打井、开发井、开发性参数井）都予以资本化处理，而后采用合理方法对油气资产计提折耗。在石油天然气生产阶段，生产阶段的成本归集同样使用成果法，在考虑弃置费用的基础上，企业应当采用产量法或年限平均法对探明矿区权益计提折耗。

◈ 思考题

1. 石油天然气会计分为哪几类？分别是什么？
2. 成果法和完全成本法的区别有哪些？
3. 石油天然气披露的方式和内容分别是什么？

练习题

1. 不定项选择题

（1）石油天然气会计存在公认的难点问题分别为（　　）。

A. 石油天然气资产计量

B. 油气资产转让收益决定

C. 油气会计信息披露

D. 石油天然气会计核算方法的选择

（2）在历史成本计量下，油气资产的计量方法包括（　　）。

A. 完全成本法

B. 储量认可法

C. 成果法

D. 部分成本法

（3）石油天然气会计可分为（　　）。

A. 矿区取得阶段会计

B. 勘探阶段会计

C. 开发阶段会计

D. 生产阶段会计

（4）石油天然气资产的披露模式包括（　　）。

A. 历史成本为基础的披露模式

B. 以价值为基础的披露模式

C. 以"历史成本＋储量价值"的披露模式

D. 以利润为基础的披露模式

（5）对于油气生产成本的核算，我国会计准则采用的为（　　）。

A. 成果法

B. 完全成本法

C. 储量认可法

D. 部分成本法

（6）油田地面建设中所形成的设备、设施的计提折旧，可以采用（　　）。

A. 双倍余额递减法

B. 年数总和法

C. 工作量法

D. 年限平均法

（7）完井当时无法确定是否发现了探明经济可采储量的，应暂时资本化，但暂时资本化时间不应超过（　　）。

A. 半年 　　　　　B. 1 年

C. 2 年 　　　　　D. 3 年

（8）油气生产成本包括（　　）。

A. 操作费用

B. 资产的转移价值

C. 资产的处置价格

D. 税金

（9）石油天然气资产的计量模式包括（　　）。

A. 历史成本模式

B. 现行价值模式

C. 公允价值计量模式

D. 账面价值模式

（10）下述（　　）的处理在成果法和完全成本法下是相同的。

A. 地质研究支出

B. 钻井勘探支出

C. 开发钻井支出

D. 生产阶段支出

2. 判断题

（1）完全成本法是将勘探风险分散到以后的各个年份，它强调收付实现制原则。（　　）

（2）成果法和完全成本法以历史成本为基础，储量认证法以探明油气储量价值为基础。（　　）

（3）目前在国际上，不论采用完全成本法还是成果法，对于石油天然气开发成本都予以资本化处理。（　　）

（4）石油天然气的开采环节主要是对油气的生产成本进行核算。（　　）

（5）未探明矿区权益减值损失一经确认，可以转回。（　　）

（6）对于石油天然气生产成本的核算，我国会计准则采用的是成果法。（　　）

（7）石油天然气企业信息披露的目标主要是提供对决策有用的信息。（　　）

（8）在石油天然气会计核算中，成果法的成本中心是一个租赁矿区、井田、储层，适用于小型油气公司；完全成本法的成本中心是国家或一个大区域，适用于大型油气公司。（　　）

（9）发现探明储量的探区，需要重做两个工作：一是把该在建井的成本从在产品账户转入完工产品账户，二是把该未探明矿区重新分类为探明矿区账户。（　　）

（10）石油天然气生产活动的特点是高投入、低风险、高收益。（　　）

3. 计算及分析题

（1）乙公司支付了 400 万元，拥有一个未开发的租赁矿区。假设该矿区已计提减值准备 150 万元，并以下列价格出售。

① 以 300 万元出售。

② 以 200 万元出售。

假设另一种情况，该矿区没有经过单独评估，以下列价格出售：

③ 以 300 万元出售。

④ 以 450 万元出售。

要求：根据以上资料，编制乙公司相关会计分录。

（2）20×4 年 1 月 2 日，根据地质和地球物理勘探结果，丙公司决定以每亩 300 元的价格租赁 2 000 亩矿区。该租赁矿区为未开发矿区。

20×4 年 2 月，丙公司决定开始钻井操作，并为确定井位发生地质和地球物理勘探成本 100 000 元（即使地质和地球物理勘探在一个有潜在油藏的区域进行，为选择井位也必须进行更加详细的地质和地球物理勘查，这样的地质和地球物理勘查工作被认为是该井钻井成本的一部分）。

20×4 年 3 月，为挖井液池和安装水管线发生 80 000 元追加准备成本，水管线本身的成本为 40 000 元（这些活动通常由钻井承包商完成）。

20×4 年 4 月，丙公司为采油树发生了取得（购买）成本 100 000 元和安装成本 60 000 元。20×4 年 5 月，该井的工作已完成，并且发现了探明储量。需要重新做两个分录：一是把该井的成本从在产品账户转入完工产品账户，二是把该租赁矿区重新分类为探明矿区。

要求：根据以上资料，编制丙公司相关会计分录。

第 11 章
CHAPTER 11

企业年金基金会计

§ **思政导语**

   参加补充养老保险的直接目的是将来退休后领取更多的养老金。

   今天的投入是明天收益的基础，现在的努力是未来成功的前提。

§ **本章导读**

   通过本章的学习，读者可以了解企业年金的含义及其基本要求和特点，理解企业年金基金的业务流程及其会计处理，重点掌握年金缴费、投资运营、支付企业年金基金待遇等方面的会计处理以及会计报表的编制。

§ **本章思政引导案例**

在民营企业缴纳年金基金是不是骗局

   小李是一家私营高科技公司的技术人员，他们公司最近开始企业年金缴纳的报名工作。该年金缴纳不强制，而是员工根据个人需要自愿参加。很多员工因对这个新鲜事物不了解而举棋不定。他们通过公司宣传和学习了解到，这是一种补充养老保险，将来退休时可以让自己多拿一些养老金，生活质量会更高一些。但是大家又不约而同地想到同一个问题：这个企业年金与养老保险不一样，养老保险是政府主导的，无论什么时候换工作，换到哪里工作，以前个人交的养老保险都是跟着走的；而企业年金是公司自己确定的，私企的人员流动性又很大，万一过几年跳槽到其他单位，已经缴纳的这个年金该怎么办？在这家公司交过的钱会转给下家公司吗？下家公司如果没有企业年金制度怎么办？这些年交的企业年金不就白交了吗？考虑到距离退休还有三十多年的漫长时间，领取年金待遇是件遥遥无期的事情，尤其考虑到将来辞职的可能性极大，小李最终还是放弃了参加企业年金的想法，没有报名参加该企业的年金缴纳工作。

   一个月以后的一次同学聚会上，小李见到了在社保局工作的大学同学小王。

小王告诉小李，应该参加企业年金缴纳项目，这个企业年金是基本养老保险以外的补充养老金制度，不必担心自己由于工作变动而损失原来缴纳的企业年金，如果变动工作单位，新单位已经建立企业年金或者职业年金的，原企业年金个人账户权益可以随同转入新就业单位企业年金或者职业年金；如果新就业单位没有建立企业年金或者职业年金，原企业年金个人账户可以暂时由原管理机构继续管理。小李对小王的解释半信半疑。

资料来源：https://xw.qq.com/cmsid/20190320A0ELC800?f=newdc.

问题：

1. 私营企业是否可以设立企业年金制度？为什么？

2. 小王劝小李参加企业年金制度是否有依据？

3. 我国企业年金管理制度由哪个部门发布？最新出台的制度是什么？

11.1　企业年金基金概述

2003 年 12 月 30 日，中华人民共和国劳动和社会保障部⊖公布了于 2004 年 5 月 1 日起施行的《企业年金试行办法》。2004 年 2 月 23 日，劳动和社会保障部、中国银行业监督管理委员会、中国证券监督管理委员会、中国保险监督管理委员会⊜发布了《企业年金基金管理试行办法》（劳动保障部令第 23 号）。2011 年 2 月 12 日人力资源和社会保障部、中国银行业监督管理委员会、中国证券监督管理委员会、中国保险监督管理委员会联合发布了于同年 5 月 1 日实施的《企业年金基金管理办法》，规范了受托人、账户管理人、托管人、投资管理人等相关各方的条件与职责以及基金的收益分配、信息披露及监管等内容。本章参照该基金管理办法、我国《企业会计准则第 10 号——企业年金基金》及其指南等规定，介绍企业年金基金的基本内容和会计核算方法。

11.1.1　企业年金

企业年金是指企业及其职工在依法参加基本养老保险的基础上，自愿建立的补充养老保险制度。只有符合下列条件的企业单位，才允许建立企业年金：一是依法参加基本养老保险并履行缴费义务，二是具有相应的经济负担能力，三是已建立集体协商机制。

企业年金所需费用由企业和职工个人共同缴纳。企业缴费的列支渠道按国家有关规定执行，职工个人缴费可以由企业从职工个人工资中代扣。企业缴费每年不超过本企业上年度职工工资总额的十二分之一。企业和职工个人缴费合计一般不超过本企业上年度职工工资总额的六分之一。

职工在达到国家规定的退休年龄时，可以从本人企业年金个人账户中一次或定期领取企业年金。职工未达到国家规定的退休年龄的，不得从个人账户中提前提取企业年金。出境定

⊖　该部门已于 2008 年与中华人民共和国人事部重新组建为中华人民共和国人力资源和社会保障部。

⊜　中国银行业监督管理委员会和中国保险监督管理委员会已于 2018 年合并为"中国银行保险监督管理委员会"。

居人员的企业年金个人账户资金，可根据本人要求一次性支付给本人。当职工变动工作单位时，企业年金个人账户资金可以随同转移。职工升学、参军、失业期间或新就业单位没有实行企业年金制度的，其企业年金个人账户可由原管理机构继续管理。职工或退休人员死亡后，其企业年金个人账户余额由其指定的受益人或法定继承人一次性领取。

企业年金是一项企业福利制度，不是社会保险也不是商业保险，是一种自愿性、激励性和补偿性制度安排，是社会保障体系的组成部分，企业或职工承担企业年金计划产生的有关风险。建立企业年金，应当由企业与工会或职工代表通过集体协商确定，并制定企业年金方案。

截至 2019 年年末，我国建立企业年金的企业有 95 963 家，参加职工 2 500 万人，累计年金基金近 18 000 亿元人民币，2019 年领取年金的职工达 180 万人、领取金额达 492 亿元人民币。

企业年金作为职工自愿参加的制度安排，目的在于提高职工将来的退休待遇。今天的付出有助于未来收益的提高，参加企业年金缴费制度，也是前瞻意识、风险意识的体现。

11.1.2 企业年金基金

企业年金基金是指根据依法制订的企业年金计划筹集的资金及其投资运营收益形成的企业补充养老保险基金，包括企业和职工缴费、投资运营收益、调入职工转入等来源。这一基金必须存入企业年金专户，实行完全积累，采用个人账户方式管理。企业年金基金是一种信托财产，独立于委托人、受托人、账户管理人、托管人、投资管理人和其他为企业年金基金管理提供服务的自然人、法人或其他组织的固有财产及其管理的其他财产，应作为一个独立的会计主体进行确认、计量和报告。

设立企业年金的企业及其职工是年金基金的委托人，与企业年金理事会或法人受托机构（简称"受托人"）要订立基金的委托管理合同；受托人与企业年金基金账户管理机构（简称"账户管理人"）、企业年金基金托管机构（简称"托管人"）和企业年金基金投资管理机构（简称"投资管理人"），也必须按照国家有关规定建立书面合同关系，并报劳动保障行政部门备案。

企业年金基金的主要特点包括：是一种信托财产；实行完全积累，采用个人账户方式管理，存入年金专户；年金基金财产独立于相关各方当事人；年金基金按国家规定范围投资运营；各方当事人依法终止清算的，年金基金不属于清算财产；不同企业的企业年金基金的债权债务，不得相互抵销。

11.1.3 企业年金基金管理的各方当事人的基本条件和主要职责

企业年金基金管理主要涉及委托人、受托人、账户管理人、托管人、投资管理人和中介服务机构六个方面的关系人，其中的受托人、托管人、投资管理人应该设置相应的会计科目，进行有关年金基金交易、事项的会计核算，其大致关系如图 11-1 所示。

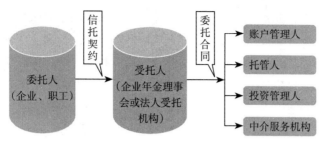

图 11-1 企业年金基金当事人委托代理关系图

11.1.3.1 委托人

委托人是指设立企业年金基金的企业和职工，其主要职责是按时、足额缴费，监督受托人对企业年金基金的管理活动。

11.1.3.2 受托人

受托人是指受托管理企业年金基金的企业年金理事会或符合国家规定的养老金管理公司等法人受托机构，是编制年金基金财务报表的法定责任人。企业年金理事会由企业代表和职工代表等人员组成，依法管理本企业的企业年金事务，不得从事任何形式的营业性活动。法人受托机构的基本条件是：经国家金融监管部门批准，在中国境内注册；注册资本不少于 1 亿元人民币，且在任何时候都维持不少于 1.5 亿元人民币的净资产；具有完善的法人治理结构；取得企业年金基金从业资格的专职人员达到规定人数；具有符合要求的营业场所、安全防范设施和与企业年金基金受托管理业务有关的其他设施；具有完善的内部稽核监控制度和风险控制制度；近 3 年没有重大违法违规行为等。

受托人的主要职责包括：选择、监督、更换账户管理人、托管人、投资管理人以及中介服务机构；制定企业年金基金投资策略；编制企业年金基金管理和财务会计报告；根据合同对企业年金基金管理进行监督；根据合同收取企业和职工缴费，并向受益人（指参加企业年金计划并享有受益权的企业职工）支付企业年金待遇；接受委托人、受益人查询，定期向委托人、受益人和有关监管部门提供企业年金基金管理报告，发生重大事件时，及时向委托人、受益人和有关监管部门报告等；按照国家规定，与企业年金基金管理有关的记录至少保存 15 年。

11.1.3.3 账户管理人

账户管理人是指受托人委托管理企业年金基金账户的专业机构。

账户管理人的基本条件是：经国家有关部门批准，在中国境内注册的独立法人；注册资本不少于 5 000 万元人民币；具有完善的法人治理结构；取得企业年金基金从业资格的专职人员达到规定人数；具有相应的企业年金基金账户信息管理系统；具有符合要求的营业场所、安全防范设施和与企业年金基金账户管理业务有关的其他设施；具有完善的内部稽核监控制度和风险控制制度等。

账户管理人的主要职责有：建立企业年金基金企业账户和个人账户；记录企业、职工缴费以及企业年金基金投资收益；及时与托管人核对缴费数据以及企业年金基金账户财产变化状况；计算企业年金待遇；提供企业年金基金企业账户和个人账户信息查询服务；定期向受托人和有关监管部门提交企业年金基金账户管理报告等。按照国家规定，企业年金基金的账户管理档案至少保存 15 年。

11.1.3.4　托管人

托管人是指受托人委托保管企业年金基金财产的商业银行或专业机构。单个企业年金计划托管人一般由商业银行或专业机构担任。

托管人应当具备的条件是：经国家金融监管部门批准，在中国境内注册的独立法人；净资产不少于 50 亿元人民币；取得企业年金基金从业资格的专职人员达到规定人数；具有保管企业年金基金财产的条件；具有安全高效的清算、交割系统；具有符合要求的营业场所、安全防范设施和与企业年金基金托管业务有关的其他设施；具有完善的内部稽核监控制度和风险控制制度。商业银行担任托管人，应当设有专门的基金托管部门。

托管人的主要职责包括：安全保管企业年金基金财产；以企业年金基金名义开设基金财产的资金账户和证券账户；对所托管的不同企业年金基金财产分别设置账户，确保基金财产的完整和独立；根据受托人指令，向投资管理人分配企业年金基金财产；根据投资管理人投资指令，及时办理清算、交割事宜；负责企业年金基金会计核算和估值，复核、审查投资管理人计算的基金财产净值；及时与账户管理人、投资管理人核对有关数据，按照规定监督投资管理人的投资运作；定期向受托人提交企业年金基金托管和财务会计报告；定期向有关监管部门提交企业年金基金托管报告等。按照国家规定，企业年金基金托管业务活动记录、账册、报表和其他相关资料至少保存 15 年。

11.1.3.5　投资管理人

投资管理人是指受托人委托投资管理企业年金基金财产的专业机构。

投资管理人应当具备的条件是：经国家金融监管部门批准，在中国境内注册，具有受托投资管理、基金管理或资产管理资格的独立法人；综合类证券公司注册资本不少于 10 亿元人民币，且在任何时候都维持不少于 10 亿元人民币的净资产；基金管理公司、信托投资公司、保险资产管理公司或其他专业投资机构注册资本不少于 1 亿元人民币，且在任何时候都维持不少于 1 亿元人民币的净资产；具有完善的法人治理结构；取得企业年金基金从业资格的专职人员达到规定人数；具有符合要求的营业场所、安全防范设施和与企业年金基金投资管理业务有关的其他设施；具有完善的内部稽核监控制度和风险控制制度；近 3 年没有重大违法违规行为等。

投资管理人的主要职责有：对企业年金基金财产进行投资；及时与托管人核对企业年金基金会计核算和估值结果；建立企业年金基金投资管理风险准备金；定期向受托人和有关监管部门提交投资管理报告等。根据国家规定，企业年金基金财产会计凭证、会计账簿、年度财务会计报告和投资记录至少保存 15 年。

11.1.3.6　中介服务机构

中介服务机构是指为企业年金管理提供服务的投资顾问公司、信用评估公司、精算咨询公司、律师事务所、会计师事务所等专业机构。

中介服务机构的主要业务范围包括：为企业设计企业年金计划；为企业年金管理提供咨询；为受托人选择账户管理人、托管人、投资管理人提供咨询；对企业年金管理绩效进行评估；对企业年金基金财务报告进行审计等。

从上述企业年金基金关系人来看，主要是委托人、受托人、托管人、投资管理人和账户管理人等"五种人"，其中最重要的关系是委托人与受托人的关系，没有委托人的缴费就没有受托人的受托管理，自然没有其他关系人的存在基础。受托人要忠实地履行委托人的受托责任，保护所受托财产的保值增值，会计准则中规定的企业会计目标也是基于"受托责任"论，企业管理层作为所有者交付企业资本的受托人，首要责任是资本的保值增值。

委托代理关系无处不在，形成了不同视角和利益关系的委托代理关系链，存在多层委托代理关系，不同层级的受托人都负有履行其上级委托人所委托责任的义务或职责。除了工作中的员工与领导关系等工作关系之外，日常生活中也存在普遍的委托代理关系，如储户与银行的关系、父母与子女的关系、师生关系、朋友关系等，无论什么样的委托代理关系，受托人受托责任的履行均体现了诚信、正直、求实、努力等基本要求和优良品质。受人所托、忠人之事，履行职责、兑现承诺，这种受托责任制既是人际交往中诚信的验证，更是社会稳定、有序运行的基础。

11.2　企业年金基金会计处理

企业年金基金的管理主要涉及缴费、投资运营、支付年金待遇等环节。企业年金基金会计是对企业年金基金进行核算与监督的会计学分支，其主要特点是：企业年金基金是独立的会计主体；设立基金资产、基金负债、基金收入、基金费用和净资产五个会计要素；企业年金基金按日或至少按周进行估值，计算估值日投资运营收益、基金净值和净值增长率；企业年金基金的受托人、托管人、投资管理人、账户管理人均应按各自职责设置会计账簿，进行相关会计核算，涉及的主要会计科目如表 11-1 所示。

表 11-1　企业年金基金会计科目

编号	会计科目名称	编号	会计科目名称
	一、资产类	118	买入返售证券
101	银行存款	125	其他应收款
102	结算备付金	128	交易性金融资产
104	交易保证金	131	其他资产
113	应收利息		二、负债类
114	应收股利	201	应付受益人待遇
115	应收红利	204	应付受托人管理费

（续）

编号	会计科目名称	编号	会计科目名称
205	应付托管人管理费		支付受益人待遇
216	应付投资管理人管理费	410	本期收益
215	应交税费		**五、损益类**
218	卖出回购证券款	501	存款利息收入
221	应付利息	503	买入返售证券收入
223	应付佣金	505	公允价值变动损益
229	其他应付款	531	投资收益
	三、共同类	533	其他收入
301	证券清算款	534	交易费用
	四、基金净值类	539	受托人管理费
401	企业年金基金	540	托管人管理费
	个人账户结余	541	投资管理人管理费
	企业账户结余	552	卖出回购证券支出
	净收益	566	其他费用
	个人账户转入	570	以前年度损益调整
	个人账户转出		

11.2.1　企业年金基金缴费的收取

现行制度规定，企业年金所需费用由企业和职工个人共同缴纳，企业及个人缴费的方式、时间、比例、对不同参加人的分配比例等事项由企业自行决定。企业缴费的列支渠道按国家有关规定执行，职工个人缴费可以由企业从职工个人工资中代扣。企业缴费每年不超过本企业上年度职工工资总额的十二分之一。企业和职工个人缴费合计一般不超过本企业上年度职工工资总额的六分之一。企业缴费应当按照企业年金方案规定比例计算的数额计入职工企业年金个人账户，职工个人缴费额计入本人企业年金个人账户，其基本流程如下。

第一，委托人将相关职工缴费总额以及明细情况通知受托人。

第二，受托人将相关缴费信息传递给账户管理人，账户管理人进行系统设置和信息录入，生成企业缴费和职工个人缴费账单，报受托人。

第三，受托人接到账户管理人提供的缴费账单后，与委托人核对无误后，将签字确认的缴费账单退给账户管理人。

第四，缴费日，受托人通知委托人缴费，委托人将款项缴费给托管人后，通知受托人。

第五，受托人向托管人送达收账通知以及企业缴费账单，托管人收款后与缴费账单核对，无误后向受托人和账户管理人送达缴费到账通知书。

第六，受托人核对托管人送达的收账通知后，通知账户管理人进行账务处理，账户管理人根据缴费明细资料与托管人通知的缴费总额核对无误后，按照年金计划的规定，在个人账户之间进行分配。

上述程序如图 11-2 所示。

为了核算企业年金缴费等业务，应设置"企业年金基金"科目，贷方反映企业年金基金的增加，借方反映企业年金基金的减少，余额在贷方，反映企业年金基金的净值。该科目设置个人账户结余、企业账户结余、净收益、个人账户转入、个人账户转出、支付受益人待遇等明细科目进行明细分类核算。

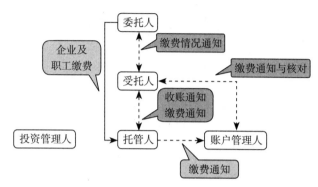

图 11-2 企业缴费程序图

【例11-1】 20×7 年 4 月 6 日收到某企业年金基金缴费 1 000 万元，与缴费总额账单核对无误，其中个人缴费 400 万元，企业缴费中的 60% 直接归属个人账户，40% 的权益归属待定。

账务处理为：

借：银行存款　　　　　　　　　　　　　　　　　　10 000 000
　　贷：企业年金基金——个人账户结余（个人缴费）　　　　4 000 000
　　　　　　　　　　——个人账户结余（企业缴费）　　　　3 600 000
　　　　　　　　　　——企业账户结余（企业缴费）　　　　2 400 000

11.2.2　企业年金基金投资运营

企业年金基金作为企业和职工缴纳的补充养老保险形成的基金，是职工退休后重要的"养命钱"，要求较高的安全性；随着职工退休、调入调出等业务的发生，会引起这一基金的频繁变动，要求较高的流动性。为此，要求基金的投资还要遵循谨慎性和风险分散原则。对此，国家对企业年金基金财产的投资有严格的管理规定：投资银行活期存款、中央银行票据、短期债券回购等流动性产品及货币市场基金的比例，不低于基金净资产的 20%；投资银行定期存款、协议存款、国债、金融债、企业债等固定收益类产品及可转换债、债券基金的比例，不高于基金净资产的 50%。其中，投资国债的比例，不低于基金净资产的 20%；投资股票等权益类产品及投资性保险产品、股票基金的比例，不高于基金净资产的 30%，其中，投资股票的比例，不高于基金净资产的 20%。根据金融市场变化和投资运作情况，人力资源和社会保障部会同中国银保监会和中国证监会，适时对企业年金基金投资管理机构、投资产品和比例进行调整。企业年金基金投资运营收益，按净收益率计入企业年金个人账户。其基本流程如下。

第一，受托人确定投资策略后，通知托管人和投资管理人有关企业年金基金的投资额度。

第二，托管人按照受托人指示，向投资管理人划拨投资所用基金，并通知投资管理人。

第三，投资管理人进行投资及管理，将有关交易数据发给托管人，并进行有关基金投资的会计核算和估值（要求每日或至少每周工作日结束时进行估值，对有关企业年金基金的投资按照估值日的公允价值进行计量）。

第四，托管人将收到的投资管理人有关交易数据与中国证券登记结算有限责任公司的有关数据进行核对，进行相应的资金清算、会计核算、估值以及投资运作的监督，将清算和估值结果反馈给投资管理人。

第五，托管人复核投资管理人估值结果（企业年金基金净值、净值增长率），通知受托人和账户管理人。

第六，账户管理人将基金的投资运营收益，按日或按周分配计入企业年金基金的企业账户和个人账户。

上述流程如图 11-3 所示。

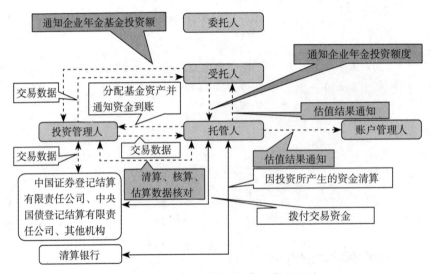

图 11-3　企业年金基金投资运营流程图

为了核算企业年金基金的投资运营，应该设置的主要科目包括"交易性金融资产""公允价值变动损益""证券清算款""结算备付金""交易保证金""交易费用""应收利息""应收股利""应收红利""投资收益""本期收益"等。其中，"证券清算款"核算企业年金基金在投资运营中，由于买卖有关证券发生的、应与有关证券登记结算机构办理资金结算的款项，借方余额表示尚未收回的证券结算款，贷方余额表示尚未支付的证券结算款，其明细科目应该按照不同证券登记结算机构设置；"交易费用"核算企业年金基金在投资运营中发生的有关手续费、佣金、相关税费等。

【例 11-2】 20×7 年 4 月 10 日，按照受托人的指示，拨付 6 000 000 元作为投资运营资金。

借：结算备付金　　　　　　　　　　　　　　　　　　6 000 000
　　贷：银行存款　　　　　　　　　　　　　　　　　　　　　　　6 000 000

【例 11-3】 20×7 年 4 月 15 日，通过某证券交易所购入当年 1 月 1 日发行、每年 12 月 31 日付息一次、3 年期限、到期一次还本的面值为 400 000 元、年利率为 4% 的国债，买入价为 420 000 元（含已到期、尚未领取的债券利息 4 603.20 元），发生手续费 1 000 元、佣金 2 000 元、契税 1 200 元。

4 月 15 日（T 日）：

借：交易性金融资产——成本（国债）	400 000	
应收利息	4 603.20	
交易费用	4 200	
贷：证券清算款		408 803.20

4 月 15 日（T+1 日）：

| 借：证券清算款 | 408 803.20 | |
| 贷：结算备付金 | | 408 803.20 |

【例 11-4】 20×7 年 4 月 20 日，通过某证券交易所购入 B 公司股票 3 万股，每股 42 元（含已宣告未发放股利 2 元），发生佣金 3 000 元、印花税 3 780 元。

4 月 20 日（T 日）：

借：交易性金融资产——成本（B 股票）	1 200 000	
应收股利——B 股票	60 000	
交易费用	6 780	
贷：证券清算款		1 266 780

4 月 21 日（T+1 日）：

| 借：证券清算款 | 1 266 780 | |
| 贷：结算备付金 | | 1 266 780 |

【例 11-5】 上述例 11-3 中的债券持有期间，按日计提利息。则

每日应提利息 = 400 000×4%÷365 = 43.84（元）

每日计提利息时：

| 借：应收利息 | 43.84 | |
| 贷：投资收益 | | 43.84 |

20×7 年 12 月 31 日（T 日，即债券除息日）：

| 借：证券清算款 | 16 000 | |
| 贷：应收利息 | | 16 000 |

20×8 年 1 月 1 日（T+1 日，即资金交收日）：

| 借：结算备付金 | 16 000 | |
| 贷：证券清算款 | | 16 000 |

【例 11-6】 20×7 年 6 月 1 日，收到例 11-4 中 B 公司发放的现金股利。

| 借：结算备付金 | 60 000 | |
| 贷：应收股利——B 股票 | | 60 000 |

【例11-7】 20×7年6月1日，例11-4中B公司股票收盘价为每股41元（同年5月31日该股票的收盘价为40.60元）。

$$公允价值变动损益 = 30\ 000 \times （41-40.60） = 12\ 000（元）$$

借：交易性金融资产——公允价值变动（B股票）　　　　　　　12 000

　　贷：公允价值变动损益　　　　　　　　　　　　　　　　　　　　　　12 000

【例11-8】 20×7年8月6日，出售例11-4中B公司股票2万股，每股售价44元，计880 000元，另发生佣金及印花税4 640元。

交易日（T日，即8月6日）：

借：证券清算款（880 000-4 640）　　　　　　　　875 360

　　交易费用　　　　　　　　　　　　　　　　　　　4 640

　　贷：交易性金融资产——成本（B股票）（20 000×40）　　　800 000

　　　　　　　　　　　　——公允价值变动（B股票）（20 000×0.40）　　8 000

　　　　投资收益　　　　　　　　　　　　　　　　　　　　　　72 000

资金交收日（T+1日，即8月7日）：

借：结算备付金　　　　　　　　　　　　　　　　　875 360

　　贷：证券清算款　　　　　　　　　　　　　　　　　　875 360

11.2.3　企业年金基金收入

企业年金基金收入是指企业年金基金在投资运营中形成的经济利益的总流入，包括以下几类。

（1）存款利息收入，按照本金和适用的利率确定。这里的存款包括活期存款、定期存款、结算备付金、交易保证金等。存款利息收入应该按日或至少按周确认。

（2）买入返售证券收入。买入返售证券业务，是指公司与全国银行间同业市场其他成员以合同或协议的方式，按一定的价格买入证券，到期日再按合同或协议规定的价格卖出该批证券，以获取买入价与卖出价差价收入的业务。买入返售证券时，先确认为资产，在融券期限内按照买入返售证券价款和协议约定的利率确定买入返售证券收入。

（3）公允价值变动收益，在估值日按照当日投资公允价值与原账面价值的差额确定。

（4）投资处置收益，在交易日按照卖出投资所取得的价款与其账面价值的差额确定。

（5）风险准备金补亏等其他收入，按照实际发生的金额确定。投资管理人按20%从当期收取的管理费中提取风险准备金，专户存储，作为专项用于弥补企业年金基金投资亏损，余额达到基金净资产10%时可不再提取。年金基金取得用风险准备金补亏时，按照收到或应收的实际金额记入其他收入。

为了核算企业年金基金收入，应该设置“应收利息”“存款利息收入”“买入返售证券”“买入返售证券收入”“其他收入”等科目。

【例11-9】 20×7年8月10日，企业年金基金的存款本金5 200 000元，年利率3%，按季度结息，按日估值。

8 月 10 日：计提利息 = 5 200 000×3%÷365 = 427.40（元）

借：应收利息 427.40
　　贷：存款利息收入 427.40

9 月 30 日收到存款利息（50 天 ×427.40 元）

借：银行存款 21 370
　　贷：应收利息 21 370

【例 11-10】　20×7 年 8 月 12 日，买入准备返售的 A 证券，价款 1 000 000 元，支付佣金及印花税等 4 000 元，协议利率为年利率 5%，到期日为 20×7 年 11 月 12 日。

8 月 12 日：

借：买入返售证券——A 证券 1 004 000
　　贷：结算备付金 1 004 000

按日计提利息时：

借：应收利息（1 000 000×5%÷365） 136.99
　　贷：买入返售证券收入 136.99

11 月 12 日：

借：结算备付金 1 016 603.08
　　贷：买入返售证券——A 证券 1 004 000
　　　　应收利息（91×136.99） 12 466.09
　　　　买入返售证券收入（当天利息） 136.99

【例 11-11】　20×7 年 10 月 5 日，某企业年金基金净值 14 000 000 元，应付投资管理人管理费 168 000 元（计提比例 1.2%），其中 20% 应提存作为投资管理人投资管理风险基金，计 33 600 元。20×7 年 10 月 10 日，在估值时确认当日亏损 20 000 元。

借：银行存款 20 000
　　贷：其他收入——风险准备金补亏 20 000

11.2.4　企业年金基金费用

企业年金基金费用是指企业年金基金在投资运营中发生的经济利益的总流出，主要包括以下几类。

（1）交易费用。交易费用包括支付给代理机构、咨询机构、券商的手续费和佣金及其他必要支出，按照实际发生的金额确定。

（2）受托人管理费、托管人管理费和投资管理人管理费。其中受托人管理费、托管人管理费不得高于企业年金基金净值的 0.2%，投资管理人管理费不得高于企业年金基金净值的 1.2%。这些管理费用按照规定比例内实际计提的金额确定。

（3）卖出回购证券支出。卖出回购证券业务是指企业年金基金与其他企业以合同或协议方式，按照一定价格卖出证券，到期日按照合同约定价格买回该证券，以获得该期间内资金使用权的证券业务。在该融资期限内，应该按照卖出回购证券价款与协议约定利率每日或至少每周确认、计量卖出回购证券支出。

（4）其他费用。其他费用指上述费用以外的费用支出，如注册登记费、上市年费、信息披露费、审计费、律师费等。

为了核算企业年金基金费用，应该设置"受托人管理费""托管人管理费""投资管理人管理费""应付受托人管理费""应付托管人管理费""应付投资管理人管理费""卖出回购证券支出""卖出回购证券款""应付利息""其他费用"等科目。如果其他费用金额比较大（如大于基金净值十万分之一），可以采用待摊或预提的方法核算。

【例 11-12】 沿用例 11-11 的资料，当日计提的相关管理费的账务处理为：

借：投资管理人管理费——×× 管理人　　　　　　　　　168 000
　　贷：应付投资管理人管理费——×× 管理人　　　　　　　　　　168 000
借：受托人管理费——×× 管理人（14 000 000×0.2%÷365）　76.71
　　贷：应付受托人管理费——×× 管理人　　　　　　　　　　　　76.71
借：托管人管理费——×× 管理人（14 000 000×0.2%÷365）　76.71
　　贷：应付托管人管理费——×× 管理人　　　　　　　　　　　　76.71

【例 11-13】 20×7 年 9 月 1 日，卖出准备回购的 B 证券，价款 1 000 000 元，协议利率为年利率 5%，到期日为 20×7 年 12 月 1 日，回购金额 1 020 000 元。

9 月 1 日：
借：结算备付金　　　　　　　　　　　　　　　　　　　1 000 000
　　贷：卖出回购证券款——B 证券　　　　　　　　　　　　　1 000 000
按日计提应付利息时：
借：卖出回购证券支出——B 证券（1 000 000×5%÷365）　136.99
　　贷：应付利息　　　　　　　　　　　　　　　　　　　　　　136.99
12 月 1 日：
借：卖出回购证券款——B 证券　　　　　　　　　　　　1 000 000
　　应付利息（136.99×91 天）　　　　　　　　　　　　12 466.09
　　卖出回购证券支出——B 证券　　　　　　　　　　　　7 533.91
　　贷：结算备付金　　　　　　　　　　　　　　　　　　　　1 020 000

【例 11-14】 20×7 年 12 月 8 日，支付律师费 10 000 元。
借：其他费用——律师费　　　　　　　　　　　　　　　10 000
　　贷：银行存款　　　　　　　　　　　　　　　　　　　　　　10 000

【例 11-15】 20×7 年 12 月 31 日，结转相关损益。假设：
交易费用 = 4 200 + 6 780 + 4 660 = 15 620（元）；
投资收益 = 245×43.84 + 72 000 + 400 000（假设）= 482 740.80（元）；
公允价值变动收益 12 000 元；
存款利息收入 40 000 元；
买入返售证券收入 = 61×136.98 = 8 355.78（元）；

其他收入 20 000 元；

投资管理人管理费 200 000 元、受托人管理费 100 000 元、托管人管理费 100 000 元；

卖出回购证券支出 10 000 元；

其他费用 10 000 元。

相关结转账务处理如下。

借：本期收益	435 620	
贷：交易费用		15 620
投资管理人管理费		200 000
受托人管理费		100 000
托管人管理费		100 000
卖出回购证券支出		10 000
其他费用		10 000
借：投资收益	482 740.80	
公允价值变动收益	12 000	
存款利息收入	40 000	
买入返售证券收入	8 355.78	
其他收入	20 000	
贷：本期收益		563 096.58

11.2.5　企业年金基金待遇给付

企业年金基金待遇给付是指企业年金基金受益人（参加企业年金计划享有受益权的职工及其继承人）符合退休条件时，由企业年金基金支付的养老待遇。其具体支付方式（一次支付或分次支付）由企业年金计划事先约定，支付的金额受到缴费金额、缴费时间、投资运营收益情况等约束，其一般流程如下。

第一，委托人向受托人发出年金待遇支付或转移的指令。

第二，受托人向账户管理人发出计算相关人员企业年金待遇的指令。

第三，账户管理人将计算的结果回报给受托人，受托人核对后通知托管人和投资管理人进行份额的赎回。

第四，受托人根据账户管理人提供的年金待遇支付表，通知托管人支付或转移相关资金。

第五，托管人按照受托人指令，将有关款项划入指定的专用账户，并报告给受托人和账户管理人。

第六，受托人指示账户管理人进行年金待遇支付的账务处理，扣减个人账户资产，向受益人提供其年金基金的最终账户资料或向新年金计划（调出职工）转移账户资料。

上述程序如图 11-4 所示。

为了核算企业年金基金待遇支付情况，应该设置"企业年金基金——支付受益人待遇""应付受益人待遇"等科目。

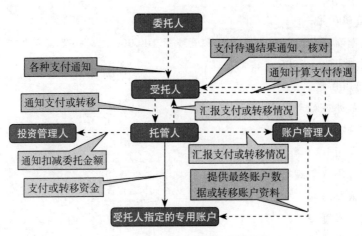

图 11-4　企业年金基金待遇支付程序图

【例 11-16】 20×7 年 11 月 6 日，根据企业年金计划和退休人员数量，支付相关企业年金基金 160 000 元。

计算、确认时：

借：企业年金基金——支付受益人待遇　　　　　　　　　　160 000

　贷：应付受益人待遇——×××　　　　　　　　　　　　　　　160 000

支付时：

借：应付受益人待遇——×××　　　　　　　　　　　　　160 000

　贷：银行存款　　　　　　　　　　　　　　　　　　　　　　160 000

【例 11-17】 20×7 年 11 月 20 日，根据企业年金计划和调出人员数量，转出企业年金基金 40 000 元。

计算、确认时：

借：企业年金基金——个人账户转出——×××　　　　　　40 000

　贷：其他应付款——×××　　　　　　　　　　　　　　　　40 000

支付时：

借：其他应付款——×××　　　　　　　　　　　　　　40 000

　贷：银行存款　　　　　　　　　　　　　　　　　　　　　　40 000

11.2.6　企业年金基金净资产

企业年金基金净资产即企业年金基金净值，是指受益人在企业年金基金财产中享有的经济利益，即：

$$企业年金基金净资产 = 期初净资产 + 企业缴费 + 职工个人缴费 + 个人账户转入$$
$$- 个人账户转出 - 支付受益人待遇 + 本期净收益$$

账户管理人应该根据企业年金基金净值和净值增值率，按日或按周将投资运营收益计入企业年金基金企业账户和个人账户。

企业年金基金净值增值率 =（当期基金净资产 − 前期基金净资产）÷ 当期基金净资产 ×100%

企业账户本期余额 = 企业账户前期余额 ×（1+ 企业年金基金净值增值率）

个人账户本期余额 = 个人账户前期余额 ×（1+ 企业年金基金净值增值率）

期末，应将各项收入、费用科目转入"本期收益"，该账户的贷方余额为企业年金基金的净收益，借方余额为企业年金基金的净损失，转入"企业年金基金——净收益"科目，并按照年金方案规定的比例，转入企业账户和个人账户。

【例 11-18】　沿用例 11-15，20×7 年 12 月 31 日该企业年金基金的净收益为 127 476.58(= 563 096.58−435 620) 元。假设该企业年金基金方案中规定，净收益在企业与个人之间的分配比例为 3:7，则：

企业账户应分配的净收益 = 127 476.58×30% = 38 242.97（元）

个人账户应分配的净收益 = 127 476.58×70% = 89 233.61（元）

结转企业年金基金净收益时：

借：本期收益　　　　　　　　　　　　　　　　　127 476.58

　　贷：企业年金基金——净收益　　　　　　　　　　　　　　　127 476.58

分配企业年金基金净收益时：

借：企业年金基金——净收益　　　　　　　　　　127 476.58

　　贷：企业年金基金——企业账户　　　　　　　　　　　　　　　38 242.97

　　　　　　　　——个人账户——×××　　　　　　　　　　　　　89 233.61

概括而言，企业年金基金的增减变动如图 11-5 所示。

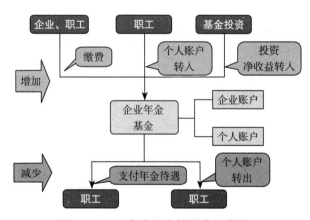

图 11-5　企业年金基金的增减变动图示

11.3　企业年金基金信息披露

11.3.1　企业年金基金信息披露的流程

根据《企业年金基金管理试行办法》的规定，受托人、账户管理人、托管人和投资管理人应当按照规定向有关监管部门报告企业年金基金管理情况，并对所报告内容的真实性、完整性负责。

账户管理人应当在每季度结束后 10 日内向受托人提交季度企业年金基金账户管理报告，并应当在年度结束后 30 日内向受托人提交年度企业年金基金账户管理报告。

托管人应当在每季度结束后 10 日内向受托人提交季度企业年金基金托管和财务会计报告，并应当在年度结束后 30 日内向受托人提交年度企业年金基金托管和财务会计报告，其中年度财务会计报告须经会计师事务所审计。

投资管理人应当在每季度结束后 10 日内向受托人提交经托管人确认的季度企业年金基金投资组合报告，并应当在年度结束后 30 日内向受托人提交经托管人确认的年度企业年金基金投资管理报告。

受托人应当在每季度结束后 15 日内向委托人提交季度企业年金基金管理报告；并应当在年度结束后 45 日内向委托人提交年度企业年金基金管理报告，其中年度企业年金基金财务会计报告须经会计师事务所审计。

具体相关信息披露流程如图 11-6 所示。

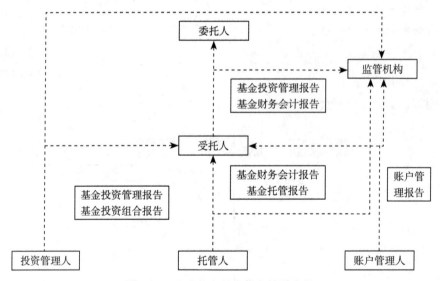

图 11-6　企业年金基金信息披露流程

11.3.2　企业年金基金财务报表的内容及编制方法

企业年金基金的财务报表包括资产负债表、净资产变动表和附注。

11.3.2.1　资产负债表

资产负债表是反映企业年金基金在某一特定日期的财务状况的报表，应当按照资产、负债和净资产分类列示。资产类项目至少应当列示下列信息：货币资金、应收证券清算款、应收利息、买入返售证券、其他应收款、债券投资、基金投资、股票投资、其他投资、其他资产。负债类项目至少应当列示下列信息：应付证券清算款、应付受益人待遇、应付受托人管理费、应付托管人管理费、应付投资管理人管理费、应交税金、卖出回购证券款、应付利息、应付佣金、其他应付款。净资产类项目列示企业年金基金净值（见表 11-2）。

表 11-2　资产负债表

会年金 01 表

编制单位：×××　　　　　　　　　　×年×月×日　　　　　　　　　　单位：元

资产	行次	年初数	期末数	负债与净资产	行次	年初数	期末数
资产：				**负债：**			
货币资金				应付证券清算款			
应收证券清算数				应付受益人待遇			
应收利息				应付受托人管理费			
买入返售证券				应付托管人管理费			
其他应收款				应付投资管理人管理费			
债券投资				应交税金			
基金投资				卖出回购证券款			
股票投资				应付利息			
其他投资				应付佣金			
其他资产				其他应付款			
				负债合计			
				净资产：			
				企业年金基金净值			
资产总计				**负债及净资产总计**			

表 11-2 中有关项目的含义及填列方法。

（1）"货币资金"，反映期末存放在金融机构的各种款项，根据"银行存款""结算备付金""交易保证金"等科目的期末余额填列。

（2）"应收证券清算款"，反映期末尚未收回的证券清算款，根据"证券清算款"科目所属明细科目期末借方余额填列。

（3）"应收利息"，反映期末尚未收回的各项利息，根据"应收利息"科目期末余额填列。

（4）"买入返售证券"，反映期末已经买入但尚未到期返售证券的实际成本，根据"买入返售证券"科目期末余额填列。

（5）"其他应收款"，反映除了应收证券清算款、应收利息、应收红利、应收股利以外的、期末尚未收回的各种应收款、暂付款等，根据"其他应收款"科目期末余额分析计算填列。

（6）"债券投资"，反映期末持有的债券投资的公允价值，根据"交易性金融资产"及其明细科目的期末余额分析计算填列。

（7）"基金投资"，反映期末持有的基金投资的公允价值，根据"交易性金融资产"及其明细科目的期末余额分析计算填列。

（8）"股票投资"，反映期末持有的股票投资的公允价值，根据"交易性金融资产"及其明细科目的期末余额分析计算填列。

（9）"其他投资"，反映期末持有的除了上述投资以外资产的公允价值，根据"交易性金融资产"及其明细科目的期末余额分析计算填列。

（10）"其他资产"，反映上述资产以外的资产，根据"交易性金融资产"等相关科目的期末余额分析计算填列。"应收红利""应收股利"科目的期末余额也填在本项目。

（11）"应付证券清算款"，反映期末尚未支付的证券清算款，根据"证券清算款"科目所属明细科目期末余额填列。

（12）"应付受益人待遇"，反映期末尚未支付的受益人待遇的款项，根据"应付受益人待遇"科目所属明细科目期末余额填列。

（13）"应付受托人管理费"，反映期末尚未支付的应付受托人管理费，根据"应付受托人管理费"科目的期末余额填列。

（14）"应付托管人管理费"，反映期末尚未支付的应付托管人管理费，根据"应付托管人管理费"科目的期末余额填列。

（15）"应付投资管理人管理费"，反映期末尚未支付的应付投资管理人管理费，根据"应付投资管理人管理费"科目的期末余额填列。

（16）"应交税金"，反映期末应交未交的相关税费，根据"应交税金"科目的期末余额填列。

（17）"卖出回购证券款"，反映已经卖出但尚未到期购回的证券款，根据"卖出回购证券款"科目的期末余额填列。

（18）"应付利息"，反映期末尚未支付的各种利息，根据"应付利息"科目的期末余额填列。

（19）"应付佣金"，反映期末尚未支付券商的佣金，根据"应付佣金"科目的期末余额填列。

（20）"其他应付款"，反映期末承担的、除了上述负债以外的负债，根据"其他应付款"等有关科目的期末余额分析计算填列。

（21）"企业年金基金净值"，反映期末企业年金基金净值，根据"企业年金基金净值"及其明细科目分析计算填列。

11.3.2.2 净资产变动表

净资产变动表是反映企业年金基金在一定会计期间的净资产增减变动情况的报表，应当列示下列信息：期初净资产、本期净资产增加数（包括本期收入、收取企业缴费、收取职工个人缴费、个人账户转入）、本期净资产减少数（包括本期费用、支付受益人待遇、个人账户转出）、期末净资产（见表11-3）。

表11-3中有关项目的含义及填列方法如下。

（1）"期初净资产"，反映企业年金基金期初净值，根据上期期末"企业年金基金"及其明细科目贷方余额分析填列。

（2）"存款利息收入"，反映本期存放在金融机构的各种存款的利息收入，根据"利息收入"科目期末结转到"本期收益"科目的数额填列。

表 11-3　净资产变动表

会年金 02 表

编制单位：×××　　　　　　　　　　× 年 × 月　　　　　　　　　　单位：元

项目	行次	本月数	本年累计数
一、期初净资产			
二、本期净资产增加数：			
（一）本期收入			
1. 存款利息收入			
2. 买入返售证券收入			
3. 公允价值变动损益			
4. 投资处置收益			
5. 其他收入			
（二）收取企业缴费			
（三）收取职工个人缴费			
（四）个人账户转入			
三、本期净资产减少数：			
（一）本期费用			
1. 交易费用			
2. 受托人管理费			
3. 托管人管理费			
4. 投资管理人管理费			
5. 卖出回购证券支出			
6. 其他费用			
（二）支付受益人待遇			
（三）个人账户转出			
四、期末净资产			

（3）"买入返售证券收入"，反映本期买入返售证券业务所实现的利息收入，根据"买入返售证券收入"科目期末结转到"本期收益"科目的数额填列。

（4）"公允价值变动损益"，反映本期持有债券、基金、股票等投资的公允价值变动情况，根据"公允价值变动损益"科目期末结转到"本期收益"科目的数额填列。

（5）"投资处置收益"，反映本期投资处置时所实现的收益，以及投资持有期间收到被投资单位发放的现金股利、红利、按债券票面利率计算的利息收入，根据"投资收益"科目期末结转到"本期收益"科目的数额填列。

（6）"其他收入"，反映本期除了上述收入以外的收入，根据"其他收入"科目期末结转到"本期收益"科目的数额填列。

（7）"收取企业缴费"，反映本期收到的企业缴费，根据"企业年金基金"及其明细科目的余额分析填列。

（8）"收取职工个人缴费"，反映本期收到的职工个人缴费，根据"企业年金基金"及其明细科目的余额分析填列。

（9）"个人账户转入"，反映本期从其他企业调入职工而转入的企业年金基金，根据"企业年金基金——个人账户转入"科目的余额填列。

（10）"交易费用"，反映本期投资运营中发生的手续费、佣金、相关税金等必要支出，根据"交易费用"科目期末结转到"本期收益"科目的数额填列。

（11）"受托人管理费"，反映本期按照合同约定计提的受托人管理费，根据"受托人管理费"科目期末结转到"本期收益"科目的数额填列。

（12）"托管人管理费"，反映本期按照合同约定计提的托管人管理费，根据"托管人管理费"科目期末结转到"本期收益"科目的数额填列。

（13）"投资管理人管理费"，反映本期按照合同约定计提的投资管理人管理费，根据"投资管理人管理费"科目期末结转到"本期收益"科目的数额填列。

（14）"卖出回购证券支出"，反映本期发生的卖出回购证券业务的支出，根据"卖出回购证券支出"科目期末结转到"本期收益"科目的数额填列。

（15）"其他费用"，反映本期除了上述费用以外的各项费用，根据"其他费用"科目期末结转到"本期收益"科目的数额填列。

（16）"支付受益人待遇"，反映本期支付受益人待遇的金额，根据"企业年金基金"及其明细科目的期末余额填列。

（17）"个人账户转出"，反映本期因企业职工调出、离职等而从个人账户转出的金额，根据"企业年金基金——个人账户转出"科目的期末余额填列。

11.3.2.3　附注

企业年金基金财务会计报表的附注应当披露下列信息。

（1）企业年金计划的主要内容及重大变化。

（2）企业年金基金管理各方当事人的名称、注册地、组织形式、总部地址、业务性质、主要经营活动等。

（3）财务报表的编制基础，主要包括：会计年度、记账本位币、会计计量所运用的计量基础。

（4）遵循企业年金基金会计准则的声明。

（5）重要会计政策和会计估计变更及差错更正的说明。

（6）各种投资种类、金额、公允价值的确定方法。

（7）投资结构（各类投资占投资总额的比例）。

（8）重要报表项目的说明，包括：货币资金、买入返售证券、债券投资、基金投资、股票投资、其他投资、卖出回购证券款、收取企业缴费及职工个人缴费、个人账户转入、个人账户转出、支出受益人待遇等。

（9）企业年金基金净收益。

（10）本期收入与费用的构成。

（11）资产负债表日后事项、关联方关系及其交易的说明。

（12）企业年金基金投资组合情况、风险管理政策以及可能使投资价值受到重大影响的其他事项。

本章小结

企业年金是指企业及其职工在依法参加基本养老保险的基础上，自愿建立的补充养老保险制度。企业年金基金，是指根据依法制定的企业年金计划筹集的资金及其投资运营收益形成的企业补充养老保险基金，包括企业和职工缴费、投资运营收益、调入职工转入等来源。企业年金基金是一种信托财产，实行完全积累，采用个人账户方式管理，存入年金专户；年金基金财产独立于相关各方当事人；年金基金按国家规定范围投资运营；各方当事人依法终止清算的，年金基金不属于清算财产。

企业年金基金管理主要涉及委托人、受托人、账户管理人、托管人、投资管理人和中介服务机构六个方面的关系人。企业年金基金的管理主要涉及缴费、投资运营、支付年金待遇等环节。企业年金基金会计是对企业年金基金进行核算与监督的会计学分支，其主要特点包括：企业年金基金是独立的会计主体；设立基金资产、基金负债、基金收入、基金费用和净资产五个会计要素；企业年金基金按日或至少按周进行估值，计算估值日投资运营收益、基金净值和净值增长率；企业年金基金的受托人、托管人、投资管理人均应按各自职责设置会计账簿，进行会计核算。

受托人、账户管理人、托管人和投资管理人应当按照规定向有关监管部门报告企业年金基金管理情况，并对所报告内容的真实性、完整性负责。账户管理人应当向受托人提交企业年金基金账户管理报告；托管人应当向受托人提交季度企业年金基金托管和财务会计报告；投资管理人应当向受托人提交经托管人确认的季度企业年金基金投资组合报告；受托人应当向委托人提交企业年金基金管理报告，其中年度企业年金基金财务会计报告须经会计师事务所审计。企业年金基金的财务报表包括资产负债表、净资产变动表和附注，应该按照规定的格式和要求编制，按照规定的时间报告。

思考题

1. 企业年金的建立条件有哪些？
2. 企业年金的主要来源有哪些？
3. 企业年金基金的主要管理人有哪些？各自的主要职责是什么？
4. 简述企业年金基金缴费的流程。
5. 简述企业年金基金投资运营的流程。
6. 简述企业年金基金给付的流程。
7. 简述企业年金基金资产、负债的构成。
8. 简述企业年金基金收入、费用的构成。
9. 简述企业年金基金净资产的构成。
10. 简述企业年金基金的报告主体、内容和对象。
11. 简述企业年金基金资产负债表的基本结构和编制方法。
12. 简述企业年金基金净资产变动表的基本结构和编制方法。

练习题

1. 不定项选择题

（1）按照现行制度规定，企业年金的企业缴费和个人缴费合计最多为上年职工工资总额为（　　）。

A. 1/2　　　　　　B. 1/3

C. 1/6　　　　　　D. 1/12

（2）在下列项目中，属于企业年金基金主要关系人的为（　　）。

A. 委托人　　　　　B. 受托人
C. 托管人　　　　　D. 投资管理人

（3）按照我国的国家规定，与企业年金基金管理有关记录的最低保存年限为（　　）。
A. 5 年　　　　　　B. 10 年
C. 15 年　　　　　D. 20 年

（4）下列项目中，属于年金基金会计科目类别的为（　　）。
A. 资产类　　　　　B. 负债类
C. 成本类　　　　　D. 基金净值类

（5）下列项目中，属于企业年金基金缴费的为（　　）。
A. 企业　　　　　　B. 受托人
C. 职工家属　　　　D. 职工个人

（6）下列项目中，需要进行企业年金基金核算的为（　　）。
A. 中介机构　　　　B. 受托人
C. 托管人　　　　　D. 投资管理人

（7）下列项目中，属于为年金基金管理提供服务的机构为（　　）
A. 信用评估公司
B. 精算咨询公司
C. 律师事务所
D. 会计师事务所

（8）向有关退休职工支付企业年金基金待遇时，应借记的科目为（　　）。
A. 企业年金基金
B. 应付受益人待遇
C. 结算备付金
D. 证券清算款

（9）企业年金基金列报的会计期间分为（　　）。
A. 日报　　　　　　B. 月报
C. 季报　　　　　　D. 年报

（10）下列项目中，需要向有关监管部门报告企业年金基金管理情况的主体为（　　）。
A. 账户管理人　　　B. 投资管理人

C. 托管人　　　　　D. 受托人

2. 判断题

（1）企业年金是指企业及其职工在依法参加基本养老保险的基础上，强制建立的补充养老保险制度。（　　）

（2）企业年金基金核算中，涉及委托人、受托人、账户管理人、托管人、投资管理人和其他为企业年金基金管理提供服务的机构与个人。（　　）

（3）企业年金基金的各方当事人依法终止清算的，年金基金应计入清算财产。（　　）

（4）企业年金基金是独立的会计主体，每个会计期末要进行估值，计算估值日投资运营收益、基金净值和净值增长率。（　　）

（5）企业年金基金缴费中，个人缴费直接计入个人账户，企业缴费不得计入个人账户。（　　）

（6）企业年金基金投资运营收益，按净益率计入企业年金个人账户。（　　）

（7）投资管理人按 20% 从当期收取的管理费中提取风险准备金，专户存储，用风险准备金补亏时，按照收到或应收的实际金额记入"本年收益"科目。（　　）

（8）企业年金基金的受益人是参加企业年金计划、享有受益权的职工，不包括其继承人。（　　）

（9）账户管理人应该根据企业年金基金净值和净值增值率，将投资运营收益计入企业年金基金的企业账户和个人账户。（　　）

（10）与一般企业一样，受托人、账户管理人、托管人和投资管理人有关企业年金基金的报告也分为月报、季报、年报。（　　）

3. 计算及分析题

请根据下列业务编制完整的会计分录。

（1）20×9 年 6 月 2 日收到某企业年金基金缴费 1 600 万元，与缴费总额账单核对无误，其中企业缴费 1 000 万元（其中 70% 直接归属个人账户，30% 的权益归属待定）。

（2）20×9 年 6 月 15 日，购入当年 1 月 1 日发行、每年 12 月 31 日付息一次、3 年期限、到期一次还本的面值为 400 000 元、年利率 4% 的国债，买入价为 420 000 元（含尚未领取的债券利息），发生相关税费 10 000 元。

（3）上述（2）中的国债持有期间，按日计提利息。

（4）20×9 年 7 月 20 日，购入 S 公司股票 5 万股，每股 20 元，发生佣金 3 000 元、印花税 3 000 元。

（5）20×9 年 7 月 21 日，上述（4）中 S 公司股票收盘价为每股 21 元（7 月 20 日该股票的收盘价为 20.60 元）。

（6）20×9 年 9 月 6 日，出售上述（4）中 S 公司股票 3 万股，每股售价 24 元，另发生佣金及印花税 3 200 元。

（7）20×9 年 9 月 10 日，企业年金基金的存款本金 10 000 000 元，年利率 3%，按季度结息，按日估值。

（8）20×9 年 10 月 12 日，买入准备返售的 B 证券，价款 1 800 000 元，支付佣金及印花税等 12 000 元，协议利率为年利率 6%，到期日为 20×7 年 12 月 12 日。

（9）20×9 年 10 月 31 日，某企业年金基金净值 24 000 000 元，按规定比例计提相关关系人的管理费。

（10）20×9 年 11 月 10 日，在估值时确认当日亏损 20 000 元。

（11）20×9 年 11 月 12 日，卖出准备回购的 B 证券，价款 1 600 000 元，协议利率为年利率 5%，到期日为 20×7 年 12 月 12 日，回购金额 1 700 000 元。

（12）20×9 年 12 月 8 日，支付律师费 16 000 元。

（13）20×9 年 12 月 10 日，根据企业年金计划和退休人员数量，支付相关企业年金基金 120 000 元。

（14）20×9 年 12 月 20 日，根据企业年金计划和调出人员数量，转出企业年金基金 60 000 元。

（15）20×9 年 12 月 31 日，结转相关损益，净收益在企业与个人之间的分配比例为 3:7。

主要参考书目

[1] 中国注册会计师协会.会计：2020年度注册会计师全国统一考试辅导教材 [M].北京：中国财政经济出版社，2020.

[2] 耿建新，戴德明.高级会计学 [M].8版.北京：中国人民大学出版社，2019.

[3] 刘永泽，傅荣.高级财务会计 [M].6版.大连：东北财经大学出版社，2020.

[4] 石本仁.高级财务会计（微课版 第四版）[M].北京：人民邮电出版社，2019.

[5] 栾甫贵，李百兴.高级财务会计 [M].北京：首都经济贸易大学出版社，2017.

[6] 尚洪涛，王宛秋.高级财务会计 [M].2版.北京：清华大学出版社，北京交通大学出版社，2013.

[7] 张志凤.2020年注册会计师考试应试指导及全真模拟测试——会计 [M].北京：北京科学技术出版社，2020.

[8] 李志远.施工企业会计 [M].5版.北京：中国市场出版社，2019.

[9] 王琳，孙梅.石油天然气开采会计 [M].北京：知识产权出版社，2013.

[10] 李志学，杨惠贤，王岚.石油天然气会计 [M].北京：石油工业出版社，2018.